Karten auswerten

Geschichtskarten behandeln in der Regel ein besonderes Thema und beziehen sich dabei auf eine bestimmte Zeit und einen ausgewählten Raum (z. B. ein Land).
Mögliche Leitfragen:
1. Worüber informiert die Karte? Was zeigt sie nicht?
2. Auf welche Zeit(en) und Region(en) bezieht sie sich? Zeigt sie einen Zustand oder eine Entwicklung?
3. Welche Bedeutung haben die Zeichen der Legende (Zeichenerklärung)?
4. Welche Bodenschätze, Güter o. Ä. waren wann wo in welchem Umfang vorhanden?

Wenn du alle Informationen verknüpft und im Zusammenhang betrachtet hast, kannst du das Ergebnis aufschreiben oder vortragen.

Ein Beispiel für die Arbeit mit Karten findest du auf Seite 91.

Kunstwerke betrachten

Bauten

Abbildungen von Pyramiden, Tempeln oder Palästen im Geschichtsbuch zählen wir zu den Bildquellen. Du kannst folgenden Fragen nachgehen:
1. Wer ließ das Gebäude/Bauwerk errichten, wer bezahlte es?
2. Wann war das?
3. Welche Interessen mögen der/die Auftraggeber gehabt haben?
4. Welchem Zweck sollte das Bauwerk dienen?
5. Was kennzeichnet das Bauwerk (Größe, Lage, Form und Stil)?
6. Bildet das Bauwerk mit anderen eine Einheit?
7. Wurde es später verändert? Warum?

Wie du Bauwerke untersuchen kannst, zeigen dir die Beispiele auf den Seiten 59 und 119.

Gemälde und Statuen

Kunstwerke wie Gemälde und Statuen bilden die Wirklichkeit nicht ab; sie sind aber auch nicht reine Erfindungen des Künstlers. Die Wahl des Themas und die Art der Darstellung spiegeln das Denken der Zeit ihrer Entstehung. Sie können deshalb geschichtliche Quellen sein. Uns interessieren ihre Themen und ihre Gestaltung sowie die Aussageabsicht des Künstlers.
Antworten auf folgende Fragen sind dazu hilfreich:
1. Welche Informationen gibt uns der Bildtitel?
2. Wie ist das Kunstwerk aufgebaut?
3. Ist das Kunstwerk auffallend groß oder klein?
4. Welche Personen werden dargestellt?
5. Welche Gegenstände sind zu sehen?
6. Wie groß sind sie gemalt?
7. Aus welcher Sicht?
8. Wofür wurden welche Farben oder Materialien verwendet?

Versuche, das Kunstwerk mit Ereignissen seiner Entstehungszeit zu verknüpfen. Überlege, welche Wirkung der Künstler erzielen wollte.
1. Wer war der Künstler?
2. Hatte er einen Auftrag?
3. Aus welchem Anlass entstand das Kunstwerk? Für welchen Zweck?
4. Wo wurde es gezeigt?
5. Berücksichtige deine Kenntnisse aus dem Kunstunterricht oder informiere dich über Kennzeichen der künstlerischen Epoche, aus der das Kunstwerk stammt.

Wie du Bilder zum Sprechen bringen kannst, erfährst du auf Seite 76f.
Ein Beispiel für die Arbeit mit Statuen findest du auf Seite 161.

Schaubilder erklären

In einem Schaubild lässt sich übersichtlich darstellen, wie ein Staat oder eine Gesellschaft aufgebaut waren und vieles mehr. Es kann gut Zusammenhänge und Beziehungen zwischen Teilen eines Ganzen darstellen.
Beispiel Verfassung: Sie legt fest, wer regiert, also die Macht im Staat hat, wie der Staat aufgebaut ist, welche Rechte und Pflichten die Bürger haben. Überlege zunächst, an welcher Stelle des Schaubildes du am besten mit der Beschreibung beginnst. Halte auch danach eine sinnvolle Reihenfolge ein. Wichtig sind die Beziehungen zwischen den Bestandteilen eines Schaubildes. Beachte die verwendeten Zeichen. Manchmal ist die Form des Schaubildes wichtig für die Deutung. Prüfe, welche Begriffe du erklären solltest.
Mögliche Arbeitsfragen für Schaubilder, die die Verfassung oder die Gesellschaft eines Staates wiedergeben:

1. Welche Ämter und Einrichtungen werden erwähnt? Wer hat Zugang zu ihnen, wer nicht?
2. Welche Teile der Bevölkerung werden genannt, welche nicht?
3. Wer arbeitet mit wem zusammen? Wobei?
4. Wer hat welche Aufgaben, Rechte oder Pflichten?
5. Wer hat wie viel Macht? Ist jemand von der Macht ausgeschlossen?

Schreibe die Antworten jeweils auf, ordne sie auf einem Stichwortzettel und präge sie dir ein. Trage die Ergebnisse möglichst frei vor.

Lies dazu auch den Lerntipp auf Seite 71.

Comics und Jugendbücher beurteilen

Comics und Jugendromane mit historischen Themen erzählen fiktive (erfundene) Geschichten, historische Quellen für die Zeit und die Ereignisse, die sie darstellen, sind sie nicht. Meist haben sie eine Hauptfigur, deren Gedanken und Gefühle die damalige Zeit veranschaulichen sollen. Aus ihrer Sicht werden dir vergangene Ereignisse vorgestellt und erklärt.
Wichtig für historische Jugendbücher und Comics ist, dass die Verfasser die Personen und Handlungen glaubwürdig darstellen. Die erfundenen Geschichten sollten so dargestellt sein, dass sie unser gesichertes Wissen über die Vergangenheit berücksichtigen.*

**Solche fiktiven Geschichtserzählungen findest du in diesem Buch auf den Seiten 27, 55, 87 und 131. Einen Lerntipp zu diesem Thema findest du auf den Seiten 154 f.*

▶ ***Tipp**: Weitere Lerntipps findest du hinten im Buch.*

Das waren Zeiten 1

Frühgeschichte und Antike

Ausgabe Thüringen

herausgegeben von
Dieter Brückner
und Harald Focke

C.C.BUCHNER

Das waren Zeiten – Ausgabe Thüringen

Unterrichtswerk für Geschichte an Gymnasien

Band 1 für die Klassenstufe 5/6

Herausgeber: Dieter Brückner und Harald Focke

Bearbeiter: Peter Adamski, Dieter Brückner, Harald Focke, Klaus Gast, Volker Herrmann, Franz Hohmann, Steffi Hummel und Martina Tschirner

Berater: Rudolf Haase und Steffi Hummel

Lektorat: Klaus Dieter Hein-Mooren

Gestaltung: Peter Lowin und Günter Sieling

Dieses Werk folgt der reformierten Rechtschreibung und Zeichensetzung.
Ausnahmen bilden Texte, bei denen künstlerische, philologische und lizenzrechtliche Gründe einer Änderung entgegenstehen.

1. Auflage $^{3\,2\,1}$ 2014 2013 2012
Die letzte Zahl bedeutet das Jahr dieses Druckes.
Alle Drucke dieser Auflage sind, weil untereinander unverändert, nebeneinander benutzbar.

www.ccbuchner.de

Korrektorat: Kerstin Schulbert

Einband: Artbox Grafik & Satz GmbH, Bremen
(Maske eines römischen Gesichtshelmes, siehe M3, Seite 163)

Herstellung, Grafik und Karten: Artbox Grafik & Satz GmbH, Bremen

Druck- und Bindearbeiten: Pustet, Regensburg

ISBN 978-3-7661-**4491**-1

Inhalt

Wir begegnen der Vergangenheit

Menschen in vorgeschichtlicher Zeit

Leben in frühen Hochkulturen

Leben im antiken Griechenland

Aufstieg und Zerfall des Römischen Weltreiches

Kleines Lexikon zur Geschichte

Die Auswahl der Ausblicke richtet sich nach den Schwerpunkten des schulinternen Curriculums.

Mit diesem Buch erfolgreich lernen

Liebe Schülerinnen und Schüler,

eure Großeltern und Eltern haben euch sicher schon von früher erzählt, wie es war, als sie noch jung waren: „Ja, das waren Zeiten ...“ Wahrscheinlich habt ihr auch vom „Ötzi“, den alten Ägyptern, den Griechen und den Römern gehört, von Rittern und Burgen, Königen und Schlössern, von Bauern und Handwerkern. Ihr kennt vielleicht einige überraschende Entdeckungen und großartige Erfindungen, die das Leben der Menschen ebenso verändert haben wie Kriege und Katastrophen.
In diesem Buch findet ihr Informationen darüber, wie das Leben in anderen Zeiten und Ländern war, wie aber auch vieles entstanden ist, was unsere Welt und unseren Alltag noch immer prägen. Ihr lernt, Spuren der Vergangenheit zu entdecken, zu untersuchen, zu erklären, zu verstehen und zu beurteilen sowie Geschichte selbst darzustellen.

Wir haben euer Geschichtsbuch so aufgebaut:

◀ Auftaktseiten

- Jedes Hauptkapitel beginnt mit einem großen Bild und einer interessanten Erzählung (Geschichte erzählt). Sie machen euch auf die kommenden Themen neugierig.

Europa auf dem Stier.
Schale aus Unteritalien, um 340 v. Chr.
Durchmesser: 21,5 cm
Höhe: 7,8 cm

Unsterbliche Geliebte

Verzweifelt blickte Europa zum Himmel und klagte: „Ihr Götter, wie konntet ihr das nur zulassen?“ Aber im gleichen Atemzug machte sie sich selbst Vorwürfe: „Kann ich denn alle Schuld auf die Götter wälzen? Bin ich nicht selbst schuldig? Wie konnte ich so unvorsichtig sein, mich dem fremden Stier zu nähern und mich sogar auf seinen Rücken zu setzen? Geschah es mir da nicht recht, dass er mich forttrug?“ Schaudernd erinnerte sie sich an ihre Reise. Eine Nacht und einen Tag lang war sie auf dem Rücken des weißen Stieres durch das Meer geschwommen. Er hatte sie von ihrer Heimat Phönizien an die Küste einer fremden Insel im Westen gebracht. Den Namen der Insel kannte sie nicht einmal. Wehmütig erinnerte sie sich an ihre Heimatstadt Tyros, wo sie im Palast ihres Vaters aufgewachsen war. Die Tränen rannen ihr über die Wangen, als sie an ihren Vater dachte, an die Mutter und die Freundinnen, die sie nun sicherlich überall suchen würden. Selbst wenn sie in dieser menschenleeren Gegend überleben sollte, würde sie die Lieben in der Heimat wohl nie mehr wiedersehen. Für einen Augenblick dachte Europa daran zu sterben. Da hörte sie ein leises Geräusch. Als sie sich umdrehte, sah sie eine Frauengestalt, die sich ihr näherte, ohne den Boden mit den Füßen zu berühren. „Hör auf, so zu jammern“, begann sie zu sprechen. „Kennst du mich noch? Ich bin Aphrodite, die Göttin der Liebe. Neulich bin ich dir im Traum erschienen, um dir mitzuteilen, dass der Göttervater Zeus in dich verliebt ist.“ Europa starrte sie ungläubig an. Aphrodite fuhr fort: „Und was meinst du, wer dich hierher, auf die Insel Kreta, trug? Etwa ein normaler Stier? Hast du dich nicht gewundert, dass dich auf dem Meer kein Tropfen Wasser benetzt hat, obwohl die Wellen hochgingen? – Nein, der Stier war niemand anderer als Zeus. Er hatte dich vom Olymp aus erblickt und sich aufgrund deiner Schönheit sofort in dich verliebt. Um dich zu besitzen, beschloss er, dich zu entführen. Du bist“, fuhr Aphrodite etwas schnippisch fort, „zwar nicht die einzige Geliebte unseres mächtigsten Gottes, aber tröste dich: Als Tochter des Königs von Tyros hätte man dich vielleicht geehrt, als Geliebte des Zeus wirst du unsterblich werden. Denn der Erdteil, zu dem Kreta gehört und in den er dich entführt hat, soll deinen Namen tragen: Europa.“

Dieter Brückner

Geschichte erzählt 87

◀ Einblick-Seiten

- Die Informationen auf den Einblick-Seiten dienen der ersten Orientierung, sie deuten an, was euch auf den nächsten Seiten erwartet und welche Fragen ihr anhand der von uns ausgewählten Texte und Abbildungen beantworten sollt.

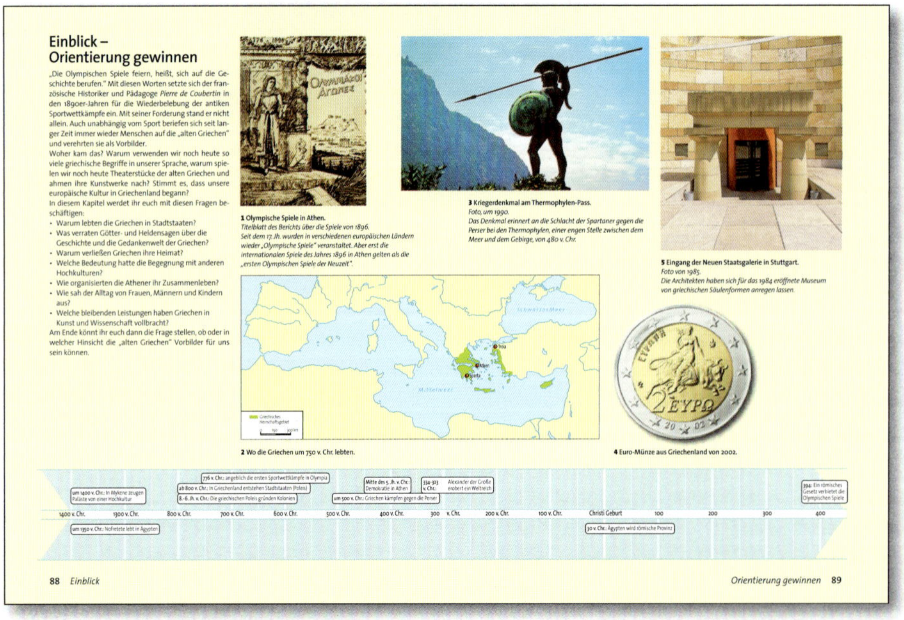

Einblick – Orientierung gewinnen

„Die Olympischen Spiele feiern, heißt, sich auf die Geschichte berufen.“ Mit diesen Worten setzte sich der französische Historiker und Pädagoge *Pierre de Coubertin* in den 1890er-Jahren für die Wiederbelebung der antiken Sportwettkämpfe ein. Mit seiner Forderung stand er nicht allein. Auch unabhängig vom Sport beriefen sich seit langer Zeit immer wieder Menschen auf die „alten Griechen“ und verehrten sie als Vorbilder.
Woher kam das? Warum verwenden wir noch heute so viele griechische Begriffe in unserer Sprache, warum spielen wir noch heute Theaterstücke der alten Griechen und ahmen ihre Kunstwerke nach? Stimmt es, dass unsere europäische Kultur in Griechenland begann?
In diesem Kapitel werdet ihr euch mit diesen Fragen beschäftigen:
- Warum lebten die Griechen in Stadtstaaten?
- Was verraten Götter- und Heldensagen über die Geschichte und die Gedankenwelt der Griechen?
- Warum verließen Griechen ihre Heimat?
- Welche Bedeutung hatte die Begegnung mit anderen Hochkulturen?
- Wie organisierten die Athener ihr Zusammenleben?
- Wie sah der Alltag von Frauen, Männern und Kindern aus?
- Welche bleibenden Leistungen haben Griechen in Kunst und Wissenschaft vollbracht?

Am Ende könnt ihr euch dann die Frage stellen, ob oder in welcher Hinsicht die „alten Griechen“ Vorbilder für uns sein können.

1 Olympische Spiele in Athen.
Titelblatt des Berichts über die Spiele von 1896.
Seit dem 17. Jh. wurden in verschiedenen europäischen Ländern wieder „Olympische Spiele“ veranstaltet. Aber erst die internationalen Spiele des Jahres 1896 in Athen gelten als die „ersten Olympischen Spiele der Neuzeit“.

3 Kriegerdenkmal am Thermophylen-Pass.
Foto, um 1990.
Das Denkmal erinnert an die Schlacht der Spartaner gegen die Perser bei den Thermophylen, einer engen Stelle zwischen dem Meer und dem Gebirge, von 480 v. Chr.

5 Eingang der Neuen Staatsgalerie in Stuttgart.
Foto von 1985.
Die Architekten haben sich für das 1984 eröffnete Museum von griechischen Säulenformen anregen lassen.

2 Wo die Griechen um 750 v. Chr. lebten.

4 Euro-Münze aus Griechenland von 2002.

88 *Einblick*

Orientierung gewinnen 89

• Auf den Darstellungsseiten haben wir Schulbuchautoren das zusammengefasst was Wissenschaftler (Historiker) zu bestimmten Themen erforscht haben. Hier wird dargestellt und erklärt, was wir für wichtig halten.

• Mit den Seiten Mit Material arbeiten könnt ihr euch ein eigenes Bild über frühere Zeiten machen. Achtet dabei genau auf die Herkunft und die Entstehungszeit der Vorlagen. Lest die Bildunterschriften und Einführungen genau.

• Unsere *Arbeitsvorschläge* bieten differenzierte Anregungen für den Umgang mit unseren Darstellungen und Materialien. Damit ihr gleich wisst, was zu tun ist, haben wir die Verben der Arbeitsvorschläge farblich unterschiedlich gekennzeichnet. Vorn im Buch findet ihr dazu die notwendigen Hinweise („Aufgaben begreifen"). Stellt auch eigene Fragen an unsere Darstellung und die von uns ausgewählten Materialien!

• Zusätzliche Angebote findet ihr auf unseren Ausblick-Seiten. Sie vertiefen bereits bekannte oder behandeln neue Themen. Gedacht sind sie für eure unterschiedlichen Interessen und Fähigkeiten.

• Lerntipp-Seiten helfen euch, bestimmte Arbeitsweisen zu entwickeln. Einführende Hilfen dazu findet ihr vorn und hinten im Buch.
Wenn ihr noch mehr wissen wollt, könnt ihr die *Lese-*, *Film-*, *Internet-* und *Exkursionstipps* nutzen.

• Die Durchblick-Seiten helfen euch, das Gelernte anzuwenden und zu behalten. Nach jedem Großkapitel haben wir für euch Materialien und Aufgaben zusammengestellt, mit denen ihr euer Sachwissen wiederholen und eure Fertigkeiten (Kompetenzen) festigen und anwenden könnt. So seid ihr fit für Tests und Klassenarbeiten.

• In dem *Kleinen Lexikon zur Geschichte* am Ende des Buches findet ihr kurze und knappe Informationen zu ausgewählten Daten, Begriffen und Namen.
Beim Nachschlagen helfen euch zwei *Register*: Das eine enthält die Stichwörter („*Wo steht was?*"), das andere die Namen („*Wer steht wo?*").

Viel Freude mit diesem Buch wünschen euch die Herausgeber von „Das waren Zeiten" im Namen aller, die daran mitgearbeitet haben.

Dieter Brückner und Harald Focke

Wir begegnen der Vergangenheit

Dinosaurier vor 230 bis 65 Millionen Jahren.

Vormenschen in Afrika vor über drei Millionen Jahren.

Leben im Rheinland vor etwa 7 000 Jahren.

Pyramidenfeld in Ägypten vor etwa 4500 Jahren.

Griechische Vasenmalerei vor etwa 2400 Jahren.

Der Mittelpunkt Roms vor 1700 Jahren.

„... wie beim Autofahren“

Sohn: *Papa, weißt du was? Irgendwie finde ich das doof.*

Vater: *Was findest du doof?*

Sohn: *Dass man sich mit der Vergangenheit beschäftigt.*

Vater: *Warum soll das denn doof sein?*

Sohn: *Wir leben doch in der Gegenwart! Manchmal kommt es mir so vor, als sitzen wir in einem Auto und rasen volles Rohr in die Zukunft!*

Vater: *Da ist was dran. Bloß – man schaut immer angestrengt nach vorn, und was hinter der nächsten Kurve ist, kann man schon nicht mehr sehen. Manchmal komme ich mir ziemlich blind vor.*

Sohn: *Papa, ich hab's! Geschichte ist, äh, wie soll ich sagen, na so ungefähr wie beim Autofahren, wenn man in den Rückspiegel schaut. Im Rückspiegel sehen wir, woher wir kommen. Man blickt nicht nur einfach zurück, sondern fährt dabei immer weiter, und von Kurve zu Kurve ändert sich das Bild im Rückspiegel, und man guckt ja schließlich in den Rückspiegel, weil man sicher fahren will, und man kann manchmal auch sehen, wie weit man schon gekommen ist.*

Vater: *Und manchmal sieht man im Rückspiegel auf sich selbst ...*

Rolf Schörken

Was ist eigentlich Geschichte?

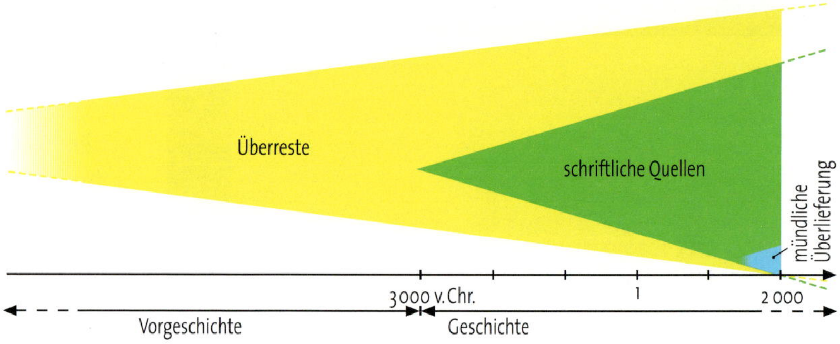

1 Quellen der Geschichte.
- *Erläutere die in dem Schaubild verwendeten Begriffe „Überreste", „schriftliche Quellen" und „mündliche Überlieferung".*
- *Erkläre, was die Grafik über die Quellenarten aussagt.*

Geschichte gleich Vergangenheit?

Wenn wir von Geschichte (lat. *historia*) sprechen, meinen wir zunächst alles das, was in der Vergangenheit passiert ist. Aber Geschichte ist nicht gleich Vergangenheit, also nicht einfach alles, was vorbei ist. Sie ist nur der Teil davon, an den wir uns erinnern oder erinnert werden. Dargestellte Geschichte begegnet uns in Büchern wie diesem, in der Literatur, in Filmen, im Fernsehen, im Internet und in Museen.

Wie entsteht Geschichte?

Geschichte entsteht aus unseren Fragen an die Vergangenheit. Wenn wir wissen wollen, wie Menschen früher gelebt haben, können wir nicht einfach in eine Zeitmaschine steigen, die Zeit zurückdrehen und den Bau der Pyramiden im alten Ägypten miterleben oder durch eine mittelalterliche Stadt bummeln. Allerdings hat die Vergangenheit zahllose Spuren in unserer Gegenwart hinterlassen. Sie begegnen uns überall. Historiker nennen diese Überreste aus früheren Zeiten Quellen. Sie sind die Grundlage für die Geschichtsschreibung.

Quellen der Geschichte

Fast die gesamte Menschheitsgeschichte lässt sich durch gegenständliche Quellen zurückverfolgen, durch Knochen, Schmuckstücke, Münzen, Werkzeuge, Fahrzeuge, Spielzeuge, große Bauwerke oder kleine Scherben. Sie alle informieren uns über das Leben in der Vergangenheit.
Die wichtigsten Auskünfte geben schriftliche Zeugnisse, die Textquellen – jahrtausendealte Inschriften in Ton und Stein, alte und neuere Zeitungen, Verträge, Gesetze, Tagebücher und Briefe. Die Bedeutung schriftlicher Quellen hat zu der Ansicht geführt, die eigentliche Geschichte der Menschen beginne erst mit der Schrift um etwa 3000 v. Chr.
Auch Bilder sagen viel über die Zeit aus, in der sie entstanden sind. Zu allen Zeiten malten oder zeichneten Menschen, was sie sahen oder sich vorstellten. Das zeigen die Höhlenmalereien der Vormenschen, die Wandbilder in den Pyramiden, die alten griechischen Vasen, die römischen Mosaike sowie die Gemälde in Kirchen, Schlössern und Museen. Dazu kommen seit 150 Jahren die Fotografien.
Es gibt aber auch Quellen, die auf mündlich überlieferte Geschichte zurückgehen. Alte Sagen gehören zum Beispiel dazu. Sie wurden oft erst lange, nachdem sie zum ersten Mal erzählt worden waren, aufgeschrieben. Noch heute gibt es Völker, die keine Schrift kennen. Ihre Geschichte beruht allein auf Erinnerungen, die über Generationen weitererzählt werden. Zu den Zeugnissen der Vergangenheit gehören auch Berichte, die uns Eltern, Großeltern und andere Zeitzeugen von Ereignissen geben, die sie erlebt haben.

Quellen richtig lesen

Was erfahren wir über die Vormenschen durch ihre Höhlenmalereien? Was erzählt uns eine alte Vase über das Leben der Menschen im antiken Griechenland? Kann ich den Erinnerungen eines Zeitzeugen glauben?
Historiker haben Verfahren und Methoden entwickelt, die Quellen zum Sprechen zu bringen, sie zu überprüfen und die Spuren der Vergangenheit zu entschlüsseln, um möglichst verlässliche Informationen zu erhalten. Auch ihr könnt dies im Geschichtsunterricht lernen, um selbst etwas aus der Vergangenheit zu erforschen.

Eine Vergangenheit – viele Geschichten

Jeder, der sich an ein Ereignis aus der Vergangenheit erinnern will, weiß: Wir behalten nur einen Teil von dem, was wir erlebt haben. Jeder erzählt nur aus seiner Sicht oder kann sich irren. Wie oft kommt es vor, dass zwei Zeugen den Ablauf eines Unfalls unterschiedlich erzählen. Nicht, weil einer lügt, sondern weil sich beide verschiedene Dinge gemerkt haben oder von ihrem Standpunkt aus das Geschehene jeweils anders gesehen haben.
Um ein möglichst genaues Bild über ein vergangenes Ereignis zu erhalten, benötigen wir also am besten mehrere Quellen, die uns aus unterschiedlichen Blickwinkeln berichten. Dann müssen wir allerdings prüfen und begründen, welche Darstellung uns überzeugt. Unser Bild von einem bestimmten Geschehen in der Vergangenheit hängt auch davon ab, was wir über dieses wissen wollen, welche Quellen wir finden und wie wir sie befragen. Deshalb gibt es viele und immer wieder neue Beschreibungen über das, was gewesen ist.

Mein Schulanfang – ein Projektvorschlag

Auch ihr habt bereits eine eigene Geschichte und könnt von Erfahrungen aus eurem Leben erzählen. Erinnert ihr euch zum Beispiel an eure Schuleinführung? Vielleicht besitzt ihr noch eure Schultüte und andere Quellen, also Fotos, Videos, Karten oder sonstige Gegenstände, die von diesem Ereignis berichten. Wenn das so ist, dann könnt ihr folgendes Projekt im Unterricht durchführen:

1. *Bildet in der Klasse mehrere kleinere Arbeitsgruppen. Jede Gruppe klärt, wer zur nächsten Stunde etwas von seiner Schuleinführung mitbringen möchte. (Nur ein Schüler oder eine Schülerin pro Gruppe sollte die Aufgabe übernehmen.)*
2. *Überlegt zunächst, was ihr über dieses Ereignis erfahren möchtet, und formuliert entsprechende Fragen.*
3. *Ordnet in der nächsten Stunde die mitgebrachten Quellen den verschiedenen Quellenarten zu. Legt dazu eine Tabelle nach folgendem Muster an:*

Beispiel:

Sachquellen	Bildquellen	Textquellen
Zuckertüte	–	–
–	–	*Einladungskarte*

4. *Besprecht, was die Quellen über die Schuleinführung eures Mitschülers oder eurer Mitschülerin erzählen können. Notiert alle Informationen.*
5. *Überlegt, was die mitgebrachten Quellen euch nicht erzählen und welche Fragen offenbleiben. Diese Fragen könnt ihr eurem Mitschüler stellen. Vielleicht erinnert er/sie sich an weitere Einzelheiten. Haltet diese Informationen fest, es sind mündliche Quellen.*
6. *Jedes Gruppenmitglied schreibt anschließend auf der Grundlage der bearbeiteten Quellen eine kurze Geschichte zum Schulanfang eines Mitschülers. Beachtet beim Schreiben, welche Aussagen ihr durch schriftliche Quellen oder mündliche Erinnerungen belegen könnt.*
7. *Tragt eure Texte in der Arbeitsgruppe vor und vergleicht sie miteinander. Was stellt ihr fest? Besprecht die Gründe, warum sich eure Geschichten unterscheiden können. Berichtet den anderen Arbeitsgruppen über eure Ergebnisse.*
8. *Überlegt, was ihr darüber gelernt habt, wie Geschichte entsteht. Versucht an dem Beispiel zu erklären, warum es nicht nur die eine wahre Geschichte über das vergangene Ereignis geben kann.*

M1 „Herzlichen Glückwunsch zum ersten Schulgang."
Postkarte vom 19. April 1909.

M2 Was war drin?

Eine Frau, die 1929 eingeschult worden ist, erinnert sich 1982:
Die Schultüten enthielten hauptsächlich Obst und Süßigkeiten und waren dadurch sehr schwer, sie waren bis in die Spitze gefüllt. Bei den meisten anderen Kindern enthielten sie unten nur Papier oder Papierwolle und hatten nur oben Süßigkeiten. Die große Tüte reichte mir bis zur Hüfte vom Fußboden aus.

Archiv von Hans-Günter Löwe, Hamburg

M3 Über den Brauch, Schultüten zu verschenken

Sicherlich hat jeder von euch zur Einschulung eine Schultüte bekommen. Aber habt ihr euch schon einmal gefragt, woher dieser Brauch stammt und seit wann es ihn gibt? Dazu schreibt Hans-Günter Löwe 2011:
Der bisher früheste bekannte Nachweis für eine Zuckertüte stammt von Johann Daniel Elster aus Benshausen (Thüringen), der 1801/02 eine Schultüte zur Einschulung erhalten hatte. Auch aus Jena ist überliefert, dass im Jahre 1817 Kinder zum Schulanfang eine mit Konfekt befüllte Papiertüte geschenkt bekamen. So liegt nach dem letzten Forschungsstand das Ursprungsgebiet der Zuckertüte in dem Bereich zwischen Thüringen und Schlesien mit dem Schwerpunkt in Sachsen. Außerhalb dieser Gebiete waren Tüten für die Einschulung vor 1914 weitgehend unbekannt. Je nach Gegend gab es aber andere Geschenke für den Schulanfang beispielsweise Gebäck. Erst langsam breitete sich der Brauch von der Stadt auch auf das Land aus. [...] Heute sind die gefüllten Tüten zum Schulanfang in ganz Deutschland verbreitet.

Hans-Günter Löwe, Schulanfang und Zuckertüte, Ausstellungsprospekt, Itzehoe 2011

▶ ***Internettipp:*** *www.erster-schultag.de*

1. *Beschreibe die Abbildung (M1). Aus dem Datum der Postkarte kannst du entnehmen, wann die Schuleinführung war. Was stellst du fest?*
2. *Vergleiche Form und Inhalt der Zuckertüten von vor etwa 100 Jahren (M1 bis M3) mit heute. Was hat sich verändert, was nicht?*
3. *Frage deine Eltern oder Großeltern nach ihrer Schuleinführung und einem Foto davon. Vergleiche ihre Erzählungen mit deinen eigenen Erfahrungen.*

Wie unsere Zeit vergeht

Wo bleibt die Zeit?

Manchmal scheint die Zeit zu rasen. Bei einem spannenden Film oder einem lustigen Spiel vergeht sie wie im Fluge. Oft haben wir das Gefühl, dass sie nur zäh verstreicht, zum Beispiel wenn wir beim Arzt warten müssen. Dabei wissen wir, dass die Zeit immer gleich verläuft. Wir können sie weder anhalten noch beschleunigen. Unser Zeitgefühl ist ungenau. Wir erinnern uns oft an Ereignisse, ohne sagen zu können, wann wir sie erlebt haben.

Die Zeit messen

Wenn wir wissen wollen, wie spät es ist oder welchen Tag wir heute haben, sehen wir auf die Uhr und den Kalender. Dabei könnten wir uns an dem Wechsel von Tag und Nacht, am Stand der Sonne, des Mondes oder an anderen regelmäßigen Erscheinungen der Natur wie den Jahreszeiten orientieren.

Das machten die Ägypter schon vor 5000 Jahren. Sie hatten festgestellt, dass der Nil immer dann Hochwasser brachte, wenn im Osten vor Sonnenaufgang der Stern Sirius hell am Himmel leuchtete. Mit diesem Tag begann für sie das neue Jahr. Die Zeit zwischen den Neujahrstagen teilten sie in drei Jahreszeiten zu vier Monaten von 30 Tagen. Die fehlenden fünf Tage fügten sie hinzu. Damit hatten sie einen Kalender entwickelt.

Welches Jahr?

Um Jahresangaben machen zu können, brauchen wir einen Ausgangspunkt. Für uns ist das die Geburt Christi. Wir teilen die Jahre in die Zeit vor und nach ihr (*v. und n. Chr.*) ein. Diese Zeitrechnung setzte sich vor etwa 1400 Jahren in Europa durch. Davor zählte man beispielsweise nach Regierungszeiten von Herrschern. Im heutigen Wirtschaftsleben wird weltweit die bei uns übliche Jahreszählung benutzt. Es gibt aber auch noch andere Zeitrechnungen: Für die Juden beginnt sie mit der Erschaffung der Welt. Nach der Bibel war das 3761 v. Chr. Für die Muslime setzt sie mit unserem Jahr 622 ein. In dem Jahr wurde Mohammed aus Mekka nach Medina vertrieben.*

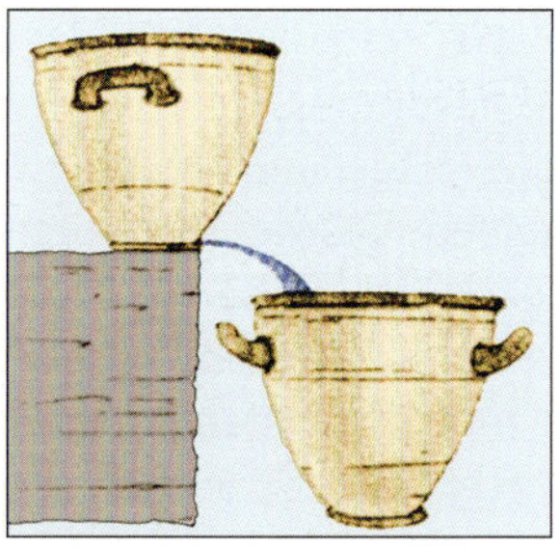

1 **Wasseruhr, um 400 v. Chr.**
Sie maß die Redezeit vor Gericht. Bei Beginn einer Rede zog man den Stöpsel im Boden des etwa fünf Liter fassenden Behälters. Nach rund sechs Minuten war er leer und die Redezeit vorbei. Solche „Auslaufuhren“ gab es schon bei den alten Ägyptern im 2. Jahrtausend v. Chr.

2 **Sanduhr, um 1500.**
■ *Beschreibe, wie die Sanduhr funktioniert.*

3 **Pendeluhr, um 1765.**
Vor rund 400 Jahren wurde entdeckt, dass ein Pendel für eine volle Schwingung (hin und zurück) immer die gleiche Zeit benötigt. Danach konnten Uhren hergestellt werden, die auf die Minute genau gingen.

4 **Zimmeruhr.**
Solche Uhren standen bei uns bis in die 1960er-Jahre in den Wohnzimmern.

**Lies dazu Seite 200.*

M1 Der Kalender wird geändert

Der Journalist Winfried Schleyer schreibt über die Einführung eines neuen Kalenders im 16. Jh.:

Nur alle vier Jahre steht der 29. Februar im Kalender. Geburtstag feiern, Hochzeit halten – nicht jeder würde sich dafür freiwillig diesen Tag aussuchen. Rein rechnerisch gibt es in Deutschland 55 000 „Schalttagskinder", weltweit sollen es vier Millionen sein. [...]

Egal, wie man nun persönlich zum 29. Februar steht – Tatsache ist, dass ohne den Schalttag im Kalender ein einziges Chaos herrschen würde. „Papst Gregor XIII.* hat die Sache in Ordnung gebracht", stellt dazu ein Professor für Astronomie** fest. Die Erdumdrehung bestimmt die Tageslänge und der Umlauf der Erde um die Sonne die Anzahl der Jahrestage, wie der Professor erklärt. Beides geht aber nicht zusammen, weil die Länge des Jahres exakt 365 Tage, fünf Stunden und 49 Minuten beträgt. Einen Ausgleich hatte schon Iulius Caesar*** im Sinn und ließ alle vier Jahre mit einem Tag schalten.

Papst Gregor XIII. passte den Kalender dann noch besser an den Verlauf der Sonne an und ordnete an, im Zeitraum von 400 Jahren 97 statt 100 Schalttage einzusetzen. So verbesserte er die Genauigkeit des Kalenders, der seitdem nicht mehr Julianischer, sondern Gregorianischer Kalender heißt.

Fränkischer Tag vom 28. Februar 2004 (vereinfacht)

*Gregor XIII.: *Der Papst lebte von 1502 bis 1585.*

**Astronomie: *Sternkunde*

***Gaius Iulius Caesar: *Der Feldherr, Politiker und Schriftsteller Caesar lebte 100 bis 44 v. Chr.*

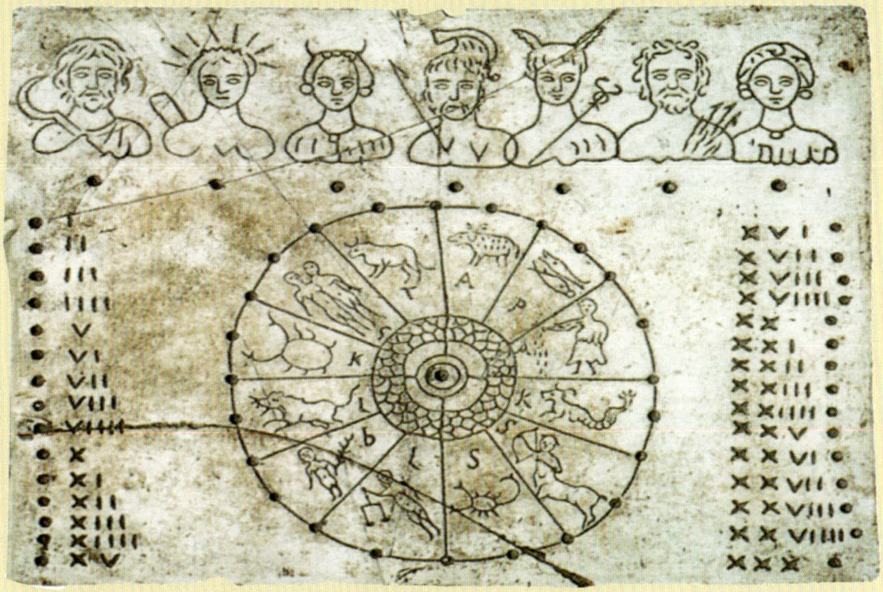

M2 Römischer Steckkalender aus dem 4. Jh. n. Chr.

Die sieben Wochentage wurden in der oberen Reihe, die zwölf Monate im Kreis und die Jahreszahlen an den Seiten mithilfe von kleinen Steckpflöcken abgesteckt.

Die sieben Figuren der oberen Reihe stellen römische Gottheiten dar. Jede war einem bestimmten Wochentag zugeordnet: Saturn – Samstag, Sol – Sonntag, Juno – Montag, Mars – Dienstag, Merkur – Mittwoch, Jupiter – Donnerstag und Venus – Freitag.

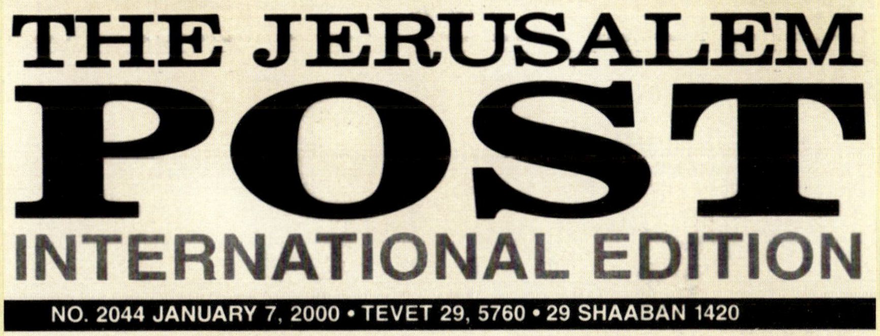

THE JERUSALEM POST

INTERNATIONAL EDITION

NO. 2044 JANUARY 7, 2000 • TEVET 29, 5760 • 29 SHAABAN 1420

M3 Kopfzeile einer Zeitung (Ausschnitt).

1. *Lies M1 genau und erkläre, worin das Problem bestand und wie es gelöst wurde. Ahme dabei die Bewegung der Erde um die Sonne nach.*
2. *Erkundige dich, warum sich der Papst um den Kalender kümmerte (M1).*
3. *Stelle fest, was die Sternzeichen mit dem Jahresverlauf zu tun haben und was sie bedeuten (M2).*
4. *Prüfe, warum wir heute den römischen Steckkalender nicht mehr verwenden können (M1 und M2).*
5. *Nenne das Land, in dem die Zeitung erscheint (M3), und erkläre, warum dort drei verschiedene Daten genannt werden. Lies dazu auf Seite 12 den Abschnitt „Welches Jahr?". Einer der drei Jahresangaben liegt das Mondjahr mit nur 354 Tagen zugrunde. Welcher?*
6. *Bau dir mit einfachen Mitteln eine Wasseruhr, die einige Stunden läuft und bei der außerdem die Zeit hörbar abläuft!*

Geschichte ordnen

Epochen

Um größere Zeiträume übersichtlich zusammenzufassen, unterteilen wir sie in Jahrtausende oder Jahrhunderte. Wenn wir vom 19. Jahrhundert sprechen, meinen wir die Jahre von 1801 bis 1900.

Außerdem haben wir den Verlauf der Geschichte in große Einheiten gegliedert. Diese nennen wir *Epochen*. Vor über 300 Jahren machte ein Gelehrter den Vorschlag, die europäische Geschichte in drei große Epochen zu gliedern: in *Altertum*, *Mittelalter* und *Neuzeit*. Diese Einteilung sah die griechische und römische Geschichte zwischen 1000 v. Chr. und 500 n. Chr. als eine Einheit an und ging davon aus, dass mit der Entdeckung Amerikas um 1500 etwas ganz Neues begonnen hatte. Die Zeit zwischen Altertum und Neuzeit wird als Mittelalter bezeichnet.

Diese Dreiteilung der Geschichte wurde durch zwei weitere Epochen ergänzt: die *Vorgeschichte* (auch *Ur- und Frühgeschichte* genannt) und die *Zeitgeschichte*. Die eine umfasst die Zeit bis zu den ersten schriftlichen Zeugnissen um 3000 v. Chr., die andere die jüngste Zeit, von der uns noch „Zeitzeugen" berichten können.

Zeitleisten anlegen

Den Verlauf der Zeit kannst du mit einem Zeitstrahl anschaulich darstellen. Trage auf einer Linie die Jahreszahlen ein und ordne den Daten und Jahren Ereignisse oder Bezeichnungen zu. Achte auf den Maßstab: Gleiche Zeiträume brauchen gleiche Abstände. Das ist bei langen Zeiträumen schwierig. Dann hilft oft nur ein anderer Maßstab.

Ein Zeitstrahl* kann auch das Nebeneinander von verschiedenen Ereignissen verdeutlichen. Ein Beispiel dafür ist M 2. Dort findest du Angaben über eine Familie und zur Geschichte.

***Zeitstrahl**: *eine Linie, die einen bestimmten Zeitraum festlegt, um auf ihm dann Ereignisse, Personen oder Epochen einem Datum oder Zeitraum zuzuordnen. Ein Zeitstrahl dient der Orientierung in der Geschichte.*

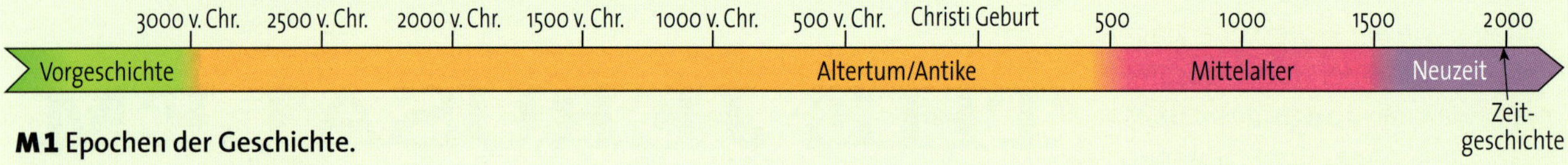

M 1 Epochen der Geschichte.
Maßstab: 1,5 cm = 500 Jahre

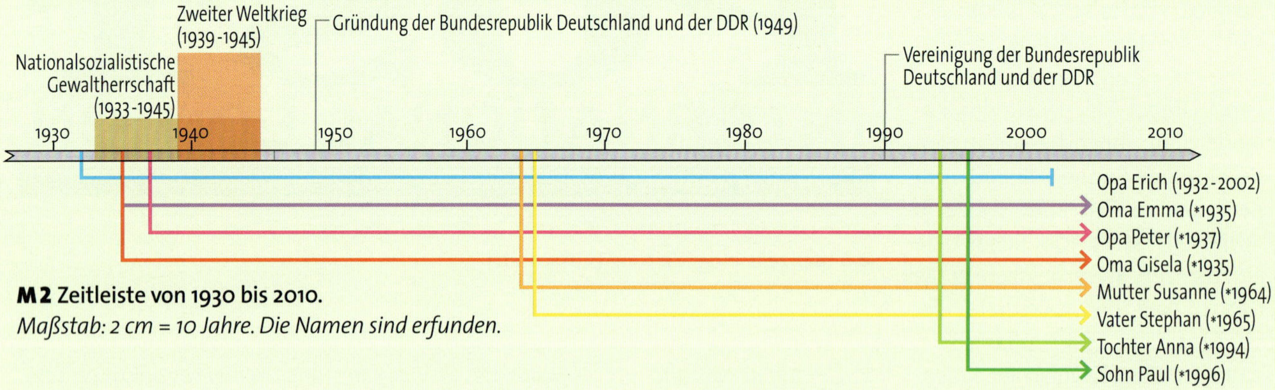

M 2 Zeitleiste von 1930 bis 2010.
Maßstab: 2 cm = 10 Jahre. Die Namen sind erfunden.

1. *Nenne die Epoche, in der du lebst. In welchem Jahrhundert bist du geboren?*
2. *Ihr könnt an einer Wand in eurem Klassenzimmer nach dem Muster von M 1 eine Zeitleiste für die Zeit von 5000 v. Chr. bis 1000 n. Chr. befestigen (ein Meter für 1000 Jahre). Tragt im Laufe des Schuljahres wichtige Daten und Ereignisse der behandelten Geschichte ein und fügt Abbildungen hinzu.*
3. *Lege in deinem Heft eine Zeitleiste nach dem Muster von M 2 an, ändere aber den Maßstab. Trage die Lebensdaten deiner Großeltern, Eltern und Geschwister und dein eigenes ein. Füge besondere Daten deiner Familie wie Hochzeits- oder Scheidungsjahr der Eltern, den Wechsel des Wohnortes oder andere dir wichtig erscheinende Ereignisse aus deinem Leben hinzu.*
4. *Bitte einen älteren Verwandten oder Bekannten, dir aus seinem Leben zu erzählen. Schreibe aus deinen Notizen einen Lebenslauf. Vielleicht erinnert sich dein Gesprächspartner an besondere historische Ereignisse wie die Wiedervereinigung Deutschlands und seine damaligen Gedanken und Gefühle.*

Geschichte erleben

Geschichte im Museum erleben

Museen sind Orte der Erinnerung. Sie sammeln Gegenstände und Bilder aus der Vergangenheit, untersuchen sie, bringen sie teilweise in den ursprünglichen (restaurierten) Zustand und stellen sie aus.

Für die Erforschung unserer Geschichte sind die Heimat-, Kreis- und Stadtmuseen besonders interessant. In ihnen finden wir neben Urkunden, Bildern, Wappen und sonstigen Funden aus der überlieferten Geschichte einer Region oft auch Gegenstände wie Möbel, Werkzeuge und Trachten.

Neben diesen allgemeinen Sammlungen gibt es besondere Museen für Vorgeschichte, Landwirtschaft, Bergbau, Mühlen, Verkehr, Spielsachen, Schule oder Feuerwehr.

Heute finden wir in einigen Museen, vor allem den Freilichtmuseen, nicht nur Ausstellungsstücke (Exponate), sondern wir dürfen dort ausprobieren, wie früher Getreide, Garne oder Seile hergestellt wurden, wie unsere Vorfahren getöpfert, geschneidert, gewebt oder gekocht haben. Betreuer helfen uns und halten Materialien und nachgebildete Werkzeuge bereit.

M1 Faustkeile schlagen.
Foto von 2006.
In vielen Museen können die Besucher ausprobieren, wie man vor 5 000 Jahren Feuer ohne Streichhölzer machte, Werkzeuge und Waffen herstellte, Brot im Lehmofen backte, Wände baute oder Stoffe webte.

Sieh mal, denk mal – Denkmal

Überall finden wir Teile unserer Geschichte. Besonders auffällig sind Denkmäler. Das sind meist Kunstwerke, die geschaffen und errichtet wurden, um an Herrscher, Dichter, Denker und Erfinder, an Sieger und Opfer zu erinnern. Denkmäler fordern uns auf, die Erinnerung an bedeutende Menschen oder besondere Ereignisse wach zu halten. Sie sollen ein Bewusstsein für unsere Geschichte entwickeln.

M2 Das Goethe-Schiller-Denkmal in Weimar.
Foto von 2008.
Das 1857 eingeweihte Doppelstandbild der beiden Dichter steht vor dem Deutschen Nationaltheater in Weimar.
Johann Wolfgang von Goethe trägt einen Frack, Friedrich von Schiller hält in seiner Linken eine Schriftrolle.
Nebenbei: Schiller war rund 20 cm größer als der nur 1,69 m große Goethe. Trotzdem wurden sie hier in gleicher Körpergröße dargestellt.

▶ ***Exkursionstipps:***
Hinweise für Erkundungen findest du auf den Seiten 21, 42, 44, 46, 50, 73, 118 und 172. Lies auch den Lerntipp „Erkundungen planen" hinten im Buch.

1. *Berichtet, über welche Lebensbereiche in früherer Zeit ihr euch gerne in einem Museum informieren würdet.*
2. *Erkundigt euch nach Museen in eurem Wohn- und Schulort. Lasst euch sagen und zeigen, was dort ausgestellt wird.*
3. *Informiert euch darüber, weshalb und auf wessen Anregung das Denkmal (M2) errichtet wurde.*
4. *Legt eine Liste von Denkmälern eures Schul- oder Wohnortes an. Notiert euch, an wen und woran sie erinnern, wo sie stehen und wann sie errichtet wurden.*

Dein Wohnort hat Geschichte

Da, wo du lebst, erinnert mehr an die Vergangenheit, als dir sofort auffällt: Die Kirche, vielleicht das Rathaus, ein Denkmal, der Bahnhof sowie alte Fachwerkhäuser oder Fabriken sind Quellen der Geschichte. Auch Straßennamen erinnern an alte Zeiten oder besondere Menschen, manchmal auch an etwas, was früher dort war: Die Goethe-Straße, der Mühlenweg oder die Webergasse sind Beispiele dafür.
Du kannst die Geschichte deines Wohnortes, seiner Gebäude und Denkmäler sowie das Leben bekannter Bürger erforschen. Informationen enthalten Veröffentlichungen zur Stadt- und Heimatgeschichte sowie Internetseiten. Hilfen bekommst du auch im Rathaus, im Stadtarchiv, im Museum oder beim Geschichtsverein.

2 Rathaus von Pößneck mit Marktplatz und -brunnen.
Foto von Peter Peterlein, 2008.
In dem alten Rathaus mit der Freitreppe befinden sich heute Verwaltungsräume und das Stadtmuseum.

1 Dom St. Marien, Erfurt.
Foto von 2009.
Im Mittelturm des Domes befindet sich die „Gloriosa", die größte freischwingende Glocke der Welt. Sie wurde 1497 gegossen, wiegt 11,5 t, hat eine Höhe von 2,62 m und einen Durchmesser von 2,56 m.

3 Bahnhof von Gotha.
Postkarte, um 1903.

1. *Informiere dich über die Entstehungszeiten des Doms, des Rathauses und des Bahnhofs (Abb. 1 bis 3).*
2. *Erkundige dich nach der ältesten Kirche deines Wohnortes, nach dem Baujahr des Rathauses und der Eröffnung des Bahnhofes deines Wohn- oder Schulortes.*

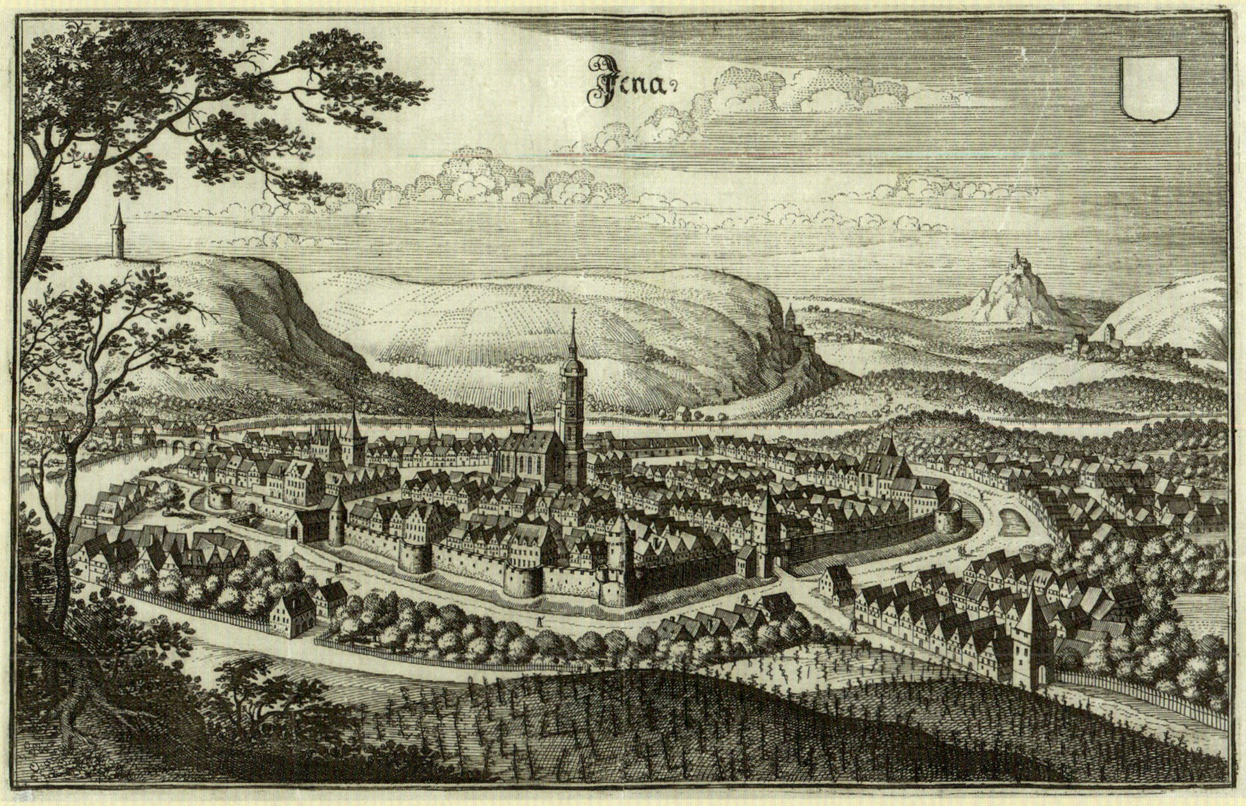

M 1 Jena von Nord-West.
Kupferstich von Caspar Merian, 1650.

M 2 Jena.
Foto von 2009.

1. *Untersuche die beiden Bilder (M 1 und M 2) und erläutere, woran du neben dem Dom erkennen kannst, dass beide Ansichten Jena zeigen.*
2. *Beschreibe, was die Bilder (M 1 und M 2) über die Veränderungen der Stadt aussagen.*
3. *Suche auch für deinen Schul- oder Wohnort nach Ansichten von früher. Stelle fest, von wo aus sie ihn zeigen. Mache ein Foto von dieser Stelle und beschreibe die Veränderungen.*

Deine Familie – gestern und heute

Deine Familie prägt dich: In ihr wächst du auf, in ihr wirst du erzogen und auf das Leben vorbereitet. Eltern kümmern sich um ihre Kinder. Meistens sind es leibliche Mutter und Vater, manchmal auch nur einer von ihnen. Häufig leben auch Partner zusammen, die schon ein Kind aus einer früheren Beziehung haben.
Die Familie bietet viel Stoff für Historiker: Wie lebten Vater, Mutter und Kinder zu verschiedenen Zeiten als Arbeiter, Bauern, Bürger oder Adlige? In welchem Alter wurde geheiratet? Wovon war die Zahl der Kinder einer Familie abhängig? Welchen Einfluss hatten das Land- oder Stadtleben, die Gesetze, der Glauben, die Erziehung, die Berufs- und Arbeitswelt oder die Technik auf das Familienleben? Und wie bewältigten Familien Kriegs- und Notzeiten?
Um familiäre Veränderungen verstehen und beurteilen zu können, wird auch danach gefragt, was früher von Vätern und Müttern erwartet wurde, wann und warum es zu Trennungen kam und was dann aus den Kindern wurde. Spannende Fragen, die bis heute aktuell sind und auf die es keine einfachen Antworten gibt.

1 Familie.
Foto von Siegried Kühl, um 1975.

2 Patchwork-Familie.
Foto von Enno Kapitza, 2011.
Carl Mirwald (36) und Petra Mirwald (35) mit Kindern aus erster und zweiter Ehe und ihre Ex-Ehegatten.
Eine Patchwork-Familie ist ein Verbund aus verschiedenen Beziehungen. Fachleute gehen davon aus, dass inzwischen jede siebte Familie als Patchwork-Familie anzusehen ist.

	Eheschließungen	Scheidungen	Scheidungsrate
1900	476 500	9150	1,9 Prozent
1950	516 300	75 300	14,6 Prozent
2000	418 600	194 400	46,4 Prozent

3 Eheschließungen, Scheidungen und Scheidungsraten in Deutschland.

Nach: www.theologische-links.de/downloads/tabellen/scheidungen_eheschliessungen.html (Zugriff: 28.12.2011; vereinfacht)

1. *Das Foto (Abb. 1) zeigt eine moderne Familie in den 1970er-Jahren. Untersuche, an welchen Einzelheiten man das erkennen kann.*
2. *Nenne Gründe, weshalb die Zahl der Patchwork-Familien in den letzten Jahrzehnten zugenommen hat (Abb. 2 und Tabelle 3).*
3. *Erkundige dich nach dem Leben deiner Eltern und Großeltern. Frage nach, wann sie geboren und wann sie eingeschult wurden, wann sie ihre Ausbildung beendet und geheiratet haben, halte auch Todesfälle, Wohnungswechsel und andere wichtige Ereignisse fest. Wenn du alles in der Reihenfolge der Jahre auflistest, hast du eine kleine Familiengeschichte für dein Portfolio* verfasst. Ergänze sie mit Bildern.*

**Zum Portfolio siehe den Lerntipp auf Seite 24.*

M1 Das Herzogpaar Osuna und seine Kinder.
Ölgemälde (225 x 174 cm) von Francisco de Goya von 1788.

M2 „Bildnis des Notars Dr. Josef August Eltz mit seiner Gemahlin Caroline und seinen acht Kindern."
Ölgemälde (124 x 110 cm) von Georg Waldmüller, 1835.

M3 Familienbild zur Erinnerung an die Taufe.
Foto, um 1900.
Früher fuhren Fotografen über Land, um Familienbilder zu machen. Sie brachten nicht nur eine Kamera mit, sondern auch bemalte Vorhänge für den Hintergrund und Teppiche für den Boden.

1. *Die Bilder (M1-M3) sind Quellen für die Zeit, in der sie entstanden sind. Wenn du also etwas über die Familienverhältnisse jener Zeit erfahren möchtest, musst du dir die Bilder und die Bildunterschriften genau ansehen. Du kannst untersuchen: Entstehungszeit des Bildes, Herkunft der Familie, Zahl der Familienmitglieder, Kleidung, Körperhaltung und Geschichtsausdruck der Personen sowie die Gegenstände, die einige in den Händen halten. Untersuche die drei Bilder. Stelle die Informationen zusammen, die du erkennen kannst.*
2. *Prüfe, was die Bilder (M1-M3) über diese Familien nicht erzählen können.*
3. *Vergleiche die Bilder (M1-M3) mit den Familienfotos auf Seite 18. Welche Veränderungen kannst du erkennen?*

Kinderleben

1 Kinderspiele.
Gemälde (118 x 161) von Pieter Bruegel d. Ä., um 1560 (Ausschnitt). Dargestellt sind etwa 90 verschiedene Kinderspiele.

Spielen, lernen und arbeiten – heute und gestern
Wie der Alltag von Kindern aussieht, wird stark davon beeinflusst, in welchem Land sie aufwachsen, wie sich ihre Eltern um sie kümmern, ob sie Junge oder Mädchen, reich oder arm sind, ob sie auf dem Lande oder in der Stadt wohnen und ob sie im Krieg oder Frieden groß werden.
In Deutschland besuchen die meisten Kinder heute einen Kindergarten, bevor sie zur Schule kommen. Sie spielen gern, treffen sich mit Freunden, treiben Sport, hören Musik, sehen fern und benutzen schon früh den Computer und das Internet, wann immer sie können.
Aber wie lebten Kinder zu anderen Zeiten, etwa vor 400, 300 oder 100 Jahren? Wie wurden sie erzogen? Womit spielten sie? Gingen sie zur Schule? Oder mussten sie wie Erwachsene arbeiten? Trugen sie auch Jeans und Turnschuhe?
Erste Antworten auf diese Fragen findest du auf den folgenden Seiten. Dort haben wir Bild- und Textquellen zu den Themen „Spielen", „Schule" und „Kinderarbeit" aus verschiedenen Jahrhunderten zusammengestellt. Sie zeigen, wie sehr sich der Alltag von Kindern verändert hat. Manches aber gab es auch schon früher. Du kannst Fremdes und Vertrautes entdecken. Allerdings geben die wenigen ausgewählten Quellen nur einen kleinen Einblick in das Leben von Kindern zu einer bestimmten Zeit.

In diesem Buch erfährst du noch mehr über Kinderleben im alten Ägypten, in Griechenland und in Rom. Wenn du dich für dieses Thema interessierst, kannst du dein Wissen zum Thema „Kinderzeiten" sammeln und in dein Portfolio einfügen.*

Zum Portfolio siehe Seite 24.

1. *Fragt zunächst eure Eltern und Großeltern nach ihrer Kindheit und vergleicht sie mit eurem Alltag. Stellt Unterschiede und Gemeinsamkeiten in einer Tabelle gegenüber.*
2. *Legt einen Zeitstrahl von 1500 bis zur Gegenwart an (siehe dazu den Lerntipp „Geschichte ordnen" auf Seite 14) und ordnet alle Quellen dieses Kapitels (Seiten 20 bis 23) nach ihrem Entstehungsjahr ein.*
3. *Betrachtet das Gemälde (Abb. 1) genau und schreibt in eine Liste, welche Spiele ihr erkennt. Welche davon werden noch heute gespielt?*

M1 **Was Mädchen und Knaben tun**

Der niederländische Dichter Jacob Cats dichtet um 1600:

Das Mädchen spielt mit Puppen im Heim,
Im Knaben steckt ein kühnerer Keim;
Das Mädchen lässt die Wiege schwingen,
Der Knabe bringt die Trommel zum Klingen;
Das Mädchen spielt mit kleinen Dingen gern,
Die für ihre Küche einmal nützlich werden;
Der Knabe übt den Lanzenkampf
Nach Art des rauen Landsknechtmanns*
Alle von Hollands Blut, er weiß es gewiss,
Mit Waffen müssen schützen des Landes Besitz.

Zitiert nach: Simon Schama, Überfluß und schöner Schein. Zur Kultur der Niederlande im Goldenen Zeitalter, München 1988, S. 542

*Landsknecht: *Soldat*

M2 Vergnügungen der Kinder.
Kupferstich nach einer Zeichnung von Johann Daniel Chodowiecki von 1774.

M3 Glasmurmeln aus Lauscha (Thüringen).
Durchmesser 3,2 bis 4,5 cm.
Das Spielen mit kleinen Kugeln aus Stein oder Ton gehört zu den ältesten bekannten Kinderspielen. Seit 1850 wurden in Lauscha auch Glaskugeln zum Spielen hergestellt. Sie wurden bis zum Beginn des 20. Jh. in ganz Europa und den Vereinigten Staaten verkauft.

M4 **„Was wollen wir spielen?"**

Der 1935 geborene Waldemar R. Röhrbein aus Hannover erinnert sich:

Was wollen wir spielen? Ich weiß nicht, wie oft wir diese Frage gestellt haben, wenn wir am Zaun standen ..., auf der Mauer, auf dem Bordstein saßen, wenn wir uns im Hof, auf der Straße, in der Sandkuhle, auf den abgeernteten Feldern oder am Leineufer tummelten. „Was wollen wir spielen?", stand eigentlich immer am Anfang des gemeinsamen Spielens.

Wir, das waren zwölf bis 15 Jungen und Mädchen im Alter von sechs bis etwa 14 Jahren, die ihr Zuhause während der vierziger Jahre im Umkreis von knapp 100 Metern hatten. Mit weiter entfernt wohnenden Kindern spielten wir nicht. Und diese verspürten kein Bedürfnis, in unser „Revier" zu kommen. Sie hatten ihre eigenen „Reviere".

Wir spielten fast täglich nach der Schule und besonders in den Ferien, meist ohne Spielgeräte oder mit selbstgebastelten. Die Spiele hießen: Räuber und Gendarm, Hinkekasten, Blindekuh, Steinchenspiel, Knickern, Bäumchen-wechsel-dich, Länderstechen usw.

Zitiert nach: Waldemar R. Röhrbein, Spiele im Freien – Erinnerungen, in: Die große Welt im Kleinen, hrsg. vom Historischen Museum Hannover, Hannover 1986, S. 61 ff. (gekürzt)

M5 **„Die Straße ist kein Spielplatz"**

In einem Zeitungsartikel heißt es am 28. März 1926:

Was den Großstadtkindern noch geblieben ist, das ist die Straße. Das Straßenkind ist das Produkt der Großstadt. Die Straße ist Spielplatz. Hier, zwischen Passanten und Fuhrwerken, zwischen Autos und Fahrrädern, tummelt sich die Jugend; überall im Wege, überall dem Verkehr Hindernisse bereitend und überall den schwersten Gefahren ausgesetzt. „Die Straße ist kein Spielplatz", so heißt es wohl in den Verkehrsordnungen, ja, sie sollte es wenigstens nicht sein. Aber was nutzen alle schönen Ermahnungen in Schule und Haus, durch Passanten und Schutzleute, wenn den Kindern kein besserer Raum und Platz gewährt wird?

Zitiert nach: Andreas Urban, Kinderkram. Kindheit in Hannover 1800 bis heute. Begleitbuch zur gleichnamigen Ausstellung, Hannover 1999, S. 92

▶ ***Exkursionstipp:*** *Deutsches Spielzeugmuseum, Sonneberg*

1. *Arbeite aus dem Gedicht M 1 heraus, welche Spiele Mädchen und welche Jungen spielen sollten.*
2. *Erkläre, welchen Zwecken die unterschiedlichen Spiele für Mädchen und Jungen dienten (M 1 bis M 5).*

M 6 **Bildung für alle!**

Der einflussreiche tschechische Pädagoge Johann Amos Comenius fordert in seiner „Großen Didaktik“ von 1633/38:

Nicht nur die Kinder der Reichen und Vornehmen sollen zum Schulbesuch angehalten werden, sondern alle in gleicher Weise, Adlige und Nichtadlige, Reiche und Arme, Knaben und Mädchen aus allen Städten, Flecken, Dörfern und Gehöften.

Johann Amos Comenius, Große Didaktik. Übersetzt und hrsg. von Andreas Flitner, Stuttgart [10]2007, S. 51 f.

M 7 **„Die Kinder sollen keine Stunden versäumen“**

Anfang des 17. Jh. werden erste Verordnungen zur staatlichen Schulpflicht in den deutschen Staaten erlassen. 1642 entwirft der Schulleiter Andreas Reyher für seinen Herzog den „Gothaischen Schulmethodus“; darin heißt es z. B.:

Die Kinder sollen jedes Orths alle/ keines ausgenommen/ Knaben und Mägdlein das gantze Jahr stets nach einander in die Schule gehen/ ohne allein in der Erndte/ da man ihnen vier Wochen/ deßgleichen uff die Kirchmessen etliche Tage sol feyer geben. [...]

Wenn ein Kind fünff Jahr alt ist/ so solle es zur Schule geschickt werden. Minder-Jährige sollen nicht leichtlich angenommen werden/ damit sie die andern nicht hindern. [...]

Die Kinder sollen keine Stunden versäumen/ auch flugs im anfang der Stunde bey ein ander seyn/ sie werden denn durch Leibs Schwachheit davon abgehalten.

Thomas Neumann (Hrsg.), „... daß bei der Erziehung kein Teil von dem anderen unabhängig ist ...“. Pädagogik im 18. und 19. Jahrhundert, Erfurt 2002, S. 39-41

M 8 **Die Dorfschule.**

Ölgemälde (104 x 175,5 cm) von Albert Anker von 1896.

In diesen Schulen lernten die Kinder oft nur notdürftig lesen, schreiben und rechnen.

M 9 **Schulordnung**

In Norddeutschland gelten an einigen Schulen um 1900 folgende Schulregeln:

1. Alle Schüler sitzen anständig gerade, mit dem Rücken angelehnt in Reihen hintereinander.
2. Jedes Kind legt seine Hände geschlossen auf die Schultafel.
3. Die Füße werden parallel nebeneinander auf den Boden gestellt.
4. Sämtliche Kinder schauen dem Lehrer fest ins Auge.
5. Sprechen, Plaudern, Lachern, Flüstern, Hin- und Herrücken, heimliches Lesen und neugieriges Herumgaffen dürfen nicht vorkommen.
6. Das Melden geschieht bescheiden mit dem Finger der rechten Hand. [...]
7. Beim Antworten hat sich das Kind rasch zu erheben, geradezustehen, dem Lehrer fest ins Auge zu schauen und in vollständigen Sätzen rein und laut zu sprechen.

Hans Hermann Storm, So war es damals. Das Leben auf dem Lande. Erinnerungen in Wort und Bild, Bd. IV, Rendsburg o. J. (1990), S. 25

1. *Gib den Inhalt von M 7 mit eigenen Worten wieder. Was erscheint dir an diesem Text ungewöhnlich?*
2. *Im 19. Jh. gab es viele schlecht bezahlte Dorfschullehrer. Oft gingen sie noch anderen Arbeiten nach. Hinweise darauf findest du auf dem Gemälde (M 8). Suche sie!*
3. *Vergleiche M 8 und M 9 mit deinem Schulalltag. Welche Unterschiede kannst du entdecken?*

M10 Mädchen bei der Puppenherstellung.
Foto aus Sonneberg (Thüringen) von 1905.

M11 Lehrjahre sind keine Herrenjahre

Johannes Butzbach aus Miltenberg am Main ist 17 Jahre alt, als er 1494 eine Schneiderlehre beginnt. Viele Jahre später berichtet er darüber in seinem „Wanderbüchlein":

Was ich bei dem Meister während der zwei Jahre meiner Lehrzeit ausgestanden habe, will ich berichten. Ich musste von drei oder vier Uhr morgens bis abends neun oder zehn, bisweilen auch bis elf oder zwölf Uhr in einem fort arbeiten. Ich wurde geplagt mit Wassertragen, mit Hauskehren, Heizen, mit Besorgungen in der Stadt und außerhalb, mit Schuldeneintreiben an Festtagen und, was mir am meisten verhasst war, mit dem Sammeln, oder besser gesagt, dem Stehlen des Wachses von den Leuchtern in den Kirchen zur weiteren Verwendung im Geschäft. Ferner erhielt ich von dem Meister und der Meisterin sowie von den Dienstboten herbe Worte und mitunter auch Schläge. Dazu hatte ich Kälte und Hitze, Hunger und Durst bis zum Äußersten zu ertragen.

Wanderbüchlein des Johannes Butzbach genannt Piemontanus, Prior zu Maria Laach. Aus dem Leben eines fahrenden Schülers im 16. Jahrhundert, hrsg. und bearb. von Leonhard Hoffmann, Graz 1985, S. 143 f. (vereinfacht)

M12 „Kinder, sputet euch!"

Luise Zietz wird 1865 geboren. Sie muss schon als Kind ihrem Vater, einem Wollwirker, helfen. 1919 berichtet sie in einem Aufsatz:

Da hockten wir Stunde um Stunde auf dem niedrigen Stühlchen hinter dem Spulrad bei der entsetzlich eintönigen und ermüdenden Arbeit, immer nur spulen, spulen, spulen. Der Rücken schmerzte, der rechte Arm, der das Rad drehen musste, drohte zu erlahmen, die Finger der linken Hand wurden von den scharf gesponnenen Fäden, die zur gleichmäßigen Verteilung auf die Spule geleitet werden mussten, blutig gerissen.

Und bei der Kälte in den schrecklich harten Wintertagen verklammten Hände und Füße, denn die große Werkstatt sollte von einem kleinen Kanonenofen erwärmt werden, für den es oft genug noch an Holz und Kohlen mangelte. Lachte dagegen an den warmen Sommertagen die Sonne durch die Scheiben und drang der fröhliche Lärm und das Jauchzen der singenden Nachbarkinder in die Werkstatt, dann wurde die nie endende Arbeit für uns vollends zur Qual.

Wie gern hätten auch wir uns an dem fröhlichen Treiben da draußen beteiligt. Aber im Schrank war kein Brot und der Hunger tut so weh. Kinder, sputet euch! Das war der mahnende Ruf des Vaters, der immer aufs Neue zur Arbeit antrieb.

Zitiert nach: Wolfgang Emmerich (Hrsg.), Proletarische Lebensläufe. Autobiographische Dokumente zur Entstehung der Zweiten Kultur in Deutschland, Bd. 1: Anfänge bis 1914, Reinbek bei Hamburg 1974, S. 180 f.

M13 Kinder stellen Fußbälle her.
Foto aus Indien von 2006.
Nach aktuellen Schätzungen arbeiten weltweit etwa 125 Millionen Kinder unter 15 Jahren regelmäßig in Fabriken, auf Plantagen oder in Steinbrüchen. Hinzu kommt die Heimarbeit. Ein regelmäßiger Schulbesuch bleibt für sie ein Traum.

1. *Stellt mithilfe von M 10 bis M 12 Vermutungen an, warum Kinder früher wie Erwachsene arbeiten mussten und warum Kinderarbeit nicht verboten war.*
2. *Wann wurde die Kinderarbeit in Deutschland erstmals gesetzlich eingeschränkt und welche Rechte haben Kinder heute? Informiere dich dazu im Internet unter www.kindernetz.de.*
3. *Tragt am Ende dieser Einheit zusammen, was ihr aus den Quellen M 1 bis M 13 über das Leben von Kindern zu bestimmten Zeiten erfahren habt. Vergleicht diese Informationen mit euren Erfahrungen heute.*

Ein Portfolio anlegen

M1 Seiten aus dem Portfolio von Anna L., 2012.

Wozu ein Portfolio?

Ein Portfolio (lat. *portare*: (mit sich) tragen; *folium*: Blatt, Buchseite) enthält deine Arbeiten aus dem Geschichtsunterricht, die du selbst für besonders gelungen hältst. Sie sollen über das hinausgehen, was im Unterricht erarbeitet worden ist. Anregungen für solche Arbeiten findest du in unseren Arbeitsvorschlägen. Du kannst aber auch eigene Ideen einbringen. Das Portfolio gibt dir und anderen Auskunft darüber, wie du beim historischen Lernen vorgegangen bist. Es kann dich auch beim Lernen selbst unterstützen, indem es dich anregt, über deine (guten oder weniger guten) Lernerfahrungen nachzudenken und deinen Lernfortschritt einzuschätzen.

Wie lege ich mein Portfolio an?

1. Sammle deine Arbeiten in einer Portfolio-Mappe. Das kann auch ein Karton sein, falls du etwas Größeres gebastelt hast.
2. Sieh dir am Ende eines Großkapitels deine Arbeiten an und wähle jeweils zwei für deine Portfolio-Mappe aus.
3. Überlege und entscheide, ob du die Vorlagen noch verbessern und ausgestalten willst oder ob sie bereits gut genug sind.
4. Schreibe für jede Vorlage ein kurze Begründung, warum du sie ausgewählt hast.

Wie schreibe ich einen Lernbericht für mein Portfolio?

Am Ende jeder großen Unterrichtseinheit kannst du dein Wissen und deine Fähigkeiten überprüfen, sachkundig (kompetent) mit Texten, Informationen, Bildern und Zeitleisten umzugehen.

Verfasse dazu Lernberichte. Folgende Fragen können dir dabei helfen:

- Welche Themen haben mich besonders interessiert?
- Was fand ich spannend, was eher langweilig? Warum?
- Hatte ich mit bestimmten Inhalten besondere Schwierigkeiten? Welche Hilfen hätte ich benötigt?
- Wie bin ich mit den Unterrichtsmaterialien zurechtgekommen?
- Welche Arbeitsweisen (Lerntipps) habe ich kennengelernt?
- Welche Unterrichtsformen mochte ich besonders oder gar nicht? Warum?
- Wie viel Zeit habe ich gebraucht, um die Aufgaben für den Unterricht und das Portfolio zu erledigen?
- Wie beurteile ich meinen Lernfortschritt?
- Welche Anregungen und Wünsche habe ich für den weiteren Unterricht?

Wie soll das Portfolio gestaltet und geführt werden?

1. Gestalte eine fantasievolle Titelseite.
2. Lege ein Inhaltsverzeichnis für die Arbeiten und die Lernberichte an.
3. Nummeriere die Seiten.
4. Hefte anschließend die Teile ein.
5. Ergänze und erweitere dein Portfolio nach dem nächsten Kapitel.

1. *Wähle für dein Portfolio aus den bis jetzt erarbeiteten Themen ein oder zwei Vorlagen aus. Beachte dabei die Punkte 1 bis 4 des Abschnitts „Wie lege ich mein Portfolio an?“.*

2. *Schreibe einen Lernbericht zum Thema „Wir begegnen der Vergangenheit“.*

Durchblick – Kompetenzen überprüfen

M1 Was war wichtig?

Der folgendeText fasst zusammen, was du in diesem Kapitel erarbeitet hast. Du kannst dein Sachwissen überprüfen, indem du die Lücken füllst.

Zur Geschichte gehört, was Menschen getan und erlebt haben. Kenntnisse darüber helfen uns, das Leben früher und heute besser zu verstehen.

Unser geschichtliches Wissen stammt aus □□□□□□□□□□, □□□□- und □□□□□□□□□□□ sowie mündlicher Überlieferung. Menschen haben die Zeit schon vor 5 000 Jahren mit einem Kalender in Tage, Monate und Jahre eingeteilt. Sie orientierten sich dabei am Wechsel von Tag und Nacht, am Stand der Sonne, des Mondes oder anderen regelmäßigen Naturerscheinungen. Unsere Zeitrechnung beginnt mit der Geburt Jesu Christi. Ereignisse, die davor liegen, datieren wir „vor Christus" („v. Chr."); Ereignisse danach „nach Christus" („n. Chr."). In Israel wird neben dieser Zeitrechnung der jüdische und in den muslimischen Ländern auch der islamische Kalender verwendet.

Für eine bessere Übersicht gliedern wir die gesamte Geschichte in größere Einheiten (Epochen). Grundlegend für die europäische Geschichtsschreibung ist die Einteilung in Vorgeschichte, □□□□□□□□/□□□□□□, □□□□□□□□□□□, □□□□□□□ und Zeitgeschichte, von der uns noch „□□□□-□□□□□□" berichten können.

M2 Ein Klassenzimmer um 1900.
Foto aus dem Schulmuseum in Lohr am Main von 1999.

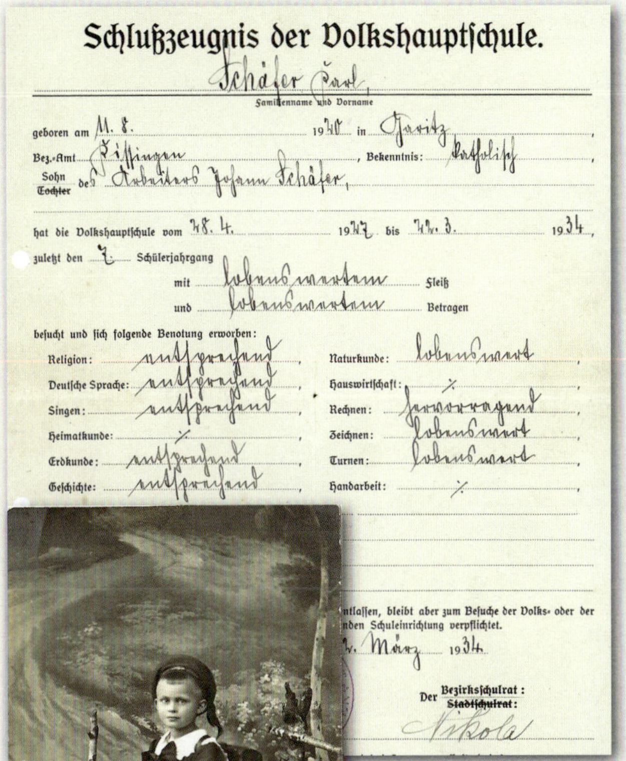

Schlußzeugnis der Volkshauptschule.

Schäfer Karl,
Familienname und Vorname

geboren am 11. 8. 1920 in Garitz,
Bez.-Amt Kissingen, Bekenntnis: katholisch,
Sohn ~~Tochter~~ des Arbeiters Johann Schäfer,

hat die Volkshauptschule vom 28. 4. 1927 bis 22. 3. 1934,
zuletzt den 7. Schülerjahrgang
mit lobenswertem Fleiß
und lobenswertem Betragen
besucht und sich folgende Benotung erworben:

Religion:	entsprechend	Naturkunde:	lobenswert
Deutsche Sprache:	entsprechend	Hauswirtschaft:	./.
Singen:	entsprechend	Rechnen:	hervorragend
Heimatkunde:	./.	Zeichnen:	lobenswert
Erdkunde:	entsprechend	Turnen:	lobenswert
Geschichte:	entsprechend	Handarbeit:	./.

...ntlassen, bleibt aber zum Besuche der Volks- oder der ...nden Schuleinrichtung verpflichtet.

...2. März 1934

Der Bezirksschulrat: ~~Stadtschulrat:~~
Nikola

M4 Ein Zeugnis von 1934.

M5 Schulanfang.
Foto, um 1910.

1. *Schreibe die fehlenden Begriffe der Zusammenfassung (M1) auf ein Blatt und überprüfe deine Angaben mit der Darstellung im Buch.*
2. *Prüfe die Angaben (M3) und zeichne danach einen korrekten Zeitstrahl.*
3. *Nenne die auf dieser Seite abgebildeten Quellenarten (M2, M4 und M5), ordne sie einer bestimmten Epoche zu und prüfe, welche Quellenarten fehlen.*
4. *Diskutiert, warum es zu einem vergangenen Ereignis verschiedene Geschichten geben kann.*
5. *Dauer und Wandel kennzeichnen die Geschichte. Erkläre diese Aussage anhand der Abbildungen auf dieser Seite.*

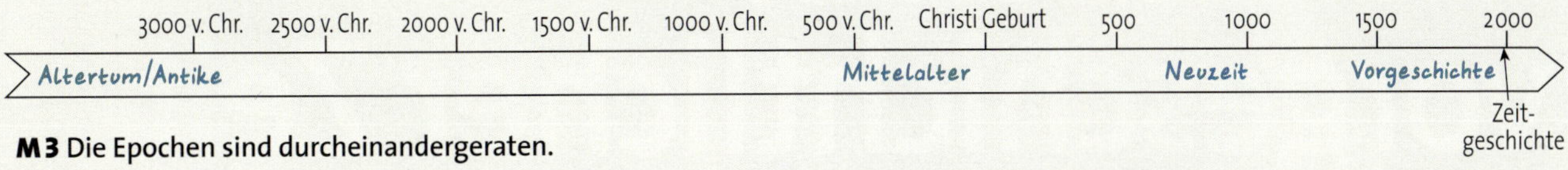

M3 Die Epochen sind durcheinandergeraten.

Menschen in vorgeschichtlicher Zeit

Dem „Neandertaler“ begegnen.
Plakat des Neanderthal Museums, Mettmann 2007 (Ausschnitt).

„Lucy in the Sky ...“

„So müsste es passen“, murmelte Don vor sich hin. Er hatte dem angeregten Gespräch der anderen nicht zugehört, sondern auf den Knochen eines Unterarms gestarrt, den er in der Hand hielt. „Das ist wie ein Puzzle“, meinte er schließlich und legte den Fund zu den anderen auf den Tisch.

Es war der 30. November 1974. Gemeinsam mit amerikanischen und französischen Forschern suchte Don im Nordosten Äthiopiens nach Überresten aus der Vorzeit der Menschen. Im Hintergrund leierte ein Tonband unablässig einen Hit nach dem anderen. Doch niemand hörte zu. Kein Wunder, denn was vor ihnen auf dem wackeligen Campingtisch lag, war viel interessanter. – Nein: Es schien eine Sensation. „Ich kann es noch gar nicht fassen.“ Tom nahm einen kräftigen Schluck aus der Dose. „Ich hätte das auch nicht gedacht, als wir heute Morgen loszogen“, meinte Maurice. „Das Gebiet hier sah zwar ganz vielversprechend aus. Wir konnten brauchbare Funde aus einer frühen Zeit erwarten. Aber der hier übertrifft meine kühnsten Erwartungen. Ein so gut erhaltenes Skelett aus der Vorzeit hat vor uns noch keiner gefunden; rund ein Drittel aller Knochen ist erhalten.“ – „Lasst uns weitermachen“, warf Don ungeduldig ein. „Fassen wir zusammen!“ Er blickte auffordernd in die Runde: „Wir haben die Überreste eines weiblichen Lebewesens vor uns, etwa einen Meter groß, dreißig Kilogramm schwer. Der Unterkiefer und die langen Armknochen ähneln denen eines Schimpansen ...“ „Moment mal!“, unterbrach Maurice. „Dass wir das bisher noch nicht bemerkt haben! Seht euch das einmal genauer an, das sind doch keine Affenknochen.“ Auch den anderen fiel es jetzt wie Schuppen von den Augen: „Der Winkel zwischen Becken- und Oberschenkelknochen sieht ganz anders aus als beim Affen. Dieses Wesen muss sich anders fortbewegt haben als ein Schimpanse. Es muss aufrecht gegangen sein wie ein Mensch.“

Keiner sprach es aus, aber alle wussten, dass dies kein x-beliebiger Fund war. Diese Knochen eines vermutlich weiblichen Wesens würden sie berühmt machen. Nun gab es endgültig kein Halten mehr. Alle redeten durcheinander und prosteten sich gegenseitig zu. Als es zufällig für einen Augenblick ganz still wurde, hörten sie vom Tonband, das immer noch im Hintergrund lief, die Titelzeile des Beatles-Songs „Lucy in the Sky with Diamonds“. In dem Augenblick schlug jemand übermütig vor: „Nennen wir sie doch einfach Lucy!“

Dieter Brückner

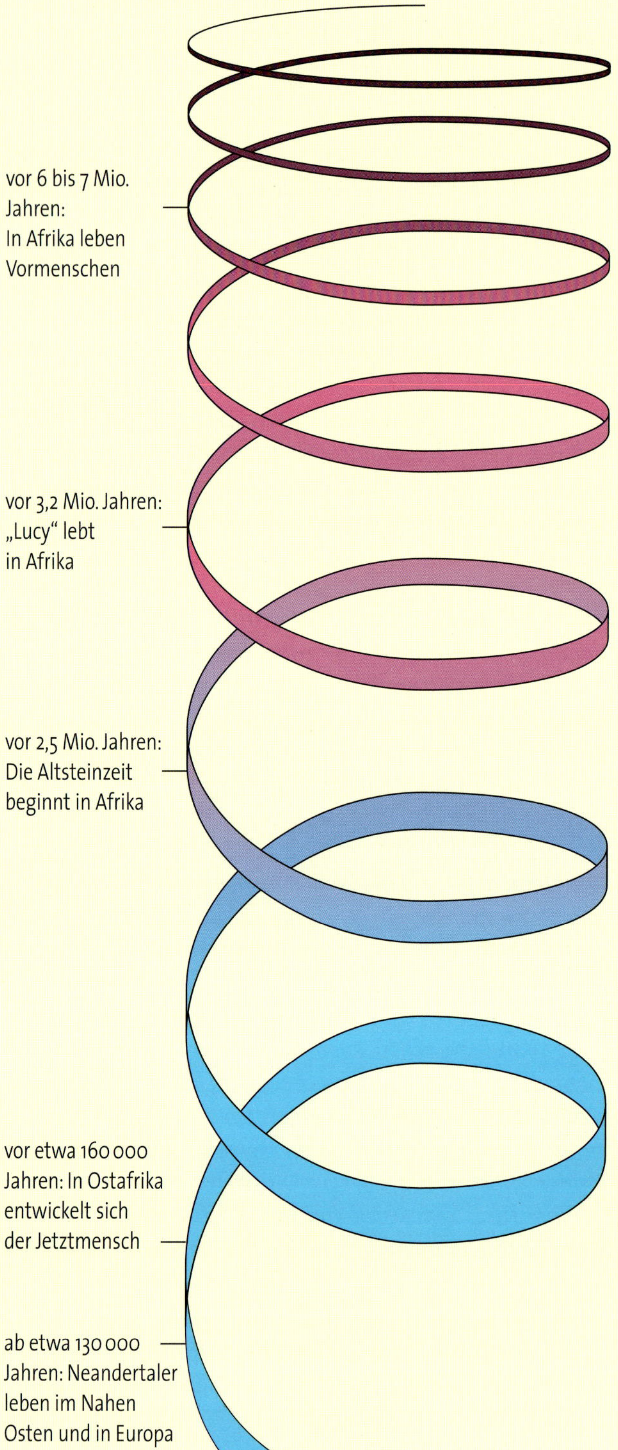

Einblick – Orientierung gewinnen

„Lucy“ war ein Vormensch aus Afrika. Obwohl sie bereits aufrecht ging, steht sie noch am Anfang der Geschichte des Menschen und der Steinzeit.

Am Ende der Steinzeit und zu Beginn der Metallzeit lebte und starb im Alpengebiet ein Mann, der als „Ötzi“ berühmt wurde. Im Jahr 1991 fand ein Nürnberger Ehepaar seine Mumie zufällig am Rand eines tauenden Gletschers. Da viele Menschen an der Sensation Geld verdienten, forderte das Ehepaar einen Finderlohn. Aber wie viel ist eine Gletschermumie „wert“?

In diesem Kapitel lernt ihr, wie sich die ersten Menschen entwickelten. Ihr werdet in diesem Zusammenhang sehen,

- dass sich die Menschen zwischen „Lucy“ und „Ötzi“ nicht nur in ihrem Aussehen verändert haben, sondern
- wie sie schon früh lernten, sich in ihrer Umwelt einzurichten, sie zu nutzen und zu beherrschen, aber auch
- wie sie begannen, die Natur zu verändern und ihre Rohstoffe auszubeuten, und
- wie sich dadurch ihre Lebensbedingungen und ihre Lebensweisen änderten.

Am Ende des Kapitels könnt ihr beurteilen, ob diese frühen Menschen der Vorgeschichte wirklich, wie man manchmal hört, „primitiv“ waren, was sie lernten und wie sich ihr Leben veränderte. Und vielleicht macht ihr euch eure eigenen Gedanken, welchen Wert der Fund der Gletschermumie „Ötzi“ für uns heute hat.

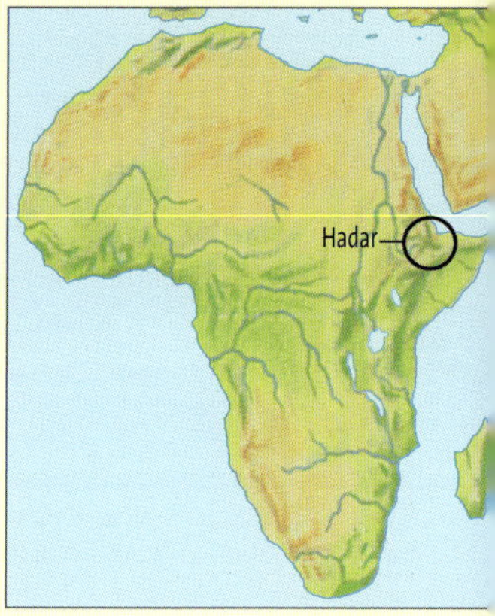

1 Hadar in Äthiopien, wo „Lucy“ am 30. November 1974 gefunden wurde.

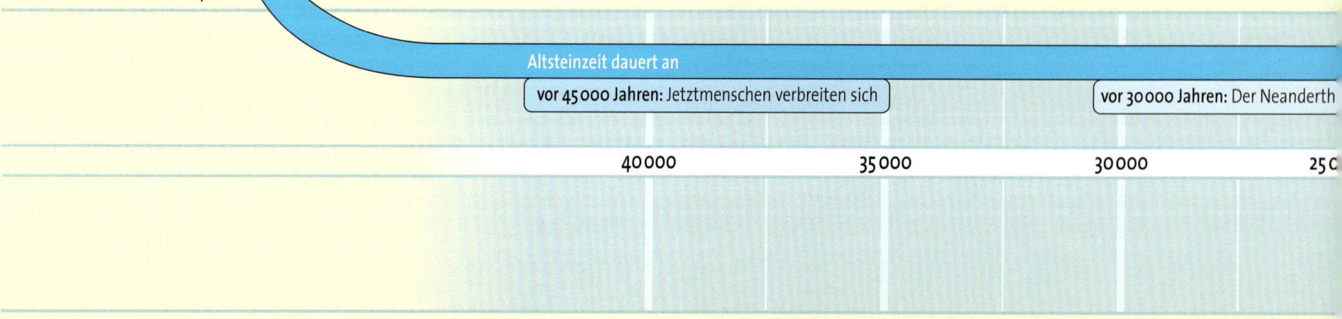

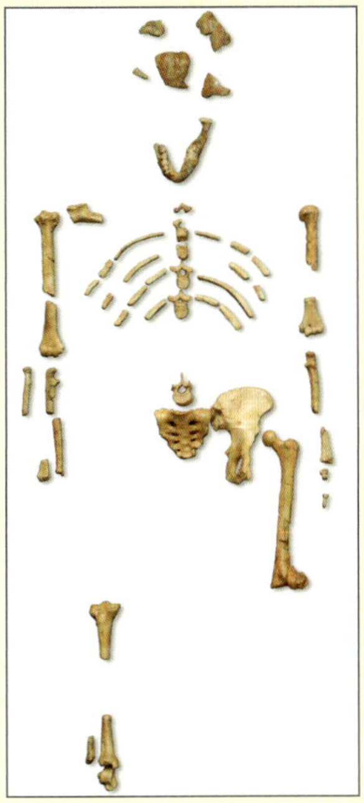

2 „Lucys“ Knochen.
Nach den Funden ließen sich „Lucys“ ungefähre Körpergröße von 1,05 m und ihr Gewicht von 27 kg ermitteln.

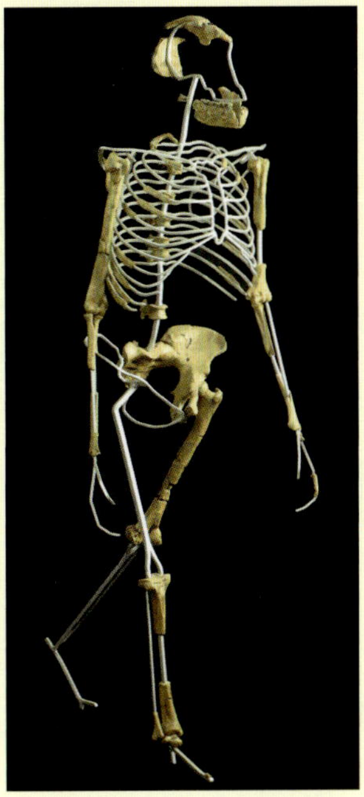

3 „ Lucys“ Knochengerüst.
Modell aus dem Senckenberg-Museum in Frankfurt am Main von 2009.

6 Ötzi-Souvenirs.
Foto von Marion Overkamp, 2011.

4 Stelle in den Ötztaler Alpen (Tirol), wo der „Ötzi“ am 19. September 1991 gefunden wurde.
Foto von Karl Gruber, um 2010.

5 Die „Ötzi“ Leiche im Eis nach dem ersten Bergungsversuch.
Foto vom 21. September 1991.

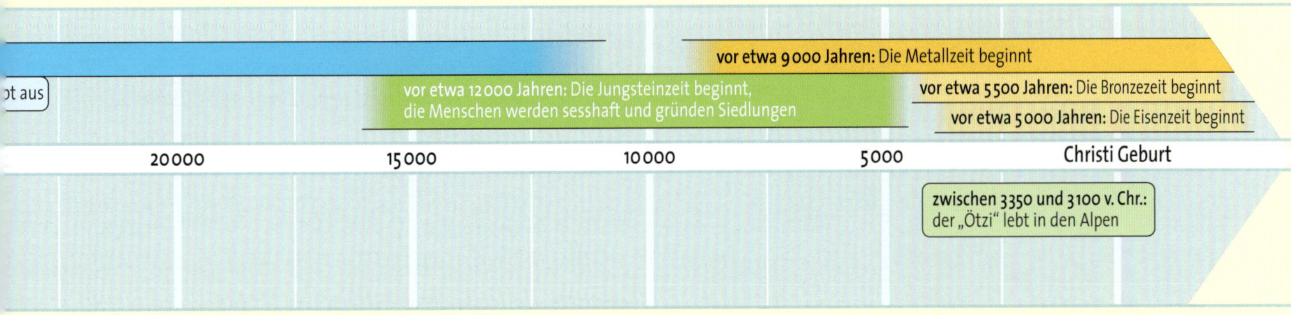

Wie alt ist der Mensch?

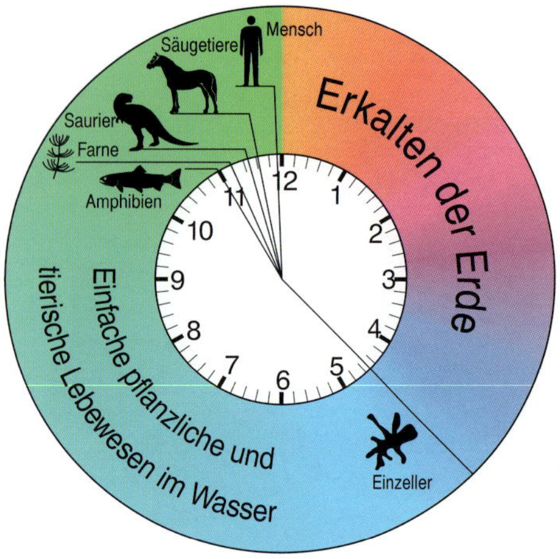

1 **Die Erdzeituhr.**
Wir setzen das Alter der Erde (5 Milliarden Jahre) mit 12 Stunden gleich.

■ *Stelle fest, wie spät es war, als die ersten menschenähnlichen Wesen die Erde bevölkerten?*

2 **Schimpanse, Vormensch (wie „Lucy") und ein Mensch von heute.**

■ *Beschreibe die Unterschiede.*

Was war am Anfang?

Noch weiß niemand, wie die Erde entstand und das Leben begann. Sicher scheint, dass unser Planet bereits seit etwa fünf Milliarden Jahren die Sonne umkreist. Am Anfang hatte die Erde weder eine feste Oberfläche noch gab es Leben auf ihr. Allmählich trennten sich Gestein und Wasser. In den Meeren entwickelten sich vor drei bis vier Milliarden Jahren erste Lebewesen: Bakterien und Algen.

Weitere 1,5 bis 2,5 Milliarden Jahre dauerte es, bis die ersten Tiere entstanden. Das zeigen uns *Fossilien*, versteinerte Reste von Pflanzen und Lebewesen der Urwelt. Vor etwa 400 Millionen Jahren wagten sich die ersten Tiere an Land, im Erdmittelalter vor 230 bis 65 Millionen Jahren beherrschten die Dinosaurier Land und Meer. Als sie ausstarben, gab es bereits viele Säugetiere und Vögel.

Und die ersten Menschen?

Seit etwa 30 Millionen Jahren leben Menschenaffen (*Primaten*) in Afrikas Regenwäldern. Die ältesten Überreste aufrecht gehender menschenähnlicher Lebewesen (*Hominiden*) sind etwa sechs bis sieben Millionen Jahre alt. Sie wurden 2002 im Tschad in Zentralafrika gefunden. Auch wenn sicher ist, dass diese Vormenschen von den Menschenaffen abstammen, so wissen wir – trotz des etwa 3,2 Millionen Jahre alten Fundes von „Lucy" – immer noch nicht genau, wie unser letzter gemeinsamer Vorfahre aussah. Die Entwicklung zum Vormenschen dauerte viele Millionen Jahre. Wissenschaftler erklären sie mit Veränderungen der Umwelt: Zunehmende Trockenheit hätte die tropischen Regenwälder zurückgedrängt und immer mehr Tiere mussten am Rande der Wälder leben. Einige Menschenaffen verließen sie, um an Flüssen und Seen ihre Nahrung zu finden. In Graslandschaften mit Büschen und wenigen Bäumen gewöhnten sich unsere frühesten Vorfahren an den aufrechten Gang. Sie ernährten sich wohl nur von Pflanzen und benutzten noch keine Werkzeuge.

▶ ***Lesetipps:***

- *Rainer Köthe, Der Urmensch, Nürnberg 2003*
- *Claudia Schnieper/Udo Kruse-Schulz, Auf den Spuren des Menschen, Luzern 2001*

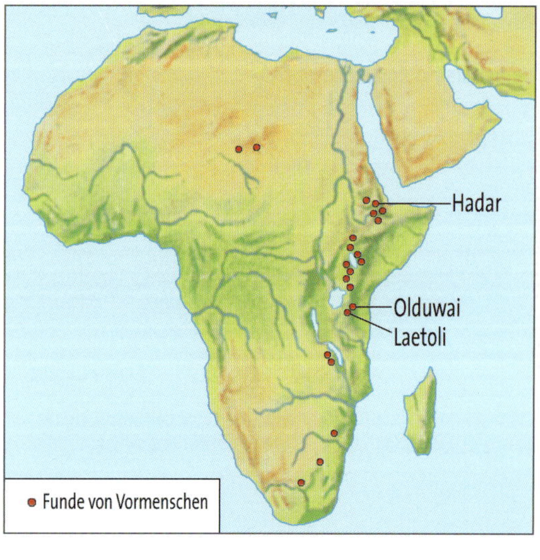

3 **Fundorte von Vormenschen in Afrika (Stand: 2010).**

4 **Die Entwicklung des Menschen.**
Nach einem Plakat aus dem Neanderthal Museum in Mettmann von 1998.

5 **Faustkeil.**
Alter: etwa 1,2 bis 1,4 Millionen Jahre
Höhe: 23,8 cm
Breite: 10 cm
Tiefe: 5 cm
Fundort: Olduwai-Schlucht, Tansania (Afrika)

Vom „geschickten“ zum „aufgerichteten“ Menschen

Der Vormensch konnte Nahrung und Gefahren schneller und besser erkennen. Außerdem hatte er die Hände frei. Aus ihm entwickelte sich vor etwa 2,5 Millionen Jahren der „geschickte Mensch“ (lat. *Homo habilis*). Er war etwa 1,20 bis 1,50 Meter groß, lebte in kleinen Gruppen (Horden) von etwa zehn bis 20 Menschen und ernährte sich von Früchten, Nüssen, Wurzeln und Fleisch. Weil der „geschickte Mensch“ Werkzeuge aus Steinen und Kieseln herstellte und benutzte, beginnt für die Historiker mit dieser Menschenart die Altsteinzeit.

Dem „geschickten“ folgte der „aufgerichtete Mensch“ (lat. *Homo erectus*). Er bildete im Laufe der Zeit weitere Fähigkeiten aus. Zum Beispiel begann er, das Feuer kontrolliert zu nutzen. Es schützte ihn vor Raubtieren, schuf ihm nachts Licht und wärmte ihn bei Kälte. Außerdem konnte auf dem Feuer Nahrung erhitzt und haltbar gemacht werden.

Wer Werkzeuge anfertigt, Feuer macht und Tiere jagt, muss vorausdenken. Der „Homo erectus“ war dazu fähig, weil sein Gehirn größer war als das der Vormenschen. Er konnte sich verständigen und damit Informationen an andere weitergeben. Sicher klang seine Sprache anders als unsere, da sich Kehlkopf und Zungenfertigkeit erst langsam entwickelten.

Von Afrika nach Asien und Europa

Auf der Jagd dehnte diese Menschenart ihren Lebensbereich ständig aus. Weil sie das Feuer beherrschte und Felle als Kleidung nutzte, war sie vom warmen Klima Afrikas unabhängiger als ihre Vorfahren. Vor etwa zwei Millionen Jahren, so vermuten die Wissenschaftler, zogen diese Menschen auch nach Asien und Europa.

Vormenschen bei uns

Zu den ältesten menschlichen Funden in Deutschland gehört ein 1907 in einer Kiesgrube in Mauer bei Heidelberg entdeckter Unterkiefer. Er ist etwa 600 000 Jahre alt. Rund 400 000 Jahre alt sind menschliche Überreste, die um 1972 in Bilzingsleben im Elbe-Saale-Gebiet in Thüringen gefunden wurden.*

Das Ende der Eiszeiten

Vor etwa einer Million Jahren war Mitteleuropa vom Nordpol bis zum Rhein mit einer dicken Eisschicht bedeckt. Die riesigen Gletscher verschwanden allmählich, als es wärmer wurde. Mehrfach wechselten sich „Kaltzeiten“ mit „Warmzeiten“ ab. Sie veränderten die Pflanzen- und Tierwelt. Solche Phasen hielten Tausende von Jahren an: Die letzte Eiszeit in Mitteleuropa dauerte etwa von 75 000 bis 10 000 v. Chr.

* *Zu den Wohnplätzen in Bilzingsleben siehe Seite 46.*

6 **Speerspitze.**
Alter: etwa 400 000 Jahre
Material: Fichte
Fundort: Schöningen (Kreis Helmstedt/Niedersachsen)

▶ ***Internettipp:***
www.dieschoeningerspeere.de

M1 Eine „Steinwerkstatt“ vor 1,5 Millionen Jahren.
Zeichnung von Giovanna Belcastro, um 2005.

M4 Werkzeug aus Stein („Chopper“).
Fundort: Melka Kunturé Äthiopien
Alter: etwa 1,8 bis 2 Millionen Jahre

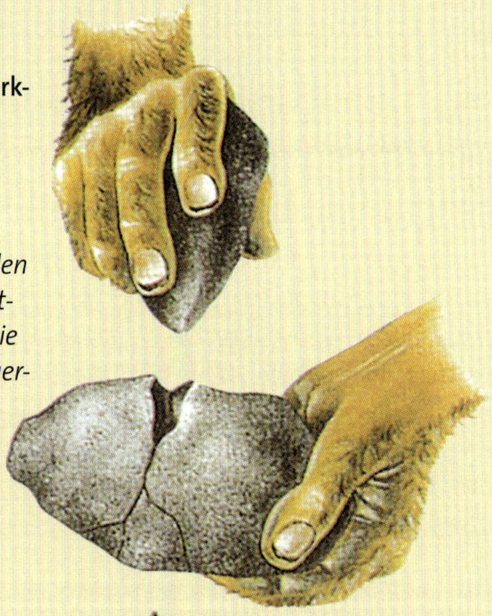

M2 Wie ein Werkzeug aus Stein entsteht.
Zeichnung, um 1990.
Bearbeitet werden konnte nur spaltbares Gestein wie Quarzit und Feuerstein.

M3 Leben in der Frühzeit

Der Ur- und Frühgeschichtsforscher Hansjürgen Müller-Beck beschreibt, wie das Leben in der Olduwai-Schlucht (Tansania) vor rund zwei Millionen Jahren ausgesehen haben könnte:

Noch einmal schaut sich die junge Oldowan-Frau um. Ihr Partner verschwindet mit seinem Freund schnellen Schrittes im hohen Steppengras. Seine neue Lanze, die gestern fertig wurde und von der so viel abhängt, trägt er geschultert. Die Frau zieht ihre zweitgeborene Tochter näher an sich heran und stillt sie. Das erste Kind war nur einen Sommer lang am Leben geblieben. Die junge Mutter bricht mit ihren zwei Schwestern und einem etwas älteren Mädchen zum Graben von Knollen auf, die sie in ihren Fellbeuteln zurück zu den Windschirmen unter dem großen Schutzbaum bringen werden, in dem man die Nacht gemeinsam in Baumnestern verbringt. Alle drei wagen sich mit ihren beiden Kindern nicht über die Sichtdistanz zum Lager hinaus. Den jungen Leoparden, der sich plötzlich an das ältere grabende Mädchen heranpirscht, bemerken sie erst, als er zum letzten Sprung ansetzt. Der abwehrende Stoß mit dem Grabstock ist aber zu schwach, sodass es dem Tier gelingt, sich im Arm der Verteidigerin zu verbeißen. Doch das war sein letzter Angriff. Es verendet unter den jetzt rascheren Stößen der sich wehrenden Frauen. Das Graben wird abgebrochen. Sie eilen in das Lager zurück, um die Wunde am Arm zu versorgen und die Blutung zu stillen. Die alte Mutter hat dafür einen Kräutervorrat bereit, der nach einigen Stunden Auflegen wirklich hilft.

Hansjürgen Müller-Beck, Die Steinzeit. Der Weg der Menschen in die Geschichte, München [4]2009, S. 41 f.

▶ ***Lesetipps:***
- *Laura Feuerland, Kalla vom Löwenclan, München 2010*
- *Arnulf Zitelmann, Kleiner Weg, Weinheim 2004*

1. *Beschreibe, wie diese verschiedenen Werkzeuge hergestellt werden konnten (M1 und M2).*
2. *Die Geschichte von Hansjürgen Müller-Beck (M3) erzählt eine Szene aus dem Leben der Vormenschen. Dabei vermischt der Verfasser Fantasie und Tatsachen. Prüfe, welche Teile der Geschichte erfunden sind und welche sich durch historische Funde belegen lassen.*
3. *Vergleiche den „Chopper“ (M4) mit dem Faustkeil (Abb. 5, Seite 31). Wozu können diese Werkzeuge benutzt worden sein?*

Mit dem Spaten forschen

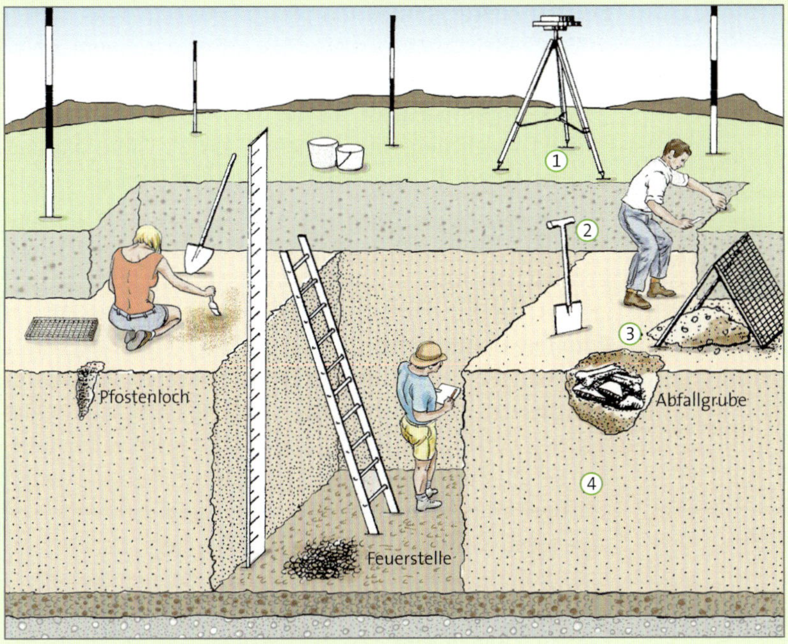

M 2 Wie arbeiten Archäologen?
Das Grabungsgelände wird vermessen ①, gekennzeichnet und in Quadrate eingeteilt. Die oberen Erdschichten werden Zentimeter für Zentimeter abgetragen ②, bis erste Funde auftauchen. Die gelockerte Erde wird gesiebt ③, um auch kleine Gegenstände nicht zu übersehen. Gräbt man tiefer, zeigen sich an den Wänden unterschiedliche Farben der Erde, die untersucht werden ④. Alle Funde werden mit Spitzkellen, Zahnarzthaken, Pinseln und Kehrblechen vorsichtig freigelegt, fotografiert, in ein Grabungstagebuch und eine Grabungskarte eingetragen sowie zur Auswertung ins Labor gebracht.
Ist die Grabung beendet, werden die einzelnen Funde datiert, d. h. ihr Alter festgestellt. Dazu gibt es verschiedene Methoden. Hinweise auf das Alter der Funde geben die Schichten im Boden. Meist liegen ältere Funde tiefer als jüngere. Erdforscher (Geologen) helfen dabei, das Alter der Erd- bzw. Gesteinsschichten zu bestimmen. Biologen können aus winzigen Blütenstaubkörnern (Pollenkörnern) feststellen, welche Bäume, Sträucher, Gräser und Blumen in der jeweiligen Zeit wuchsen.

Wie kam die Steinzeitaxt nach ...?
Immer wieder melden Zeitungen überraschende Funde. Dann haben aufmerksame Baggerführer in Baugruben vielleicht wertvolle Zeugnisse der Vergangenheit entdeckt oder Wanderer einen besonderen Fund gemacht. Nach Spuren menschlichen Lebens zu suchen, ist Aufgabe der Archäologen. Diese Forscher benutzen dazu nicht nur den Spaten. Sie setzen heute vor allem technische Mittel wie Metallsuchgeräte ein, um beispielsweise Münzen unter der Erde zu entdecken. Oder sie werten Luftbilder aus: Wachsen Pflanzen an einer Stelle auffällig anders als in der Umgebung oder lassen sich bestimmte Merkmale auf dem Erdboden erkennen, so kann dies auf menschliches Leben in weit zurückliegender Zeit hinweisen.

Aus der Erde ins Museum
Bereits während einer Grabung werden die Funde gereinigt, beschrieben und datiert. Sind Fundstücke zerbrochen oder nur teilweise erhalten, versuchen Restauratoren in Zusammenarbeit mit Archäologen sie in ihre ursprüngliche Form zu bringen. Fehlende Teile werden dabei ergänzt. Waren die Funde bedeutend, werden sie in Museen gezeigt.

M 1 Fund und Restauration.
Die Scherben sind etwa 5 000 Jahre alt. Bei der Wiederherstellung (Restaurierung) des Gefäßes mussten Teile ergänzt werden.

1. *Nenne die Hilfsmittel der Archäologen und ihre Aufgaben (M 2).*
2. *Auf der Zeichnung M 2 weisen mehrere Funde auf menschliches Leben hin. Nenne sie.*
3. *Bei Bauarbeiten stößt ein Bagger auf einen archäologischen Fund. Die Baufirma will weiterbuddeln, doch die Archäologen möchten die Funde mit einer Notgrabung retten. Bereitet ein Rollenspiel vor, in dem sich Bauleiter und Ausgräber gegenüberstehen.*
4. *Vielleicht läuft gerade in eurer Umgebung eine Grabung. Erkundigt euch im Rathaus oder beim Amt für Denkmalpflege.*
5. *Informiere dich, welche Ausbildung Archäologen und Restauratoren brauchen. Stelle die Berufe in deinem Portfolio vor.*

Unsere Vorfahren, die Neandertaler

1 Neandertaler.
Rekonstruktion aus dem Neanderthal Museum von Elisabeth Daynès, 1996.*

*Rekonstruktion: *genaue Nachbildung oder Wiederherstellung des urspünglichen Zustands*

2 Wie man sich den Neandertaler früher vorstellte.
Zeichnung von 1909.

Ein besonderer Fund

Im Jahre 1856 fanden Arbeiter Skelettreste in einem Steinbruch im Neandertal bei Düsseldorf. Erst Jahrzehnte später erkannten Forscher, als sie die Knochen mit älteren Funden verglichen, dass sie etwa 70 000 Jahre alt sind und zu einem frühen Menschentyp gehören. Er erhielt den Namen *Neandertaler**. Inzwischen sind in Europa und im Nahen Osten etwa 300 Überreste von Neandertalern gefunden worden. Die ältesten sind 130 000 Jahre alt.

Primitive Ungeheuer?

Die Neandertaler hatten sich den kalten Lebensbedingungen unseres Kontinents angepasst. Sie erreichten meist nur eine Größe von 1,60 m, wogen aber 75 kg. Selten wurden sie älter als 40 Jahre. Ihr Mund und ihre Zähne waren kräftiger als unsere, sie verwendeten Steinwerkzeuge, bearbeiteten Knochen, Geweih und Elfenbein. Darüber hinaus konnten sie sich bereits mit Worten verständigen, auch wenn ihr Sprachvermögen noch nicht so weit entwickelt war wie unseres.
Forscher konnten anhand von Knochen und Grabbeigaben nachweisen, dass die Neandertaler bereits für Alte und Gebrechliche sorgten sowie ihre Toten beisetzten oder verbrannten. In Gräbern fanden sich Werkzeuge, Tierschädel und Blütenpollen.

Der Jetztmensch kommt

Zur gleichen Zeit wie der Neandertaler entstand in Afrika der Jetztmensch, dessen Körperbau und Schädel unseren ähneln.** Er kam vor etwa 45 000 Jahren aus Afrika nach Europa. Beide Menschenarten lebten über Jahrtausende nebeneinander. Doch die Jetztmenschen waren wohl intelligenter und den Neandertalern technisch überlegen. Während sich die Jetztmenschen über die ganze Erde ausbreiteten, starben die Neandertaler vor rund 30 000 Jahren aus. Die Gründe dafür sind noch immer ungeklärt.

** Wissenschaftler schreiben den Neanderthaler wie im 19. Jh. mit „h".*
*** Der lateinische Fachname des Jetztmenschen lautet: Homo sapiens sapiens (dt. der einsichtige, verständige Mensch).*

■ *Waren die Neandertaler primitive Ungeheuer? Beantworte die im Text gestellte Frage. Vergleiche dazu auch die Abbildungen 1 und 2. Begründe deine Meinung.*

3 **Der Jetztmensch breitet sich aus.**
Die modernen Menschen haben sich vor 160 000 Jahren in Ostafrika entwickelt. Die Zahlen in der Karte bedeuten Jahre vor unserer Zeit.

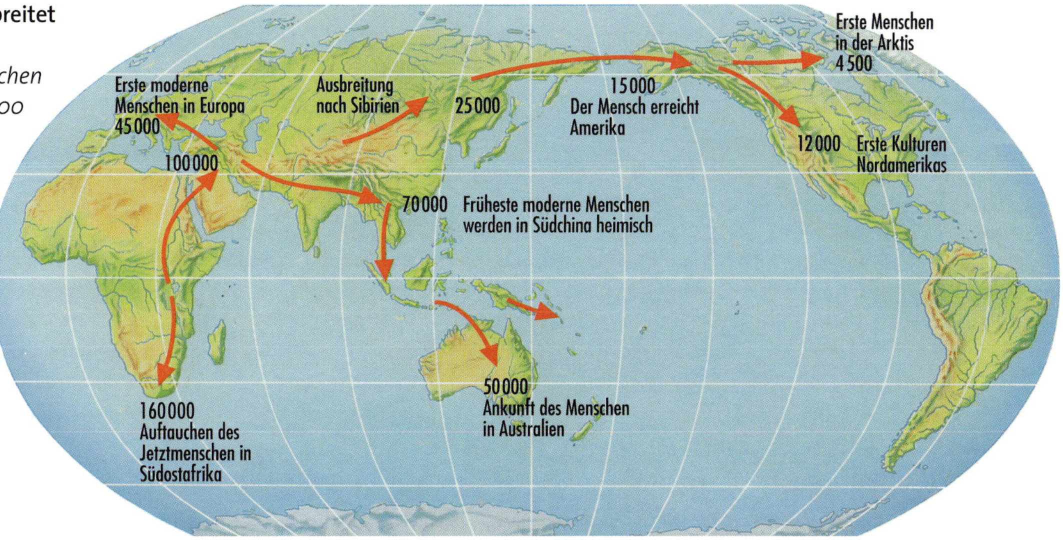

Leben mit der Natur

Die Jetztmenschen kamen in einer eiszeitlichen Umwelt als Jäger und Sammler zurecht. Damals hatten wir in Mitteleuropa wohl ein Klima und eine Pflanzen- und Tierwelt wie heute in Sibirien: Nur in geschützten Tälern wuchsen Kiefern, sonst bestimmten Birken und verkrüppelte Büsche die Landschaft. Mammuts und Wollnashörner, Elch-, Rentier- und Wildpferdherden durchstreiften das Land. Neben den Schneehasen und -hühnern waren sie die bevorzugte Beute der Menschen, die ihnen Löwen, Wölfe, Bären und Hyänen streitig machten. Fische bereicherten die Speisekarte.

Mit Speeren und Harpunen

Um überleben zu können, mussten die Menschen ausgezeichnete Jäger sein. Die Jetztmenschen erfanden Speerschleudern, Harpunen und Angelhaken sowie Pfeil und Bogen. Die größten Jagderfolge erzielten sie, wenn es ihnen gelang, ganze Herden in enge Täler zu treiben. Neben dem Jagen und Fischen sammelten die Jetztmenschen Beeren, Wurzeln, Pilze und Eier.

Wohnen und arbeiten

Die Menschen der Eiszeit folgten als Nomaden der Nahrung. Im Sommer lebten sie in Zelten an Seen, Flüssen und in Tälern. Im Winter suchten sie Schutz in Höhlen oder unter Felsen.
Vor und in den Höhlen fanden Forscher Knochen- und Geweihreste der erbeuteten Tiere sowie Abschläge und Klingen aus Stein. Aus Aschenresten erschlossen sie, dass die Menschen auch mit Knochen heizten, da Holz knapp war. Vermutlich kleideten sich die Menschen während der Eiszeit mit geschlossenen Oberteilen, Hosen, Kapuzen und festen Schuhen aus Leder. Beweise für genähte Kleidung sind Nadeln aus Knochen. Grabfunde zeigen, dass die Kleidung mit Anhängern aus Elfenbein, Tierzähnen und -knochen verziert war.

4 **Harpunenspitze mit Widerhaken.**
Material: Knochen
Länge: 15 cm
Alter: etwa 12 000 Jahre
Fundort: Kesslerloch bei Thayngen/Schweiz

5 **Durchlochter Zahn eines Bären.**
Länge: 6 cm
Alter: etwa 15 000 Jahre
Fundort: Kesslerloch (wie Abb. 4)

- *Erkläre, warum man den Zahn wohl an einer Halskette trug.*

- *Lege eine Tabelle zur frühen Menschheitsgeschichte an. Trage darin Informationen zu folgenden Punkten ein: Körperbau, Werkzeuge, Ernährung, Behausung, Fähigkeiten und Fertigkeiten. Berücksichtige dazu die Texte und Abbildungen auf den Seiten 30 bis 32 und 34 und 35.*

M1 Wie die Eiszeitjäger wohnten.
Nachbau eines Zeltes, das vor etwa 15000 Jahren in Gönnersdorf am Rhein zwischen Bonn und Koblenz stand.

M4 Vogeljagd am Rhein vor 12000 Jahren.
Landschaftsrekonstruktion von Dietrich Evers, 1978. Auf und am Wasser lebten Schwan, Gans und Ente. Der Jäger benutzt für die Vogeljagd eine Speerschleuder.

M2 Was ein Forscher herausfand
Über einen Fund in Gönnersdorf (Kreis Neuwied) schreibt der Forscher Gerhard Bosinski:
Die größeren Bauten (Durchmesser 6-8 m) hatten senkrecht aufgehende Wände und ein von einem Mittelpfosten getragenes kegelförmiges Dach. Die Abdeckung von Wand und Dach bestand wahrscheinlich aus Pferdefellen, im Inneren war eine Feuerstelle. In einer Behausung von Gönnersdorf lag neben der Feuerstelle ein Mammut-Oberschenkel, der ursprünglich aufrecht gestanden hatte und die Stütze einer Grillvorrichtung war. Dicht neben der Feuerstelle war ein Rengeweih so eingegraben, dass die Zacken der Schaufel eine Gabel über dem Feuer bildeten. Zur Beleuchtung dienten Steinlampen, in deren Höhlung sich Fett und ein Docht befanden. Der Docht bestand vermutlich aus einem Wacholderzweig. Platten aus Quarzitstein sind erhitzt worden; vielleicht um darauf Fleisch zu braten.
Im Innenraum der Häuser hat man mehrere kleine Gruben ausfindig gemacht, die vermutlich mit Leder ausgekleidet waren und als Kochgruben dienten, in denen Flüssigkeit durch erhitzte Quarzgerölle* zum Sieden gebracht werden konnte.

http://ss1000eo.fh-koblenz.de/koblenz/remstecken/ rhine98/Rheinlan... /naturlandschaft.htm (Zugriff: 5. Mai 1999, vereinfacht)

*Quarzgerölle: *Kieselsteine*

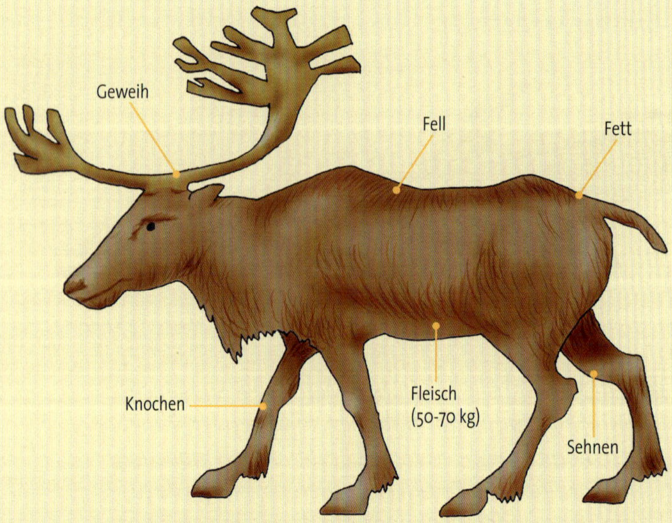

M3 Wie ein Rentier genutzt wurde.

1. *Beschreibe das Zelt eines Eiszeitjägers (M1) mithilfe des Textes (M2). Begründe, warum der Forscher in seinem Text (M2) die Wörter „wahrscheinlich", „vielleicht" und „vermutlich" benutzt.*
2. *Lege eine Tabelle an, in die du den Verwendungszweck von Geweih, Fell, Fett, Knochen, Fleisch und Sehnen einträgst (M3). Beachte den Lehrbuchtext sowie M1 und M2.*
3. *Schreibe eine Geschichte zum Leben der eiszeitlichen Jäger und Sammler. Nutze dazu den Lehrbuchtext und M1 bis M4. Orientiere dich dabei an der Szene auf Seite 32 (M3). Was hat sich im Leben der Menschen verändert? Stelle dein Ergebnis in der Klasse vor. Erläutere, was du in deiner Geschichte erfunden hast und was du mit Tatsachen belegen kannst.*

Spielfilm oder „Dokudrama“?

Zutreffende Informationen?

Ob wir Filmen verlässliche Informationen über die Geschichte entnehmen können, hängt von der Machart des Filmes ab. Wir unterscheiden zwischen Spiel- und Dokumentarfilmen. Beide wenden sich an ein breites Publikum.

Spielfilme laufen heute im Kino und im Fernsehen. Im Mittelpunkt stehen wenige Personen, die etwas Besonderes erleben. Oft geraten sie in einen Konflikt, der spannend gestaltet wird. Die Handlung ist frei erfunden. Eher nebenbei erfahren wir etwas über die Zeit.

Dokumentarfilme erzählen Geschichte(n) nicht nur interessant, sondern auch möglichst genau. Sie bestehen normalerweise aus Einzelbildern und Filmausschnitten jener Zeit. Wenn keine alten Bildquellen vorliegen, werden Überreste in der Natur oder im Museum gefilmt und Wissenschaftler interviewt. So können neue Forschungsergebnisse einbezogen werden. Die Auswahl der Bilder und Informationen sowie die Erläuterungen, der Kommentar, machen den Wert dieser Filmgattung aus.

„Dokudramen“ sind eine neue Form der Informationsvermittlung. Sie mischen sachliche Informationen mit spannenden Spielszenen.

M2 **Vorbereitungen für die nächste Einstellung.**
Szenenfoto aus der ZDF-Produktion „Der Neandertaler – Was wirklich geschah“ von 2006.
In unberührten Kalksteinhöhlen eines Naturschutzgebietes nördlich von Prag (Tschechien) haben Menschen von heute Alltagsszenen nachgespielt, die sich vor 42 000 Jahren ereignet haben könnten.

M1 Von der Idee zum Film

Über die Planung des ZDF-Films „Der Neandertaler“ heißt es:

Fast zwei Jahre hatte Autorin Ruth Omphallus [...] nachgeforscht, damit Lebensraum, Aussehen, Bewegung und Artikulation der Filmneandertaler dem neuesten Stand der Forschung Rechnung tragen. Sie war fasziniert von den Geschichten, die unser eiszeitlicher Verwandter erlebt haben musste und die noch niemals verfilmt worden waren. Bisher hatten sich Filmemacher im Wesentlichen dafür interessiert, warum der Neandertaler nach dem Auftauchen des modernen Menschen ausgestorben ist. Neue Forschungsansätze machen es jedoch möglich, eine Biografie des Mannes aus dem Neandertal zu versuchen.

Zitiert nach: Gabriele Uelsberg (Hrsg.), Roots – Wurzeln der Menschheit, Bonn 2006, S. 190f. (vereinfacht)

▶ ***Tipps zum Vergleich:***

- *2006 strahlte die ARD einen vierteiligen Film über eine „Zeitreise in die Steinzeit“ aus.*
  13 Männer, Frauen und Kinder machen sich 2006 auf zu einer außergewöhnlichen Zeitreise ins Jahr 3003 v. Chr., um wie damals zu leben.
- *Lesetipp dazu: Rolf Schlenker/Almut Bick, Steinzeit. Leben wie vor 5 000 Jahren, Stuttgart 2007*
- *Der Film „Lapislazuli im Auge des Bären“ kam 2006 in die Kinos. Er handelt von einem Neandertaler, der ein Großstadtmädchen trifft.*

Vor einem Film:

1. *Finde heraus, welche Filmart angekündigt ist – ein Spiel- oder Dokumentarfilm oder ein „Dokudrama“.*
2. *Notiere deine Fragen und Erwartungen an den Film.*

Nach einem Film:

3. *Bestimme die Art des Filmes „Der Neandertaler“ (M1 und M2).*
4. *Gib die Inhalte wieder, die dein Wissen erweitert haben.*
5. *Untersuche, welche Fragen im Film nicht geklärt wurden.*
6. *Beurteile, was die Darstellung glaubwürdig macht.*
7. *Schreibe auf, was dich beeindruckt hat. Begründe deine Aussagen.*

Kunst und Zauberei

1 Höhlenbild.
Foto, um 1995.
Über 30 000 Jahre alte Höhlenmalerei in der 1994 entdeckten Grotte Chauvet/Frankreich. Heute sind mehr als 300 Höhlen mit Bildern bekannt, die meisten in Südfrankreich und Nordspanien. Für die Höhlenbilder wurde Ocker (gelb), Rötel (rot), Mangan oder Kohle (schwarz) und Kalzit oder Kaolin (weiß) verwendet, die als Pulver aufgetragen wurden.

- *Die meisten Malereien liegen tief in den Höhlen ohne Tageslicht. Nenne dafür Gründe.*

Geritzt, gemalt, geformt

Erst die Jetztmenschen wollten und konnten Dinge und Gedanken darstellen. Sie malten und ritzten vor etwa 35 000 Jahren vor allem Tiere und manchmal Menschen auf Höhlenwände, schnitzten Figuren aus Knochen und Elfenbein, schufen sie aus Stein oder formten sie aus Lehm. Diese Höhlenmalereien und Figuren sind die ersten Kunstwerke der Welt.

Viele Rätsel

Was mag die Menschen dazu veranlasst haben, sie zu gestalten? Wollten sie die Zukunft beeinflussen, das Jagdglück beschwören oder Ereignisse festhalten? Sollen die Mischwesen mit menschlichen und tierischen Merkmalen Gottheiten darstellen oder Medizinmänner? Rätselhaft sind auch Frauenfiguren aus Kalkstein, Elfenbein oder gebranntem Ton. Sie heben die weiblichen Körperteile hervor. Verehrte man mit ihnen die gebärfähige Frau oder die gesamte fruchtbare Natur?

▶ ***Lesetipp:***
Wolfgang Kuhn, Mit Jeans in die Steinzeit, München [24]2005

▶ ***Filmtipp:***
Die Höhle der vergessenen Träume; Regie: Werner Herzog, 2011 (Dokumentarfilm über die Chauvet-Höhle in Südfrankreich)

▶ ***Internettipp:***
Informationen über die berühmte Höhle von Lascaux in Südfrankreich findest du unter www.culture.fr/culture/arcnat/lascaux/de

2 Wildpferd.
Figur aus der Vogelherdhöhle (Schwäbische Alb).
Material: Mammutelfenbein
Alter: zwischen 35 000 und 30 000 Jahre
Länge: 4,8 cm
Höhe: 2,5 cm

M1 „Tiertänzer."
Höhlenmalerei aus Frankreich.
Die Figur rechts zeigt einen verkleideten Jäger, der ein Instrument spielt.

M3 „Löwenmensch."
Figur aus einer Höhle im Lonetal bei Ulm.
Material: Mammutelfenbein
Größe: 28 cm
Alter: ca. 32 000 Jahre

M2 Warum ändert sich das Glück?

Einen Eindruck von den Aufgaben der Schamanen und der Bedeutung der Höhlenbilder gibt Erich Ballinger in einem Jugendbuch. Kull muss sich von einem Jäger Folgendes anhören:*

„Ja. – Du weißt, Schamane, unsere Jagd in den Bergen war schlecht. Die letzte gemeinsame Jagd war schlecht. Gerade noch, dass wir mit viel Hunger durch die kalte, weiße Zeit gekommen sind. Und die Jagd davor war auch nicht besser." Tl-Tl beugt sich zum Schamanen hin und flüstert: „Es ist die Halle der Bräuche drinnen im Berg. Etwas stimmt nicht mit ihr und ihren Bildern. Die Bilder haben keine Kraft, keinen Zauber mehr. Die Geister in den Bildern wollen uns nicht mehr helfen. – Schamane, denk' doch an frühere Zeiten. Eine ganze Steinbockherde haben wir zur steilen Felswand getrieben. So viele Tiere sind in die Tiefe gestürzt, dass wir nur einen kleinen Teil des Fleisches essen konnten. Die Beute hätte uns drei kalte, weiße Zeiten hindurch zu essen gegeben. Aber jetzt? – Nur mehr kleine Herden und kein Glück bei der Jagd. Die Halle der Bräuche ist nicht mehr das, was sie einmal war."
„Vielleicht", sagt Kull, „sind die Speere der Sim-clan auch nicht mehr das, was sie einmal waren."

Erich Ballinger, Der Höhlenmaler, Würzburg 2002, S. 44

***Schamane**: *Medizinmann, Zauberer, Seher und Heiler; zu seinen Aufgaben gehörte es auch, Feiern durchzuführen und Rat bei wichtigen Entscheidungen zu erteilen.*

M4 Flöte aus einer französischen Grotte.
Material: Vogelknochen
Alter: 10 000 bis 15 000 Jahre

1. *Beschreibe das Bild (M1). Der Lehrbuchautor hat dem Bild den Titel „Tiertänzer" gegeben. Hältst du diesen für passend? Begründe deine Antwort.*
2. *Nenne mithilfe von M2 eine mögliche Aufgabe der Höhlenbilder.*
3. *Was erfährst du aus dem Text (M2) über die Jagdtechniken der Eiszeitjäger? Erkläre, woher wir das heute wissen können.*
4. *Untersucht, welche Informationen (Quellen) wir benötigten, um die steinzeitliche Kunst (M1, M3 und M4) noch besser verstehen zu können.*

Ein grundlegender Wandel

Vom Jäger und Sammler zum Bauern

Mehrere hunderttausend Jahre lebten die Menschen als Jäger und Sammler. Was veranlasste unsere Vorfahren vor etwa 12 000 Jahren, sesshaft zu werden, Wälder zu roden, Getreide anzubauen und Vieh zu züchten? Die meisten Forscher vermuten heute, dass bei dieser Umwälzung das Klima eine Rolle spielte. Nach dem Ende der letzten Eiszeit war es bei uns so warm wie heute. Große Wälder bedeckten die Erde. In ihnen lebten Rehe, Hirsche und Bären. Da diese Wälder nur schwer zu durchwandern waren, ließen sich immer mehr Menschen dauerhaft an Fluss- und Seeufern nieder.

Die Bevölkerung wuchs. Es wurde schwieriger, Lebensmittel für alle zu beschaffen. Jäger und Sammler benötigten etwa einen Quadratkilometer Land, um einen Menschen satt zu machen, Ackerbau und Viehzucht auf derselben Fläche ernähren etwa 20 Personen. Einfach war das neue Leben nicht. Durch Vergleiche mit heutigen Sammler- und Jägervölkern wissen wir, dass diesen meist wenige Stunden pro Tag genügen, um sich genug Nahrung zu beschaffen.

1 Leben vor etwa 7 000 Jahren im Rheinland.
Rekonstruktionsversuch von Fritz Wendler nach Ausgrabungen in Köln-Lindenthal, um 1990.

■ *Beschreibe, was du aus Abb. 1 und 2 erfährst über*
- *Ernährung und Kleidung,*
- *Baumaterial der Häuser,*
- *Schutzbedürfnis der Bewohner und*
- *Arbeitsteilung zwischen Männern und Frauen?*

2 Brunnen von Erkelenz-Kückhoven (Rheinland).
Rekonstruktionsversuch (Ausschnitt), um 1990.
1990 wurde dieser Brunnen gefunden. Aus den Baumringen ließ sich ablesen, dass die für den Brunnenkasten verwendeten Eichen 5090 v. Chr. geschlagen worden waren.

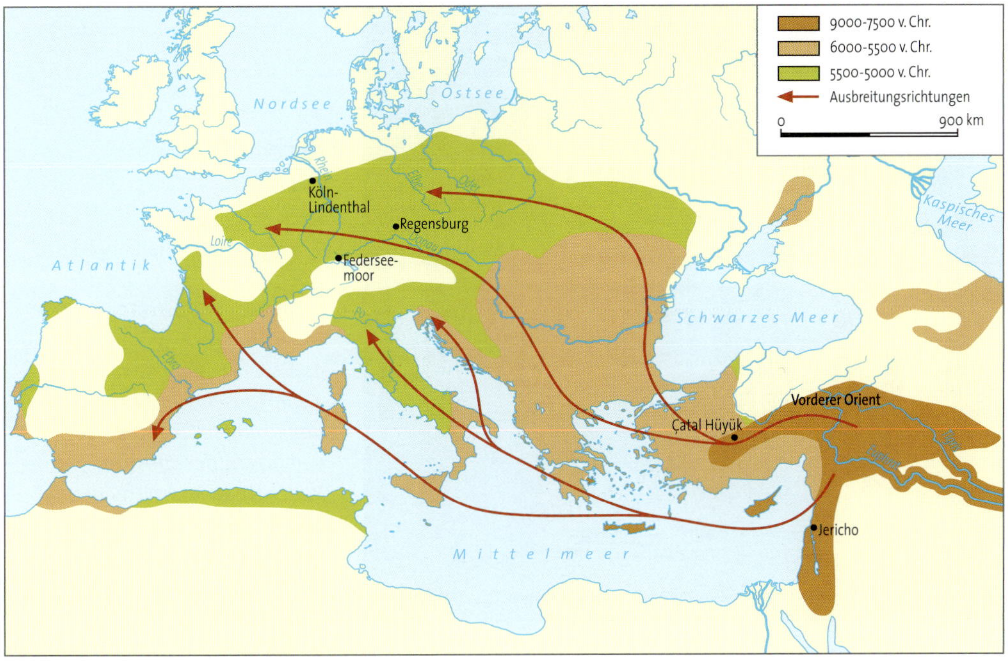

3 Ausbreitung der bäuerlichen Wirtschaftsweise.

■ *Beschreibe den auf der Karte dargestellten Vorgang. Mit welchen Mitteln gelingt es dem Zeichner, die Veränderungen darzustellen?*

4 Sichel aus der Jungsteinzeit.
Rekonstruktionsversuch von Robert Bellow nach Originalfunden von der Schwäbischen Alb, 2010.
Die Sichel ist 28 cm lang. Die scharfen Feuersteinklingen wurden mit Birkenpech in die Rille des gebogenen Holzstücks geklebt.

Ackerbau und Viehhaltung

Vor rund 12 000 Jahren entdeckte man im Vorderen Orient, dass Getreidekörner keimen, wenn sie in Erdgruben lagern. Von da war es nur ein kleiner Schritt zur Aussaat. Auch erste Viehherden und Haustiere lassen sich in dieser Gegend nachweisen. Wahrscheinlich hatten die Menschen auf der Jagd Jungtiere gefangen und erkannt, dass einige sich zähmen ließen. Neben dem Hund waren Ziegen, Schafe, Schweine und Rinder die ersten Haustiere. Sie lieferten den Menschen Fleisch, Wolle und Milch.
Aus Jägern wurden sesshafte Bauern, die Tiere hielten, und Hirten, die mit ihren Herden umherzogen. Die Lebens- und Arbeitsweise der Jäger und Sammler sowie der Ackerbauern und Hirten bestanden lange Zeit neben einander.

Entwicklungshilfe aus dem Orient

Wir wissen aus Funden, dass die ersten Bauern und Viehzüchter vor etwa 8 000 Jahren aus dem Vorderen Orient nach Griechenland zogen. Kurze Zeit später drangen sie auf der Suche nach fruchtbaren Böden von Südosteuropa entlang der großen Flüsse ins übrige Europa vor. Erste Ackerbauern, Viehzüchter und Töpfer sind in Mitteleuropa vor 7 500 Jahren nachweisbar. Allerdings waren nicht alle Bauern Zuwanderer, denn vermutlich übernahmen einheimische Wildbeuter mit der Zeit die neuen Lebens- und Arbeitsformen.

Tief greifende Veränderungen

Die Menschen wohnten bald nicht mehr nur auf dem Lande. In Jericho im Westjordanland sowie in Çatal Hüyük in Anatolien ließen sie sich vor etwa 9 000 Jahren bereits in stadtähnlichen Siedlungen nieder.*
Die Neuerungen waren so umfassend und weitreichend, dass Historiker mit ihnen eine neue Epoche beginnen ließen: die Jungsteinzeit.

** Wie die Häuser in Çatal Hüyük ausgesehen haben könnten, zeigt die Abbildung M 1 auf Seite 47.*

5 Tongefäß.
Alter: etwa 5 000 Jahre
Höhe: 12,3 cm
Bauchdurchmesser: 9,9 cm
Fundort: Erfurt-Gispersleben

7 Wagen mit Scheibenrädern.
Nachbau von 2004 auf der Grundlage nordwestdeutscher Moorfunde aus dem ausgehenden 4. bzw. dem beginnenden 3. Jahrtausend v. Chr. Die Räder haben einen Durchmesser von 90 cm, der Radstand (von Radmitte zu Radmitte) beträgt 1,46 m, die Länge der Deichsel misst 2,44 m und der Wagenkasten ist 1,40 m lang und 1,13 m breit.

6 Blick in ein rekonstruiertes jungsteinzeitliches Haus vor ca. 7000 Jahren.
Foto aus dem Museum für Ur- und Frühgeschichte in Weimar, um 2000. Rechts ist der Nachbau eines Gewichtswebstuhls zu sehen. Die Webgewichte, meist aus Ton oder Stein, hielten die Fäden straff. Auf dem Webstuhl konnten alle Arten von Stoffen gewebt werden, breite wie schmale und grobe wie feine.

Zahlreiche Erfindungen

Mit Ackerbau und Viehhaltung erfanden die Menschen neue Geräte: Holzspaten und -pflug, Sicheln mit scharfen Feuersteinklingen für die Ernte, Hacke und Beil mit geschliffenen Steinen für die Holzbearbeitung. Das Korn und andere Vorräte lagerten nicht mehr in Gruben, sondern in Gefäßen aus gebranntem Ton, die auf Töpferscheiben geformt wurden (Keramik). Aus Schafwolle oder Flachsfasern ließen sich Fäden spinnen und mit einfachen Webstühlen Stoffe weben. Die Erfindung des Rades und rollender Wagen vor etwa 5500 Jahren beschleunigte den Austausch von Waren und Kenntnissen. Bemerkenswert ist, dass in Moorgebieten bereits vor fast 7000 Jahren Holzbohlenwege angelegt worden waren. Entweder dienten sie den Menschen als Bodenbelag oder es gab bereits zu dieser Zeit rollende Karren.

▶ ***Exkursionstipp:***
Museum für Ur- und Frühgeschichte Thüringens, Weimar

▶ ***Internettipp:***
Wie sich das Leben in der Steinzeit veränderte, macht ein aktuelles Experiment deutlich, siehe dazu www.swr.de/steinzeit/html/DAS_EXPERIMENT.html

▶ ***Lesetipps:***
- *Gabriele Beyerlein/Herbert Lorenz, Die Sonne bleibt nicht stehen, Würzburg [8]2000*
- *Franz Hohler, Tschipo in der Steinzeit, Ravensburg [8]2009*
- *Dirk Lornsen, Rokal der Steinzeitjäger, Stuttgart 2007*
- *Michelle Paver, Chronik der dunklen Wälder, München 2007*

1. *Nenne Neuerungen der Jungsteinzeit. Erläutere die Vorteile, die sie den Menschen brachten. Nutze dazu auch die Abbildungen auf den Seiten 40 bis 43. Erstelle eine Collage für dein Portfolio.*
2. *Stellt euch vor, eure Klasse soll als Experiment eine Woche wie die Menschen in früheren Zeiten leben, entweder als Jäger und Sammler oder als Bauern der Jungsteinzeit (→ Internettipp). Welche Lebensform würdet ihr wählen? Begründet eure Entscheidung.*

M1 Weizen zum Vergleich.
Von links nach rechts: wilder Weizen – gezüchteter Weizen aus der jüngeren Steinzeit – moderner Weizen.

M2 Reib- und Mahlstein.
Dieser Fund stammt aus dem Irak und ist zwischen 9 000 und 6 000 Jahre alt.

M3 Haubenfladen aus der jüngeren Steinzeit.
Ausstellungsobjekt des Museums der Brotkultur in Ulm. Zu sehen ist ein Stein, der von einem Brotteig ummantelt ist.

M4 Die Erfindung des Brotes
Der Historiker Lewis Mumford schreibt:
Der Getreideanbau war von einer ebenso starken Neuerung in der Zubereitung von Nahrung begleitet: der Erfindung des Brotes. [...]
Das tägliche Brot brachte eine Sicherheit in der Nahrungsversorgung, wie sie nie zuvor möglich gewesen war. Der Getreideanbau sicherte dem Menschen die tägliche Nahrung, sofern er ständig und fortlaufend arbeitete, während er des Wildes und des Jagdglücks nie sicher sein konnte. Mit Brot und Öl, Brot und Butter oder Brot und Speck hatte die neolithische* Kultur die Basis einer ausgewogenen, kalorienreichen Ernährung, die nur frischer Gartenprodukte bedurfte, um völlig adäquat** zu sein.

Nach: Lewis Mumford, Mythos der Maschine. Kultur, Technik und Macht, übers. von Liesl Nürenberger und Arpad Hälbig, Wien 1974, S. 166

* **Neolithikum**: *Jungsteinzeit*
** **adäquat**: *angemessen*

M5 Backofen, etwa 4500 Jahre alt.
Rekonstruktionszeichnung nach einem Fund aus dem Moordorf Taubried (Federseemoor).
So könnte das Brotbacken vor 7000 Jahren abgelaufen sein: Zuerst wurde das Korn aus Emmer (einer Weizenart), Einkorn oder Zwergweizen zu Mehl geschrotet, also zerquetscht. Danach vermengte man es mit Wasser, Sauerteig (einer Art Hefe) und Salz zu einem Teig, der zu einem Fladen geformt und auf einen Backteller gelegt wurde.

1. *Vergleiche die Ähren (M1).*
2. *Beschreibe die Arbeiten von der Aussaat an, die eine Familie in der Jungsteinzeit durchführen musste, bis sie Brot essen konnte (M2, M3 und M5).*
3. *Nenne die besonderen Vorteile des Brotes für die Ernährung (M4).*
4. *Gehe auf die Startseite des Internettipps auf Seite 42, klicke auf den Bereich „Leben", anschließend auf „Ernährung". Dort siehst du einen Versuch, Getreide zu entspelzen – also die Hülle des Korns zu entfernen. Berichte über das Ergebnis.*

Metalle verändern das Leben

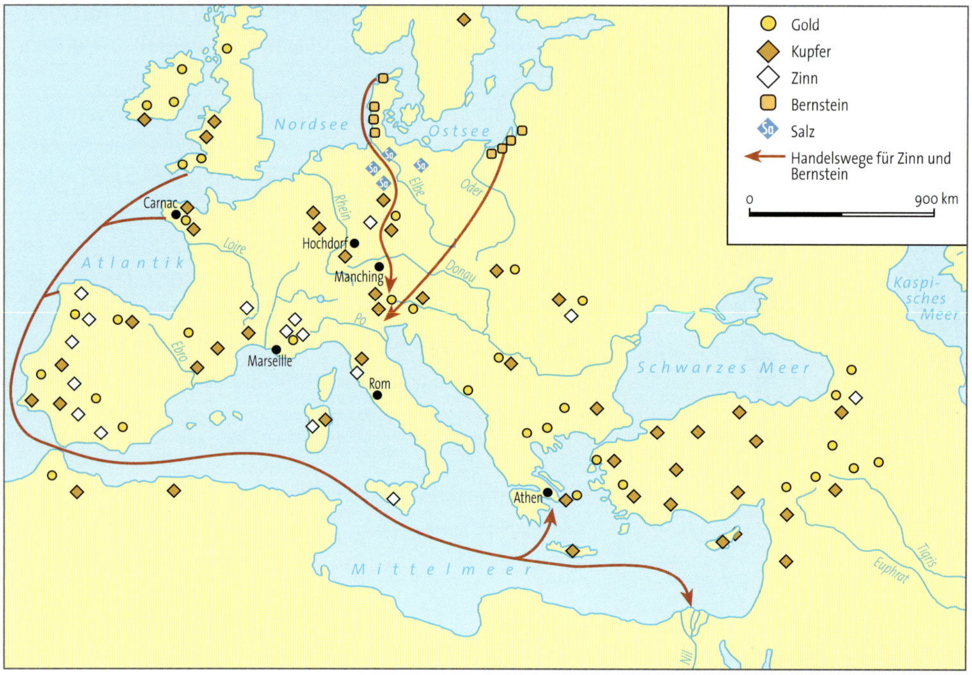

1 Rohstoffe und Handelswege um 800 v. Chr.

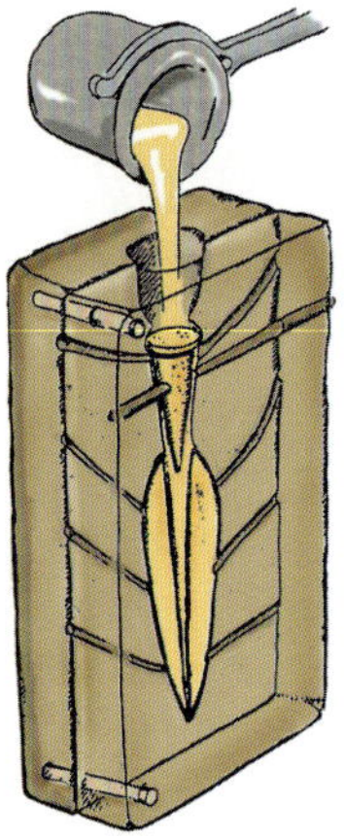

2 Eine Lanzenspitze wird gegossen.
Rekonstruktionszeichnung.

Neue Materialien

Die Jungsteinzeit endete, als Waffen, Werkzeuge und Schmuck immer häufiger aus Metallen hergestellt wurden. Im Vorderen Orient begann dies schon vor etwa 9000 Jahren. Etwa 3500 Jahre später entdeckte man dort auch, dass durch Verschmelzen von Kupfer und Zinn ein neues Metall hergestellt werden konnte: Bronze. Es ließ sich leicht formen, war aber härter als die bisher verwendeten Materialien. Bald darauf lernten die Menschen, Eisenerze zu gewinnen und zu verarbeiten. Werkzeuge und Waffen aus Eisen waren noch härter und schärfer als die aus Bronze, denn sie wurden nicht gegossen, sondern glühend mit dem Hammer geschmiedet.
All diese Kenntnisse und Fähigkeiten brachten Händler nach Mittel- und Nordeuropa. Hier wurde seit 2400 v. Chr. Bronze hergestellt und ab etwa 1000 v. Chr. Eisen verarbeitet.

Die Ungleichheit nimmt zu

In dieser Zeit bestand bereits eine umfangreiche Arbeitsteilung: Bauern produzierten nicht mehr nur für den eigenen Bedarf. Handwerker stellten mehr her, als sie selbst brauchten. Neue Berufe wie Bergarbeiter, Köhler, Metallgießer und Schmiede entstanden. Händler lieferten die Rohstoffe für Bronze, denn Kupfer und Zinn waren nicht am selben Ort zu finden. Sie tauschten sie gegen fertige Metallwaren, Felle, Bernstein, Salz und Nahrungsmittel.
Wer zu den wenigen gehörte, die die Arbeit im Bergwerk, die Metallbearbeitung und den Handel organisieren konnten, wurde reich und mächtig. Einige von ihnen wurden die ersten „Fürsten".

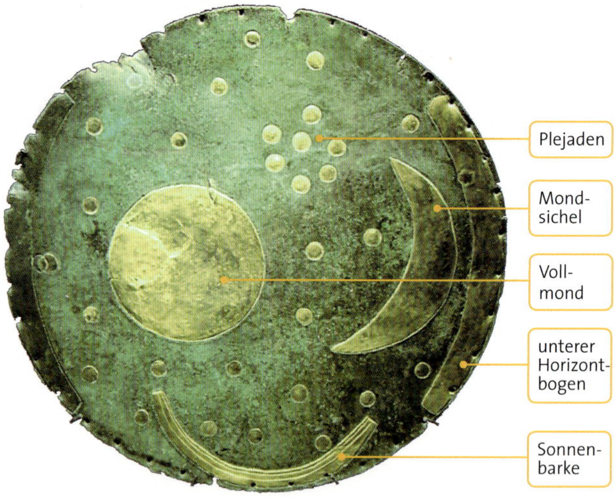

3 Die Himmelsscheibe von Nebra.
Foto von 2002.
Die „Scheibe" wurde 1999 in einer Steinkammer auf dem Mittelberg bei Nebra in Sachsen-Anhalt gefunden. Sie besteht aus Gold und Bronze, hat einen Durchmesser von 32 cm, wiegt 2,3 kg und wurde ungefähr 1700 v. Chr. angefertigt. Sie gilt als die weltweit älteste Darstellung des Himmels mit Vollmond, Sichelmond und Sternen. Möglicherweise wurde die „Scheibe" als Kalender gebraucht, mit dessen Hilfe das bäuerliche Jahr von der Bestellung des Ackers im Frühjahr bis zur Ernte im Herbst abzulesen war.

▶ Exkursionstipps:
- *Arche Nebra, Nebra-Kleinwangen*
- *Landesmuseum für Vorgeschichte, Halle*

M1 Ötzi – der „Mann aus dem Eis"

Erika und Helmut Simon aus Nürnberg entdecken auf einer Bergwanderung in den Ötztaler Alpen am 19. September 1991 in 3210 Metern Höhe eine Leiche, die im Eis feststeckt. Sie wird geborgen und ins Institut für Gerichtsmedizin nach Innsbruck gebracht. Es stellt sich heraus, dass der Tote zwischen 3350 und 3100 v. Chr. gelebt hat.

Untersuchungsergebnisse

Ötzi war etwa 1,60 m groß, hatte Schuhgröße 38, wog an die 50 kg und hatte braune Augen. Das dunkelbraune Haar trug er schulterlang und offen.
Er war nicht bei guter Gesundheit, als er starb: die Gelenke verschlissen, die Blutgefäße verkalkt und die Zähne abgeschliffen. Nachgewiesen wurden auch ein gut verheilter Serienrippen- und ein Nasenbeinbruch.
Sein Körper ist mit etwa 60 Tätowierungen übersät. Im Gegensatz zu modernen Tattoos entstanden sie nicht durch Stiche, sondern durch feine Schnitte. Die Zeichen befinden sich genau dort, wo Ötzi Verschleißerscheinungen hatte und vermutlich große Schmerzen litt – an der Lendenwirbelsäule, am rechten Knie, an den Waden und an den Sprunggelenken. Werden feine Nervenstränge durchtrennt, kann dies eine Schmerzlinderung bewirken. Ötzis Tattoos waren deshalb vermutlich als Schmerzlinderung und nicht als Körperschmuck gedacht.

Seine perfekte Ausrüstung

Ötzi war für das Hochgebirge perfekt ausgerüstet. Ein knielanger Fellmantel mit modischem Streifenmuster und eine Fellmütze schützten ihn gegen Wind und Kälte, Beinkleider aus Ziegenfell boten optimale Bewegungsfreiheit. Besonders raffiniert ist Ötzis Fußbekleidung: Der „Innenschuh" ist ein Grasnetz mit hineingestopftem Heu als Kälteschutz; der „Außenschuh" besteht aus robustem Hirschleder. Überkreuzte Lederriemen geben der Sohle „Profil". Alle Kleider sind präzise zugeschnitten, sorgfältig genäht und außerordentlich zweckmäßig.
Alles, was Ötzi benötigte, um ein Lagerfeuer zu entfachen oder Waffen herzustellen, führte er mit sich. In der Gürteltasche verwahrte er den Zunderschwamm zum Feuermachen sowie Klingen und Bohrer aus Feuerstein. Den Dolch im Baumbast-Etui trug er am Gürtel: jederzeit griffbereit.
Im Köcher steckten Tiersehnen, ein Bündel Geweihspitzen und 14 Pfeile, zwei davon schussbereit und zwölf unfertig. Auch der 1,82 m große Bogen aus Eibenholz ist unfertig.
Ötzis bestes Stück, das Kupferbeil, ist weltweit das einzige vollständig erhaltene Beil der Urgeschichte. Wegen der weichen Klingenschneide dachte man zunächst, das Beil sei ein besonderes Zeichen der Krieger- oder Führungsschicht. Nur Anführer konnten so ein Beil tragen. Gebrauchsspuren sowie Experimente mit einem nachgebildeten Kupferbeil zeigen, dass man mit Ötzis Beil auch Bäume fällen kann.

Ötzis Tod – ein Kriminalfall?

Ötzi starb an den Folgen einer Schussverletzung. Lange Zeit blieb die Pfeilspitze aus Feuerstein unentdeckt; erst 2001 fand man sie bei der Auswertung neuer Röntgenaufnahmen. Der Pfeil war von hinten und aus größerer Entfernung abgeschossen worden. Er durchschlug das linke Schulterblatt und verletzte eine wichtige Schlagader. Der Blutverlust war beträchtlich und innerhalb kurzer Zeit tödlich.
Zudem hat der Mann aus dem Eis eine Verletzung an der Schläfe und ein Hirntrauma. Es ist unklar, ob ihn der Pfeilschuss zu Boden stürzen ließ oder ob ihn jemand niedergeschlagen hat. Ötzi war offensichtlich auf der Flucht. Das legen u. a. unfertige Ausrüstungsgegenstände nahe. Der Mann wollte vor seinem Tod noch schnell einen neuen Bogen und mehrere Pfeile herstellen. Dass unmittelbar vor seinem Tod ein Nahkampf stattfand, zeigt eine tiefe Schnittwunde in Ötzis rechter Hand. Das Motiv für den Schuss aus dem Hinterhalt bleibt im Dunkeln. Ein Stammeskrieg? Ein persönlicher Konflikt? Ein Raubüberfall? Nichts von der Ausrüstung, nicht einmal das Kupferbeil, wurde gestohlen. Ging es um eine Schaf- oder Ziegenherde?

Zusammengestellt nach Informationen aus dem Südtiroler Archäologiemuseum in Bozen vom November 2012

M2 Rekonstruktion des „Ötzi".
Foto von 2011.
Er wird hier ohne Oberbekleidung gezeigt, da wir nicht genau wissen, wie er seinen Ziegenfellmantel getragen hat.

M3 Das Beil des „Ötzi."
Die 9,3 cm lange Kupferklinge war mit Baumharz und Lederriemen am Schaft befestigt.

▶ ***Lesetipp:*** *Erich Ballinger, Der Gletschermann, Wien 2005*

▶ ***Internettipps:*** *siehe www.archaeologiemuseum.it/de und die Angabe auf Seite 42*

1. *Nenne die Rohstoffe, aus denen „Ötzis" Ausrüstung bestand (M1 bis M3).*
2. *Erstelle eine Zeitleiste zur Vorgeschichte und ordne den Fund des „Ötzi" ein.*
3. *Der Text (M1) beschreibt und deutet einzelne Befunde. Stelle fest, welche Aussagen auf Vermutungen und welche auf Experimenten beruhen.*
4. *Erkläre, warum der Fund des „Ötzi" für uns heute so einmalig und bedeutsam ist.*

Höhlen, Hütten und Häuser

1 **Wo der Neandertaler gefunden wurde.**
Zeichnung der Neanderhöhle bei Düsseldorf, um 1835.
Höhlen und Felsdächer wurden zu allen Zeiten von Menschen bewohnt. Als Wohnraum dienten meistens nur die Eingangspartie und der Höhlenvorplatz, da die Innenräume zu feucht und zu dunkel waren.

Wo und wie die Menschen früher wohnten

Seit unsere Vorfahren in Afrika die Bäume verließen und sich die Savannen Afrikas, später sogar die von der Eiszeit geprägten Gebiete Europas und Asiens als Lebensraum erschlossen, wurde die Frage der Behausung für sie immer wichtiger. Denn sie benötigten Schutz vor Feinden und einen Platz, an den sie sich bei Regen, Kälte, Hitze und Unwetter zurückziehen und an dem sie ihre Kinder aufziehen konnten.

Die Frage, wo ein solcher Wohnplatz am besten errichtet wurde, wie und aus welchen Materialien er gebaut wurde und wie er schließlich aussehen sollte, haben die Menschen in den verschiedenen Epochen unterschiedlich beantwortet.

▶ ***Exkursionstipp:***
Museum für Ur- und Frühgeschichte Thüringens, Weimar

2 **Bilzingsleben – der älteste Wohnplatz im heutigen Deutschland.**
Siedlungsspuren und Schädelfunde deuten darauf hin, dass im heutigen Bilzingsleben in Thüringen bereits vor 400 000 Jahren Menschen siedelten.

1 *See, Altwässer, Fluss*
2 *versumpfte Auen mit Schilfdickicht, Ried sowie Weidengebüsch*
3 *Vegetation in Tallage, meist Weidengebüsch und -dickicht*
4 *artenreiche Auenwälder mit Erlenbruch*
5 *lichter Eichen- und Buchsbaumwald mit Eibenbestand*
6 *vorwiegend Gebüschfluren mit Buchsbaum, Feuerdorn, Flieder, Kornelkirsche, Hasel, Berberitze, Wacholder usw.*
7 *offene Steppenwiesen*
× *Lagerplatz*

■ *Beschreibe die Karte. Erläutere, warum die Menschen gerade diesen Platz auswählten.*

3 **Hütten von Bilzingsleben.**
Rekonstruktionsversuch, um 2000.
Archäologen nehmen heute an, dass die Menschen damals in mit Schilf und Zweigen abgedeckten Hütten wohnten, die einen Durchmesser von 3 bis 4 m hatten.

M 1 Siedlung Çatal Hüyük in Anatolien (Türkei).
Computersimulation von Burkhard Detzler, um 1996.
Diese jungsteinzeitliche Ansiedlung entstand vor etwa 9 000 Jahren und gilt als eine der ältesten Städte der Welt. (Zur Lage siehe die Karte auf Seite 41.) Die Zahl der Bewohner wird auf bis zu 10 000 geschätzt. Die Häuser wurden aus luftgetrockneten Lehmziegeln errichtet, die Wände und das Dach mit Lehm verputzt. Der Grundriss dieser Häuser beträgt durchschnittlich 6 x 4,5 m, die Höhe 3 m. Im Gegensatz zu den später entstandenen Städten an Euphrat und Tigris gab es in Çatal Hüyük keine großen öffentlichen Bauten wie Tempel. Die Siedlung hatte keine Straßen und großen Plätze, der „Verkehr" lief über die flachen Dächer der einstöckigen Häuser.

M 2 Siedlung in Regensburg-Harting.
Modell eines Wohnplatzes (Ausschnitt), um 1980.
In Mitteleuropa wurden vor etwa 8 000 Jahren erstmals Häuser errichtet. Sie waren zwischen 25 und 35 m lang, 6 bis 8 m breit und vermutlich 5 m hoch. Die Wände dieser Langhäuser bestanden aus lehmverputztem Flechtwerk. Ein Dorf hatte in der Regel vier bis sechs Häuser.

▶ ***Internettipp:***
Alles, was du über Pfahlbauten wissen möchtest, findest du unter www.pfahlbauten.de
Siehe auch den Tipp auf Seite 42.

M 3 Pfahlbaudorf in Unteruhldingen am Bodensee.
Foto von 1996.
Am Bodensee sind zwischen 4000 und 850 v. Chr. Pfahlbauten nachgewiesen. Diese Häuser waren etwa 4 x 6 m groß. Sie standen zum Schutz vor Hochwasser auf langen Holzpfählen am Ufer, aber nicht – wie lange Zeit angenommen – mitten im Wasser. Außer diesen Häusern gab es auch Pfahlbauten, deren Fußboden direkt auf der Erde lag.

- *Stellt euch vor, ihr lebt in einer Wildbeuterfamilie in einer Höhle (siehe Abb. 1, Seite 46) und kommt auf einer Wanderung zu einer der abgebildeten Siedlungen (M 2 oder M 3). Berichtet euren Freunden, wie die Menschen dort wohnten.*

Steinzeit heute?

Familie in Zentralafrika.

Inuit („Eskimo") beim Bau eines Iglu.

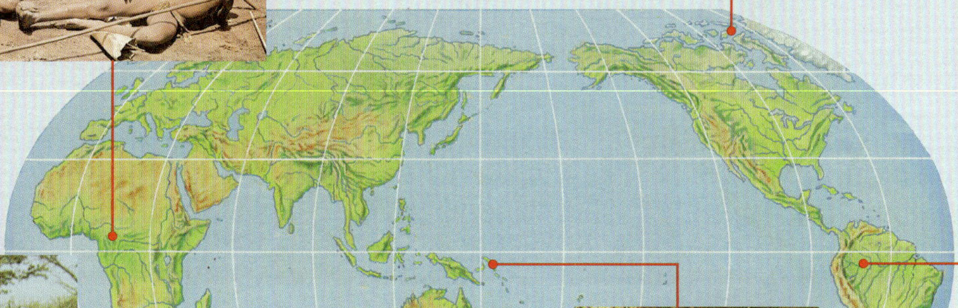

Yanomami mit Pfeil und Bogen.

Bewohner der Kalahari.

Aborigines mit Bumerang.

Ein Papua macht Feuer.

M1 **„Naturvölker" der Gegenwart.**
Vor 12 000 Jahren stellten die „Naturvölker" 100 Prozent der Weltbevölkerung (= 10 Millionen Menschen), heute beträgt ihr Anteil unter 0,001 Prozent der Weltbevölkerung.

Nur eine andere Lebensweise

Noch heute leben Menschen in einigen entlegenen Gebieten der Erde scheinbar unbeeinflusst von der modernen Welt. Sie laufen fast nackt herum, schlafen in Hütten, jagen mit Pfeil, Bogen oder Speer, sammeln Nahrungsmittel im Wald. Sie benutzen Geräte aus Stein, Holz oder Knochen und entfachen Feuer durch Quirlen von Holz auf Holz. Leben diese Menschen noch in der „Steinzeit"? Nein, auch diese „Naturvölker" mussten immer wieder ihr Umfeld neu gestalten und ihr überliefertes Wissen erweitern. Aber sie haben diese Veränderungen nicht aufgeschrieben. Bis heute halten sie an Werkzeugen aus Stein oder Pfeil und Bogen fest. Sie können nach wie vor in ihrer Umgebung überleben und brauchen keine neue Technik. Ihre Lebensweise passte sich der sich wandelnden Umwelt an, die sie meist planvoll nutzen und pfleglich behandeln – im Gegensatz zu den Menschen der Industriegesellschaft, die die Natur lange Zeit nur ausgebeutet haben.

Heute sind viele „Naturvölker" bedroht. Ihre Lebensräume werden durch den Abbau von Bodenschätzen, den Straßenbau, die Anlage von Staudämmen, Flugplätzen und vieles andere mehr tief greifend verändert oder zerstört. Der Kontakt zu den Industriegesellschaften bedroht nicht nur ihren Lebensraum, sondern auch ihr geistiges, religiöses und künstlerisches Leben, ihre *Kultur*.

1. *Wählt ein in M1 genanntes Volk aus und stellt fest, in welchem Land es lebt. Sucht das Land in einem Atlas und informiert euch über die Lebensbedingungen. Erklärt, warum die Menschen dort ihre Lebensweise beibehalten konnten.*
2. *Würde es euch reizen, einmal ein paar Tage in einem „Naturvolk" zu leben? Was glaubt ihr, von den Menschen lernen zu können? Was würdet ihr ihnen beibringen wollen? Begründet eure Entscheidung.*
3. *Sucht Informationen über Ernährung, Wohnen, Glauben und den Umgang mit der Natur einzelner „Naturvölker".*
4. *Informiert euch bei der „Gesellschaft für bedrohte Völker" (www.gfbv.de) an einem Beispiel über die Gefahren, denen ein „Naturvolk" ausgesetzt ist.*

Tapfere Kelten

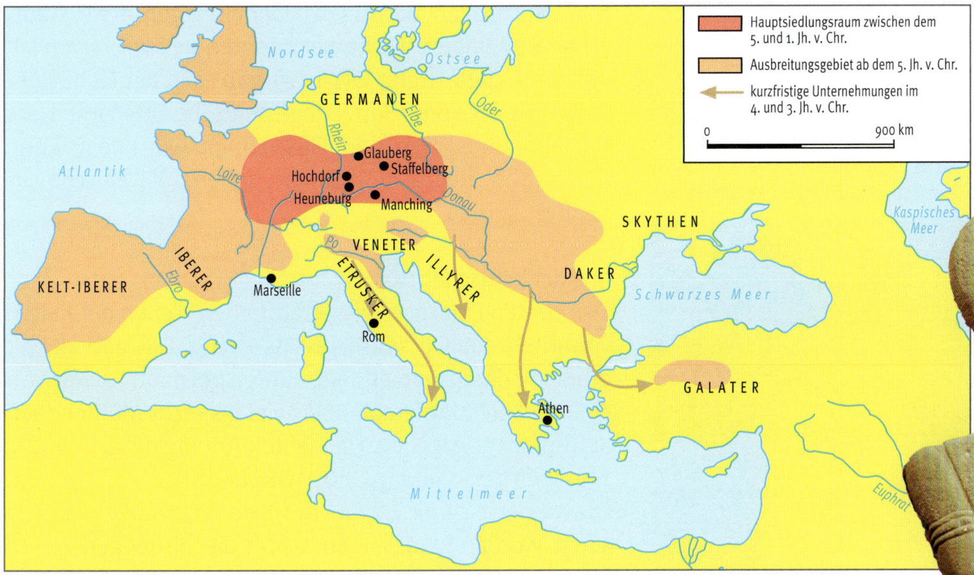

1 Wo die Kelten lebten.

Wer waren die Kelten?

Asterix und Obelix aus dem gleichnamigen Comic sind Kelten.* Die ersten Informationen über dieses Volk stammen von griechischen Gelehrten aus dem 6./5. Jh. v. Chr. Genaueres erfahren wir erst von den Römern ab dem 1. Jh. v. Chr. Sie nannten die Kelten „Galli" oder „Celtae" („die Tapferen"). Anlass für die Berichte über sie waren meist Kriege. Die meisten keltischen Völker lebten zwischen dem 5. und 1. Jh. v. Chr. nördlich der Alpen. Ihre Kriegszüge, Handelsreisen und Wanderungen führten sie von den britischen Inseln bis in die heutige Türkei. Von den Griechen lernten sie vermutlich, Burgen zu bauen. Beispiele sind die Heuneburg bei Sigmaringen (Baden-Württemberg), der Staffelberg in Oberfranken (Bayern), der Altkönig im Taunus (Hessen) und die Steinsburg auf dem kleinen Gleichberg (Thüringen).

Da die Kelten keine eigene Schrift entwickelten, ordnen viele Historiker sie der Eisenzeit und damit der Vor- und Frühgeschichte zu.

Keltische Verhältnisse

Die Kelten unterschieden sich von den Griechen und Römern durch ihre bunt gemusterte Kleidung, ihre Frisuren und Bärte, ihre Speisen und religiösen Vorstellungen. An der Spitze ihrer aus Kriegern, Bauern, Handwerkern, Händlern und Sklaven bestehenden Gesellschaft standen Anführer. Geschichtsschreiber nannten sie „Fürsten". Ihre besondere Stellung belegen Hügelgräber aus dem 5. Jh. v. Chr. Das sind Grabkammern unter aufgeschütteten Erdhügeln, wie sie in Hochdorf/Enz (Baden-Württeberg) oder am Glauberg (Hessen) gefunden wurden.

Bei den Kelten waren die Druiden besonders angesehen und einflussreich. Es war ihre Aufgabe, den Göttern zu opfern, die Sterne zu deuten, Recht zu sprechen, die Jugend zu erziehen und Kranke zu heilen. Römische Quellen berichten auch von Liederdichtern (Barden), die auf einfachen Saiteninstrumenten musizierten.

2 Der „Keltenfürst vom Glauberg".

Sandsteinfigur aus dem 5. Jh. v. Chr.
Die 1,86 m hohe und 230 kg schwere Figur ist fast vollständig erhalten; nur ihre Füße sind abgebrochen. Sie ist eine von ursprünglich wohl vier gleichartigen Figuren, die 1996 neben einem Großgrabhügel gefunden wurden. Dargestellt ist ein mit einem Brustpanzer bekleideter und mit Schild und Schwert (das von vorne nicht sichtbar ist) bewaffneter Mann, der als Kopfbedeckung eine Kappe mit zwei großen blattförmigen Ansätzen und einen Halsreif mit drei Zierknospen trägt.

- *Beschreibe das Gesicht der Figur. Stelle fest, ob neben dem Halsreif noch weitere Schmuckstücke zu erkennen sind.*

*Siehe Seite 154.

3 Osttor des Oppidums bei Manching.
Rekonstruktionszeichnung von Flemming Bau, um 2002.
Vor dem Tor, das 80 v. Chr. durch einen Brand zerstört wurde, steht ein zweirädriger keltischer Streitwagen.

4 Mitglieder der Keltentruppe CARNYX.
Foto von 2003.
1999 bildete eine Gruppe von Archäologen und historisch Interessierten in Tübingen die Keltentruppe CARNYX (nach der Bezeichnung für eine keltische Kriegstrompete). Ihr Ziel ist es, die Alltagswelt der Kelten des 3. bis 1. Jh. v. Chr. möglichst realistisch darzustellen. Weitere Informationen und Bilder findest du unter: www.keltentruppe.de

Erinnerungen

Die Kelten errichteten im 3./2. Jh. v. Chr. in West- und Mitteleuropa an wichtigen Handelswegen erste stadtartige Siedlungen. Die Römer nannten sie *oppida* (von lat. *oppidum*: „befestigter Ort"). Oft gab es in der Nähe Rohstoffe wie Erze oder Salz. Einige deutsche Ortsnamen wie Kandern und Istein und Flussnamen wie Rhein, Ruhr, Main, Lahn, Neckar und Donau gehen auf keltische Ursprünge zurück.

In einer keltischen Stadt

Den besten Eindruck vom „städtischen" Leben der Kelten vermittelt das Oppidum bei Manching. Das 380 Hektar große Siedlungsgebiet liegt nahe Ingolstadt. Es war von einer sieben Kilometer langen, vier bis sechs Meter hohen Stadtmauer umgeben. Hier lebten Anfang des 1. Jh. v. Chr. zwischen 5 000 und 10 000 Menschen.
Obwohl erst zwölf Hektar des Siedlungsgebietes untersucht worden sind, geben schon die bisherigen Funde viele Hinweise auf das Leben seiner Bewohner. Dort standen mehrere Heiligtümer, viele Wohnhäuser und einige bäuerliche Betriebe sowie zahlreiche Werkstätten. Offensichtlich gab es richtige Handwerkerviertel, wo Schmiede und Töpfer arbeiteten. Sie haben ihre Produkte nicht nur für den eigenen Bedarf, sondern auch für fremde Abnehmer hergestellt. Überreste belegen, dass die Kelten auch Schmuck aus Gold und Glas herstellten. Münzfunde beweisen, dass sie vom Tauschhandel zur Geldwirtschaft übergegangen waren. Die Anregung dazu erhielten die Kelten wohl schon im 3. Jh. v. Chr. von den Griechen.
Nach der Mitte des 1. Jh. v. Chr. verlor das Oppidum bei Manching an Bedeutung. Als die Römer 15 v. Chr. das Alpenvorland eroberten, war die Stadtmauer bereits verfallen. Warum die Menschen die Stadt verlassen hatten, wissen wir nicht.

▶ ***Exkursionstipps:***
- *Museum für Ur- und Frühgeschichte Thüringens, Weimar*
- *Steinsburgmuseum, Römhild*

▶ ***Internettipps:***
- *www.hassiaceltica.de*
- *www.heuneburg.de*
- *www.keltenwelt-glauberg.de*
- *www.keltenmuseum.de*
- *www.museum-manching.de*

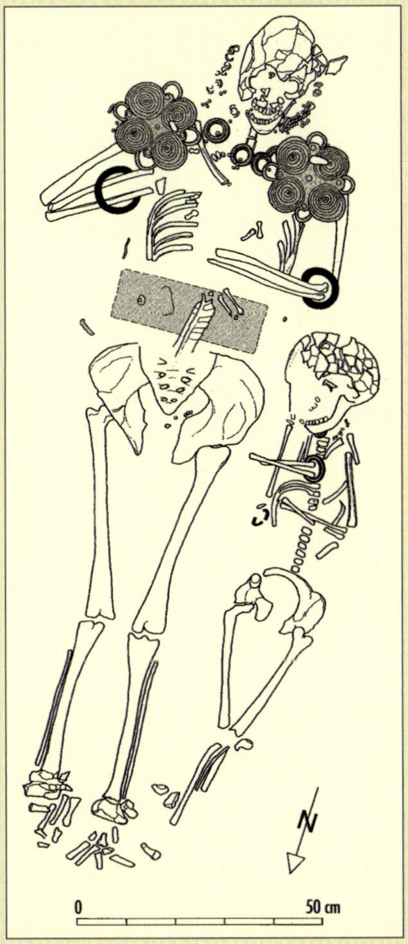

M 1 Die „Bernsteinfrau“ und ihr Kind.
Befundzeichnung von Hubert Koch, 1988. Bei Niedererlbach im Isartal wurde 1988 ein Hügelgrab entdeckt. Archäologen fanden heraus, dass die Frau im 6. Jh. v. Chr. lebte und etwa 30 Jahre alt war, als sie starb. Sie ist zusammen mit ihrem etwa 6- bis 7-jährigen Kind bestattet worden.

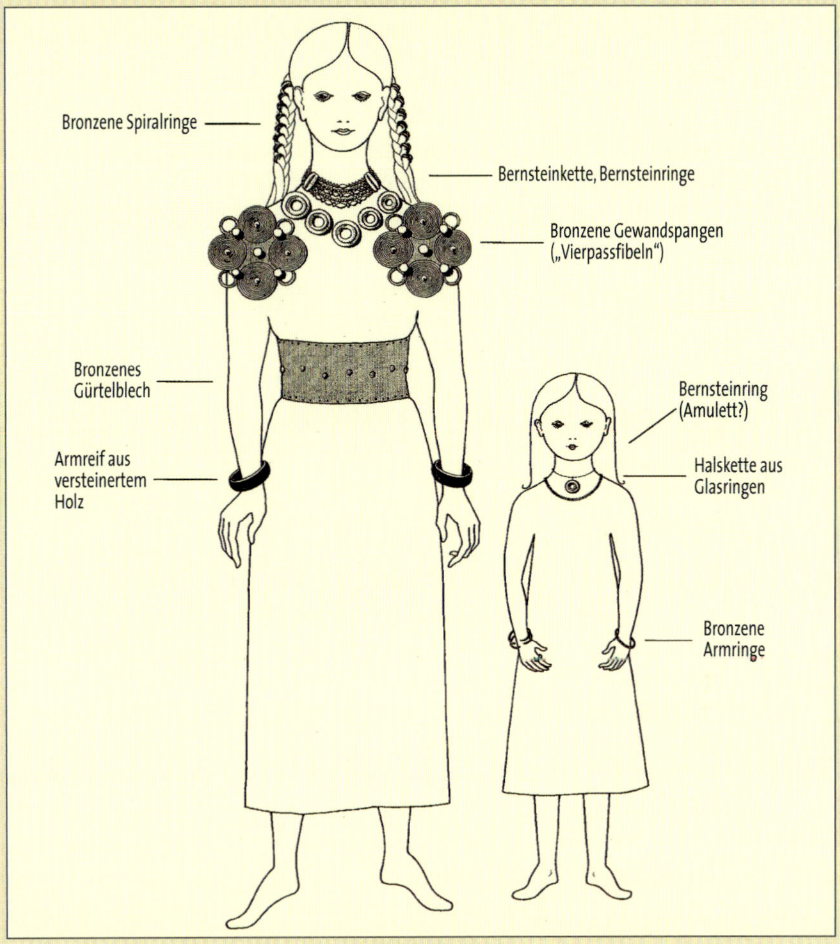

M 2 Die „Bernsteinfrau“ und ihr Kind.
Rekonstruktionsversuch von Ingrid Koschorrek, 1988.

M 3 Kette der „Bernsteinfrau“.

M 4 Eine Gewandspange.
Alter: 4./3. Jh. v. Chr.
Material: Bronze
Verzierung: Muschelkalk
Fundort: Saalfeld (Thüringen)

1. *Die Zeichnung (M 2) ist auf Grundlage des Grabfundes (M 1) entstanden. Beschreibe, wie die Zeichnerin bei ihrer Rekonstruktion vorgegangen sein könnte. Nimm die Ergebnisse deiner Untersuchung in dein Portfolio auf.*
2. *Prüfe, ob der Bernstein für die Kette (M 3) aus keltischen Gebieten stammte (siehe dazu die Karten auf Seite 44 und 49). Beschreibe, wie der Bernstein zu den keltischen Handwerkern gelangt sein könnte.*
3. *Gewandspangen, auch Fibeln genannt, hielten die Kleidung zusammen und waren gleichzeitig Schmuckstücke. Nenne Gegenstände, die diese Funktion heute erfüllen.*

Durchblick – Kompetenzen überprüfen

M1 Was war wichtig?

Der folgende Text fasst zusammen, was du in diesem Kapitel erarbeitet hast. Du kannst dein Sachwissen überprüfen, indem du die Lücken füllst.

Die Zeit, aus der uns noch keine □□□□□□□□□□□□□ Quellen überliefert sind, nennen wir □□□□□□□□□□□□□ oder auch Ur- und Frühgeschichte. □□□□□□□□□□□□□□□□□ (Archäologen) werten Knochen, Werkzeuge und andere □□□□□□□□□□ aus. Daher wissen wir einiges über diese Zeit und die frühen Menschen. In der □□□□□□□□□□□□ lebten sie als Jäger und □□□□□□□ und zogen umher. Sie lernten, Werkzeuge und das □□□□□ zu gebrauchen, stellten mit den Höhlenmalereien erste Kunstwerke her und entwickelten religiöse Vorstellungen. Die modernen Menschen, die □□□□□□□□□□□□□, haben sich vor 160 000 Jahren in Südostafrika entwickelt. Von dort haben sie sich vor □□ □□□ Jahren über Europa ausgebreitet.

Mit dem Übergang zur □□□□□□□□□□□□□ lernten die Menschen, Getreide anzubauen und Tiere zu halten. Immer mehr Menschen ließen sich nieder und lebten in Siedlungen. Sie bauten Häuser, erfanden das Rad, legten Brunnen und Wege an, backten Brote, töpferten Gefäße und webten Kleidung. Eine neue Entwicklung der Menschheitsgeschichte begann mit der □□□□□□□□□□, in der zunächst Bronze und später auch □□□□□ zu Werkzeugen, Schmuckstücken und □□□□□□ verarbeitet wurden. Allmählich setzte eine □□□□□□□□□□□□□□ ein. Die einen blieben □□□□□□ oder Hirten, andere wurden Handwerker und □□□□□□□.

M2 Folgende Daten sind durcheinandergeraten

vor 6 bis 7 Mio. Jahren	Die Altsteinzeit beginnt
vor 3,2 Mio. Jahren	In Afrika leben Vormenschen
vor 2,5 Mio. Jahren	„Lucy" lebt in Afrika
vor 160 000 Jahren	Neandertaler leben im Nahen Osten und in Europa
vor 130 000 Jahren	Der Jetztmensch entwickelt sich in Afrika

M3 Was ist gemeint?

1.	2.	3.	4.	5.	6.
□□□□□□□	□□□□□□□ & □□□□□	□□□□■□□□□□□□	□□□□□□□□	□□□□□	□□□□□□□□ & □□□□□□□□□□

1. Menschen, die in der Altsteinzeit ihrer Nahrung folgten
2. Haupttätigkeiten der Menschen in der Altsteinzeit
3. Fachbegriff für „Jetztmenschen"
4. Die Menschen werden in der Jungsteinzeit ...
5. Material der Werkzeuge und Waffen, das Stein ersetzte
6. Neue Möglichkeiten des Nahrungmittelerwerbs seit der Jungsteinzeit

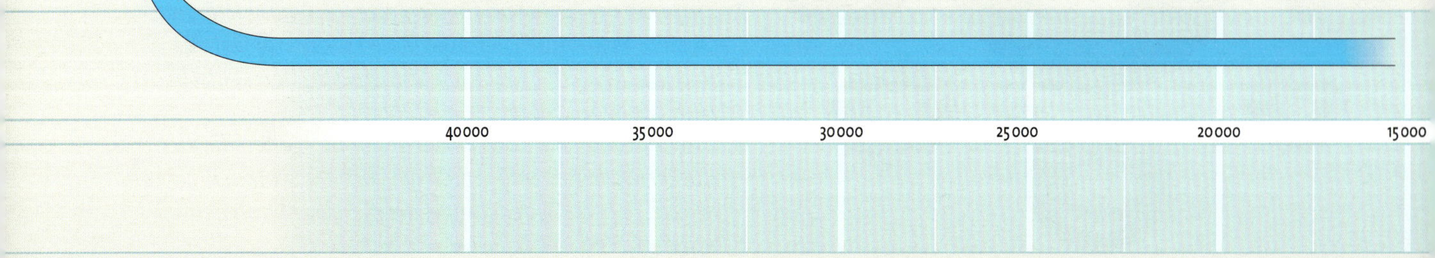

M4 Großwildjagd in der Altsteinzeit.
Rekonstruktionszeichnung von 1997.

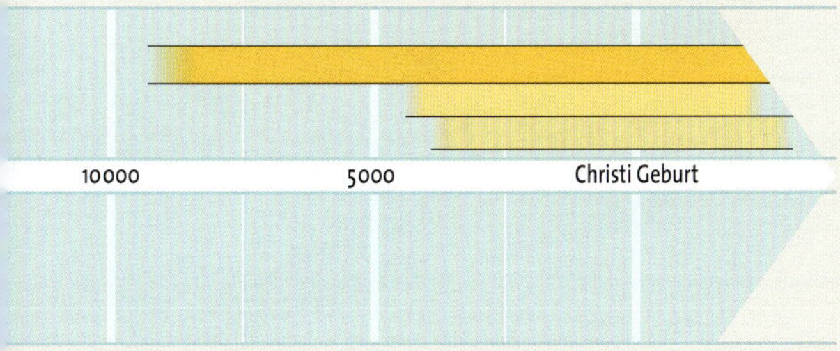

M5 Archäologische Funde.

M6 Wie viel ist der „Ötzi" wert?

Das Nürnberger Ehepaar Simon, das 1991 den „Ötzi" fand, forderte vor Gericht einen Finderlohn, da der Fund der Allgemeinheit nützt und mit ihm Geschäfte gemacht werden. Stefan Beikircher vom Rechtsamt der Südtiroler Regierung erklärte:

Aber wie wollen Sie denn den Wert einer Leiche festlegen, sei sie auch noch so alt? [...] Wir können den Ötzi [...] nicht verkaufen und wir können ihn auch nicht versteigern wie ein wertvolles Gemälde.

Nach: www.stern.de/id/wissenschaft/mensch/?id (Zugriff: 20. März 2003)

1. *Schreibe die fehlenden Angaben in dein Heft (M 1).*
2. *Lege einen Zeitstrahl zur Frühgeschichte des Menschen an. Markiere darin die wichtigsten Epochen der Frühgeschichte. Trage danach folgende Daten ab: das Alter der Siedlungsspuren von Bilzingsleben, das Aussterben der Neandertaler, die Entstehungszeit der Höhlenmalerei in der Grotte Chauvet, das Alter der Himmelsscheibe von Nebra sowie die ungefähre Lebenszeit des „Ötzi".*
   Tipp: Durch Bilder und Zeichnungen wird dein Zeitstrahl anschaulicher.
3. *Ordne die Daten (M 2) richtig zu und übertrage sie in den angelegten Zeitstrahl in dein Heft (siehe Aufgabe 2).*
4. *Schreibe die Lösungswörter des Rätsels (M 3) in dein Heft.*
5. *Erzähle eine Geschichte zu den Bildern (M 4). Ein Beteiligter berichtet nach der Jagd, wann sie losgezogen und wie sie schrittweise vorgegangen sind.*
6. *Die drei archäologischen Funde (M 5) stehen für wichtige Schritte in der Entwicklung des Menschen. Schreibe darüber einen zusammenhängenden Text, in dem du auch die Lösungswörter aus M 3 sowie die Begriffe „primitiv", „Entwicklung" und „Fortschritt" verwendest.*
7. *Wie hättest du den Streit um den Finderlohn (M 6) entschieden? Begründe dein Urteil. Informiere dich anschließend im Internet über den Ausgang des Streits und berichte.*
8. *Begründe, warum die Archäologie für unsere Kenntnisse über die Vor- und Frühgeschichte besonders wichtig ist.*

Leben in frühen Hochkulturen

Das Pyramidenfeld von Abusir in Ägypten. *Rekonstruktionszeichnung von Ludwig Borchard, um 1900. Die Pyramide ist kein einzelnes Bauwerk, sondern Teil einer Anlage. In Abusir haben um 2450 v. Chr. Könige ihre Grabbezirke angelegt.*

Das Meisterwerk

Das war ein Tag so ganz nach seinem Wunsch! Zufrieden lehnte sich Hemiunu auf das Polster seiner Sänfte zurück. Jetzt war er wieder in der Hauptstadt Memphis. Hinter ihm strahlte die riesige Pyramide im roten Schimmer des Abendlichts. In Hemiunus Gedanken zogen die Bilder des Tages noch einmal vorüber. Cheops, der Herrscher Ägyptens, hatte die Baustelle seiner Grabpyramide besucht. Sie sollte dem Pharao nach dem Ende seines irdischen Lebens als ewige Wohnstätte dienen. Mit eigenen Augen hatte sich der Herrscher davon überzeugt, dass das riesige Werk nach jahrzehntelanger Bauzeit wirklich kurz vor seiner Vollendung stand. Und er, Hemiunu, der oberste Minister des allmächtigen Pharao, der die Bauarbeiten geleitet hatte, durfte seinem Herrn nun dieses Meisterwerk zeigen. Unten am Ufer hatte er ständig den Nil aufwärts in Richtung Memphis geschaut und aufgeregt nach der vergoldeten Barke des Sonnengottes Ausschau gehalten.*

Als dann der König endlich am Begrüßungstempel angelegt hatte, durfte Hemiunu ihn, seine engsten Verwandten und die vielen Priester die große Rampe hinauf zur Pyramide führen. Kein Laut war zu hören, obwohl Tausende von Arbeitern sich zum Empfang des Pharao versammelt hatten. Aus Furcht und Ehrerbietung hatten sie sich, wie es sich gehörte, vor dem König in den staubigen Sand geworfen und es nicht gewagt, die Blicke zu heben, bevor der Sohn des Gottes Re an ihnen vorübergetragen worden war. Oben am Ende des Aufganges geschah, was Hemiunu insgeheim erhofft hatte: Der erhabene König stieg aus der Sänfte und ging um die Pyramide herum, begleitet vom Gebetsgemurmel der Priester und vom Geräusch ihrer Rasseln. Nichts hätte seine Zufriedenheit besser zeigen können als sein würdevolles Schweigen und sein regloses Gesicht.

Eine Auszeichnung ohnegleichen war es für Hemiunu, als der Pharao vor dem großen Sphinx innehielt und dem obersten Minister für einige Wimpernschläge sein heiliges Antlitz zuwandte. Wie allen Anwesenden war dem Herrscher wohl klargeworden, dass er vor einem großen und vollkommenen Bauwerk stand, wie es noch keines vorher gegeben hatte. Hemiunu lächelte unwillkürlich bei dieser Erinnerung. Der riesige Aufwand und die unermessliche Anstrengung des ganzen Landes hatten sich gelohnt. Hemiunu konnte mit sich und seinem Meisterwerk wirklich zufrieden sein.

Dieter Brückner

****Sänfte**: *Tragestuhl*

Einblick – Orientierung gewinnen

In einem Museum in Berlin bewundern jährlich Hunderttausende die berühmte Büste der ägyptischen Königin Nofretete. Seit Jahren beklagen ägyptische Politiker, diese Büste sei von deutschen Archäologen vor rund hundert Jahren unrechtmäßig nach Deutschland gebracht worden. Die „entführte“ Königin müsse „in ihre Heimat zurückkehren“. – Zugegeben: Schön ist sie ja, aber wozu so viel Aufregung um eine Büste aus Kalkstein?

Wie es im alten Ägypten, in Mesopotamien sowie im frühen Israel zuging, erfahrt ihr in diesem Kapitel. Die Bilder und die Karte auf dieser Seite zeigen euch, dass es weitere bedeutende Hochkulturen gab.

In diesem Kapitel werdet ihr lernen,
- wo sich die Menschen niederließen,
- wie sie zusammenlebten und warum sie Staaten gründeten,
- woran die Menschen glaubten und wie sie sich das Leben nach dem Tod vorstellten,
- was Kunstwerke über einen Staat und seine Menschen verraten,
- warum frühe Hochkulturen nicht ohne eine Schrift auskamen.

Vielleicht könnt ihr am Ende auch verstehen, warum die Ägypter noch heute stolz auf ihr geschichtliches Erbe sind und fordern: „Nofretete an den Nil!“

1 Nofretete.
Die 47 cm hohe Büste aus Kalkstein entstand um 1355 v. Chr. Nofretete war die Frau des Pharao (Königs) Amenophis IV. (Echnaton), der von 1364 bis 1347 v. Chr. herrschte.

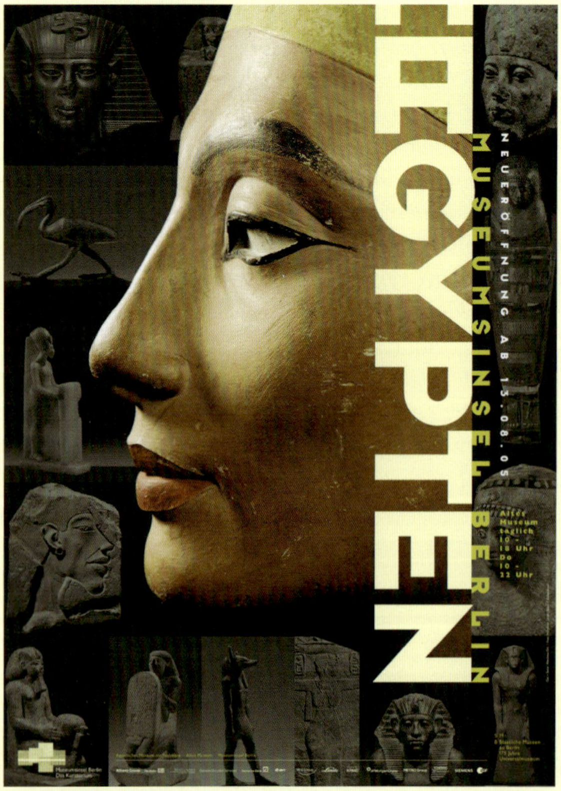

2 Nofretete.
Plakat des Ägyptischen Museums in Berlin von 2007.
Die Büste wurde 1912 bei Ausgrabungen in Ägypten entdeckt und 1913 mit Genehmigung der ägyptischen Regierung nach Deutschland gebracht.

4000 v. Chr. 3500 v. Chr.

zwischen 335[0]
und 3100 v. Ch[r.]
Der „Ötzi“ lebt[e]
in den Alpen

3 **Olmekischer Kolossalkopf.**
Foto aus San Lorenzo in Mexiko von 1997. Der Kopf besteht aus Basalt und entstand zwischen 1200 und 900 v. Chr. Er ist 2,85 m hoch, 2,11 m breit und 25 t schwer.

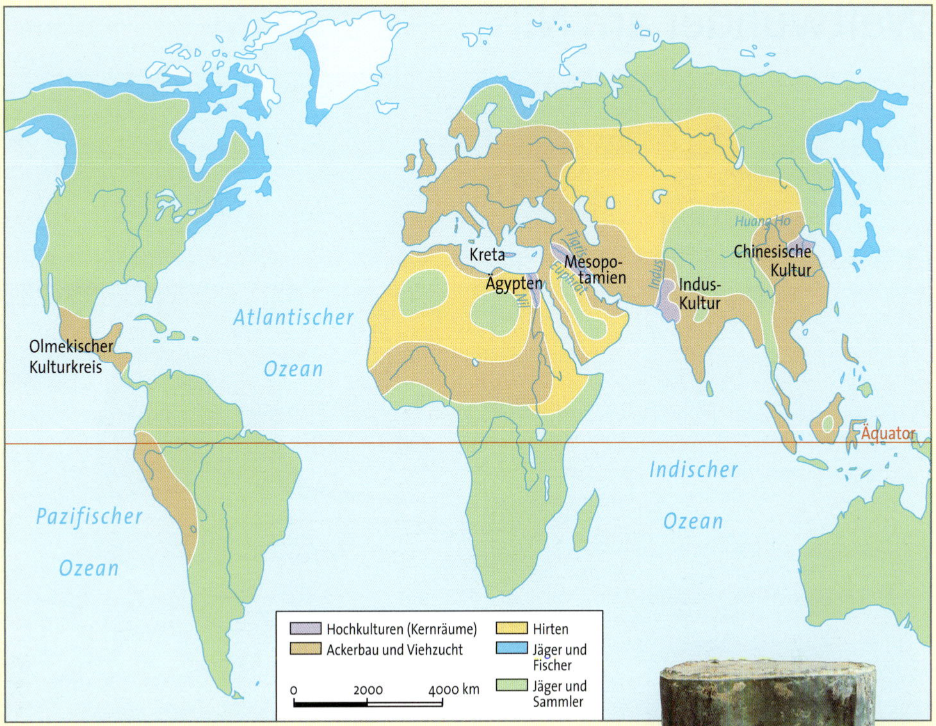

4 **Frühe Hochkulturen auf der Welt um 1200 v. Chr.**

5 **Vorhalle des Palastes von Knossos auf Kreta.**
Foto von 1997. Der Palast wurde zwischen 1900 und 1700 v. Chr. erbaut und 1375 v. Chr. zerstört.

6 **Siegel mit Einhorn.**
Tontafel der Indus-Kultur, um 2500-1500 v. Chr. Die Schriftzeichen konnten bis heute nicht entziffert werden.

7 **Menschenkopf aus Bronze.**
Chinesische Shu-Kultur, 1300-1000 v. Chr. Höhe: 36,7 cm.

m 3000 v. Chr.: Ober- und Unterägypten werden zu einem Reich vereinigt; e Ägypter bauen Pyramiden und verwenden Schriftzeichen

3100 v. Chr.: In Mesopotamien entstehen Stadtstaaten und eine Keilschrift

um 1350 v. Chr.: Nofretete lebt in Ägypten

30 v. Chr.: Ägypten wird römische Provinz; Kleopatra stirbt

)0 v. Chr. | 2500 v. Chr. | 2000 v. Chr. | 1500 v. Chr. | 1000 v. Chr. | 500 v. Chr. | Christi Geburt

1700 v. Chr.: Hammurabi lässt in Babylon eine Gesetzessäule aufstellen

um 1000 v. Chr.: David und Salomon vereinigen die Siedlungsgebiete der Hebräer zu einem Reich

Weltwunder am Nil

1 **Die Pyramide des Cheops und Großer Sphinx in Giza.**
Foto, um 1990.
Die Pyramide ist das Grabmal des ägyptischen Pharao (Königs) Cheops, der um 2600 v. Chr. regierte. Der Sphinx im Vordergrund ist das Steinbild eines Gottes bzw. Pharao. Die Löwengestalt soll dessen besondere Macht zeigen.

Einfach riesig

Einfach gigantisch! Wer heute nach Ägypten reist, will in jedem Fall die Pyramiden sehen. Die ältesten stehen seit über 4500 Jahren in dem Land am Nil. Über zwanzig Jahre lang konnte ihr Bau dauern. Dazu brauchten die Ägypter kluge Architekten, geschickte Handwerker und zahllose Arbeiter. Sie meisterten die gewaltige Aufgabe, weil sie es gelernt hatten, langfristig zu planen, und weil die Zahl der Arbeitskräfte fast unbegrenzt war.

Während des jährlichen Nilhochwassers arbeiteten bis zu 10000 Männer an den Pyramiden. Tausende brachen in den Steinbrüchen flussaufwärts Millionen Steinblöcke und transportierten sie auf Schiffen an die Baustellen.

Die größte Pyramide ist die des Pharaos Cheops. Sie wurde um 2585 v. Chr. fertig. Jede ihrer Seiten ist 230 Meter lang, und ihre Höhe betrug 146,6 Meter. Die rund 2,3 Millionen Kalksteinblöcke der Pyramide sind bis zu einem Meter lang, 70 Zentimeter hoch und wiegen im Durchschnitt 2,5 Tonnen, etwa so viel wie zwei Autos. Im Bauwerk wurden dazu bis zu 40 Tonnen schwere Granitblöcke verbaut. Wie die Ägypter die gewaltigen Steine hoben und zusammenfügten, wissen wir bis heute nicht genau.

Bewundernswert genau

In den Pyramiden sind die Steinblöcke nur grob behauen. Die äußeren Quader passen jedoch fast fugenlos aneinander, obwohl die Handwerker nur Werkzeuge aus Holz, Stein und Bronze hatten. Die Pyramiden stehen fast waagerecht, ihre Ecken weisen exakt in die vier Himmelsrichtungen; die Höhenunterschiede zwischen den Ecken betragen nur wenige Zentimeter.

Was war das für ein Land, in dem so großartige Bauwerke entstanden? Wie lebten die Menschen in ihm? Wie und von wem wurden die alten Ägypter regiert und woran glaubten sie?

▶ ***Internettipp:*** *Zu den Pyramiden von Giza bei Kairo siehe www.weltwunder-online.de/antike/pyramiden.htm*

Bauwerke untersuchen

Blick in eine Pyramide. Querschnitt.

M1 Bau der Pyramiden.
Holzstich nach einer Zeichnung von Heinrich Leutemann, um 1880 (Ausschnitt).

Geschichte aus Stein

Die Pyramiden des alten Ägypten haben Jahrtausende überdauert. Wenn wir uns mit ihnen beschäftigen, erhalten wir Informationen über die Zeit, in der sie entstanden sind. Wir erfahren etwas über diejenigen, die sie errichten ließen, und über die, die sie gebaut haben. Und wir können den Bauwerken Informationen über Architektur und Technik sowie über den Glauben der alten Ägypter entnehmen.

Wir befragen ein Gebäude

Am besten stellen wir den Pyramiden – beispielhaft für andere Bauwerke – ein paar Fragen:

- Welche Form und Größe, welchen Grund- und Seitenriss haben sie?
- Wann und wo entstanden sie?
- Welchem Zweck dienten sie?
- Wer ließ sie errichten?
- Welche Absichten verfolgte der Bauherr mit ihnen?
- Wer bezahlte sie?
- Wer baute sie?
- Wie lange dauerte der Bau?
- Welche Werkstoffe wurden verwendet, woher kamen sie?
- Wurden neue Techniken angewendet?
- In welchem Zustand befinden sie sich heute?

▶ ***Lesetipps:***

- *David Macaulay, Wo die Pyramiden stehen, München 1986*
- *Hans Reichardt, Pyramiden, Nürnberg 2010*

1. *Beschreibe M1 genau und lies die Texte auf den Seiten 55 und 58. Beantworte danach die in dem Abschnitt „Wir befragen ein Bauwerk" gestellten Fragen. Prüfe, zu welchen Fragen dir Informationen fehlen.*

2. *Beschreibe M1 genau und nenne die dargestellten Arbeiten.*

3. *Wie die alten Ägypter die Pyramiden bauten, wissen wir bis heute nicht genau. M1 zeigt dir eine Möglichkeit. Beschreibe sie. Suche in Büchern oder im Internet andere Erklärungsversuche für den Bau der Pyramiden und stelle sie der Klasse vor. Nimm die Ereignisse deiner Untersuchung in dein Portfolio auf.*

Ägypten – ein „Geschenk des Nils“?

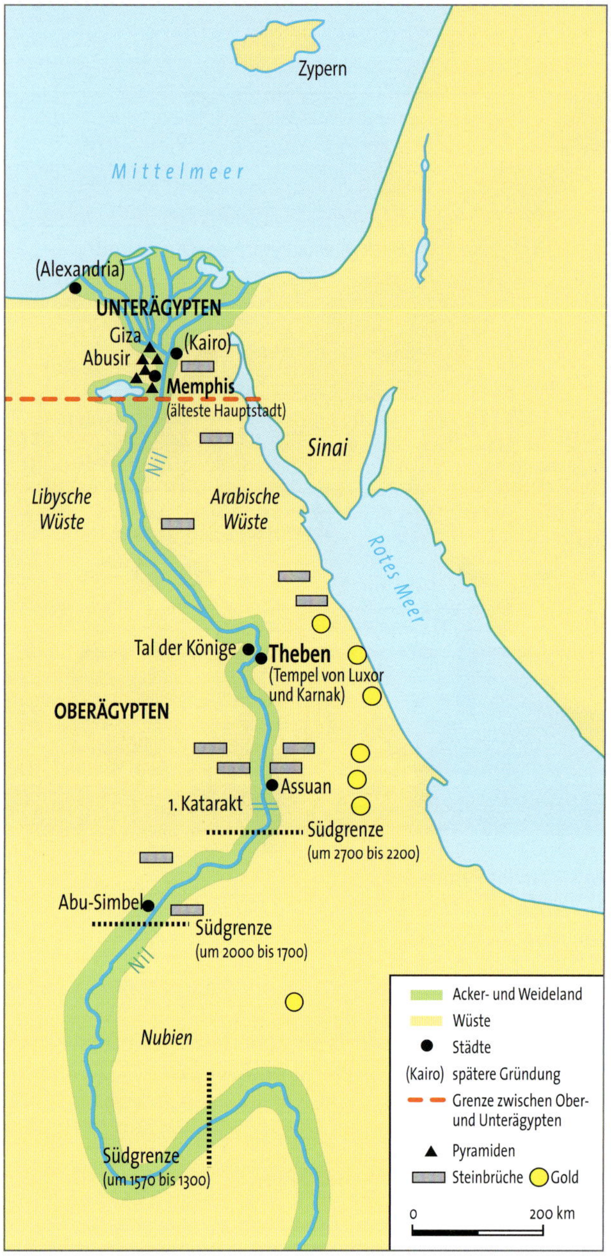

1 Ägypten.
Unterlauf des Nils.
Mit fast 6700 km ist der Nil der längste Fluss der Erde. Er entspringt am Äquator, durchquert Steppen und Wüsten, windet sich durch Stromschnellen (Katarakte), fließt träge durch Ägypten und mündet in einem Delta ins Mittelmeer.
■ *Stelle fest, woher der Nil sein Wasser bekommt.*

Fruchtbarer Schlamm

Am Ende der letzten Eiszeit stiegen die Temperaturen auch im nördlichen Afrika. Das Klima wurde heiß und trocken. Es entstanden Wüsten. In den Flusstälern suchten die Menschen und ihr Vieh Zuflucht. Am Nil fanden sie besondere Bedingungen: Nach einer langen Regenzeit schwoll der Fluss an seinem Oberlauf alljährlich an und überschwemmte die ausgetrockneten Ufer stellenweise kilometerbreit. Wich das Hochwasser zurück, hinterließ es fruchtbaren Schlamm für Ackerbau und Viehzucht sowie Lehm für Ziegel.

Leben am Fluss

Der Nil wurde zum wichtigsten Verkehrsweg Ägyptens. Fische, Vögel und andere Tiere waren für die Anwohner eine leichte Beute. An den Ufern legten sie Felder und Gärten an. Außerdem bauten sie Flachs an, aus dem sie Stoffe und Seile machten. Auch die Papyrusstaude wuchs am Nil. Daraus entstanden Schiffsrümpfe und Matratzen. Vor allem entdeckten die Ägypter, wie aus der Pflanze ein ausgezeichnetes Schreibmaterial gewonnen werden konnte: *Papyrus**.

Der Nil war auch gefährlich. Überschwemmungen rissen Häuser und Vieh mit sich. Manchmal aber fielen sie schwach aus. Dann reichten Wasser und Schlamm nicht für eine gute Ernte.

Die Menschen mussten sich darauf einstellen. Das fiel ihnen leichter, als sie feststellten, dass die Überschwemmungen regelmäßig kamen. Nach jedem Hochwasser mussten sie die Felder neu vermessen. Gemeinsam säten und ernteten sie, legten Vorräte an, um unterschiedliche Ernten auszugleichen. Mit Dämmen schützten sie sich und ihre Tiere vor dem Hochwasser. Die Ägypter erfanden ein Bewässerungssystem, das der wachsenden Bevölkerung gleichbleibende Ernteerträge sicherte und verhinderte, dass Ackerland zu Wüste wurde.

**Über Papyrus erfährst du auf Seite 66 mehr.*

2 Nilflut.
Foto, vor 1960.
Nach dem Bau der beiden Staudämme bei Assuan (1962 und 1970) gibt es keine Überschwemmungen mehr.

M1 Über den Nil

Aus einem Lobgesang, der um 2000 v. Chr. entstanden ist:
Sei gegrüßt, Nil, hervorgegangen aus der Erde, gekommen, um Ägypten am Leben zu erhalten! [...] Der Gerste schafft und Emmer* entstehen lässt.
Wenn er faul ist, verarmt jedermann. [...] Wenn er habgierig ist, ist das Land krank [...]. Wenn er steigt, dann ist das Land in Jubel, dann ist jeder Bauch in Freude. [...]
Er [der Nil] ist in der Unterwelt, aber Himmel und Erde gehorchen ihm. Der Nil ergreift die Macht über die beiden Länder**, füllt die Speicher und [...] gibt den Armen Besitz. Er lässt die Bäume wachsen an jeder Schöpfstelle [...].

Jan Assmann (Hrsg.), Ägyptische Hymnen und Gebete, Zürich 1975, S. 500 ff. (stark überarbeitet)

***Emmer**: *eine Weizenart*
***Gemeint sind Ober- und Unterägypten, also das ganze Reich.*

M2 Die drei Jahreszeiten.

M3 Wasserschöpfanlage.
Nachzeichnung einer Grabmalerei, um 1240 v. Chr.
Da nach jeder Überschwemmung bald wieder Wassermangel herrschte, legten die Ägypter Deiche und Gräben an, in denen sich das Nilwasser sammeln konnte. In Kanälen floss es zu den Feldern. Meist reichte es, um die Pflanzen bis zum Beginn der Erntezeit am Leben zu erhalten. Die Schöpfgeräte bewässerten vor allem Gärten. Sie sind für die Zeit nach der Mitte des 2. Jt. v. Chr. überliefert.

1. *Erkläre die Bedeutung des Nils für die Ägypter (M1 und M2).*
2. *Vergleiche die Wasserschöpfanlage (M3) mit dem Brunnen aus der Steinzeit (Abb. 2, Seite 40). Beachte die Informationen in den Bildlegenden.*
3. *Der Ausdruck, Ägypten sei „ein Geschenk des Nils“, stammt von dem griechischen Geschichtsschreiber Herodot, der im 5. Jh. v. Chr. lebte. Prüfe seine Aussage!*

▶ ***Lesetipps:***
- *George Hart, Das alte Ägypten, München 2011*
- *Wolfgang Korn, Das alte Ägypten. Geheimnisvolles Land am Nil, Hildesheim 2010*
- *Dieter Kurth, Das Alte Ägypten, Nürnberg 2000*

1 Tutanchamun.
Goldsarg, um 1325 v. Chr.
Der 110,4 kg schwere und 1,88 m lange Sarg aus Gold enthielt die Mumie des Pharao Tutanchamun, der von 1332 bis 1323 v. Chr. regierte und im Alter von 18 Jahren starb.*
Der Sarg ist mit gefärbtem Glas und Halbedelsteinen verziert. Tutanchamun ist mit den Herrschaftszeichen (Insignien) der Pharaonen dargestellt. Auf seiner Stirn befinden sich ein Geierkopf und eine aufgerichtete Kobraschlange. Sie sind Zeichen (Symbole) für die Schutzgötter Unter- und Oberägyptens. Dazu trägt er das königliche Kopftuch (Nemes) und einen geflochtenen Bart, er gilt als Zeichen der besonderen Kraft. In den Händen hält Tutanchamun einen Krummstab und einen Wedel (Peitsche).

- *Die zuletzt genannten Herrschaftszeichen haben ihren Ursprung in der Frühgeschichte Ägyptens. Informiere dich in einem Lexikon oder im Internet über ihre besondere Bedeutung. Nebenbei: Der Krummstab ist noch heute ein Kennzeichen hoher kirchlicher Würdenträger.*

*Zu den Mumien siehe Seite 73 ff.

Ein Reich – ein Herrscher

Herrschaft entsteht

Schon die Hirten- und Wandervölker (*Nomaden*) der vorgeschichtlichen Zeit wurden von Einzelnen angeführt. Vermutlich waren dies Männer, die gut planen konnten und fromm waren. Sicher waren darunter auch mutige Krieger. Seit Ende des 4. Jt. v. Chr. konnten einige ihre Macht auf Dauer festigen und an ihre Nachkommen weitergeben.
Die Bewohner verloren zwar einen Teil ihrer Freiheit, da die Herrscher von ihnen Treue, Steuern und Abgaben forderten. Aber die Herrscher sorgten auch für Ordnung und Schutz vor Feinden – nach damaliger Auffassung Zeichen für das Wohlwollen der Götter.

Gott und Mensch

Am Ende des 4. Jt. gab es in Ägypten zwei Herrscher: einen in Unterägypten an der Mündung des Nils und einen in Oberägypten, dem Land am Fluss. Vor 3000 v. Chr. soll der Herrscher Oberägyptens durch einen Krieg das Land zu einem Reich vereinigt haben. Einer seiner vielen Titel war Pharao, was mit „großes Haus" übersetzt werden kann. Wir kennen über 350 Herrscher, darunter vier Herrscherinnen. Der erste uns bekannte Pharao regierte um 3150 v. Chr.; die letzte ägyptische Herrscherin war *Kleopatra VII.*, sie regierte von 50 bis 30 v. Chr.
Nach dem Glauben der Ägypter war der Pharao ein Abkömmling der Götter. Er sollte in ihrem Auftrag auf Erden handeln und sich bei ihnen für sein Volk einsetzen. Die Priester verkündeten, Reichtum, Gerechtigkeit und die Größe des ägyptischen Reiches seien dem Pharao zu verdanken.

Die Macht des Pharao

Allein der Pharao entschied über Krieg und Frieden. Ihm gehörte das ganze Land. Alle hatten zu tun, was er wollte. Nur er konnte Gesetze erlassen und hohe Würdenträger einsetzen. Der Pharao ließ dafür sorgen, dass

- das Land gegen Feinde geschützt wurde,
- die Gesetze eingehalten wurden und im Streitfall Recht gesprochen wurde,
- Abgaben und Steuern gezahlt wurden,
- die Arbeitskräfte bei Großbauten wie Pyramiden klare Aufträge erhielten,
- Rohstoffe aus dem Ausland beschafft wurden und
- die Felder nach der Überschwemmung und vor der Ernte neu vermessen wurden.

▶ ***Lesetipps:***
- *Christian Jacq, Die Pharaonen, München 1998*
- *Maja Nielsen, Tutanchamun – Das vergessene Königsgrab, Hildesheim 2011*

M 1 Bilder berichten ...
Die 64 cm hohe Schieferplatte mit Reliefbildern im Ägyptischen Museum in Kairo stammt aus der Zeit um 3100 v. Chr. Die Bilder berichten von den Taten König Narmers (dt. Fisch-Meißel; Raubfisch). Oben ist ein Ausschnitt der sogenannten Schauseite zu sehen, unten die komplette Rückseite der Platte.

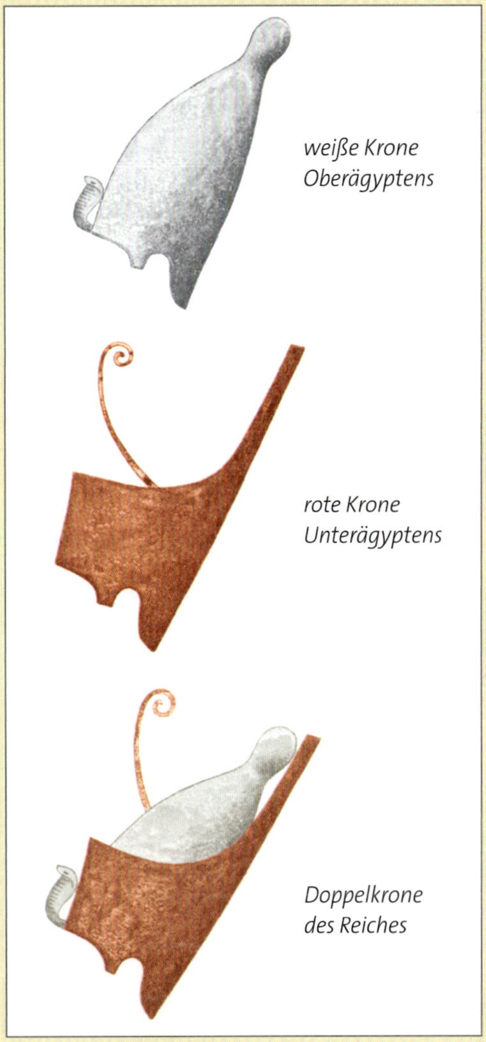

M 2 Wie sich die Kronen Ägyptens veränderten.
Rekonstruktionszeichnungen.

1. *Untersuche die Platte mit den Bildern (M 1) und lies die Erläuterungen dazu. Stelle fest wo überall der Name des Königs steht und finde heraus, wer außer dem Pharao noch abgebildet ist. Ein Hinweis: Die Götter Hathor und Horus sind Mächte, die den Pharao schützen und ihm Kraft geben.*
2. *Die Herrscher Ober- und Unterägyptens trugen unterschiedliche Kronen. Bei der Vereinigung zu einem Reich änderte sich die Krone. Beschreibe die Doppelkrone (M 2).*
3. *Stelle fest, wo die Kronen von Unter- und Oberägypten (M 2) auf der Platte (M 1) zu sehen sind.*
4. *Untersuche, ob die Platte (M 1) vor oder nach der Vereinigung von Unter- und Oberägypten entstand.*
5. *Kannst du den Inhalt der Schieferplatte entschlüsseln (M 1)? Erzähle zu den abgebildeten Ereignissen eine Geschichte, die mit der Vereinigung Ägyptens zu einem Reich endet.*

Die Helfer des Pharao

Wesire und Schreiber

Die Pharaonen brauchten viele Helfer, um das Reich zu verwalten. An der Spitze standen die Vertrauten des Pharaos, die *Wesire*. Sie stammten oft aus der Herrscherfamilie. Die Wesire teilten mit dem Pharao alle Staatsgeheimnisse, waren oberste Richter und Leiter einer „Regierungsmannschaft". Sie überwachten alle lebenswichtigen Bereiche wie

- Wasserversorgung und Hochwasserschutz,
- Staatseinnahmen und -ausgaben,
- Vorratshäuser,
- Kriegswesen und den
- Bau von Pyramiden und Tempeln.

Die Anweisungen führten Tausende von Amtsträgern (*Beamte*) aus. Ein rangniedriger Beamter musste seinem Vorgesetzten gehorchen und ihm regelmäßig berichten. Sie alle gehörten zu den wenigen Ägyptern, die rechnen, schreiben und lesen konnten. Unabhängig von ihrer Aufgabe und Stellung, wurden sie „Schreiber" genannt.

Nichts darf vergessen werden

Schreiben, Lesen und Rechnen ermöglichten den Beamten,

- alle Ein- und Ausgaben festzuhalten,
- Befehle über weite Entfernungen weiterzugeben und
- andere Beamte zu beaufsichtigen.

Schriftzeichen benutzten die Ägypter seit etwa 3000 v. Chr. Die den Menschen und Göttern mitgeteilten Botschaften wurden oft in die Wände von Tempeln und Gräbern eingemeißelt. Die Griechen nannten sie später *Hieroglyphen* (*„Heilige Zeichen"*). Neben den Hieroglyphen hatten die Ägypter eine einfachere Schrift, die von rechts nach links geschrieben und gelesen wird: das *Hieratische* (*hieratisch* = priesterlich).

Wissen ist Macht

Jeder Schreiber durfte den Ägyptern Befehle seiner Vorgesetzten erteilen. Der Beruf brachte Macht, Ansehen sowie ein sicheres Einkommen und Steuerfreiheit. Oft wurde er in einer Familie von Generation zu Generation weitergegeben.

Die Ausbildung zum Schreiber dauerte zwölf bis fünfzehn Jahre. Grundkenntnisse konnte sich der angehende Schreiber im Privatunterricht bei einem anderen Schreiber aneignen. Besonders Begabte durften eine Schreiberschule des Königs oder eines Tempels besuchen.

Kinder von Handwerkern und Bauern lernten von ihren Eltern nur, was sie für ihre Arbeit brauchten. Lesen und Schreiben gehörten meist nicht dazu. Deshalb gingen nur wenige Kinder zur Schule.

1 Schreiber.
Kalksteinfigur, um 2500 v. Chr., Format: 53 cm hoch, 43 cm breit.
■ *Beschreibe Haltung und Gesichtsausdruck. Worin kommt zum Ausdruck, dass der Beruf des Schreibers sehr geachtet war?*

Tüftler und Entdecker

Die „Launen" des Nils regten Beamte, Schreiber und Priester an, die Anfänge von Wissenschaft zu entwickeln.

Ein Beispiel: Mit jeder Überschwemmung wischten Wasser und Schlamm alle Feldmarkierungen weg. Wie sollte man sie wiederfinden? Die Ägypter lernten, wie man von festen Punkten aus Grenzen vermessen konnte. So entdeckten sie die Geometrie.

Wie wusste man, wie weit das Jahr fortgeschritten war und wie lange es noch bis zur nächsten Überschwemmung dauerte? Die Priester beobachteten den Lauf der Sterne und erkannten, dass die Sonne nach 365 Tagen ihre Bewegung am Himmel wiederholte. Daraus entwickelten sie einen Kalender.*

Einige Priester beschäftigten sich mit Krankheiten und wagten sich an Operationen, sogar am menschlichen Gehirn. Es gab Ärzte für Augen- und Zahnerkrankungen. Mit natürlichen Arzneien konnten zahlreiche Leiden gelindert oder geheilt werden.

*Zum Kalender lies noch einmal Seite 12 f.

Kennzeichen der Hochkultur

Das Leben der Ägypter unterschied sich stark von den einfachen bäuerlichen Verhältnissen anderer Völker. Denn die Ägypter hatten verschiedene Berufe und Erwerbszweige, lebten teilweise in Städten, nutzten Schrift und Zeitrechnung und entwickelten Kunst und Wissen. Das Volk erkannte die Herrschaft eines Pharao und dessen Verwaltung an. Dies alles gehört zu einer Lebensweise, die wir Hochkultur nennen. Die ägyptische Hochkultur entstand um 3000 v. Chr. und bestand mehrere Jahrtausende.

2 Beamte im Einsatz.
Grabmalerei, um 1400 (Ausschnitt).
Untere Reihe: Männer schneiden mit Sicheln die Ähren ab und werfen sie in Netze, die zur Tenne gebracht werden.
Mittlere Reihe: Schreiber notieren den Ertrag der Ernte; ganz rechts im Pavillon ein Aufseher.
Obere Reihe: Vor der Ernte kommen Beamte aufs Land. Sie vermessen mit Stricken, die in regelmäßigen Abständen geknotet sind, die Größe der Felder, um die Höhe der Abgaben festzusetzen.

1. *Nenne die dargestellten Arbeiten der Beamten (Abb. 2).*
2. *Beurteilt, was es für die Menschen bedeutete, schreiben zu können. Vergleicht mit heute.*

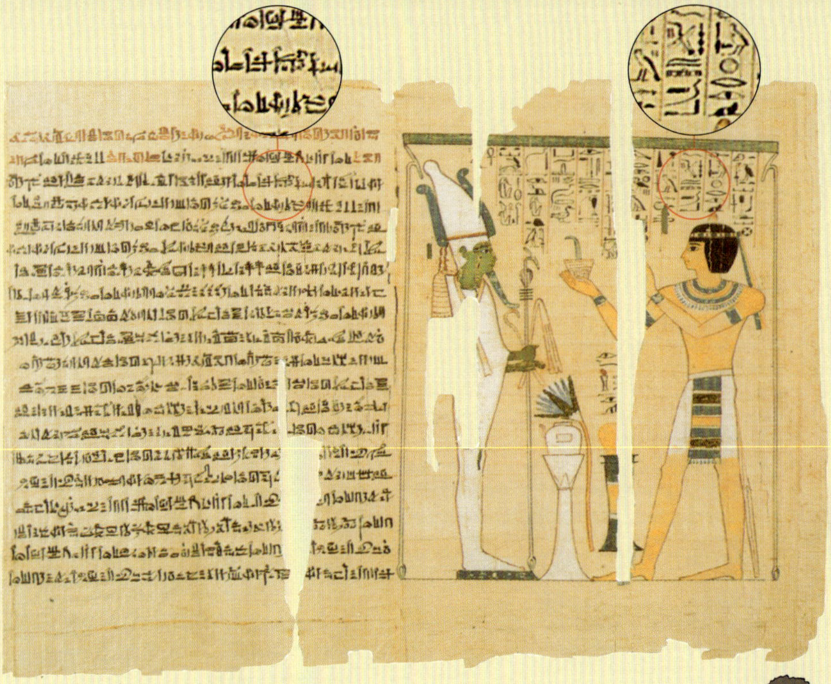

M 2 **Wie die alten Ägypter schrieben.**
Ein Papyrus mit hieratischer Schrift (links) und Hieroglyphen (rechts), um 1500 v. Chr.

M 1 Ratschläge für Schüler

Der folgende Text stammt aus einer Schrift, die um 2000 v. Chr. für Schüler verfasst worden ist.

Ich lasse dich die Schriften mehr lieben als du deine Mutter liebst. Ich führe dir ihre Schönheit vor Augen [...].
Kaum hat ein Schriftkundiger angefangen heranzuwachsen [...], so wird man ihn grüßen und als Boten senden; er wird nicht zurückkommen, um sich in den Arbeitsschurz zu stecken. [...]
Der Maurer baut; er ist immer draußen im Winde und baut im Arbeitsschurz; seine Arme stecken im Lehm, alle seine Gewänder sind beschmiert. Er muss sein Brot mit ungewaschenen Fingern essen. [...]
Der Gärtner trägt das Joch, seine Schultern tragen die Wasserkrüge, eine große Last liegt auf seinem Nacken. [...] Er macht Feierabend erst, nachdem sein Leib angegriffen ist [...].
Der Weber ist innen in der Werkstatt, er hat es schlechter als eine Frau, die gebiert [...]. Wenn er den Tag verbracht hat, ohne zu weben, wird er mit fünfzig Peitschenhieben geschlagen [...].
Ich spreche dir auch von dem Fischer. Er ist elender dran als irgendein Beruf. Seine Arbeit hat er auf dem Fluss mitten unter den Krokodilen.
Sieh, es gibt keinen Beruf, in dem einem nicht befohlen wird, außer dem des Beamten; da ist er es, der befiehlt. Wenn du schreiben kannst, wird dir das mehr Nutzen bringen als alle die Berufe, die ich dir dargelegt habe. Nützlich ist schon ein Tag in der Schule; und eine Ewigkeit hält die in ihr geleistete Arbeit vor [...].

Altägyptische Lebensweisheit, eingel. und übertr. von Friedrich W. Freiherr von Bissing, Zürich – München [2]1979, S. 57 ff.

M 3 **Wie Papyrus hergestellt wird.**
Aus den Stängeln der Papyrusstauden schneidet man zuerst dünne Streifen. Damit das Mark nicht austrocknet, wässert man die Streifen. Auf einer harten Unterlage werden zwei Streifenlagen kreuzweise übereinandergelegt, geklopft und getrocknet. Schließlich wird die Oberfläche der Lagen poliert. Dann werden die entstandenen Blätter zu Schriftrollen zusammengeklebt.

▶ ***Lesetipps:***

- *Thomas H. Naef, Der Schreiber des Pharao, München 1989*
- *Rudolf Majonica, Das Geheimnis der Hieroglyphen. Die abenteuerliche Entschlüsselung der ägyptischen Schrift, München 2007*

1. *Gib den Inhalt des Textes (M 1) mit eigenen Worten wieder. Erläutere, wie der Verfasser des Textes versucht, die Schüler vom Erlernen des Schreibens zu überzeugen.*
2. *Vergleiche die auf M 2 abgebildeten Schriften. Welche Unterschiede kannst du erkennen?*
3. *Ist Papyrus (M 3) Papier? Informiere dich in einem Lexikon oder im Internet über die Papierherstellung und vergleiche Papyrus mit Papier.*

Heilige Zeichen

M1 „Ich hab's!"

Ein erfundenes Interview mit Jean-François Champollion, dem im Jahr 1822 die Entzifferung der altägyptischen Schrift gelungen ist:

Reporter: Monsieur Champollion, es wird inzwischen überall behauptet, dass Sie die Geheimnisse der altägyptischen Schrift gelüftet haben.

Champollion: Halt, halt! Das geht zu weit! Bis jetzt kann ich lediglich die Namen ägyptischer Pharaonen entziffern.

Reporter: Nun gut. Aber vielleicht können Sie unseren Lesern erklären, wie Sie zu diesem sensationellen Erfolg gekommen sind.

Champollion: Durch Ausdauer, Kombinationsvermögen und Glück.

Reporter: Ist es richtig, dass Sie sich schon als Elfjähriger vorgenommen haben, das Rätsel der Hieroglyphen zu lösen?

Champollion: Ja. Das war vor ziemlich genau 21 Jahren. Damals habe ich eine Abbildung des Steines von Rosette gesehen, der wenige Jahre vorher bei Rosette in Ägypten gefunden worden war. Sie wissen, er enthält drei Texte: einen in griechischer Schrift, zwei in unbekannten ägyptischen Schriften. Ich bin von der Annahme ausgegangen, dass alle drei Texte denselben Inhalt haben, und bemühte mich, die beiden unbekannten Schriften zu entziffern.

Reporter: Das haben schon viele versucht. Wieso waren gerade Sie erfolgreich?

Champollion: Viele Gelehrte meinten, die Hieroglyphen seien eine reine Bilderschrift. Das ist falsch. Ich war schon seit Langem überzeugt, dass die einzelnen Zeichen auch Laute darstellen können. Weitergeholfen hat mir meine Vermutung, dass Zeichen, die von einer sogenannten Kartusche umschlossen werden, Pharaonamen sind. Und diese Namen mussten ja auch im griechischen Text auf dem Stein von Rosette vorkommen und im Ägyptischen ähnlich klingen wie im uns bekannten Griechischen, sodass ...

Reporter: Sodass Sie „nur noch" die Texte miteinander vergleichen mussten, um festzustellen, ob die Zeichenfolge in den Namen ähnlich war.

Champollion: Genauso war es. Wenig später sah ich auf einem Obelisken eine neue Namenskartusche und auf Griechisch den Namen Kleopatra. Ich vermutete, dass die Kartusche ebenfalls diesen Namen enthielt. Und tatsächlich: Ich konnte die Kartusche mithilfe der auf dem Stein von Rosette identifizierten Buchstaben lesen! Heute bin ich in der Lage, ein beinahe lückenloses ägyptisches Alphabet zusammenzustellen.

Reporter: Das Rätsel der Hieroglyphen ist also gelöst!

Champollion: Noch lange nicht. Es bleibt noch viel zu erforschen, bis wir altägyptische Texte lesen können. Die Bedeutung vieler Zeichen ist uns heute noch unklar. Und wir wissen auch noch nichts über die Grammatik dieser Sprache. Vor allem aber werden wir niemals wissen, wie diese Sprache klang, wenn sie gesprochen wurde.

Dieter Brückner

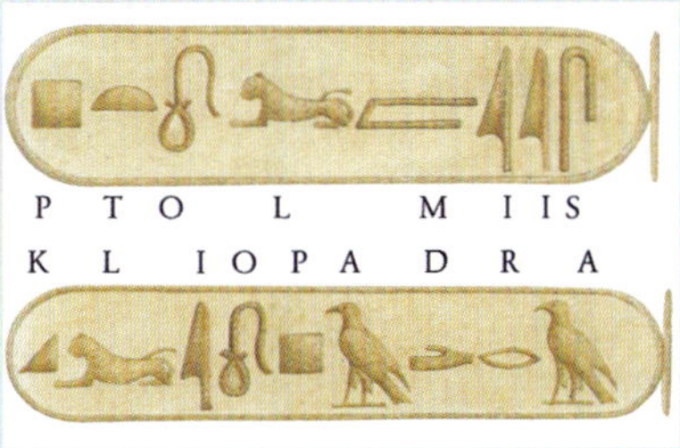

M2 Die „Schlüssel" zur Entzifferung der altägyptischen Schrift.

M3 Stein von Rosette, 196 v. Chr.
Höhe 118 cm, Breite 77 cm.
1798 wurde dieser Basaltstein in der im Nildelta gelegenen Stadt Rosette entdeckt. Auf ihm ist ein Text in drei verschiedenen Schriften eingraviert: als Hieroglyphen, in Demotisch (einer Schrift, die im ausgehenden alten Ägypten benutzt wurde) und in Griechisch. Der Name des Königs Ptolemaios ist oben in Hieroglyphen und unten in Griechisch geschrieben.

► ***Internettipp:*** *www. hieroglyphen.de*

1. *Fasse zusammen, wie Champollion die Hieroglyphen entzifferte (M1).*
2. *Für uns ist die Buchstabenschrift selbstverständlich. Doch auch wir verwenden Bildzeichen. Informiere dich darüber und präsentiere Beispiele. Untersuche Vorzüge und Schwächen von Schrifttexten und Bildzeichen. Erstelle ein Gutachten für dein Portfolio.*

Alltag am Nil

1 **In den königlichen Werkstätten.**
Grabmalerei, um 1380 v. Chr.

■ *Ein Goldschmied wiegt Gold ab. Zwei Juweliere zeigen die fertigen Waren. Stelle fest, welche Arbeiten noch zu sehen sind.*

Geschickte Handwerker

Bäcker, Metzger und Bierbrauer sorgten für Lebensmittel. Schreiner, Zimmerleute, Weber, Steinmetze, Schmiede verarbeiteten Holz, Stein, Wolle oder Lehm. Auch Metalle oder Edelsteine, die man erst mühsam gewinnen oder aus fremden Ländern einführen musste, wurden verwendet. Die Ägypter stellten Geräte und Gegenstände zum täglichen Gebrauch wie Töpfe und Kleidungsstücke her, aber auch Luxuswaren wie prächtige Möbel oder wertvollen Schmuck.

Wer kann sich das leisten?

Die meisten Handwerker arbeiteten in den großen Betrieben der königlichen Höfe im Auftrag der Pharaonen, Wesire, Schreiber und Priester. Diese legten Wert auf eine außergewöhnliche Lebensführung und prachtvolle Ausstattung ihrer Häuser und Grabstätten. Ihre Untertanen stellten selbst her, was sie für ihr Leben brauchten, und gingen sorgfältig damit um. Nur selten konnten sie sich die Dienste von Handwerkern leisten.

2 **Goldener Armreif, um 1530 v.Chr.**
Das Schmuckstück zeigt die geiergestaltige Göttin Oberägyptens Nechbet. Die Flügel umspannen schützend den Arm; das Zeichen in den Klauen steht für die Ewigkeit.

Die Bauern

Die meisten Ägypter waren Bauern. Während der jährlichen Überschwemmungen mussten sie beim Bau der Pyramiden, Paläste oder Tempel helfen. Nach dem Ende der Flut pflügten sie mit Ochsen den schlammigen Boden. Bei der Aussaat des Getreides halfen Schafe oder Schweine durch Festtreten der Körner. Esel brachten die Ernte zu den Speichern. In den Gärten wuchsen Feigen, Datteln, Äpfel, Linsen, Zwiebeln und Bohnen. Auch Wein wurde angebaut. Die Ägypter hielten Geflügel und Kleinvieh. In den Sümpfen züchteten sie Wasserbüffel.

Gering geachtet

Das Land, das die Bauern bebauten, gehörte ihnen nicht. Außer dem König besaßen Prinzen, Beamte oder Tempel große Ländereien, die ihnen die Könige überlassen hatten. Die Eigentümer forderten von den Bauern Abgaben. Einen Teil des Ertrags mussten sie an den König abliefern. Den Bauern blieb kaum etwas zum Leben. Manche schlossen sich Räuberbanden an oder zogen in die Stadt, um dort Arbeit zu suchen. Oft endeten sie als Bettler.

Wie lebten Frauen?

In den ägyptischen Quellen begegnen uns Frauen häufig als Weberinnen, Spinnerinnen, Tänzerinnen und Musikantinnen, beim Bierbrauen und Brotbacken im Haus. Selten finden sich Hinweise auf Schreiberinnen oder Priesterinnen. Am meisten wissen wir von den Frauen, die auf den Königsthron kamen oder Gattinnen von Pharaonen wurden. Die Ägypterinnen waren den Männern in vieler Hinsicht rechtlich gleichgestellt. Sie konnten Verträge abschließen, vor Gericht auftreten und klagen, die Vormundschaft für ein Kind erhalten und ihren Besitz vererben. Das Erbe ihrer Männer durften Witwen nur verwalten, bis die Kinder es übernehmen konnten.

Die Sklaven

Früher wurde behauptet, Sklaven hätten die ersten Pyramiden gebaut. Dies ist falsch, denn es gab im 3. Jt. v. Chr. bei den Ägyptern nur wenige unfreie und rechtlose Menschen. Erst seit dem 2. Jt. v. Chr. wurden vermehrt Kriegsgefangene versklavt. Der Königshof, die Tempel und reiche Privatleute kauften Sklaven, die sie beschäftigen, verkaufen, vermieten, vererben oder freilassen durften. Die Sklaven der Ägypter hatten ein Recht auf Leben und Gesundheit.

▶ ***Lesetipp:***
Harvey Gill/Struan Reid, Das Leben im Alten Ägypten, Würzburg 2003

3 Vom Korn zum Mehl.
Kalksteinfigur (26 cm hoch), um 2400 v. Chr.

4 Eine Familie.
Kalksteinfigurengruppe (43 cm hoch und 22,5 cm breit), um 2500 v. Chr.
Dargestellt ist der kleinwüchsige Seneb, ein hoher Diener des Pharao, mit Frau und Kindern.

1. *Erkläre, wovon das Ansehen des Einzelnen im alten Ägypten abhing.*
2. *Im Lehrbuchtext wird berichtet, dass die Ägypterinnen in vielen Dingen ihren Männern gleichgestellt waren. Erläutere, woher wir das heute wissen. Überprüfe, inwiefern Abb. 4 ein Quellenbeleg für diese Aussage sein könnte.*

M 1 Getreideernte.
Grabmalerei, um 1400 v. Chr. (Ausschnitt).

M 2 „Zeig uns das Getreide!"
In verschiedenen Papyri des 12. Jh. v. Chr. beschreibt ein Schreiblehrer seinen Schülern die Lage der Bauern:
Denk an die missliche Lage, in die der Bauer gerät, wenn die Beamten kommen, um die Erntesteuer zu schätzen, und die Würmer die Hälfte der Ernte vernichtet und die Nilpferde den Rest verschlungen haben. Die gefräßigen Spatzen bringen dem Bauern großes Unglück. Das auf dem Dreschboden verbliebene Getreide ist fort, Diebe haben es gestohlen. Was er für den gemieteten Ochsen schuldet, kann er nicht bezahlen, und die Ochsen sterben ihm weg, erschöpft durch das Übermaß an Pflügen und Drescharbeit. Und genau dann legt der Schreiber am Flussufer an, um die Erntesteuer zu schätzen. Bei sich hat er ein Gefolge von Bediensteten und Nubier* mit Palmruten. Sie sagen: „Zeig uns das Getreide!" Aber es gibt keines, und der Bauer wird gnadenlos geschlagen. Dann wird er gebunden und mit dem Kopf voran in einen Teich getaucht, bis er fast ertrunken ist. Seine Frau wird vor seinen Augen gefesselt, und seine Kinder werden ebenfalls gebunden.

Sergio Donadoni, Der Mensch des Alten Ägypten, Frankfurt am Main 1992, S. 36

***Nubier**: *Krieger aus Nubien*

1. *Untersuche M 1 und M 2 und finde heraus, worin sie übereinstimmen und worin nicht.*
2. *Ein ägyptischer Bauer entschließt sich, seine Felder zu verlassen. Begründe seinen Entschluss. Benutze dazu M 1 und M 2.*
3. *Diskutiert, inwieweit die Schilderung des Schreiblehrers (M 1) einseitig sein könnte. Erläutert dabei auch, warum der Lehrer seinen Schülern das Leben der Bauern so beschreibt.*

Schaubilder erklären

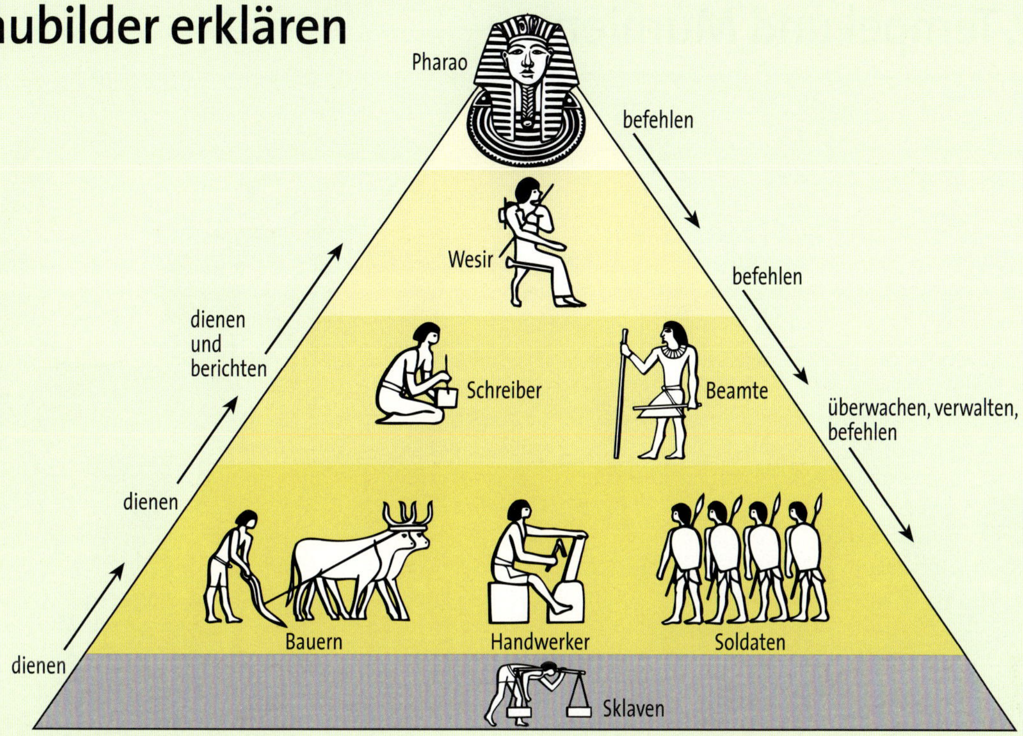

M1 Aufbau der ägyptischen Gesellschaft.
Nicht alle Menschen und Berufe galten in Ägypten gleich viel. Es bestand eine streng von oben nach unten gegliederte Rangordnung.

Was kann ein Schaubild?

In einem Schaubild lässt sich übersichtlich zeigen, wie eine Gesellschaft oder ein Staat aufgebaut waren und vieles mehr.
Es kann gut Zusammenhänge und Beziehungen zwischen Teilen eines Ganzen darstellen.
Ein Schaubild über die Gesellschaft kann zeigen, wie Menschen eines Volkes miteinander leben, welche Beziehungen sie zueinander haben und welche Rechte und Pflichten bestehen.

Wie liest du ein Schaubild?

Um es lesen zu können, musst du zunächst entscheiden, an welcher Stelle du am besten mit der Beschreibung beginnst. Halte auch danach eine sinnvolle Reihenfolge ein. Entscheidend sind die Beziehungen zwischen den Bestandteilen eines Schaubildes. Beachte die verwendeten Zeichen. Manchmal ist die Form des Schaubildes wichtig für die Deutung.
Prüfe, welche Begriffe du erklären solltest.

So kannst du vorgehen

Mögliche Arbeitsfragen:

1. Welche Ämter und Einrichtungen werden erwähnt? Wer hat wie Zugang zu ihnen, wer nicht?
2. Welche Teile der Bevölkerung werden gezeigt, welche nicht?
3. Wer arbeitet mit wem zusammen? Wobei?
4. Wer hat welche Aufgaben, Rechte oder Pflichten?
5. Wer hat wie viel Macht? Ist jemand von der Macht ausgeschlossen?
6. Überlege, welche Vor- und Nachteile ein Schaubild gegenüber einem Text hat.

Schreibe die Antworten jeweils auf, ordne sie auf einem Stichwortzettel und präge sie dir ein. Trage die Ergebnisse möglichst frei vor.

1. *Bearbeitet in Gruppen die sechs Fragen des Lerntipps. Erläutert, welche ihr leicht beantworten könnt, welche nicht.*

2. *Übernimm die Rolle eines Wesirs und erkläre einem Fremden den Aufbau der ägyptischen Gesellschaft. Nutze dazu das Schaubild (M1), indem du es in Worte fasst.*

3. *Die Griechen nannten die in M1 dargestellte Rangordnung später „Hierarchie" (= heilige Ordnung). Erläutere, was sie damit über die Gesellschaftsordnung im alten Ägypten aussagten.*

4. *Die Form der Grafik (M1) ist hier bewusst gewählt. Begründe sie.*

Götter, Tempel und Mumien

1 **Die Götter kommen.**
Rekonstruktionszeichnung, um 1990.
Der Einzug von Götterbildern in den Tempel von Luxor, wie er um 1200 v. Chr. während eines Festes stattgefunden haben könnte. Im Hintergrund der Eingang.
Im Vordergrund tragen Priester auf Gestellen Barken. Auf diesen Schiffen befand sich auch eine Statue des Reichsgottes Amun, der als Erneuerer der Welt, König der Götter und Herrscher im Himmel und auf Erden verherrlicht wurde.

Alles hat eine Seele

Wenn der Nil nicht mehr genug Wasser führte, Heuschrecken die Ernte vernichteten, Krankheiten bei Menschen und Tieren wüteten oder Feinde über die Grenzen vordrangen, glaubten die Ägypter, dass sich die Götter von ihnen abgewandt hätten. Allein durch Gebete, Opfer und Verehrung der Götterbilder hofften sie, sie wieder günstig stimmen zu können.

Für die Ägypter hatten Menschen, Tiere, Pflanzen, Luft, Wasser und Gestirne eine Seele: Vor allem in Stieren, Kühen, Nilpferden, Krokodilen, Falken und Käfern sahen sie göttliche Kräfte. Auch in Menschengestalt oder als Mischgestalt mit Menschenleib und Tierkopf stellten sie sich Götter vor.

2 Uschebti-Figur.
Etwa 15 cm hohe Grabbeigabe, um 1300 v. Chr.
Ab etwa 1700 v. Chr. gaben die Ägypter den Toten kleine Figuren aus Stein, Ton, Wachs oder Holz mit ins Grab. Sie sollten dem Verstorbenen im Jenseits dienen und ihm so ein Leben ohne Mühe ermöglichen.

3 Schiffsmodell.
Grabbeigabe aus Holz, um 2000 v. Chr.
Das Modell dieses Reiseschiffes ist 69 cm hoch, 32 cm breit und 86 cm lang.

Der Glaube

Zu den vertrauten Göttern der verschiedenen Orte und Gegenden kamen nach der Einigung Ober- und Unterägyptens neue „Reichsgötter" hinzu. Für alle gab es Tempel. Im Laufe der Zeit veränderten die Ägypter ihre Vorstellungen von den Göttern und die Art, sie zu verehren. Ihren Polytheismus (von griech. *poly*: viel; *theos*: Gott) behielten sie aber bei.

Die Ägypter glaubten an ein Leben nach dem Tod. Starb einer von ihnen, trennten sich ihrer Ansicht nach zwar Seele, Geist und Lebenskraft vom Körper. Sie galten aber als unvergänglich. Die Menschen meinten, die Lebenskräfte könnten sich mit dem Sonnengott verbinden. Wenn dieser bei Sonnenuntergang in die Unterwelt führe, nehme er sie auf seinem Boot mit. Nacht für Nacht wären dann Lebenskräfte und Körper wieder vereinigt und wohnten bis zum Sonnenaufgang in ihren Gräbern. Später glaubten die Ägypter auch, dass die von den Göttern für unsterblich erklärten Menschen in einem Paradies frei von Sorgen, Mühen und Ängsten lebten.

Auf die Ewigkeit vorbereitet

Das Leben nach dem Tode war an zwei Bedingungen geknüpft: Der Verstorbene musste sich einem Totengericht vor *Osiris* stellen, dem Herrscher im Jenseits, und sein Leib musste unversehrt sein.*

Während der normale Ägypter im heißen Wüstensand beerdigt wurde, warf man die Ärmsten manchmal einfach in den Nil. Da der Fluss als Gottheit verehrt wurde, hoffte man, er werde für die Toten sorgen. Der Pharao und alle, die es sich leisten konnten, ließen ihren toten Körper einbalsamieren und als Mumie in Grabanlagen beisetzen. An den Wänden der Gräber, auf den Särgen und in Schriften rühmten Bilder und Texte die Leistungen der Verstorbenen. Grabbeigaben sollten das angenehme Leben des Verstorbenen im Jenseits verlängern.**

Siehe auch M 1, Seite 74.
**Lies dazu auch Seite 204 ff.*

▶ ***Exkursionstipp:*** *Eine der ältesten deutschen Sammlungen ägyptischer Altertümer befindet sich im Schloss Friedenstein in Gotha.*

M1 **Ein Körper für die Ewigkeit**

Der königliche Baumeister Cha stirbt um das Jahr 1400 v. Chr. Sein Grab in einem Friedhof nahe der damaligen Hauptstadt Theben zählt zu den ganz wenigen, die vor ihrer Entdeckung im 20. Jh. nicht von Grabräubern geplündert worden sind. In den letzten Stunden, bevor der mumifizierte Körper Chas in den Sarg gelegt worden ist, könnte sich Folgendes abgespielt haben:

„Ehrlich gesagt weiß ich nicht so ganz genau, was die Balsamierer seit über 1 000 Jahren machen. Sie tun sehr geheimnisvoll. Und der Mumie, die sie einem nach 70 Tagen wieder ins Haus bringen, kann man ja nicht ansehen, was sie mit ihr angestellt haben. –“ So aufmerksam hatte Antef seinem Großvater Hetep schon lange nicht mehr zugehört. Dieser erzählte ihm nämlich gerade, was in den letzten zweieinhalb Monaten mit dem verstorbenen Großonkel Cha geschehen war. Hetep fuhr fort: „Aber so viel hat mir einmal ein Freund verraten: Zuerst waschen sie den Toten und ziehen ihm dann das Gehirn mit einem eisernen Haken durch die Nase heraus; danach schneiden sie die linke Bauchseite auf, um die Eingeweide zu entnehmen, die in eigenen Gefäßen bestattet werden. Nur das Herz, den Sitz unseres Denkens und Fühlens, lassen sie im Körper.

Anschließend behandeln sie den Leichnam mit Natronsalz, damit er völlig austrocknet. Dies dauert wohl einige Wochen. Erst dann umwickeln die Balsamierer alle Körperteile sorgfältig mit harzgetränkten Leinenbinden. Ich habe angeordnet, dass sie mindestens tausend Meter davon verwenden sollen. Für einen angesehenen Mann, wie es dein Großonkel Cha war, ist das nur recht und ... – Pass doch auf, du Tölpel!“ Ein lautes Krachen hatte Hetep unterbrochen. Er war nun außer sich über die Unachtsamkeit des Dieners. „Wenn du den wertvollen Lehnstuhl beschädigst, können wir ihn meinem Bruder Cha nicht mehr ins Grab mitgeben. Das ist Elfenbein!“ Geschäftig lief er zwischen den Gegenständen umher, die im Hof seines Hauses aufgebaut waren, und verglich mit einer Liste. „Wir dürfen nichts vergessen. Das bin ich meinem Bruder schuldig. Er muss alles in seinem Grab vorfinden, was er im Jenseits braucht. Du da, gib Acht! Die goldene Elle ist ein Geschenk des Königs. Sorge dafür, dass sie nachher von allen Leuten gesehen werden kann, wenn wir die Sachen durch die ganze Stadt zum Grab tragen. Die Leute sollen merken, dass wir nicht irgendwer sind. – Horch, Antef! Hörst du die Klageweiber, die ich bestellt habe? Geh und hole die ganze Familie heraus, sie bringen die Mumie!“

Erzählt von Dieter Brückner; die Angaben zur Mumifizierung nach: Renate Germer, Das Geheimnis der Mumien. Ewiges Leben am Nil, München – New York 1997, S. 20ff.

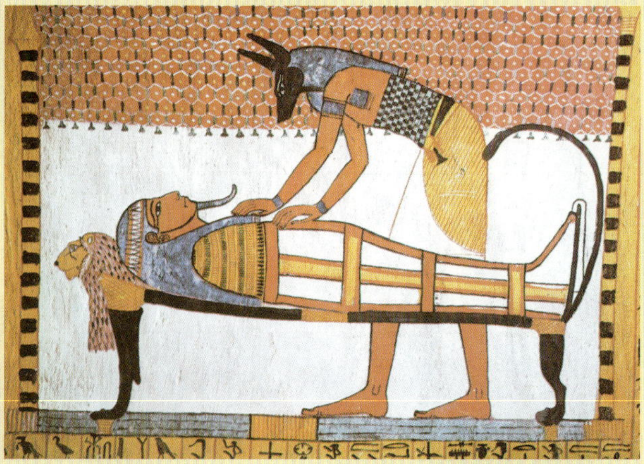

M2 **Anubis versorgt eine Mumie.**
Grabmalerei, um 1200. Hier ist ein Priester mit Schakalkopfmaske tätig. Der schakalköpfige Anubis galt als Balsamierungsgott, Wächter der Geheimnisse und Totenrichter.

M3 **Mumie König Ramses II.**
Er starb 1213 v. Chr. im Alter von über 80 Jahren. Seine Mumie wurde 1881 entdeckt und 1976 in Paris untersucht und konserviert.

■ *Nenne die Schritte der Einbalsamierung und des Begräbnisses (M 1 bis M 3 und M 4, Seite 75).*

M 4 **Der Mund des Toten wird geöffnet.**
Aus einem Papyrus, um 1300 v. Chr.
Die Zeremonie der Mundöffnung war der Höhepunkt eines jeden Begräbnisses. Bevor die Mumie in den Sarg gelegt und das Grab verschlossen wurde, berührte ein Priester den Mund des Toten mit einem speziellen Gerät, damit der Verstorbene im Jenseits sprechen, essen und seinen Geschmackssinn gebrauchen konnte.

M 5 **Was Cha mitgegeben wurde**
Ein italienischer Forscher entdeckt 1906 im Tal der Könige das Grab des Architekten Cha. Verwandte und Freunde haben Cha unter anderem folgende Sachen mit ins Grab gegeben:
Kleine Holzfigur des Cha, Totenbuch, 2 Uschebti-Figuren, 1 Truhe (darin u.a.: 5 Rasiermesser, Zange, Schleifstein, Alabastergefäß mit Salbe, 2 bronzene Nadeln, hölzerner Kamm, 2 Fußringe aus Email, Feldflasche, Emailbecher, 2 Schreibpaletten mit Pinsel, Schreibtäfelchen, Elle, Futteral für eine Waage, Bohrer, Schreineraxt, Bronzemeißel, 3 Paar Ledersandalen, Reisematte, mehrere Spazierstöcke, Behälter mit Toilettenutensilien), Wäschetruhe (darin: ca. 50 Unterhosen, 26 Lendenschurze, 17 Sommergewänder, 1 Wintergewand, 4 Leinentücher), Stuhl mit Lehne, 11 Hocker, 6 Tische, 2 Betten mit Kopfstützen, 13 Truhen, Betttücher, Handtücher, Teppiche, Öl, Wein, Brot, Mehl, Milch, geröstete und gesalzene Vögel, gesalzenes Fleisch, getrockneter Fisch, geschnittenes Gemüse, Zwiebeln, Knoblauch, Kümmel, Wacholder, Trauben, Datteln, Feigen, Nüsse, Brettspiel, Elle aus Gold.

Zusammengestellt nach: Anna Maria Donadoni Roveri (Hrsg.), Das ägyptische Museum Turin, Mailand 1988, S. 85 ff.

M 6 **Truhe des Cha.**
Bemaltes Holz, um 1400 v. Chr. In dieser Truhe lag Wäsche.

M 7 **Lehnstuhl des Cha.**
Bemaltes Holz, um 1400 v. Chr.

1. *Nenne den jeweiligen Verwendungszweck der in M 5 genannten Grabbeigaben.*
2. *Erläutere an Beispielen, wieso wir gerade dem Jenseitsglauben und den Begräbnisbräuchen der Ägypter wichtige Informationen über ihren Alltag verdanken (M 5 bis M 7 sowie die Abbildungen auf den Seiten 65, 70 und 73).*

Auch Bilder können sprechen

Bilder können uns Geschichten erzählen und uns etwas über die Zeiten mitteilen, in denen sie entstanden sind. Du kannst sie zum Sprechen bringen, indem du Fragen an sie stellst. Nicht alle lassen sich bei jedem Bild beantworten. Oft musst du weitere Informationen einholen.

Du kannst bei der Arbeit mit Bildern in drei Schritten vorgehen:

1. Beschreibe das Bild!
- Wann und wo wurde es geschaffen oder veröffentlicht?
- Hat es ein besonderes Format?
- Welche Personen erkennst du auf dem Bild?
- Was tun die Personen?
- Wie sind sie gekleidet? Haben sie Gegenstände bei sich?
- Kannst du weitere Dinge oder Tiere auf dem Bild erkennen?
- Wie wirkt das Bild auf dich?

2. Erkläre die Zusammenhänge!
- Ist auf dem Bild etwas hervorgehoben? Woran erkennst du das?
- Wie sind die Personen dargestellt? Fällt dir dabei etwas auf? Sind es wirkliche Personen oder stehen sie für etwas?
- In welcher Beziehung zueinander sind die Personen dargestellt?

3. Bewerte das Bild!
- Zu welchem Zweck wurde das Bild hergestellt?
- Was sollte es dem Betrachter sagen?
- Welche Ereignisse und Vorstellungen haben für die Darstellung eine Bedeutung? Kannst du sie auf dem Bild wiederfinden?

M 1 Die „große Prüfung": das Totengericht.
Ausschnitt aus dem „Totenbuch" des Schreibers Hunefer, Papyrus (39 cm hoch), um 1300 v. Chr.
Die Ägypter schmückten die Wände ihrer Grabkammern mit Bildern und Inschriften. Besonders sorgfältig gestalteten sie „Totenbücher", die sie den Mumien in den Sarg legten.
Sie enthielten die Antworten, die der Verstorbene auf die Fragen des Totengerichts geben sollte.
Die ägyptischen Künstler zeichneten und malten über dreitausend Jahre nach den gleichen strengen Regeln. Derjenige galt als Meister, der den alten Vorbildern am meisten entsprach.

M 2 „Ich bin rein ..."
In einem Totenbuch, das um 1500 v. Chr. entstanden ist, legt ein Verstorbener folgendes Bekenntnis ab:
Ich habe kein Unrecht gegen Menschen begangen, und ich habe keine Tiere misshandelt.
Ich habe nichts „Krummes" anstelle von Recht getan. [...]
Ich habe keinen Gott beleidigt. [...]

Ich habe kein Waisenkind an seinem Eigentum geschädigt.

Ich habe nichts getan, was die Götter verabscheuen.

Ich habe keinen Diener bei seinem Vorgesetzten verleumdet.

Ich habe nicht Schmerz zugefügt und niemanden hungern lassen, ich habe keine Tränen verursacht.

Ich habe nicht getötet, und ich habe auch nicht zu töten befohlen; niemandem habe ich ein Leid angetan.

Ich habe am Hohlmaß nichts hinzugefügt und nichts vermindert, ich habe das Flächenmaß nicht geschmälert und am Ackerland nichts verändert.

Ich habe zu den Gewichten der Handwaage nichts hinzugefügt und das Lot der Standwaage nicht verschoben.

Ich habe die Milch nicht vom Mund des Säuglings fortgenommen, ich habe das Vieh nicht von seiner Weide verdrängt. [...]

Ich bin rein, ich bin rein, ich bin rein, ich bin rein!

Nach: Altägyptische Dichtung, ausgew., übers. und erl. von Erik Hornung, Stuttgart 1996, S. 121 ff.

1. *Betrachte M1 genau. Erzähle nach, wie das Totengericht ablief. Dazu musst du die Zeichnung von links nach rechts wie einen Comic lesen.*
2. *Beim Totengericht mussten sich die Verstorbenen vor den Göttern für ihr Leben rechtfertigen. Diese Rechtfertigung wurde in einem „Totenbuch" (M2) aufgeschrieben. Der Verstorbene wollte damit den Göttern beweisen, dass er sich an ihre Gebote gehalten hatte. Arbeite aus dem „Totenbuch" die Gebote heraus, an die sich die Ägypter halten mussten. Schreibe sie für dein Portfolio auf.*

Mesopotamien – Land zwischen zwei Flüssen

2 **Die Stadt Ur im 3. Jahrtausend v. Chr.** *Ausschnitt aus einer Rekonstruktionszeichnung von Rob Wood, um 1987. In Ur lebten zeitweise mehr als 30 000 Sumerer.*

Erste Städte an Euphrat und Tigris

An den Flüssen Euphrat und Tigris im heutigen Irak schufen die Menschen etwa zur selben Zeit wie am Nil eine Hochkultur. Die Griechen nannten das Gebiet später *Mesopotamien*, d. h. „Land zwischen zwei Flüssen“ oder „Zweistromland“.
Dort entstanden die ersten großen Städte. Sie wurden von Tempelanlagen beherrscht, deren oberste Priester gleichzeitig Könige waren. Als Vertreter des Stadtgottes auf Erden besaßen sie alles Land und Vieh. Sie waren die höchsten Richter und größten Feldherren.

Eroberer und Reiche

Die ersten dieser Stadtstaaten gründeten die *Sumerer*, die vor 3100 v. Chr. in Mesopotamien einwanderten. Ihnen folgten die *Akkader*, die um 2300 v. Chr. mehrere Tempelstädte eroberten und sie erstmals zu einem Reich zusammenschlossen. Anders als in Ägypten hielt sich dieses Reich nicht lange. Die Städte bildeten bald wieder eigene Staaten. In den folgenden Jahrtausenden entstanden immer wieder neue Reiche. Sie wurden zum Teil von Völkern gegründet, die in das fruchtbare Land zwischen den Strömen eingedrungen waren. Bis zum 4. Jh. v. Chr. herrschten in Mesopotamien unter anderem *Assyrer*, *Aramäer*, *Babylonier* und *Perser*.

1 **Getreideabrechnung in Keilschrift.** *Tafel aus Uruk (Iran), um 3000 v. Chr. In der Mitte der oberen Reihe das Zeichen für Getreide; links unten ein Kopf mit einer Schale.*

Erinnerungen

Von den verschiedenen Staaten im Zweistromland wissen wir aus archäologischen Funden und schriftlichen Quellen. Auch die Bücher des *Alten Testaments* der Bibel berichten von ihnen. Die Urväter des Volkes Israel stammten aus Mesopotamien. Die Erinnerung an das fruchtbare Zweistromland lebte in biblischen Erzählungen fort: in der Erzählung vom *Garten in Eden* (*Garten in der Steppe*), der den Israeliten wie ein *Paradies* vorkam, in den Geschichten von der Sintflut und vom Turmbau in Babel (Babylon).

Die Kultur blüht

Schon die sesshaften Ackerbauern der späten Steinzeit erfanden in Mesopotamien die luftgetrockneten Lehmziegel und die feuergebrannte Keramik. Im 5. Jahrtausend v. Chr. lernten sie Kupfer zu bearbeiten, im frühen 3. Jahrtausend Bronze herzustellen. Rad, Wagen, Pflug und die schnell drehende Töpferscheibe wurden in Mesopotamien erfunden.
Aus Bildzeichen, die mit einem Rohr in feuchte Tontäfelchen geritzt wurden, entwickelten die Sumerer im Laufe von Jahrhunderten die erste Schrift. Sie war um 2700 v. Chr. vollständig ausgebildet und wird von den Geschichtswissenschaftlern nach der Form ihrer Zeichen als *Keilschrift* bezeichnet.
Die Sumerer konnten Fläche und Umfang von Kreisen berechnen; sie beobachteten die Sterne, um ihren Kalender zu kontrollieren und die Zukunft vorhersagen zu können. Ihr Zahlensystem beruhte nicht wie unseres auf der Zahl Zehn, sondern auf der Zahl Sechzig.

▶ ***Lesetipp:***
Philipp Steele/Margot Wilhelmi, Mesopotamien. Die Wiege der Zivilisation, Hildesheim 2008

■ *Fasse am Beispiel Mesopotamiens die Kennzeichen einer frühen Hochkultur zusammen.*

M1 **„Auge um Auge, Zahn um Zahn!"**

Zu den wichtigsten Zeugnissen der altorientalischen Geschichte gehören die Gesetze des Königs Hammurabi aus Babylon (siehe M3). Hier eine Auswahl:

Wenn jemand als Belastungszeuge in einem Prozess, der ums Leben geht, auftritt und das, was er aussagt, nicht beweisen kann, dann soll er getötet werden. [...]

Wenn jemand den Tempel oder den König bestiehlt, so soll er getötet werden; auch wer das Gestohlene von ihm angenommen hat, soll getötet werden. [...]

Wenn jemand Raub begeht und ergriffen wird, so wird er getötet. [...]

Wenn jemand zu faul ist, seinen Damm instandzuhalten und dadurch ein Feld überschwemmt wird, so soll er den Schaden ersetzen. [...]

Wenn ein Sohn seinen Vater schlägt, soll man ihm die Hände abhauen.

Wenn jemand einem andern das Auge zerstört, so soll man ihm sein Auge zerstören.

Wenn er einem andern einen Knochen zerbricht, so soll man ihm einen Knochen zerbrechen. [...]

Aus dem Nachwort:

Hammurabi, der schützende König bin ich. [...] Dass der Starke dem Schwachen nicht schade, um Witwen und Waisen zu sichern, um das Recht des Landes zu sprechen, die Streitfragen zu entscheiden, die Schäden zu heilen, darum habe ich meine kostbaren Worte auf meinen Denkstein geschrieben, vor meinem Bildnisse, als dem des Königs der Gerechtigkeit, aufgestellt.

Für später, ewig und immerdar: Der König, der im Lande ist, soll die Worte der Gerechtigkeit, die ich auf meinen Gedenkstein geschrieben, beobachten, die Entscheidungen, die ich verfügt habe, soll er nicht ändern, mein Denkmal nicht beschädigen.

Hammurabi, der König der Gerechtigkeit, bin ich.

Erster Text: Gottfried Guggenbühl, Quellen zur Geschichte des Altertums, neu bearb. von Hans C. Huber, Zürich 1964, S. 10ff.; zweiter Text: Hartmut Schmökel, Hammurabi von Babylon, München 1958, S. 99 f. (vereinfacht)

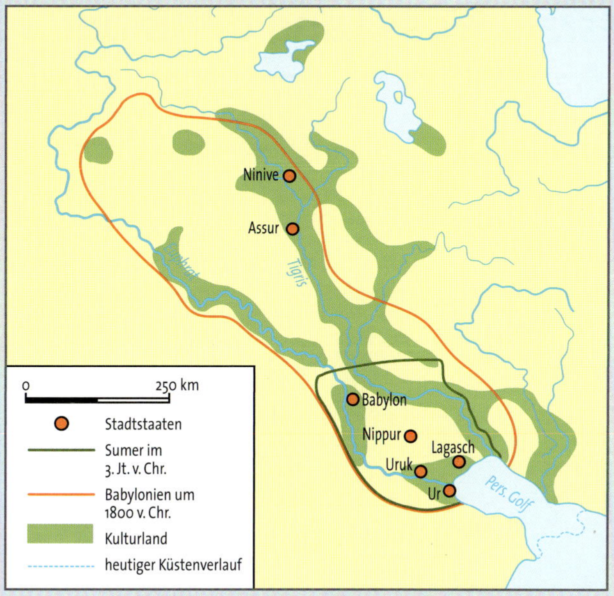

M2 **Mesopotamien.**

M3 **Die Gesetze des Königs Hammurabi von Babylon.**
Um das Jahr 1700 v. Chr. ließ Hammurabi 282 Gesetze auf einer 2,25 m hohen Granitsäule einmeißeln. Oben ist der betende König zu sehen. Vor ihm thront der Sonnengott Schamasch, der zugleich Gott des Rechts war.

1. *Stelle Beispiele aus M1 zusammen, die dir streng und grausam vorkommen. Erkläre, warum in den Fällen solche Strafen angedroht wurden.*
2. *Begründe, warum Hammurabi sich auf einen göttlichen Auftrag beruft und weshalb er die Gesetze schriftlich festhalten ließ (M1 und M3).*
3. *Beschreibe die Aussagen der Karte (M1).*
4. *Für Juden und Christen sind die Zehn Gebote die wichtigste Zusammenstellung von Grundregeln des menschlichen Verhaltens. Sie entstanden in einem jahrhundertelangen Prozess und stehen im Alten Testament der Bibel: (siehe Seite 81, M4). Vergleiche sie mit M1.*

Israel – das Land der Bibel

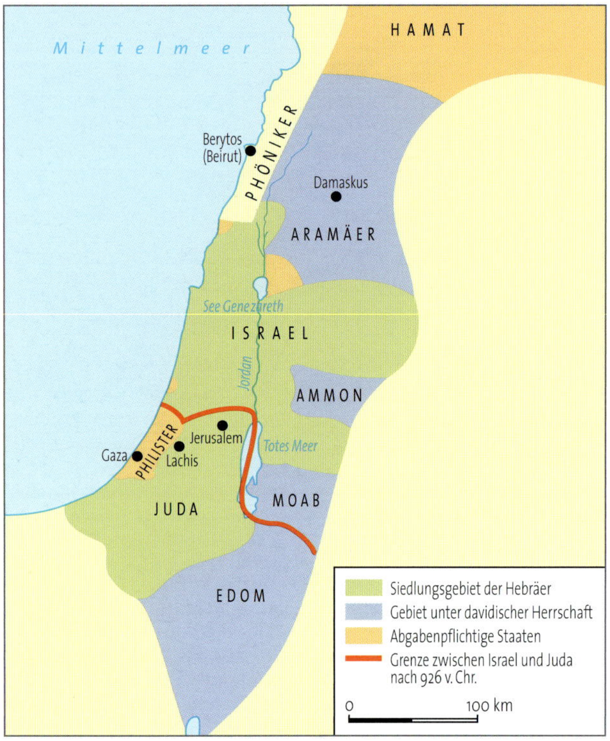

1 Das Großreich Davids und Salomons, um 1000 v. Chr.

2 Gefangennahme von Israeliten.
Relief aus dem assyrischen Königspalast Sanheribs in Ninive (im heutigen Irak), 7. Jh. v. Chr. (Ausschnitt).
Das Bild erinnert an die von den Assyrern 701 v. Chr. eroberte Festung Lachis (etwa 45 km südwestlich von Jerusalem). Der Ausschnitt zeigt, wie israelitische Bewohner in die Gefangenschaft geführt werden.

In das „gelobte Land"

Die Ägypter beherrschten das Land der Kanaanäer an der Ostküste des Mittelmeeres. Im 13. Jh. v. Chr. wurden sie von den *Philistern* vertrieben, an die noch heute der Name *Palästina* erinnert. Nach 1250 v. Chr. führte – wie die Bibel berichtet – der wohl aus Ägypten stammende *Mose* sein Volk aus der ägyptischen Gefangenschaft in das „gelobte Land" Kanaan (Palästina). Die Hebräer lebten danach als Nomaden in Juda und in Israel. Im 11. Jh. v. Chr. begannen sie, die Stadtstaaten der Kanaanäer zu erobern, um weiteres Siedlungsland zu gewinnen. Damit wurden sie zu Konkurrenten anderer Völker, die diese Gebiete ebenfalls beanspruchten. *Saul*, der erste König Israels, führte daher viele Kriege.

Um etwa 1000 v. Chr. wurde *David* König der Stämme Israels. Er soll in einem Zweikampf gegen den Philister-Riesen *Goliath* gesiegt haben. Er regierte bis 965 v. Chr. In zahlreichen Feldzügen vergrößerte er das Reich. Zum kulturellen Mittelpunkt machten er und sein Sohn *Salomon* (König von 965 bis 932 v. Chr.) das eroberte Jerusalem.

Nach Salomons Tod zerfiel das Reich wieder in Israel und Juda. Beide Herrschaftsgebiete standen sich feindselig gegenüber. Um die Mitte des 8. Jh. v. Chr. gerieten sie unter den Einfluss der *Assyrer*. Sie zerstörten Israel und machten Juda abgabenpflichtig.

Gut hundert Jahre später wurden die Ägypter wieder für kurze Zeit Herren des Landes, bis sie von den Babyloniern vertrieben wurden. Deren König *Nebukadnezar* machte kurzen Prozess, als einige Familien Judas einen Aufstand gegen seine Herrschaft wagten: Er eroberte im Jahr 587 v. Chr. das ganze Land, ließ Jerusalem mit dem Tempel Salomons zerstören und Familien Judas nach Babylonien verschleppen. Damals bürgerte sich die Bezeichnung *Juden* für alle Bewohner Judas und Israels ein. Die Juden durften erst in ihre Heimat zurückkehren, als die Perser im Jahre 538 v. Chr. das Babylonische Reich zerstört hatten.

Der jüdische Glaube

Während der *Babylonischen Gefangenschaft* der Juden entstanden die wichtigsten Bücher des ersten Teils der Bibel, später das *Alte Testament* genannt. Es enthält die religiösen Grundlagen des Judentums: Anders als alle umliegenden Völker glaubten die Juden nur noch an einen Gott, was wir Monotheismus (griech. *monos*: allein; *theos*: Gott) nennen. Ihrem Gott gaben sie den Namen *Jahwe*. Die Juden sind überzeugt, dass am Ende der Zeiten Jahwe den Erlöser (hebräisch: *Messias*) schicken wird, die Toten auferstehen werden und ein Friedensreich beginnen wird. Dieser jüdische Glauben beeinflusste Jahrhunderte später das *Christentum* und den *Islam*.*

Über das Christentum erfährst du auf den Seiten 182 ff. und über den Islam auf den Seiten 200 ff. mehr.

M1 Jahwe-Tempel in Jerusalem.
Rekonstruktionsversuch des um 950 v. Chr. erbauten Tempels.
Für die Rekonstruktion gibt es nur wenige archäologische Belege. Orientierung bieten alte Quellen, die sich in der Beschreibung z. T. widersprechen. Eine wuchtige Mauer umgibt den eigentlichen Tempelbereich. Sie umschließt die inneren Höfe: den Vorhof der Frauen ① und den Hof Israels, den nur Männer betreten durften ②. Der große Opferaltar ③ stand im Freien vor dem Tempelhaus ④. Dort war die offen stehende Tür mit einem Vorhang versehen. Dahinter befand sich der siebenarmige Leuchter, die Menora (siehe M4), und der Weihrauchaltar.
Der anschließende Raum, das Allerheiligste, war dunkel und leer. Nur einmal im Jahr betrat der Hohepriester diesen Raum.

M2 Verheißung des gelobten Landes
Im Alten Testament heißt es in einem Buch Mose, das vermutlich im 5. Jh. v. Chr. entstand:
Dem Herrn, eurem Gott, sollt ihr dienen, und so werde ich euer Brot und euer Wasser segnen und alle Krankheiten aus eurer Mitte entfernen. Keine Frau wird fehlgebären oder unfruchtbar sein in eurem Lande. [...] Meinen Schrecken werde ich vor euch her senden und alle Völker in Verwirrung bringen, sodass alle eure Feinde vor euch fliehen [...]. Ganz allmählich werde ich sie vor euch vertreiben, bis ihr so zahlreich seid, dass ihr das Land besetzen könnt. Und euer Gebiet soll reichen vom Roten Meer bis zum Mittelmeer und von der Wüste bis zum Euphrat. Ja, ich werde die Bewohner dieses Landes in eure Hand geben, und ihr werdet sie vor euch vertreiben. Ihr sollt mit ihnen und ihren Göttern kein Abkommen treffen. Sie sollen nicht in deinem Lande wohnen bleiben, damit sie euch nicht zur Sünde wider mich verleiten [...].
Da schrieb Moses alle Gebote des Herrn (torá) auf. [...] Er las sie danach dem Volke vor, und die Menschen sprachen: Alles, was der Herr geboten hat, wollen wir tun und ihm gehorchen.
Nach 2. Buch Mose, 23, 25-24, 8

M3 Menora.
Münze aus dem 1. Jh. v. Chr.
Der siebenarmige Leuchter (die Menora) ist ein Gegenstand für den jüdischen Gottesdienst. Er gilt als Sinnbild für das Ewige Licht im Tempel Salomons.

M4 Die Zehn Gebote
Nach der Bibel gibt Gott Mose den Auftrag, dem Volk Israel diese Gesetze zu verkünden:
1. Ich bin Jahwe, dein Gott, der dich aus der ägyptischen Sklaverei herausgeführt hat. Du sollst keine anderen Götter neben mir haben.
2. Du sollst kein Gottesbild machen [...]. Du sollst keine Bilder anbeten [...].
3. Du sollst den Namen des Herrn, deines Gottes, nicht missbrauchen [...].
4. Gedenke des Sabbattages, damit du ihn heilig hältst. Sechs Tage sollst du arbeiten und all dein Werk tun, aber der siebte Tag ist ein Ruhetag, dem Herrn, deinem Gott, geweiht [...].
5. Ehre deinen Vater und deine Mutter [...].
6. Du sollst nicht morden.
7. Du sollst die Ehe nicht brechen.
8. Du sollst nicht stehlen.
9. Du sollst gegen deinen Nächsten kein falsches Zeugnis abgeben.
10. Du sollst nicht begehren nach dem Hause deines Nächsten, nicht nach seinem Weibe, seinen Sklaven, seinem Vieh oder nach irgendetwas anderem, was er sein eigen nennt.

Nach 2. Buch Mose, 20, 2-17

1. *Beschreibe das Verhältnis Gottes zu den Juden (M2).*
2. *In dem 1948 gegründeten Staat Israel berufen sich heute viele Bürger auf das Alte Testament (M2, Zeilen 9 bis 15). Informiere dich und berichte.*
3. *Informiere dich über die Bedeutung der Menora (M3) für die Juden.*
4. *Vergleiche die Zehn Gebote (M4) mit dem ägyptischen Bekenntnis (M2, Seite 76 f.). Gibt es Übereinstimmungen?*
5. *Nenne die Gebote, die noch heute für das Zusammenleben wichtig sind (M4).*

Rätsel aus Stein

„Hinkelsteine"?

Große Steingruppen in Norddeutschland, Frankreich und England beeindrucken die Menschen bis heute. Lange glaubten sie, Riesen (*Hünen*) oder Teufel hätten sie errichtet. Das zeigen Namen wie „Hünengräber", „Riesenbetten" oder „Teufelssteine". Heute wissen wir, dass unsere Vorfahren diese Gräber, Heiligtümer und Opferstätten vor mehr als 6000 Jahren errichteten. Sie sind Kennzeichen der Megalithkultur (gr. *megas*: groß; *lithos*: Stein) der Jungsteinzeit (*Neolithikum*).

Zeugen der Veränderung

Die Megalithbauten zeigen, dass Hunderte Menschen über längere Zeit Hand in Hand Steine hoben, brachen, transportierten, aufrichteten oder aufeinandertürmten. Das war nur möglich, weil sie Teil einer Gemeinschaft waren, die während der Bauarbeiten für ihren Lebensunterhalt sorgte. Deshalb beweisen die Bauwerke, dass eine größere Gruppe von Menschen längere Zeit an einem Ort gelebt hat.

Auch in späteren Zeiten haben tonnenschwere unbehauene Steine zum Bau von Festungen gedient, so bei den Mauern Mykenes in Griechenland.* Diese Anlagen haben aber mit der Welt der Megalithkultur kaum noch etwas zu tun.

Siehe Abb. 1, Seite 90.

1 Großsteingrab „Visbeker Braut" bei Wildeshausen (Niedersachsen).
Foto, um 2002.
Das Grab ist rund 6000 Jahre alt, misst etwa 88 x 7 m und zählt zu den längsten Deutschlands.

2 Dolmen* von „Lehmsiek" bei Eckernförde (Schleswig-Holstein).
Foto von Ingo Wandmacher, um 2004.
Das Steingrab ist etwa 5000 Jahre alt und der Deckstein misst 2,5 x 2,2 m.

***Dolmen** *(„Steintisch"): tischförmig gebautes Steingrab*

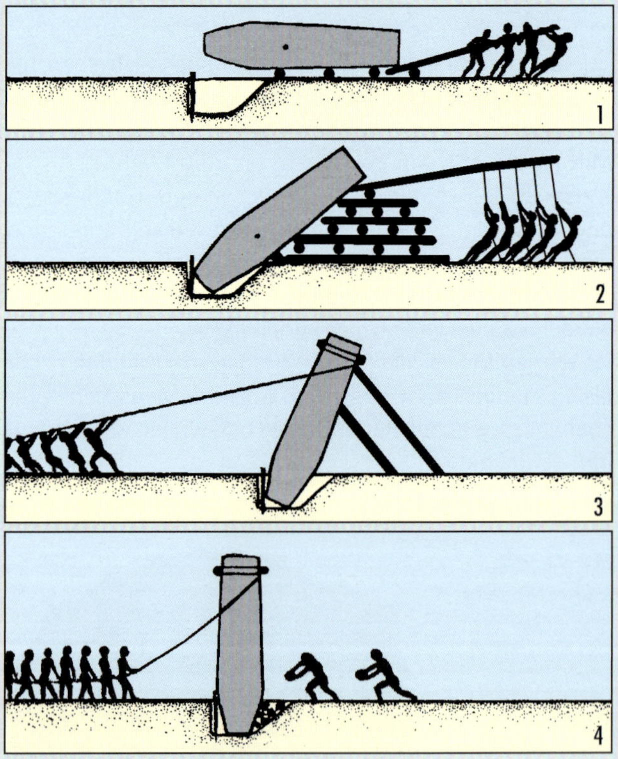

3 Wie die großen Steine aufgerichtet wurden.
Rekonstruktionszeichnung.
Experimente haben gezeigt, dass etwa 170 Menschen nötig sind, um einen 30 Tonnen schweren Block mit Seilen über hölzerne Rollen zu ziehen.

M1 Der „Tempel" von Stonehenge in England.
Foto von Yann Arthus-Bertrand, um 2000.
Das wohl berühmteste Megalithdenkmal der Welt wurde zwischen 2550 und 1600 v. Chr. in verschiedenen Abschnitten errichtet und hat einen Durchmesser von 113 m. Es bestand ursprünglich aus 125 Monolithen, die sieben Meter groß und bis zu 50 Tonnen schwer waren. Einige der kreisförmig aufgestellten Steinblöcke haben die Menschen über etwa 400 km transportiert. Das Geheimnis dieses Bauwerks ist bis heute nicht gelüftet. Auffallend ist Folgendes: In etwa 30 m Entfernung stehen vor dem Umfassungsgraben zwei Steine, durch deren Lücke am Tag der Sommersonnenwende (21. Juni) vom Kreisinneren aus der Sonnenaufgang beobachtet werden kann.

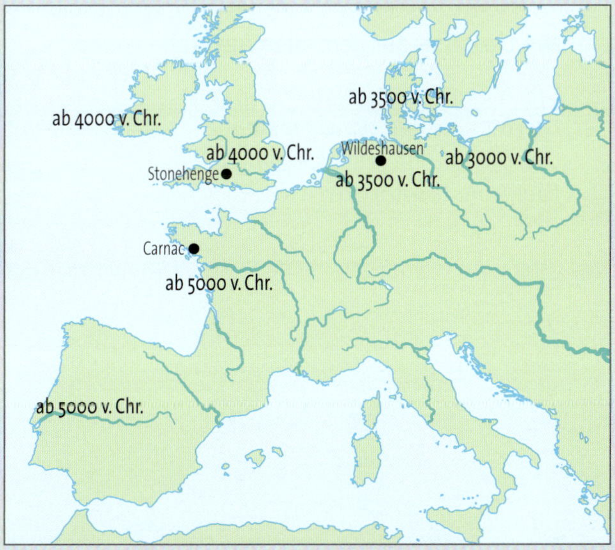

M2 Verbreitung von Großsteingräbern in Europa.

Die Jahreszahlen geben an, wann in den Gebieten mit dem Bau von Großsteingräbern begonnen wurde. Auf der Karte sind nur die hier angeführten Fundorte eingezeichnet.

M3 Steinallee von Carnac in Frankreich.
Foto, um 1993.
Diese rund 1 200 m lange und 100 m breite „Allee" entstand vor etwa 5 000 Jahren. Sie besteht aus fast 2 800 unbehauenen, senkrecht aufgestellten Steinsäulen (Menhire).

1. *Erklärt, warum ohne einen Wandel des Zusammenlebens von der Alt- zur Jungsteinzeit die Megalithbauten (M1 und M3) nicht möglich geworden wären.*
2. *Die Karte (M2) zeigt, wann und wo sich die Megalithkultur ausbreitete. Untersucht, was dafür spricht, dass sie über den Seeweg verbreitet wurde.*
3. *Ihr habt bereits eine andere Kultur kennengelernt, in der Steinbauten eine große Rolle spielte. Nennt sie! Zwischen dieser und der Megalithkultur besteht ein großer Unterschied. Beschreibt ihn!*
4. *Sucht weitere Bilder und Beschreibungen von Megalithbauten in Fachbüchern und Reiseführern. Vergleicht sie mit den auf diesen beiden Seiten abgebildeten Bauwerken. Präsentiert das Ergebnis auf einem Poster.*

Durchblick – Kompetenzen überprüfen

M1 Was war wichtig?

Der folgende Text fasst zusammen, was du in diesem Kapitel erarbeitet hast. Du kannst dein Sachwissen überprüfen, indem du die Lücken füllst.

In Ägypten siedelten sich vor über 5000 Jahren immer mehr Menschen im Mündungsgebiet und den Flussufern des □□□□ an. Hier entwickelte sich eine frühe □□□□□□□□□□. Die Ägypter bauten Dämme, die sie vor den regelmäßigen Überflutungen schützten, und Bewässerungskanäle, um das Wasser für die Landwirtschaft zu nutzen.

An der Spitze der Bevölkerung standen Herrscher, die □□□□□□ genannt wurden. Sie ließen sich wie □□□□□□ verehren. Um 3000 v. Chr. gelang es ihnen, □□□□- und □□□□□□□□□□□□ zu einem □□□□□ zu vereinen.

Der Pharao betrachtete das ganze Land als sein Eigentum und herrschte unumschränkt. Seine wichtigsten Helfer waren gut ausgebildete □□□□□□□□□. Sie verwalteten das große Reich. Die Einwohner mussten Abgaben leisten, beim Bau der □□□□□□□□□ und dem Unterhalt der Tempel helfen.

Weitere Kennzeichen der ägyptischen Hochkultur sind die Verwendung von Schriftzeichen wie □□□□□□□□□□□□, Gesetze, die Anlage von Städten, großartige Bau- und Kunstwerke, die Anfänge von Wissenschaft und ein ausgeprägtes religiöses Leben.

Die Ägypter glaubten an viele Götter (□□□□□□□□□□□□). Sie bestimmten nach ihrer Vorstellung das Leben auf der Erde und im Jenseits. Die Bedeutung der □□□□□□□□ zeigt sich im Totenkult mit □□□□□□□□□□□□□ und Grabbeigaben. Anders als in Ägypten und anderen frühen Hochkulturen setzte sich im alten Israel der □□□□□□□□□□□□ durch, der Glaube an einen einzigen Gott.

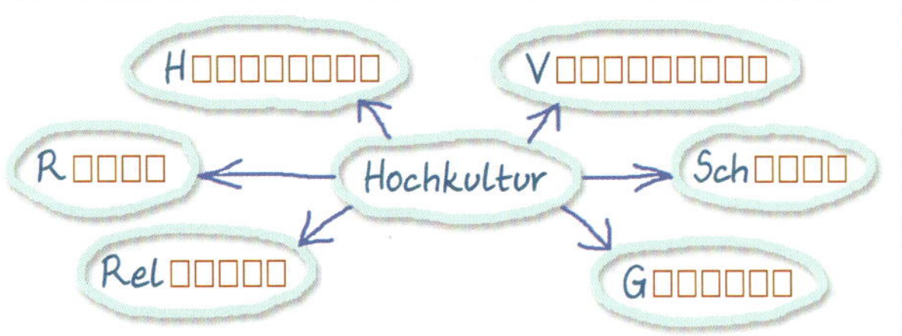

M2 Merkmale einer Hochkultur

M3 Hatschepsut.
Figur aus Granit, um 1500 v. Chr.
Hatschepsut war die Tochter eines Pharao. Da ihr Vater keine Söhne hatte, wurde nach dessen Tod zunächst ihr Mann Pharao. Nach seinem Tod übernahm sie die Herrschaft. Hatschepsut gehört damit zu den vier bekannten Pharaoninnen, die zwischen 3150 v. Chr. und 30 v. Chr. in Ägypten regierten.

M4 Ein Rätsel aus dem alten Ägypten

Drei Monate eine schimmernde Perle
Drei Monate eine schwarze Haut
Drei Monate ein grüner Smaragd
Drei Monate rotes Gold

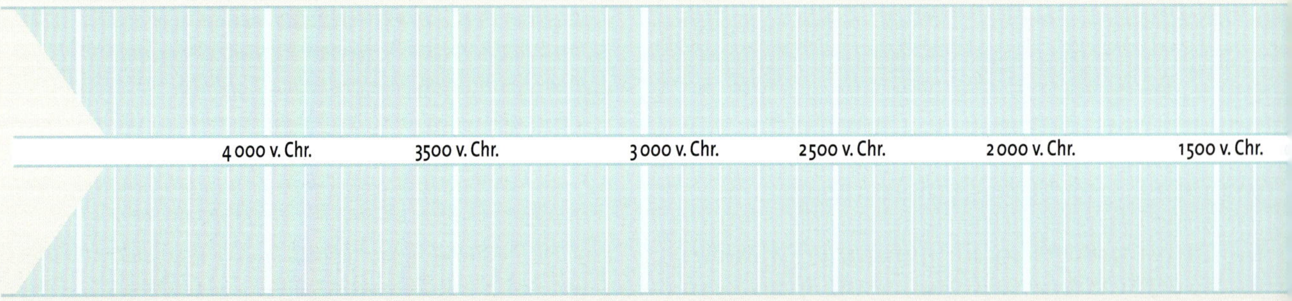

M5 Bau einer Pyramide.
Rekonstruktionsversuch von Chris Forsey, um 1990.

M7 Soll „Nofretete“ zurück?

Anfang 2011 forderte Ägyptens Chefarchäologe die Rückgabe der Büste, die 1912 von einem deutschen Archäologen in Ägypten entdeckt wurde und 1913 nach Berlin kam. Schon Anfang 2002 hatte der ägyptische Kulturminister verlangt, die Figur „im Interesse der Menschheit“ den Ägyptern zurückzugeben. Die deutschen Behörden lehnten die Rückgabeforderungen mit dem Hinweis ab, die Büste befinde sich „aufgrund einer durch Vertrag vereinbarten Fundteilung seit 1913 rechtmäßig in Berlin“.

Verfassertext

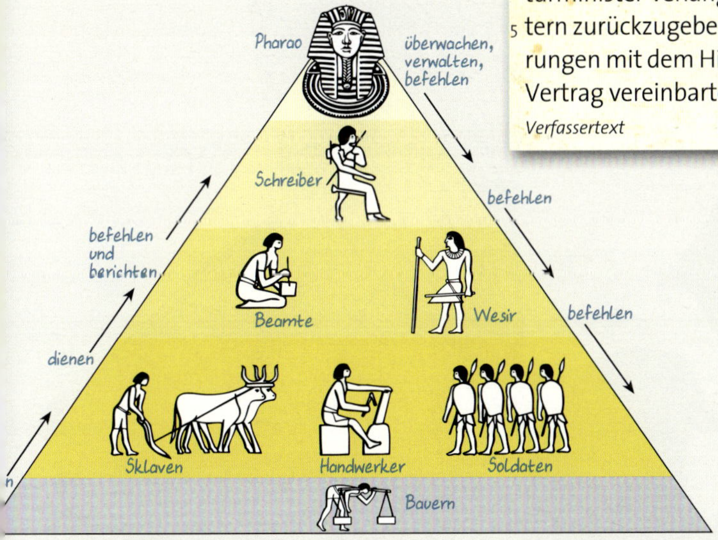

M6 Sah so die ägyptische Gesellschaft aus?

1. *Schreibe die fehlenden Begriffe der Zusammenfassung (M 1) in dein Heft.*
2. *Lege einen Zeitstrahl zur Geschichte Ägyptens an und füge ein, wann die Cheops-Pyramide fertig wurde, das Totenbuch des Schreibers Hunefer entstand, Unter- und Oberägypten zu einem Reich vereint wurden, wann der erste uns bekannte Pharao regierte und Nofretete lebte.*
3. *Vervollständige mit M 1 die Mindmap (M 2) über Merkmale der Hochkultur. Kannst du noch weitere Kennzeichen ergänzen?*
4. *Stelle fest, wodurch Hatschepsut als Pharao gekennzeichnet ist (M 3). Welche Herrschaftszeichen fehlen?*
5. *Erkläre, wovon in dem Rätsel (M 4) die Rede ist.*
6. *Vergleiche den Rekonstruktionsversuch M 5 mit M 1 auf Seite 59. Nenne die wichtigsten Unterschiede.*
7. *Korrigiere die Einträge in der Grafik (M 6). Begründe deine Änderungen.*
8. *Soll die Nofretete (siehe Seite 56) zurück nach Ägypten? Wie würdest du den Streit (M 7) entscheiden? Begründe dein Urteil.*

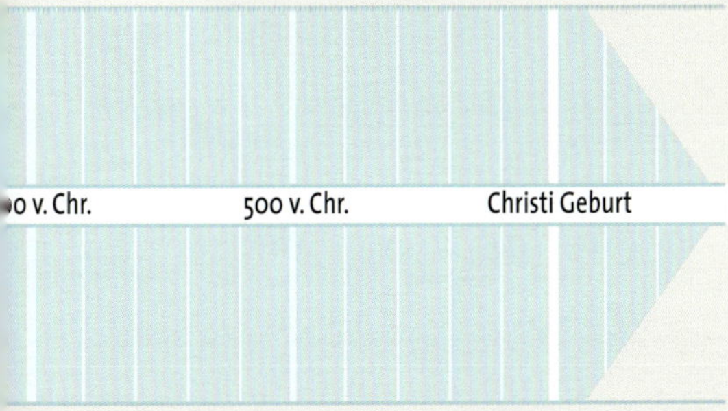

Leben im antiken Griechenland

Europa auf dem Stier.
Schale aus Unteritalien,
um 340 v. Chr.
Durchmesser: 21,5 cm
Höhe: 7,8 cm

Unsterbliche Geliebte

Verzweifelt blickte Europa zum Himmel und klagte: „Ihr Götter, wie konntet ihr das nur zulassen?“ Aber im gleichen Atemzug machte sie sich selbst Vorwürfe: „Kann ich denn alle Schuld auf die Götter wälzen? Bin ich nicht selbst schuldig? Wie konnte ich so unvorsichtig sein, mich dem fremden Stier zu nähern und mich sogar auf seinen Rücken zu setzen? Geschah es mir da nicht recht, dass er mich forttrug?“ Schaudernd erinnerte sie sich an ihre Reise. Eine Nacht und einen Tag lang war sie auf dem Rücken des weißen Stieres durch das Meer geschwommen. Er hatte sie von ihrer Heimat Phönizien an die Küste einer fremden Insel im Westen gebracht. Den Namen der Insel kannte sie nicht einmal. Wehmütig erinnerte sie sich an ihre Heimatstadt Tyros, wo sie im Palast ihres Vaters aufgewachsen war. Die Tränen rannen ihr über die Wangen, als sie an ihren Vater dachte, an die Mutter und die Freundinnen, die sie nun sicherlich überall suchen würden. Selbst wenn sie in dieser menschenleeren Gegend überleben sollte, würde sie die Lieben in der Heimat wohl nie mehr wiedersehen. Für einen Augenblick dachte Europa daran zu sterben. Da hörte sie ein leises Geräusch. Als sie sich umdrehte, sah sie eine Frauengestalt, die sich ihr näherte, ohne den Boden mit den Füßen zu berühren. „Hör auf, so zu jammern“, begann sie zu sprechen. „Kennst du mich noch? Ich bin Aphrodite, die Göttin der Liebe. Neulich bin ich dir im Traum erschienen, um dir mitzuteilen, dass der Göttervater Zeus in dich verliebt ist.“ Europa starrte sie ungläubig an. Aphrodite fuhr fort: „Und was meinst du, wer dich hierher, auf die Insel Kreta, trug? Etwa ein normaler Stier? Hast du dich nicht gewundert, dass dich auf dem Meer kein Tropfen Wasser benetzt hat, obwohl die Wellen hochgingen? – Nein, der Stier war niemand anderer als Zeus. Er hatte dich vom Olymp aus erblickt und sich aufgrund deiner Schönheit sofort in dich verliebt. Um dich zu besitzen, beschloss er, dich zu entführen. Du bist“, fuhr Aphrodite etwas schnippisch fort, „zwar nicht die einzige Geliebte unseres mächtigsten Gottes, aber tröste dich: Als Tochter des Königs von Tyros hätte man dich vielleicht geehrt, als Geliebte des Zeus wirst du unsterblich werden. Denn der Erdteil, zu dem Kreta gehört und in den er dich entführt hat, soll deinen Namen tragen: Europa.“

Dieter Brückner

Einblick – Orientierung gewinnen

„Die Olympischen Spiele feiern, heißt, sich auf die Geschichte berufen.“ Mit diesen Worten setzte sich der französische Historiker und Pädagoge *Pierre de Coubertin* in den 1890er-Jahren für die Wiederbelebung der antiken Sportwettkämpfe ein. Mit seiner Forderung stand er nicht allein. Auch unabhängig vom Sport beriefen sich seit langer Zeit immer wieder Menschen auf die „alten Griechen“ und verehrten sie als Vorbilder.

Woher kam das? Warum verwenden wir noch heute so viele griechische Begriffe in unserer Sprache, warum spielen wir noch heute Theaterstücke der alten Griechen und ahmen ihre Kunstwerke nach? Stimmt es, dass unsere europäische Kultur in Griechenland begann?

In diesem Kapitel werdet ihr euch mit diesen Fragen beschäftigen:

- Warum lebten die Griechen in Stadtstaaten?
- Was verraten Götter- und Heldensagen über die Geschichte und die Gedankenwelt der Griechen?
- Warum verließen Griechen ihre Heimat?
- Welche Bedeutung hatte die Begegnung mit anderen Hochkulturen?
- Wie organisierten die Athener ihr Zusammenleben?
- Wie sah der Alltag von Frauen, Männern und Kindern aus?
- Welche bleibenden Leistungen haben Griechen in Kunst und Wissenschaft vollbracht?

Am Ende könnt ihr euch dann die Frage stellen, ob oder in welcher Hinsicht die „alten Griechen“ Vorbilder für uns sein können.

1 Olympische Spiele in Athen.
Titelblatt des Berichts über die Spiele von 1896.
Seit dem 17. Jh. wurden in verschiedenen europäischen Ländern wieder „Olympische Spiele“ veranstaltet. Aber erst die internationalen Spiele des Jahres 1896 in Athen gelten als die „ersten Olympischen Spiele der Neuzeit“.

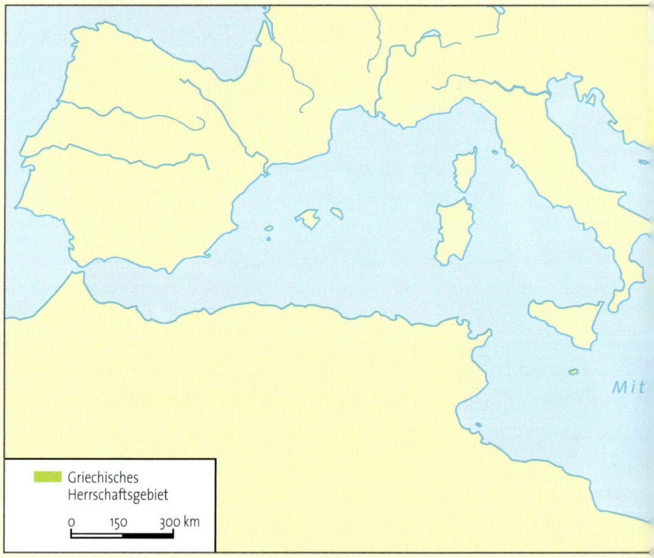

2 Wo die Griechen um 750 v. Chr. lebten.

um 1400 v. Chr.: In Mykene zeugen Paläste von einer Hochkultur

um 1350 v. Chr.: Nofretete lebt in Ägypten

776 v. Chr.: angeblich die ersten Sportwettkämpfe in Olympia

ab 800 v. Chr.: In Griechenland entstehen Stadtstaaten (Poleis)

8.-6. Jh. v. Chr.: Die griechischen Poleis gründen Kolonien

Mitte des 5. Jh. v. Chr.: Demokratie in Athen

um 500 v. Chr.: Griechen kämpfen gegen die Pe

33 v. C

1400 v. Chr. | 1300 v. Chr. | 800 v. Chr. | 700 v. Chr. | 600 v. Chr. | 500 v. Chr. | 400 v. Chr.

3 **Kriegerdenkmal am Thermopylen-Pass.**
Foto, um 1990.
Das Denkmal erinnert an die Schlacht der Spartaner gegen die Perser bei den Thermopylen, einer engen Stelle zwischen dem Meer und dem Gebirge, von 480 v. Chr.

5 **Eingang der Neuen Staatsgalerie in Stuttgart.**
Foto von 1985.
Die Architekten haben sich für das 1984 eröffnete Museum von griechischen Säulenformen anregen lassen.

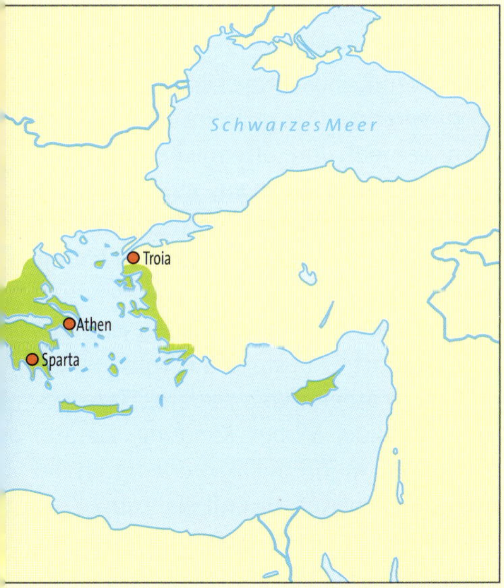

4 **Euro-Münze aus Griechenland von 2002.**

…nder der Große …t ein Weltreich

394: ein römisches Gesetz verbietet die Olympischen Spiele

… 200 v. Chr. | 100 v. Chr. | Christi Geburt | 100 | 200 | 300 | 400

Die Welt der Hellenen

1 Das Löwentor von Mykene.
Foto, um 1985.
Die beiden drei Meter hohen Löwen des Tores wurden etwa 1400 Jahre v. Chr. gefertigt.
■ *Stelle fest, wo Mykene liegt. Siehe dazu die Karte auf Seite 91.*

Die ersten Griechen

Vor über 4 000 Jahren kamen erstmals Menschen auf die griechische Halbinsel. Sie sprachen eine frühe Form des Griechischen und entwickelten eine Hochkultur, die wir nach der Stadt Mykene benennen. Kennzeichen der mykenischen Kultur sind große und prunkvolle Palastburgen, der Gebrauch einer Schrift sowie Waffen und Schmuck aus Bronze und Gold.
In den Palästen lebten mächtige Anführer, die das Land und die Bauern beherrschten. Um 1200 v. Chr. wurden die Paläste und viele Siedlungen aus unbekannten Gründen zerstört. Historiker vermuten als Ursachen Naturereignisse, Missernten, Streit zwischen den Anführern, Aufstände oder das Eindringen fremder Völker.

Wer waren die Hellenen?

Zwischen 1200 und 800 v. Chr. wanderten neue Bevölkerungsgruppen auf die griechische Halbinsel und die Inseln der Ägäis ein. Damals ging die Fähigkeit zu schreiben verloren, sodass wir für diese Zeit nur über gegenständliche Quellen verfügen. Daher wissen wir auch nicht viel über das Leben während und nach der Einwanderungszeit. Wahrscheinlich haben sich die Einwanderer und die alte Bevölkerung vermischt. Sie selbst nannten sich „Hellenen" und ihr Siedlungsgebiet „Hellas". Erst die Römer haben sie Jahrhunderte später als „Graeci" bezeichnet.
Hellas war kein zusammenhängendes Reich wie das der Ägypter entlang des Nils. Die vielen Gebirgszüge und wenigen fruchtbaren Ebenen sowie die Lage am Meer und die zahlreichen Inseln trugen dazu bei, dass die Hellenen nach 800 v. Chr. kleine Stadtstaaten gründeten, die sie *Polis* (Plural: *Poleis*) nannten. Bauern, Fischer, Handwerker und Händler zogen an Anhöhen zusammen und befestigten ihre Siedlungen mit Mauern. Die meisten Poleis hatten weniger als 5 000 Einwohner und waren nach heutigen Vorstellungen nur größere Dörfer.

Stadtstaat und Hausgemeinschaft

Jede Polis besaß einen Versammlungsplatz, auf dem sich die Bewohner trafen, wenn es wichtige Dinge zu besprechen gab. Außerdem verehrten sie gemeinsam ihre Götter und errichteten Tempel und öffentliche Gebäude. Manchmal gab es auch eine *Akropolis*, eine Burg auf einem höher gelegenen Punkt, der zur Verteidigung der Polis diente, denn die Bewohner der Poleis führten häufig Krieg gegeneinander.
Das alltägliche Leben der Menschen fand in der Hausgemeinschaft, dem *Oikos*, statt. Er bestand aus verwandten Familien und den für sie arbeitenden Bauern. Dazu gehörten Ländereien, Gebäude, Möbel, Kleidung, Geräte, Waffen, Vieh und Sklaven. In ihrem Oikos erledigten die Menschen ihre täglichen Arbeiten, um für Nahrung, Kleidung, Rüstungen und alles andere zu sorgen, was sie für den Alltag und für Kriegszeiten benötigten.

▶ ***Lesetipps:***
- *Anne Pearson, Das alte Griechenland, München 2011*
- *Cath Senker, Altes Griechenland, Nürnberg 2002*
- *Arnulf Zitelmann, Die Welt der Griechen, Weinheim 2010*

Karten auswerten

M1 Wo die Griechen bis etwa um 750 v.Chr. lebten.

Das ist das Thema der Karte.

Das ist der Schlüssel zum Kartenverständnis: die Legende.

Die Maßstableiste hilft dir, Entfernungen zu ermitteln.

Was können Karten?

Karten für den Geschichtsunterricht informieren nicht nur wie geografische Karten über die Lage von Ländern, Orten, Meeren und Flüssen, Bergen und anderen Kennzeichen einer Landschaft. Sie verknüpfen Erdkunde und Geschichte, indem sie beispielsweise zeigen, welche Ereignisse und Entwicklungen in bestimmten Gebieten stattfanden, wie sich Lebensräume von Völkern und Ländergrenzen veränderten, woher Handelsgüter kamen und wohin sie auf welchen Wegen gebracht wurden. Auch genaue Karten geben nur einen Teil der Gegebenheiten wieder. M1 enthält nur einige von mehreren hundert griechischen Stadtstaaten und Tausenden von Heiligtümern.

Karten kannst du lesen

Um welches Thema es in der Karte geht, sagt dir die Überschrift. Die in der Karte verwendeten Zeichen, Farben und Abkürzungen werden in der *Legende* erklärt. Sie nennt dir meist auch den Maßstab.
Werden dir Fragen zu einer Karte gestellt, kläre zunächst, welches Gebiet sie zeigt und über welche Einzelheiten sie informiert. Wähle dann aus deinen Ergebnissen diejenigen aus, die direkt zu den Fragen passen.
Mit den Arbeitsfragen kannst du testen, ob du die Karte auf dieser Seite „lesen“ kannst. Die Maßstableiste hilft dir, Entfernungen zu ermitteln.

---

1. *Zähle die Informationen der Karte auf, die für die Geschichte Griechenlands von Bedeutung sein können (M1).*
2. *Stelle mit der Maßstableiste fest, wie weit es etwa von Ithaka nach Troia ist.*
3. *Beschreibe mit der Legende die Landschaft in Thessalien und auf der Peloponnes.*
4. *Untersuche, wie sich die Landschaft auf das Leben der Menschen auswirkte.*
5. *Vergleiche die Karte M1 mit der auf Seite 98. Nenne die Unterschiede.*

Götter, Helden und Orakel

Götter – für alles verantwortlich

Die Menschen dachten schon damals über heute noch aktuelle Themen nach und fragten: *Was war am Anfang der Welt? Warum blitzt und donnert es?* Sie wollten nicht nur die Natur und den Ursprung der Welt verstehen, sondern auch die Ursachen von Glück und Leid, Liebe, Hass, Streit, Trauer und Schmerz. Deshalb erfanden sie die Götter. In ihren Vorstellungen waren sie für alles verantwortlich, was am Himmel, auf Erden und im Wasser geschah.

1 Zeus.
Bronzefigur, 14 cm hoch, um 470 v. Chr.
Zeus war der mächtigste Gott der Griechen. Er herrschte auf dem Olymp, dem höchsten Berg Griechenlands und dem Wohnsitz aller Götter. Zeus schützte Ordnung und Recht, schickte Regen, Wind und Sonnenschein, war der Herr des Donners und des Blitzes und kannte die Zukunft. Häufig wird er mit Adler und Eiche dargestellt.

2 Herakles und der Höllenhund.
Vasenmalerei, um 520 v. Chr.; Höhe des Gefäßes 58,6 cm.
Zu den berühmtesten griechischen Heroen gehörte Herakles. Er musste zwölf Taten vollbringen, um unsterblich zu werden. Der Kampf mit dem unverwundbaren Löwen von Nemea wurde seine erste Heldentat. Er erwürgte ihn mit seinen Armen. Den Kopf des Ungeheuers benutzte er von da an als Helm, das Fell als Mantel. Zum Bild: Mit der Göttin Athene (links), der Göttin der Weisheit, fängt Herakles in der Unterwelt den dreiköpfigen Höllenhund Kerberos.

Götter – Abbilder der Menschen?

Anders als die Ägypter stellten sich die Griechen ihre Götter immer als Menschen vor, nie als Tier – auch wenn sich ihre Götter in Tiere verwandeln konnten. Wie die Menschen konnten die Götter launisch, streitsüchtig oder eitel sein. Was sie voneinander unterschied, waren ihre übermenschlichen Fähigkeiten, ihre besonderen Kräfte sowie ihre ewige Jugend und Unsterblichkeit.
Auch wenn alle Griechen den gesamten Götterhimmel anerkannten, so verehrte doch jede Polis ihre eigene Gottheit. Zu dieser unterhielten die Bewohner eine besondere Beziehung. So wurde z. B. in Athen die Göttin *Athene* verehrt.

Einfach sagenhaft

Eine Stufe unter den Göttern standen die *Heroen*. Diese Helden waren halb göttlicher und halb menschlicher Abstammung und besaßen übermenschliche Stärke.
Von Göttern und Heroen sowie deren Taten berichtet der *Mythos* (dt. Rede, Erzählung). Diese Dichtungen erzählten Geschichten, die zwischen 1200 und 800 v. Chr. an den Höfen der Könige und Adligen von fahrenden Sängern vorgetragen worden waren. Der Dichter und Sänger *Homer* aus Kleinasien fasste im 8. Jh. in seiner *Ilias* und *Odyssee* zusammen, was diese Erzählungen von den griechischen Königen zwischen 1600 und 1200 v. Chr. überlieferten. In der „*Ilias*" erzählt er, wie die Götter in den Krieg der Griechen gegen Troia eingriffen. In der „*Odyssee*" berichtet er von den abenteuerlichen Irrfahrten des Odysseus nach der Eroberung Troias.

Dunkle Vorhersagen

Um den Willen der Götter zu erkunden, zogen die Griechen zu „Spruchstätten" (*Orakel*) und legten dort Priesterinnen und Priestern ihre Fragen vor. Diese gaben ihnen Rat in verschlüsselter Form. Ein Beispiel ist die Geschichte von König *Kroisos* aus Kleinasien. Er erhielt die Auskunft, er werde ein großes Reich zerstören, wenn er Persien angreife. Er tat es und zerstörte tatsächlich ein großes Reich – allerdings sein eigenes, da die Perser siegten!

1. *Nenne die Kräfte und Fähigkeiten, die Zeus (Abb. 1) zum obersten Gott der Griechen machten.*
2. *Informiere dich über weitere Heldentaten des Herakles (Abb. 2).*
3. *Vergleiche die griechische mit der ägyptischen Götterwelt. Lies dazu nochmals die Seiten 72 ff.*

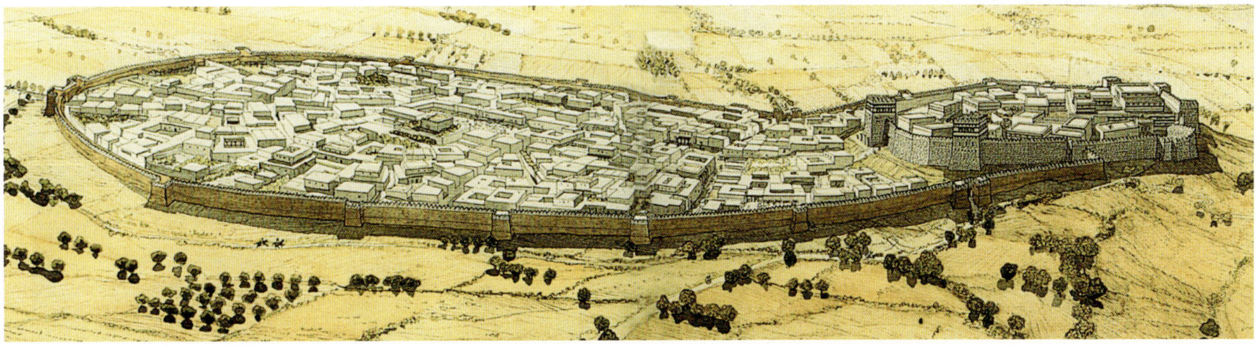

Schönheitswettbewerb mit Folgen

Wie der Mythos berichtet, stritten sich die Göttinnen *Hera*, *Athene* und *Aphrodite*, wer die Schönste sei. Paris, der Sohn des troianischen Königs *Priamos*, sollte die Frage beantworten. Er entschied sich für Aphrodite und überreichte ihr als Siegprämie einen Apfel. Zum Dank half sie ihm, *Helena* für sich zu gewinnen, die Königin von Sparta und angeblich schönste Frau auf Erden. Paris entführte Helena nach Troia. Damit zog er sich den Zorn des Königs *Menelaos* von Sparta zu. Die Spartaner zogen daraufhin mit den anderen Griechen gegen Troia.

Auf Homers Spuren

In seiner Erzählung „Ilias" aus dem 8. Jh. v. Chr. berichtet Homer, warum alle Helden Griechenlands nach Troia aufbrachen, wie sich die Götter in den zehnjährigen Krieg einmischten und wie die Stadt des Königs Priamos schließlich erobert wurde und in Flammen aufging.

Der deutsche Kaufmann *Heinrich Schliemann* nahm in den 1860er-Jahren Homers Sagen beim Wort. Er war besessen von dem Wunsch, die verschollenen Ruinen Troias in der heutigen Türkei zu finden und auszugraben. Zunächst folgte er ohne Erfolg den Ortsangaben der „Ilias". Bald schloss er sich Vermutungen anderer Forscher an und begann 1870/71 mit seinen Ausgrabungen. Dabei stieß er auf mächtige Mauern, die er für die Überreste des Palastes des Priamos hielt. Als er dort später noch einen Goldschatz fand, erklärte er diesen kurzerhand zum „Schatz des Priamos".

Schliemann ging bei seinen Grabungen rücksichtslos vor. Alles, was ihm wertlos erschien, ließ er wegwerfen. Spätere wissenschaftliche Grabungen brachten die Mauern mehrerer aufeinander errichteter Städte aus verschiedenen Epochen zutage. Ob eine davon der Schauplatz des von Homer geschilderten „Troianischen Krieges" war, konnte bis heute weder bewiesen noch widerlegt werden. Heute gehen Forscher davon aus, dass es im 12. und 13. Jh. v. Chr. nicht einen, sondern mehrere „troianische Kriege" gab, da die Griechen damals viele kriegerische Auseinandersetzungen führten. Und ob es je einen König Priamos gegeben hat, ist genauso unsicher – Sagen sind eben doch keine zuverlässige historische Quellen.

3 Das alte Troia, wie es Homer beschrieb.
Rekonstruktionszeichnung von Jean-Claude Golvin, 2003. Ganz rechts im Bild die Burganlage; dort standen der Palast des Königs und die Tempel.

4 Diadem aus dem „Schatz des Priamos".
Ein von Schliemann gefundenes Schmuckstück aus dem 16. Jh. v. Chr. (Rekonstruktion).
Wie ein Diadem getragen wurde, zeigt das Bild.

▶ ***Lesetipps:***
- *Christoph Haußner / Matthias Raidt, Rüya und der Traum von Troja, Hamm 2000*
- *Christoph Clasen, Der Fluch von Troja, Bindlach 2010*

1. *Informiere dich im Internet unter www.museums-portal-berlin.de/startseiteninhalte/neues-museum/die-silbergefaesse-aus-dem-schatz-des-priamos.html über den „Schatz des Priamos". Wo befindet er sich heute?*

2. *Suche weitere Informationen über Schliemann und halte in deinem Portfolio fest, wie wichtig er für unser Wissen über das alte Troia ist.*

M1 Die olympischen Götter im Troianischen Krieg.
Links die Götter aufseiten der Griechen, rechts die aufseiten der Troianer.

M2 Troias Untergang

In der Nacherzählung der „Ilias" und „Odyssee" von Walter Jens von 1958 heißt es über die List, mit der die Griechen Troia erobert haben:

[...] Schrecklich erging es den griechischen Helden, ehe Odysseus endlich den Plan fand, mit dessen Hilfe im zehnten Jahre das heilige Troia versank. Eilig zogen die Griechen sich nach Tenedos, einer benachbarten Insel, zurück. Nur ein riesiges hölzernes Pferd [...] und ein tapferer Mann namens Sinon blieben vor Troia zurück. Dieser Sinon, so war es geplant, sollte den Troern erzählen, das Pferd sei ein Weihgeschenk für die erzürnte Athene; er selbst aber, Sinon, wäre ein griechischer Flüchtling, ein grimmiger Feind des Odysseus.

Und so geschah es. Die Griechen verbrannten das Lager und zogen davon. Die Troer jubelten laut, öffneten dann die Tore der Stadt und zogen das Pferd hinauf zu dem großen Platz vor dem Königspalast auf der Burg [...]. Nur die Priesterin Kassandra und Laokoon, ein frommer Mann, durchschauten den Trug; doch keiner war bereit, den Klagen zu glauben [...]. Niemand aber bemerkte, dass sich im Bauch des Pferdes zwölf Männer versteckt hielten, die darauf warteten, dass Sinon ihnen das vereinbarte Zeichen gab.

Ilias und Odyssee, nacherzählt von Walter Jens, Ravensburg [23]2009, S. 39 und 50

▶ ***Lesetipps:***
- *Elke Böhr/Susanne Pfisterer-Haas, Odysseus. Ein archäologisches Kinderbuch, Mainz 2006*
- *Willi Fährmann, Das Feuer des Prometheus. Griechische Sagen neu erzählt, Würzburg 2004*
- *Homer, Die Odyssee, nacherzählt von Ulrich Karger, Stuttgart 2004*

M3 Troianisches Pferd.
Szenenbild aus dem Spielfilm „Troja" von 2004.

▶ ***Hörtipp:***
Griechische Sagen. Neu erzählt von Dimiter Inkiow, Dortmund 2005

▶ ***Internettipp:***
Einige von Gustav Schwab bearbeitete Sagen des Altertums findest du unter:
http://gutenberg.spiegel.de/buch/4962/1

1. *Informiert euch über die in M1 und M2 genannten Götter. Verfasst Kurzbeschreibungen.*
2. *Untersucht, was alle griechischen Götter mit den Menschen gemeinsam haben und was sie von ihnen unterscheidet.*
3. *Erzählt die Geschichte vom Untergang Troias zu Ende (M2).*

Feste für die Götter

1 **Eine Familie schreitet zum Opfer.**
Bemalte Holztafel (15 x 30 cm) aus Korinth, um 540 v. Chr. Vor dem Altar steht eine Frau; sie trägt auf dem Kopf einen Korb mit Gegenständen für das Opfer.

Nie nur Vergnügen

Die Griechen achteten die Götter. Alles, was sie allein oder in Gemeinschaft unternahmen, begannen sie mit Gebet und Opfer. Sie dankten ihren Göttern für ihre Hilfe oder versuchten, sie für die Zukunft günstig zu stimmen. Die Menschen opferten ihnen die ersten Früchte des Feldes oder die kräftigsten Tiere ihrer Herde und bauten ihnen prächtige Tempel. Regelmäßig veranstalteten die Griechen feierliche Umzüge, Tänze, Theateraufführungen und Wettkämpfe. Dabei gedachten sie der Toten und der gewonnenen Schlachten. Alle Feste waren Gottesdienste, nie nur Vergnügen.

Herrscher und Priester richteten die Feiern für ihre Polis aus. Sie boten den Stadtstaaten und den Bürgern Gelegenheit, Macht und Reichtum zu zeigen. Gleichzeitig dienten sie dem inneren Frieden, da die reichen Bürger die teuren Feste für alle bezahlten. So stärkten sie das Zusammengehörigkeitsgefühl der Bürger und den Stolz auf ihren Stadtstaat. Zudem versuchten Politiker, die Menschen durch prächtige Feste für sich zu gewinnen.

Das Geburtstagsfest der Athene

Die Athener feierten im 5. Jh. v. Chr. im Verlauf eines Jahres über 40 Feste. Das wichtigste und schönste waren die seit dem 6. Jh. v. Chr. alle vier Jahre im Sommer stattfindenden *Panathenäen*: die Geburtstagsfeste der Stadtgöttin und Schutzpatronin *Athene*. Auf dem Höhepunkt der viertägigen Feiern standen viele Menschen an der Heiligen Straße, auf der ein langer Umzug zur Akropolis führte.* An der Spitze gingen Priester und hohe Beamte, dahinter Mädchen, Opfertiere, Opferträger und Musiker. Mit Spannung wurde ein Wagen in Form eines Schiffes erwartet, an dessen Mast ein prächtiges neues Kleid für die Statue der Athene im Parthenon-Tempel** hing. Zum Fest gehörten sportliche und musikalische Wettbewerbe, später auch Theatervorstellungen. Den Abschluss bildete ein Essen, bei dem das Fleisch der Opfertiere verzehrt wurde.

*Welchen Weg er nahm, kannst du auf der Seite 108 erkennen.
**Eine Rekonstruktionszeichnung des Tempels findest du auf Seite 119.

1. *Beschreibe die dargestellte Szene (Abb. 1). Wie schritt man zum Altar? Was wurde geopfert?*
2. *Erläutere, weshalb die Feste der Griechen kein einfaches „Vergnügen" waren.*
3. *Vergleiche unsere Festtage mit denen der alten Griechen. Nenne Gemeinsamkeiten und Unterschiede.*
4. *Diskutiert die Bedeutung der öffentlichen Feiern für das Gemeinschaftsgefühl einer Gruppe.*

Spiele in Olympia

„Immer der Beste zu sein und die anderen zu übertreffen“, so beschrieb Homer das Bestreben der Griechen. Ihre Feste in Olympia, in Korinth, Delphi und anderen Städten und Heiligtümern zeigen das. In Olympia befanden sich Heiligtümer für Zeus und *Hera*, die „Königin der Götter“, die über das Leben der Frauen wachte und Mutterschaft, Geburt und Ehe schützte. Ihnen zu Ehren fanden seit etwa dem 11. Jh. v. Chr. regelmäßig religiöse Feste statt. Feiern mit Sportwettkämpfen sollen ab 776 v. Chr. alle vier Jahre veranstaltet worden sein. Doch der Beginn der „großen Olympien“ sowie der Zeitraum zwischen den Spielen sind umstritten. Heute gehen Historiker davon aus, dass erst seit dem 7. Jh. v. Chr. Athleten aus dem ganzen griechischen Siedlungsgebiet daran teilnahmen.

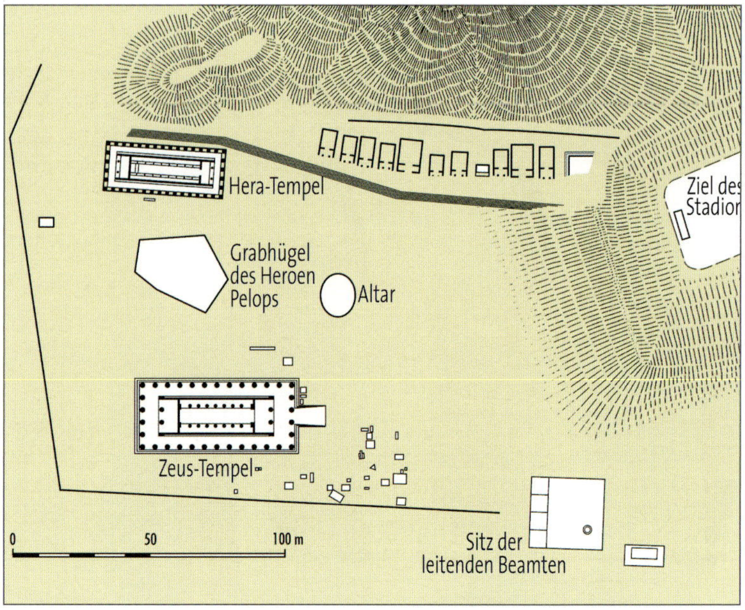

2 Olympia im 6./5. Jh. v. Chr., Grundriss.

■ *Untersuche den Grundriss, bestimme das Zentrum der Anlage und erkläre seine Bedeutung für die Spiele.*

Nicht nur Sport

Im Laufe ihrer tausendjährigen Geschichte änderten sich die Feiern. Aus einem Festtag wurden schließlich fünf Tage. Zum ursprünglichen Stadionlauf kamen Weitsprung, Diskuswerfen, Ringkampf und Wagenrennen hinzu. Außer Sportlern stritten Sänger und Dichter um Anerkennung und Preise.

Auch die Zahl und der Kreis der Teilnehmer änderten sich. Anfangs nahmen wohl nur Angehörige vornehmer Adelsgeschlechter weniger griechischer Städte teil, später kamen die Teilnehmer von überall.

Grundsätzlich durften bei den Spielen in Olympia nur wehrfähige Männer mitmachen, die Bürgerrechte besaßen. Verheiratete Frauen durften anders als Mädchen und Sklaven nicht einmal zuschauen.

„Olympischer Friede“?

„Das Fest des Zeus ist wiederum nahe, aller Streit soll ruhen, jeder Waffenlärm schweige! Frei mögen auf allen Land- und Wasserstraßen die Pilger heranziehen zu der gastlichen Schwelle des Zeus!“ Mit solchen Worten zogen alle vier Jahre die Boten Olympias aus, um zu den „großen Olympien“ einzuladen. Diese Botschaft führte nicht immer zur Einstellung aller Kriege in Griechenland, schützte aber die an- und abreisenden Teilnehmer.

Fair play?

Für sie stand viel auf dem Spiel. Daher ist es kaum verwunderlich, dass die Wettkämpfe nicht immer fair verliefen. Bei den Wagenrennen wurde so rücksichtslos gefahren, dass es zu tödlichen Unfällen kam. Auch Bestechung und Betrug müssen vorgekommen sein. Wir wissen das aus Strafbestimmungen, die ab dem 6. Jh. v. Chr. galten.

Ruhm und Unsterblichkeit

Wer bei den Wettkämpfen in Olympia gewann, erhielt einen „Kranz des Zeus“ aus den Zweigen des heiligen Ölbaumes. In der Heimat erwarteten den Olympiasieger weitere Auszeichnungen. In Athen bekam er um 600 v. Chr. eine Prämie von 500 Drachmen – ein Vermögen, denn ein Ochse kostete fünf Drachmen. Außerdem wurde der Sieger von Steuern und Abgaben befreit und durfte bis an sein Lebensende im Kreis der höchsten Würdenträger der Polis umsonst speisen. Darüber hinaus fertigten Künstler Statuen der Olympiasieger an, die auf öffentlichen Plätzen aufgestellt wurden. Dichter verfassten Verse, um die Sportler unsterblich und damit göttergleich zu machen.

3 Wettlauf.
Vasenmalerei, 6. Jh. v. Chr.

M1 Weitsprung damals.
Malerei auf einer Schale, um 480 v. Chr.
Die Weitspringer sprangen aus dem Stand und benutzten Sprunggewichte.

M2 Wagenrennen.
Vasenmalerei, um 400 v. Chr.
Nur Adlige und Reiche konnten sich Wagenrennen leisten. Sie nahmen an den Rennen meist nicht selbst teil, sondern überließen ihre Pferde und Fahrzeuge angeworbenen Wagenlenkern.
Die olympischen Ehren erhielten aber die Besitzer der Wagen. Aus diesem Grunde konnten im 4. und 3. Jh. v. Chr. auch zwei Frauen „Olympiasieger" werden.

M3 Höhepunkte der Olympischen Spiele

Im 5./4. Jh. v. Chr. verlaufen die Spiele in etwa wie folgt:
Erster Tag: Eröffnung und Eid aller Athleten (einschließlich ihrer Verwandten und Betreuer) vor der Statue des Zeus; Wettkämpfe der Knaben (12-18-Jährige): Wettlauf, Ringen und Faustkampf
Zweiter Tag: Wagenrennen der Vier- und Zweigespanne, Wettreiten, Fünfkampf (Diskuswerfen, Weitsprung, Speerwerfen, Laufen und Ringen); Totenopfer
Dritter Tag: Feierliche Prozession zum großen Altar des Zeus: Höhepunkt des Festes; danach Langlauf (rund 3 840 m), Stadionlauf (rund 192 m) und Doppellauf (rund 384 m)
Vierter Tag: Ringen, Faustkampf und Pankration (eine Art Catchen, bei dem Würgen, Treten und Beißen erlaubt waren) und zum Abschluss der Waffenlauf (rund 384 m mit einem bronzenen Schild am linken Arm)
Fünfter Tag: Siegerehrung, Dankopfer und Festessen

Ludwig Drees, Olympia. Götter, Künstler und Athleten, Stuttgart 1967, S. 77 ff. (vereinfacht)

M4 Weitsprung heute.
Foto von 2005.

M5 Die erste Olympiasiegerin im Tennis.
Charlotte Cooper aus England, Foto von 1900.
Die ersten Olympischen Spiele der Neuzeit fanden 1896 in Athen statt. Erst 1900 erhielten sechs Frauen aus vier Ländern die Erlaubnis, an den Olympischen Spielen in Paris teilzunehmen. Ihre Teilnahme beschränkte sich auf Sportarten wie Tennis und Golf.

▶ ***Lesetipps:***
- *Katherine Roberts, Gefahr für Olympia, München 2007*
- *Jörg Wimmert u.a., Die Olympischen Spiele, Nürnberg 2008*

▶ ***Internettipp:***
Informationen über die Olympischen Spiele findest du unter www.sportmuseum.info

1. *Vergleiche den antiken mit dem modernen Weitsprung (M1 und M4). Prüfe, welche Auswirkungen die Gewichte beim Weitsprung (M2) gehabt haben. Informiere dich im Sportunterricht.*
2. *Erkläre, warum die Olympischen Spiele für alle Hellenen so wichtig waren (M3 und Lehrbuchtext).*
3. *Vergleiche die antiken mit den modernen Olympischen Spielen. Berücksichtige die Disziplinen, den Ablauf und die Dauer sowie die Austragungsorte, die Teilnahmebedingungen sowie die Bedeutung. Nutze die Materialien (M1 bis M5) und die Lese- und Internettipps. Halte deine Ergebnisse in deinem Portfolio fest.*

Auswanderung und Kolonisation

1 Wo die Griechen sich niederließen (750-550 v. Chr.).

Auf der Suche nach einer neuen Heimat

Seit dem 8. Jh. v. Chr. verließen zahlreiche Griechen ihre Heimat. Sie zogen übers Meer, um an den Küsten des westlichen Mittelmeeres und des Schwarzen Meeres neue Siedlungen zu gründen. Da dies mit Landnahme verbunden war, wird diese Entwicklung auch als Kolonisation (von. lat. *colere*: Land bebauen) bezeichnet.

2 Griechischer Tempel in Kyrene (Nordafrika).
Foto von Robert Polidori, um 1998.
Schon im 6. Jh. v. Chr. hatten Griechen in Kyrene einen Tempel errichtet. Das hier abgebildete Heiligtum entstand zwischen 500 und 480 v. Chr.

Ursachen und Folgen

Die Ursachen für diese Wanderungsbewegung (*Migration*) waren vielfältig. Einerseits trugen Naturkatastrophen, Bevölkerungswachstum, Kriege, Streitigkeiten zwischen den führenden Familien, Armut und Hunger dazu bei, dass die Menschen auswanderten, andererseits lockten Land, Gewinn versprechender Handel oder reine Abenteuerlust die Griechen in die Fremde. In der Regel gründeten die Auswanderer „Tochterstädte" und blieben mit ihren griechischen „Mutterstädten" in Verbindung.
Die Kolonisation trug nicht nur zum inneren Frieden in vielen Poleis bei, sondern förderte auch Seefahrt, Schiffbau und Handel. Bald erhielt man überall in der damals bekannten Welt griechische Töpferwaren im Tausch gegen Getreide und andere Rohstoffe.

1. *Das Ergebnis der griechischen Expansion des 8. und 7. Jh. fasste der Philosoph Platon im 4. Jh. v. Chr. in einem witzigen Bild zusammen: Die Griechen säßen um das Mittelmeer wie die Frösche und Ameisen um einen Teich. Erkläre den Vergleich. Nutze dazu auch die Karte (Abb. 1).*
2. *Stelle mit der Karte (Abb. 1) und einer aktuellen Europakarte fest, in welchen Staaten Überreste aus der Zeit der griechischen Auswanderung zu finden sind.*
3. *Informiert euch über die Gründe, die heute dazu führen, dass Menschen ihre Heimat verlassen. Vergleicht diese mit denen der alten Griechen.*

M1 Wie Kyrene gegründet wird

Die folgende Erzählung beschreibt, wie im 7. Jh. v. Chr. die Kolonie Kyrene in Nordafrika gegründet wird. Die Vorlage für diese Geschichte hat der Grieche Herodot im 5. Jh. v. Chr. verfasst. Ihm verdanken wir das erste uns erhaltene Geschichtsbuch.

Eigentlich hatte er sich ja vorgestellt, seinen Lebensabend wie alle seine Vorfahren verbringen zu können: an dem Ort, an dem er geboren worden war; und auf dem Familienbesitz. Doch stattdessen saß er nun nicht am Strand von Thera*, sondern weit entfernt an der Küste Nordafrikas. Angefangen hatte alles vor vielen Jahren: Durch das Orakel in Delphi hatte der Gott Apollon den Abgesandten seiner Heimatinsel Thera aus heiterem Himmel den Rat gegeben, auszuwandern und eine neue Stadt in Libyen zu gründen. Doch da sie etwas ganz anderes gefragt hatten und gar nicht wussten, wo Libyen lag, beachteten sie den Orakelspruch nicht weiter und hatten ihn bald darauf auch vergessen. Wozu sollten sie auch ohne Grund ihre Heimat verlassen und in ein völlig unbekanntes Land ziehen?

Und dann blieb der Regen sieben ganze Jahre aus, die Äcker verdorrten und vielen drohte der Hungertod. Jetzt erkannten sie den Sinn des Orakelspruchs. Da aber trotzdem niemand freiwillig gehen wollte, wurde festgelegt, dass auf der ganzen Insel immer je einer von zwei Brüdern durch das Los für die Auswanderung bestimmt werden sollte. Damals traf das Los ihn, sein Bruder konnte bleiben. Die Erinnerung an den Abschied von seinen Eltern und Verwandten schmerzte ihn heute noch. Aber was half es. Nach einigen langen und traurigen Tagen auf See erblickten sie die Küste einer Insel vor sich. Es war ihnen ganz recht, dass ihr Anführer sie an Land schickte, um dort eine Siedlung zu gründen, und es war ihnen auch ganz egal, ob das nun schon Libyen war oder nicht. Sie wollten nichts anderes, als eine neue Heimat finden.

Doch nichts gelang ihnen dort, und bald ging es ihnen genauso schlecht wie in ihrer alten Heimat. Alle waren gereizt und unzufrieden und alle hatten Heimweh. Daher kümmerten sie sich auch nicht um den neuen Orakelspruch aus Delphi, der ihnen jetzt schon zum dritten Mal empfahl, nach Libyen weiterzusegeln, und ihnen dort ein gutes Leben versprach. Im Gegenteil, sie setzten die Segel und kehrten nach Thera zurück. Dort wurden sie allerdings nicht wie erwartet herzlich willkommen geheißen, sondern wie fremde Eindringlinge beschossen. Notgedrungen fuhren sie also wieder ab. Doch erst nach weiteren zwei Jahren und einem erfolglosen Zwischenaufenthalt auf Platea, einer Insel vor der Küste Libyens, erkannten sie, dass es besser war, endlich dem Hinweis Apollons zu folgen und sich in Libyen niederzulassen. Dort fanden sie Platz für eine Siedlung und Nahrung. Nach sechs Jahren zeigten ihnen Einheimische einen noch besseren Platz, wo sie schließlich mit neuem Mut ihre Stadt Kyrene gründeten.

Das war nun auch schon wieder Jahre her. Und wenn er sich umsah, fühlte er sich beinahe zu Hause hier in seiner neuen Heimat. Häuser und Tempel, Hafenanlage, Gassen und Felder unterschieden sich kaum von denen in der alten Heimat. Zwar hatte er das Bürgerrecht Theras verloren, dafür aber war er nun Bürger der aufstrebenden Stadt Kyrene, die inzwischen gute Beziehungen zur Mutterstadt unterhielt. Und wenn er es sich genau überlegte, dann ging es ihm als Händler hier an der nordafrikanischen Küste besser als auf Thera. Vielleicht hatte die ganze Sache also auch ihr Gutes.

Herodot, Historien IV, 150 ff. (nacherzählt von Dieter Brückner)

*Thera: *heute Santorin; siehe die Karten auf Seite 91 und 98.*

M2 Befragung der Pythia in Delphi.
Malerei auf einer Schale, um 430 v. Chr.
Viele Poleis bemühten sich um einen Rat des Orakels von Delphi. Dort verehrten die Griechen Apollon, den Gott des Lichtes, der Musik, der Dichtung und der Heilkunst. Er konnte das Dunkel der Zukunft durchdringen. Dabei half ihm die Priesterin Pythia. Sie soll auf einem goldenen Dreifuß über einem Erdspalt, dem berauschende Düfte entströmten, gesessen und unverständliche Worte gemurmelt haben. Die anwesenden Priester deuteten ihre Sprüche für die Ratsuchenden.

1. *Gib die in M1 genannten Gründe für die Auswanderung wieder.*
2. *Beschreibe mit eigenen Worten, auf welchem Weg die Auswanderer von Thera nach Kyrene kamen (M1). Nutze dazu auch die Karte auf Seite 91.*
3. *Erläutere die Bedeutung des Orakels für die Griechen (M1, M2 und Text auf Seite 92). Was war das Besondere an den Orakelsprüchen?*

1 Handelsschiff.
Vasenmalerei, um 510 v. Chr.

Phönizisches Alphabet ca. 1000 v. Chr.	Bedeutung	Griechisches Alphabet ca. 800 v. Chr.	Bedeutung	Lateinisches Alphabet ca. 500 v. Chr.
𐤀	’	A	A(lpha)	A
𐤁	b	B	B(eta)	B
𐤃	d	Δ	D(elta)	D
𐤄	h	E	E(psilon)	E
𐤊	k	K	K(appa)	K
𐤌	m	M	M(y)	M
𐤍	n	N	N(y)	N
𐤓	r	P	R(ho)	R
𐤔	š	Σ	S(igma)	S
𐤅	u	Y	Y(psilon)	Y
–	–	Ω	O(mega)	O

2 Die Entwicklung des Alphabets.

3 Münze aus Kleinasien, um 600 v. Chr.
Abgebildet ist das heilige Tier einer Gottheit: ein Damhirsch. Münzen gehören wegen der Abbildungen und Beschriftungen zu den wichtigsten historischen Quellen.

Begegnung mit anderen Kulturen

Ein- und Auswanderung sowie der Fernhandel förderten die Begegnung der Hellenen mit anderen Kulturen. Um die Mitte des 2. Jt. v. Chr. wurden Metalle und Luxusgegenstände aus Ägypten, Syrien, Kleinasien und Sizilien nach Griechenland eingeführt. Griechische Keramik, Textilien und Nahrungsmittel waren im Ausland begehrt. Über den Handel lernten die Griechen die Schrift der Phönizier, aus der sie im 9. Jh. v. Chr. ihr *Alphabet* entwickelten.

Nach dem Vorbild der Lyder aus Kleinasien prägten die Griechen seit dem 7. Jh. v. Chr. Münzen. Die Geldwirtschaft löste den Tauschhandel ab.

Die Griechen übernahmen von den Kretern, Phöniziern, Babyloniern, Persern und Ägyptern wichtige Anregungen für ihre Religion, Kunst, Dichtung und Wissenschaft. Dieser Kulturaustausch hinderte die Griechen nicht daran, alle Menschen mit einer für sie fremden Sprache, Religion und Lebensweise *Barbaren* zu nennen. Sie haben diesen Begriff seit dem 6. Jh. v. Chr. verwendet, weil die Sprache der Fremden in ihren Ohren so unverständlich wie „barbar“ klang. Anfangs war das nicht böse gemeint, später aber sahen sie die Kultur der „Barbaren“ als minderwertig an. So machten sie im Krieg besiegte Fremde ganz selbstverständlich zu Sklaven.*

**Zur Sklaverei lies Seite 113.*

1. *Im Gegensatz zu Malereien auf Stein, Holz und Verputz blieben Bilder auf Keramiken erhalten (vgl. Abb. 1). Nenne Gründe dafür, warum das so ist.*
2. *In dem gesamten Kapitel über Griechenland findest du zahlreiche Bilder, die wie Abb. 1 auf Keramikfunde zurückgehen. Stelle fest, was dargestellt ist, und erstelle eine Übersicht (Tabelle), in der du die Abbildungen nach Themen wie Mythologie, Wirtschaft und Alltag ordnest. Erläutere, warum diese Bilder wichtige Quellen für die griechische Geschichte sind. Nimm deine Übersicht und Erklärung in dein Portfolio auf.*
3. *Erläutere, worauf das Wort „Alphabet“ zurückgeht (Abb. 2).*
4. *Die „Hellenen“ begegneten vielen Völkern. Uns ergeht es heute ebenso. Teilt die Klasse in Gruppen auf; jede Gruppe steht für ein Land (Italien, Türkei, USA, Japan und England). Findet heraus, was wir aus diesen Ländern übernommen haben. Präsentiert das Ergebnis in der Klasse.*

Herodot auf Weltreise

Fremd, aber nützlich

Wer als Händler, Handwerker, Gesandter, Soldat oder Pilger weit herumkam, berichtete den Daheimgebliebenen; manchmal übertrieb er dabei oder mischte Fantasie mit Wirklichkeit. Interesse fand vor allem das, was an den anderen Ländern, Völkern und Kulturen im Vergleich zur eigenen ungewöhnlich erschien – wie das Bauen mit Ziegeln, das Zimmermannshandwerk, der Schiffsbau oder fremde Zahlen und Schriften.

Am auffälligsten war, dass andere Menschen eigene Sprachen benutzten. Manche Sitten und Gebräuche wurden belächelt oder als überheblich abgelehnt. Die Griechen waren überzeugt, alle Nichthellenen seien kulturlose „Barbaren". Führte man Krieg gegen Fremde, konnte es leicht geschehen, dass „fremd" mit „gefährlich" und „feindlich" gleichgesetzt wurde.

Von den Fremden ließ sich aber auch manches lernen. So hatte man in Griechenland durch Leute, die in Ägypten waren, von riesigen Bauwerken in den Heiligtümern erfahren. Daraufhin wollten auch die Griechen zu Ehren ihrer Götter große Gebäude errichten – jene Tempel, die wir bis heute mit der Kultur der Antike verbinden.

Die Griechen waren Meister, wenn es darum ging, Nützliches und Schönes von anderen Völkern zu übernehmen.*

Herodot – der erste Reporter der Welt?

Der Grieche *Herodot* war für seine Zeit ungewöhnlich weit gereist. Er stammte aus Halikarnassos in Kleinasien (heute Bodrum in der Türkei), das damals unter persischer Herrschaft stand. Sein Lebensweg führte ihn auch nach Athen, wo er bekannte Politiker und Dichter kennenlernte. In Süditalien beteiligte er sich an der Gründung der Kolonie Thurii am Golf von Tarentum. Er starb dort um 424 v. Chr. im Alter von etwa 61 Jahren.

Herodot bereiste den gesamten griechischen Siedlungsraum, kam bis in die heutige Ukraine und erkundete in Ägypten den Lauf des Nils; nach Persien gelangte er nicht. Seine Erfahrungen mit fremden Ländern, Menschen und Lebensweisen hat er mit seinen Gedanken zur Geschichte und Kultur dieser Völker in Berichten zusammengefasst. Er beschreibt die Sitten und Bräuche der Nichtgriechen meist sachlich und erkennt die Überlegenheit älterer Kulturen wie die der Ägypter an. Seine „Historien" sind auch eine der wichtigsten Quellen über die Perserkriege.**

Schon in der Antike galt Herodot nicht nur als erster Historiker („Vater der Geschichtsschreibung"), sondern auch als erster Geschichtenerzähler. Vergleichbare Geschichtswerke aus Ägypten oder Persien gibt es nicht.

*Lies dazu auch die Seiten 116 f.
**Siehe Seite 105 f.

1 Herodot von Halikarnassos. *Römische Porträtbüste aus Marmor (33,5 cm hoch), 2. Jh. n. Chr.*

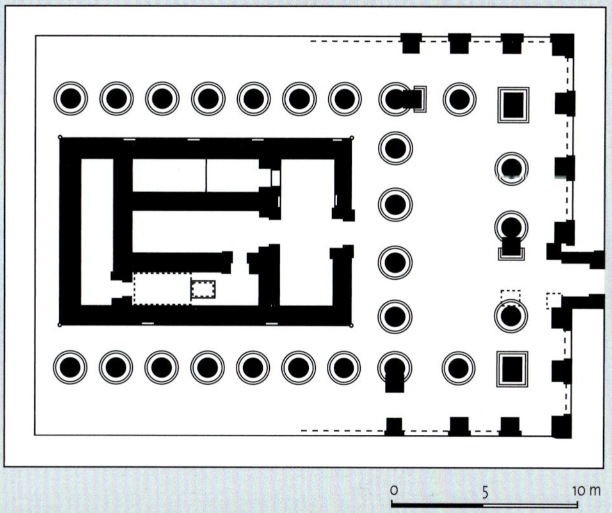

2 Horus-Tempel in Buhen (Oberägypten).
Grundriss des Tempels.
Die Anlage entstand zur Zeit der Hatschepsut, 1490 - 1468 v. Chr.

■ *Vergleiche den Grundriss mit dem des Parthenon-Tempels auf Seite 118.*

3 Persischer Prunkwagen.
Das Modell aus Gold ist 18,8 cm lang und stammt aus einem altpersischen Tempelschatz, 7.-4. Jh. v. Chr.
Das Aussehen des Wagens entspricht dem Alexander-Mosaik (siehe M 1, Seite 124).

M1 **Wie reist Herodot?**

Für den polnischen Journalisten Ryszard Kapuscinski ist Herodot ein „Vollblutreporter". Seine Arbeitsweise stellt er sich so vor:

Er reist, schaut, unterhält sich, hört zu, um später zu notieren, was er erfahren und gesehen hat, oder um sich einfach etwas einzuprägen.

Wie reist er? Wenn auf dem Landweg – dann zu Pferd, auf dem Esel oder Maultier, meist jedoch zu Fuß, und wenn auf dem Wasser – auf einem Kahn oder einem Schiff.

Ist er auf seinen Reisen allein, oder führt er einen Sklaven mit sich? Das wissen wir nicht, doch damals hatte jeder, der es sich leisten konnte, einen Sklaven dabei. Der Sklave trug das Gepäck, einen Flaschenkürbis mit Wasser, einen Korb mit Lebensmitteln, Schreibutensilien – eine Rolle Papyrus, Tontäfelchen, Pinsel, Griffel, Tinte. [...]

Neben dem Sklaven mietete man für eine Reise auch einen Führer und einen Dolmetscher. Die Reisegesellschaft Herodots dürfte also neben ihm noch mindestens drei Personen umfasst haben. Doch für gewöhnlich schlossen sich auch noch andere Wanderer an, die denselben Weg hatten.

Ryszard Kapuscinski, Meine Reise mit Herodot, Frankfurt am Main 2006, S. 136 f.

M2 **Die Ägypter sind anders**

Herodot berichtet:

Wie der Himmel in Ägypten anders aussieht als anderswo [...], so haben die Ägypter auch ganz andere Sitten und Gewohnheiten als andere Menschen. So gehen bei ihnen die Frauen auf den Markt und treiben Kramhandel, während die Männer zu Hause bleiben und weben. [...] Lasten tragen die Männer auf dem Kopfe, die Frauen auf den Schultern. [...] Frauen versehen niemals Priesterdienste, weder bei Göttern noch bei Göttinnen, Männer dagegen bei allen beiden. [...]

Andere Leute leben nicht mit ihrem Vieh zusammen, die Ägypter leben mit ihm unter einem Dache. [...] Jeder Mann hat zwei Kleider, die Frau aber nur eins. [...] Die Griechen schreiben und rechnen von links nach rechts, die Ägypter dagegen von rechts nach links, und trotzdem sagen sie, sie schreiben nach rechts und die Griechen nach links. [...]

Herodot, Historien II, 35 f.; zitiert nach: Das Geschichtsbuch des Herodot von Halikarnassos. Aus dem Griechischen von Theodor Braun, Frankfurt am Main 2001 (vereinfacht)

M3 **Über die Perser**

Herodot schreibt über die Sitten und Lebensweisen der Perser:

Als höchster Festtag gilt bei ihnen der Geburtstag. Da gehört es sich, reichlicher aufzutischen als gewöhnlich. Die Reichen lassen ganze Ochsen, Pferde, Esel und Kamele im Ofen braten und auftragen, die Armen aber begnügen sich mit kleineren Tieren. Bei Tisch gibt es bei ihnen nur wenig Gerichte, desto mehr aber werden beim Nachtisch nacheinander aufgetragen. Deshalb sagen die Perser auch, die Griechen stünden hungrig vom Tisch auf, weil es bei ihnen keinen ordentlichen Nachtisch gäbe; wenn man ihnen mehr vorsetzte, würden sie es sich schon schmecken lassen. [...]

Beim Wein aber pflegen sie die wichtigsten Dinge zu beraten, und was sie da beschlossen haben, das trägt ihnen der Hausherr, bei dem die Beratung gepflogen, am anderen Tage, wenn sie wieder nüchtern sind, nochmals vor. Sind sie dann auch nüchtern damit einverstanden, so bleibt es dabei, sonst aber geben sie es auf. Aber auch, was sie zuerst nüchtern beschlossen haben, wird nachher in der Trunkenheit nochmals besprochen.

Herodot, Historien I, 133; zitiert nach: Das Geschichtsbuch des Herodot von Halikarnassos, a. a. O.

M4 **Verbrüderungsszene.**
Goldenes Zierplättchen (5 x 3,7 cm) aus einem skythischen Fürstengrab, 2. Hälfte des 4. Jh.

M5 **Verbrüdungsszene bei den Skythen**

Von den Skythen berichtet Herodot:*

Wenn Skythen mit jemand, wer es auch sei, einen Bund schließen wollen, gießen sie Wein in ein großes irdenes Gefäß und vermischen damit Blut derer, die ihn schließen, indem sie sich mit einer Schusterahle stechen oder sich mit einem Messer eine kleine Wunde beibringen. Darauf tauchen sie einen Säbel, eine Streitaxt, einen Wurfspieß und Pfeile in das Gefäß und sprechen ein langes Gebet. Danach trinken sie alle daraus, sowohl die, welche den Bund schließen, wie auch ihre nächsten Freunde.

Herodot, Historien IV, 70; zitiert nach: Das Geschichtsbuch des Herodot von Halikarnassos, a. a. O.

***Skythen**: *Sammelbegriff für eine Vielzahl von Völkern, die ab dem 9. Jh. v. Chr. von Südsibirien bis an die Grenze Nordchinas lebten. Es handelte sich um wandernde Reitervölker, die schrittweise Richtung Westen bis an die mittlere Donau zogen.*

1. *Vergleiche Herodots Reisebedingungen mit denen von heute (M1).*
2. *Gib wieder, was Herodot in Ägypten auffällt (M2). Schildere, was einem Ägypter möglicherweise in Griechenland auffallen würde.*
3. *Erkläre, warum Herodots Informationen für die Griechen interessant waren (M3).*
4. *Vergleiche das skythische Kunstwerk (M4) mit Herodots Ausführungen (M5).*

Sparta – ein Soldatenstaat?

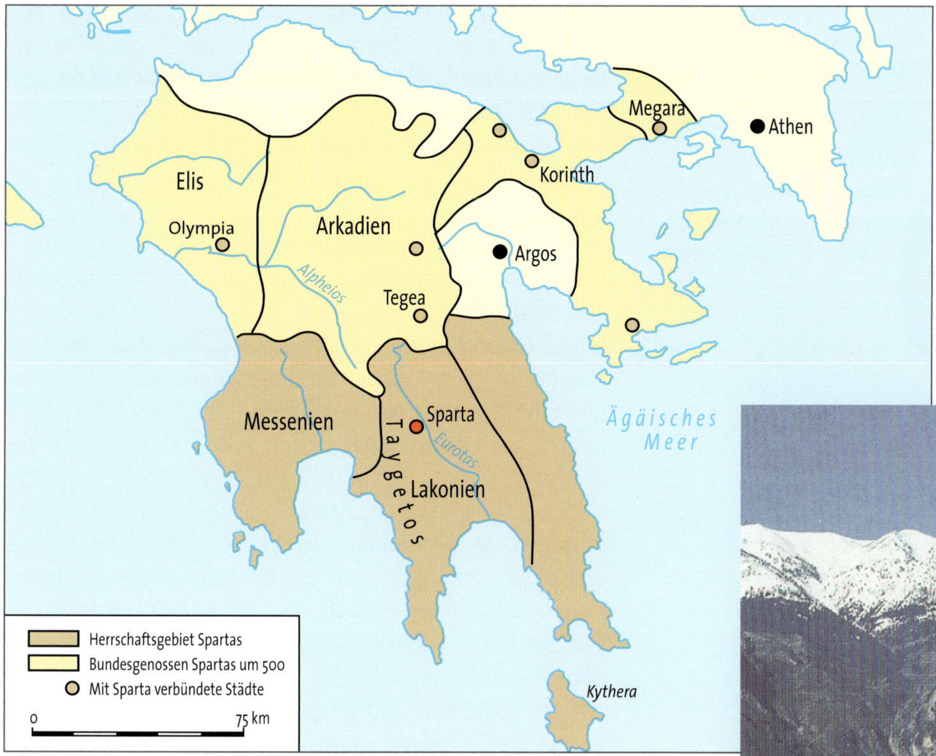

1 Peloponnes.

2 Das Taygetosgebirge.
Foto, um 1920.
Das Gebirge trennt Lakonien von Messenien.
Im Vordergrund die fruchtbare Ebene von Sparta.

Eroberer auf dem Peloponnes

Nach 1000 v. Chr. gründeten die *Dorer* (dt. Speerleute) im fruchtbaren Tal des Eurotas fünf Dörfer. Aus ihnen entwickelte sich der Staat Sparta, an dessen Spitze seit dem 7. Jh. v. Chr. zwei Könige standen. Als die Bevölkerung wuchs und das Land knapp wurde, eroberten die Spartaner das fruchtbare Messenien jenseits des Taygetosgebirges. Das neue Land teilten sie gleichmäßig unter sich auf. Die Bevölkerung machten sie zu Staatssklaven (*Heloten*). Diese hatten keine Rechte, mussten das Land bewirtschaften und Abgaben leisten. Die Nachkommen der besiegten Bewohner des Eurotastales, die nicht versklavt worden waren, nannten sie *Periöken* (dt. Umwohner). Sie zahlten Steuern und dienten im Heer, hatten jedoch keine Mitspracherechte.

Siege haben ihren Preis

Die Eroberer mussten ständig mit dem Widerstand der Heloten rechnen. Sie taten daher alles, um unbesiegbar zu bleiben – und lebten „spartanisch". Die rund 6000 waffenfähigen Männer, die *Spartiaten*, wohnten dauernd getrennt von ihren Familien in Tisch- und Zeltgemeinschaften wie im Krieg. Es war ihnen verboten, auf dem Feld zu arbeiten, Handel zu treiben oder einen Beruf auszuüben.
Die spartanische Erziehung war streng. Die Jungen kamen in Lager und wurden für den Krieg gedrillt. Mädchen mussten Sport treiben. Man glaubte, nur kräftige Frauen könnten gesunde Kinder zur Welt bringen.

Ohne Frauen läuft nichts

Die Spartanerinnen verwalteten das Landgut der Familie und beaufsichtigten die Heloten. Die Männer waren davon abhängig, dass ihre Frauen gut wirtschafteten, denn ein Spartiat, der nichts zum Unterhalt seiner Tischgemeinschaft beitrug, verlor seine Rechte.

M1 Spartanischer Krieger.
Etwa 13 cm hohe Figur, die Teil eines Bronzegefäßes ist, das um 530 v. Chr. entstand. Auf dem Schlachtfeld sollen die Spartiaten rote Hemden getragen haben, damit das Blut nicht zu sehen war. Im Gegensatz zu den anderen Griechen trugen sie lange Haare.

M2 Spartanisches Mädchen.
12 cm hohe Bronzefigur, um 530 v. Chr. Laufen, Ringen, Diskus- und Speerwerfen gehörten zu den von Mädchen ausgeübten Sportarten.

M3 Spartanische Erziehung

Der griechische Schriftsteller Plutarch verfasst Anfang des 2. Jh. n. Chr. eine Lebensbeschreibung des sagenhaften spartanischen Gesetzgebers Lykurg, der im 7. Jh. v. Chr. geherrscht haben soll. Plutarch beschreibt darin auch die spartanische Erziehung:

Die Erziehung hielt er [Lykurg] für die größte und wichtigste Aufgabe des Gesetzgebers. Er ließ die Körper der Mädchen durch Laufen, Ringen, Diskus- und Speerwerfen kräftigen, damit sie gesunde Kinder zur Welt bringen [...]. Weichlichkeit, Verzärtelung und alles weibische Wesen verbannte er.

Mädchen und Jungen gewöhnte er daran, nackt Sport zu treiben. [...] Die Jungen der Spartaner aber gab Lykurg nicht in die Hände von gekauften oder gemieteten Pädagogen, noch durfte jeder seinen Sohn halten und aufziehen, wie er wollte, sondern er nahm selbst alle, sobald sie sieben Jahre alt waren, zu sich und teilte sie in „Horden", in denen sie miteinander aufwuchsen, erzogen und gewöhnt wurden, beim Spiel wie bei ernster Beschäftigung immer beisammen zu sein. Als Führer der „Horde" wählten sie sich denjenigen, der sich durch Klugheit und Kampfesmut auszeichnete. Auf ihn blickten sie, hörten auf seine Befehle und unterwarfen sich seinen Strafen, sodass die Erziehung wesentlich in der Übung im Gehorsam bestand. [...] Lesen und Schreiben lernten sie nur so viel, wie sie brauchten; die ganze übrige Erziehung war darauf gerichtet, dass sie pünktlich gehorchen, Strapazen ertragen und im Kampfe siegen lernten. [...] Man lehrte die Jungen ferner, bei ihren Reden Schärfe mit Witz zu verbinden und einen vollgültigen Gedanken in die kürzeste Form zu kleiden. [...]

Indes die Erziehung im Gesang und in der Musik wurde nicht weniger eifrig betrieben als die Bemühung um gutes und klares Reden. Ihre Liedweisen enthielten etwas den Mut Entflammendes und begeisternden Tatendrang Erweckendes, und der Text war einfach und ungekünstelt bei sittlich erhabenem Inhalt. Es waren zumeist Lobgesänge, in denen die für Sparta Gefallenen glücklich gepriesen wurden, Hohngesänge auf die Feiglinge, was für ein erbärmliches, unglückseliges Leben sie führten. [...]

Die spartanische Erziehung erstreckte sich bis auf die Erwachsenen. Keinem stand es frei, zu leben, wie er wollte, sondern sie lebten in der Stadt wie in einem Feldlager [...].

Walter Arend (Bearb.), Altertum. Alter Orient – Hellas – Rom. Geschichte in Quellen, München [3]1978, S. 143 f. (sprachlich leicht verändert)

1. *Arbeite aus der Beschreibung Plutarchs (M3) heraus, welche Ziele die Erziehung der Mädchen und der Jungen in Sparta hatte.*
2. *Wie wir heute wissen, wollte Plutarch mit seiner Darstellung (M3) vor allem den Unterschied zwischen Sparta und Athen hervorheben. Welche Haltung hatte Plutarch wohl zur spartanischen Erziehung? Begründe deine Vermutungen am Text.*
3. *Stelle dir vor, du lebst im antiken Sparta: Was würde dir gefallen, was nicht? Begründe deine Entscheidung.*

Griechen kämpfen gegen Perser

1 Der persische Großkönig Dareios I. empfängt eine Gesandtschaft.
Ausschnitt eines etwa 6,00 m langen und 4,50 m hohen Reliefs von der Nordtreppe des Thronsaales in Persepolis (die Stadt liegt im Süden des heutigen Iran), 5. Jh. v. Chr.
Auf dem Thron sitzt Dareios I. (521-485 v. Chr.).
Der Hofmarschall, der wichtigste Beamte des Staates, begrüßt den Herrscher. In der Mitte stehen Räuchergefäße.
■ *Beschreibe die „Stellung" des Großkönigs.*

Großkönige herrschen
Um 490 v. Chr. erschienen in den Stadtstaaten Griechenlands Boten des persischen Großkönigs *Dareios I.* und forderten Erde und Wasser zum Zeichen der Unterwerfung. Wie kam es dazu?
Um diese Zeit beherrschte Dareios weite Teile Vorderasiens und Ägyptens. Er und seine Vorfahren hatten mit einer großen Armee und ihren gefürchteten Bogenschützen ein Reich erobert. Sie sahen sich als „Könige der Könige" (*Großkönige*) und „Herrscher der Welt".
Für die Verwaltung ihres Reiches hatten sie eine neue Methode entwickelt. Sie teilten es in 20 Provinzen (*Satrapien*) auf, an deren Spitze ein Stellvertreter des Großkönigs stand. Die Bewohner mussten Abgaben leisten, durften aber meist ihre Religion und Kultur behalten und frei wirtschaften.

Gemeinsam gegen die Perser
Um 500 v. Chr. lehnten sich einige Städte Kleinasiens gegen die persische Herrschaft auf: Sie stürzten ihre Stadtherren, schlossen sich zusammen und baten Athen und andere Poleis um Hilfe. 498 setzten sie die Stadt Sardes in Lydien in Brand. Um den Aufstand einzudämmen, zerstörten die Perser Milet und andere Orte. Nun kam es zum Krieg der Griechen gegen die Perser.
Das große persische Heer scheiterte in zwei Feldzügen. 490 v. Chr. siegten die Athener unter *Miltiades* bei Marathon.* Zehn Jahre später kehrten die Perser zurück, um den Misserfolg zu rächen. Doch inzwischen hatten die Athener eine schlagkräftige Kriegsflotte aufgebaut und ein Bündnis mit Sparta und anderen Stadtstaaten geschlossen. Die Perser konnten zwar Athen zerstören und die Tempel in Brand stecken, aber sie scheiterten in der *Seeschlacht von Salamis* (480 v. Chr.) an der Athener Flotte. Ein Jahr später wurden die Perser in der *Landschlacht bei Plataiai* von den Griechen geschlagen. Um gegen künftige Angriffe gerüstet zu sein, gründete Athen 478/477 v. Chr. den *Attisch-Delischen Seebund*, dem die meisten Poleis in der Ägäis beitraten.

Überheblichkeit?
Die Griechen wussten auch nach den Kriegen nicht viel über die Perser. Doch die Erinnerung an die Bedrohung, an den Krieg und den eigenen Sieg blieb lebendig. So kam es, dass schon bald alles, was mit den Persern zusammenhing, als schlecht galt: Ihre Religionen wurden als Aberglaube belächelt. Auf ihre Lebensweise blickten die Griechen herab. Die große Macht der Großkönige deuteten sie als Gewaltherrschaft, der sich die Untertanen mit verachtungswürdiger „Unterwürfigkeit" beugten.

**Ein Läufer soll die Siegesnachricht nach Athen gebracht haben und dann tot zusammengebrochen sein. Auf diese quellenmäßig ungesicherte Erzählung geht der längste Wettbewerb der Leichtathleten zurück: der Marathonlauf. Die Strecke von 42,196 km, die heute gelaufen wird, ist nicht die genaue Entfernung zwischen Marathon und Athen, sondern die zwischen Windsor und London; sie wurde 1908 festgelegt.*

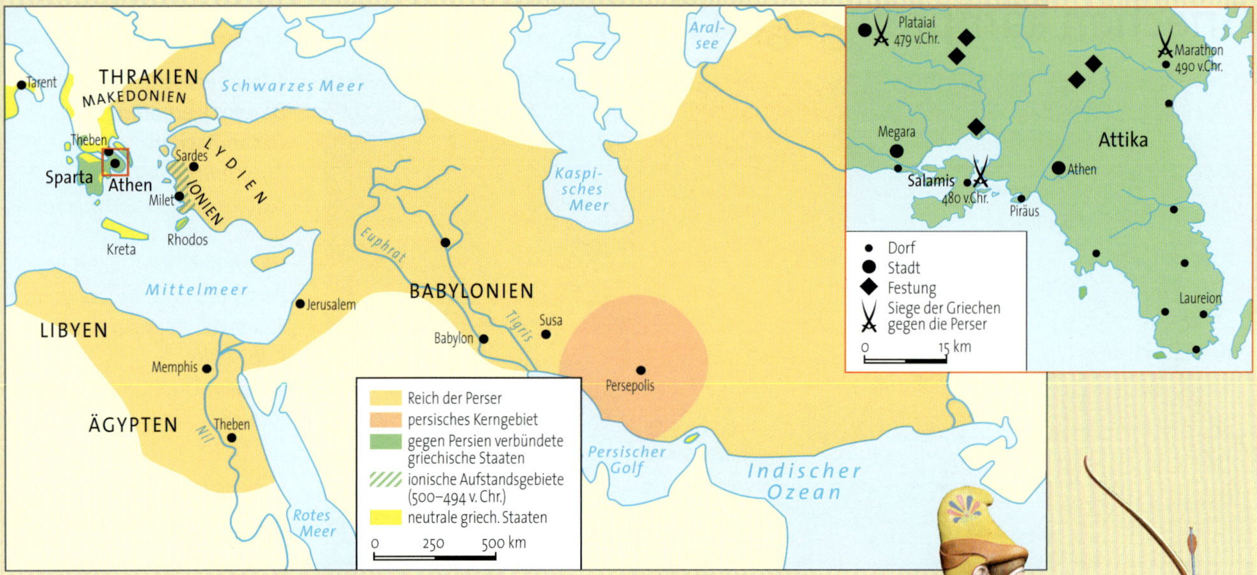

M1 Griechenland und das Reich der Perser, um 500 v. Chr.

M2 Wofür die Hellenen kämpfen

Über die Perserkriege informiert uns der griechische Historiker Herodot. (siehe Seite 101). Er berichtet von folgendem Gespräch zwischen dem persischen Heerführer Hydarnes und zwei Boten aus Sparta:

Ihr seht ja nicht nur an meiner Stellung, wie mein persischer Herr tüchtige Männer fördert. Jeder von euch könnte ein mächtiger Herr werden, wenn ihr euch meinem Großkönig ergebt.

Die Antwort der Spartaner:

Dein Rat, Hydarnes, ist bei uns nicht angebracht. Aus eigener Erfahrung kennst du nur das eine, nicht aber das andere. Du kennst nur die Unterordnung, die Freiheit aber hast du noch nicht schätzen gelernt. Sonst würdest du uns raten, nicht nur mit dem Speer, sondern auch mit der Axt für sie zu kämpfen.

Herodot, Historien VII, 130; zitiert nach: Das Geschichtsbuch des Herodot von Halikarnassos, übersetzt von Theodor Braun, Frankfurt am Main 2001 (stark vereinfacht)

M3 Persischer Bogenschütze.
Rekonstruktionsversuch einer um 490 v. Chr. entstandenen Figur aus dem Aphaia-Tempel in Ägina von 2003.

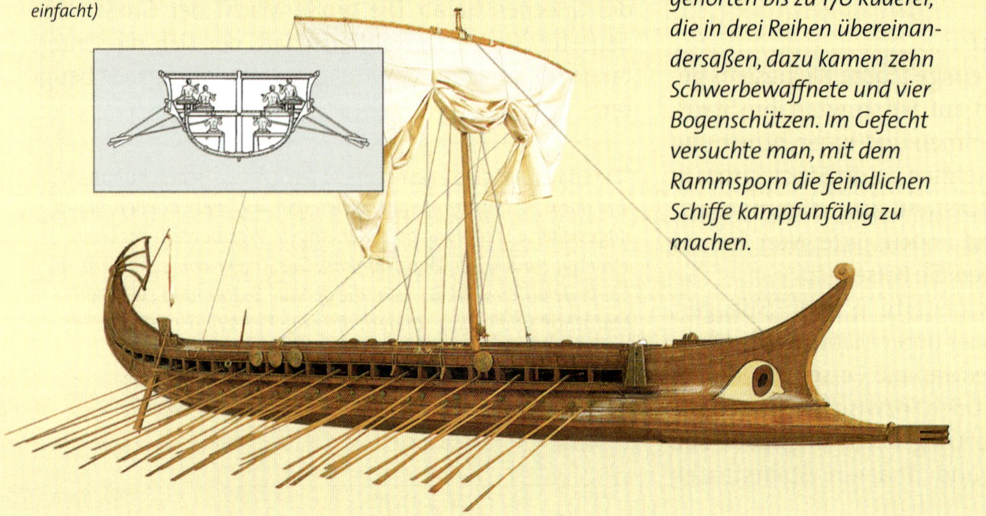

M4 Attische Triere („Dreidecker").
Rekonstruktion.
Mit diesen Kampfschiffen beherrschten die Athener im 5. Jh. v. Chr. die Ägäis. Sie waren etwa 40 m lang und 5 m breit. Zur Besatzung gehörten bis zu 170 Ruderer, die in drei Reihen übereinandersaßen, dazu kamen zehn Schwerbewaffnete und vier Bogenschützen. Im Gefecht versuchte man, mit dem Rammsporn die feindlichen Schiffe kampfunfähig zu machen.

1. *Vergleiche das Reich der Perser mit dem Gebiet der Griechen (M1). Wie beurteilst du die Siegeschancen der Griechen?*
2. *Untersuche, ob Herodot Zeitzeuge des Gesprächs gewesen sein kann (M2 und Text auf Seite 101).*
3. *Erläutere, welchen Eindruck Herodot von den Persern vermitteln will, welchen von den Griechen (M2).*
4. *Die Perser galten den Griechen als feige, da sie nicht Mann gegen Mann, sondern mit dem Bogen kämpften (M3). Beurteile diese Einstellung.*

Herrscht in Athen das Volk?

Von der Monarchie zur Aristokratie

Auf der Halbinsel Attika, die zum Stadtstaat Athen gehörte und etwa die Größe des Saarlandes hat, herrschten seit der Vorzeit Könige (*Monarchie*: von. griech. *monarchia*: Allein-Herrschaft). Sie wurden im 8. Jh. v. Chr. von Adligen entmachtet. Das waren Angehörige alter und reicher Familien, die von den Einkünften ihrer großen Landgüter lebten. Sie nannten sich selbst *aristoi*, was so viel wie „die Besten" bedeutet. Deshalb bezeichnet man auch die Form ihrer Herrschaft als Aristokratie.
Es kam vor, dass einer der Adligen die alleinige Herrschaft ohne das Einverständnis der anderen an sich riss. Das nannten die Griechen dann Tyrannis.

Von der Aristokratie zur Demokratie

Nach den Siegen der Athener gegen die Perser wurde die Aristokratie zunehmend als ungerecht empfunden. Vor allem die Athener, die für ihre Polis gekämpft hatten, verlangten selbstbewusst mehr Mitspracherechte. Ab Mitte des 5. Jh. v. Chr. wurden alle wichtigen Entscheidungen in Volksversammlungen beraten und getroffen. Ganz nach dem Motto „Was alle angeht, können nur alle lösen" entschieden die Bürger gemeinsam über Gesetze, Krieg und Frieden, Einnahmen und Ausgaben des Staates oder vergaben Bauaufträge. Jeder Teilnehmer konnte sich auf den Volksversammlungen zu Wort melden und für seine Anträge werben, alle hatten sie das gleiche Stimmrecht. Es zählte allein die Mehrheit der abgegebenen Stimmen.
Um auch alle Bürger vor dem Gesetz gleich zu behandeln, wurden jährlich 6 000 Athener als Laienrichter (Geschworene) ausgelost. Kläger und Beklagte durften ihre Standpunkte vor Gericht öffentlich vortragen. Am Ende entschied dann aber eine geheime Abstimmung über schuldig oder unschuldig.
An den Volksversammlungen konnten Männer ab dem 18. und an den Gerichtsverhandlungen ab dem 30. Lebensjahr teilnehmen. Sie mussten aber aus Athener Familien stammen. Von den öffentlichen Aufgaben ausgeschlossen waren alle Frauen und Sklaven sowie Personen, die aus anderen Poleis stammten. Trotzdem war diese politische Ordnung ein großer Fortschritt: Nicht mehr wenige Reiche konnten bestimmen, sondern jeder Teilnehmer, egal ob reich oder arm, durfte sich einbringen und mitentscheiden. Nach den griechischen Wörtern *demos* (dt. „das Volk als Ganzes") und *kratein* (dt. herrschen) heißt diese politische Ordnung Demokratie.

1 Abstimmungsscherbe von 482 v. Chr.
Bei einem Scherbengericht ritzten die versammelten Bürger den Namen desjenigen Politikers auf eine Scherbe, den sie aus der Stadt schicken wollten. Wurden mindestens 6 000 Scherben (Stimmen) abgegeben, musste der gehen, dessen Name am häufigsten auftauchte. Bemerkenswert war, dass der Verbannte sein Vermögen behalten konnte.

Angst vor zu großer Macht

Die Athener wollten verhindern, dass ein Einzelner oder der Adel die Macht wieder an sich reißen konnte. Hierfür entwickelten sie bestimmte Vorstellungen; dazu zählten:

- Grundsätzlich wurde jeder Athener für fähig angesehen, öffentliche Aufgaben zu übernehmen.
- Ein Rat aus 500 Bürgern, die jährlich ausgelost wurden, setzte die Beschlüsse der Volksversammlung um.
- Jeder Athener Bürger durfte nur zweimal im Leben Ratsherr sein.
- Die Sitzungen des Rates fanden öffentlich statt.
- Der Rat bereitete 30 bis 40 Volksversammlungen im Jahr vor, überprüfte die Arbeit der Beamten und verwaltete die Finanzen der Polis.
- Die Geschworenengerichte setzten sich aus ausgelosten Bürgern zusammen.
- Jährlich entschied ein „Scherbengericht" darüber, ob ein Politiker – aber eben nur einer – für zehn Jahre aus der Stadt verwiesen wurde.
- Die Amtszeit aller gewählten oder ausgelosten Beamten war in der Regel auf ein Jahr befristet.

Herrschte die Mehrheit?

Trotz der demokratischen Ordnung blieb die Regierung in den Händen einiger reicher Männer. Das lag an dem immer noch hohen Ansehen der adligen Familien und daran, dass die Bürger keine regelmäßigen Steuern zahlten. Wichtige öffentliche Aufgaben wie den Bau von Kriegsschiffen oder die Veranstaltung von Festen bezahlten einzelne Bürger aus ihrem Vermögen. Deshalb bewarben sich auch nur reiche Männer für hohe Ämter wie das der Heerführer (*Strategen*). Daran änderte auch die Einführung einer Entlohnung für die Übernahme öffentlicher Ämter und Aufgaben wenig.

1. *Vergleicht die Herrschaft in Athen im 5. Jh. v. Chr. mit der im alten Ägypten. Nennt einige Unterschiede.*
2. *Diskutiert, ob in Athen das Volk herrschte.*

M 1 Athen in der 2. Hälfte des 5. Jh. v. Chr.
Rekonstruktionszeichnung, um 1990.
① Akropolis (siehe Seite 119), ② Pnyx, Ort der Volksversammlungen (siehe M 1, Seite 109, ③ Münzanstalt, ④ Brunnenhaus, ⑤ Säulengang, ⑥ Gerichtshof, ⑦ Sitz der Feldherren, ⑧ Sitz des Rates der 500, ⑨ Agora (Fest-, Versammlungs- und Marktplatz), ⑩ Heilige Straße.

M 2 Die Bevölkerung Athens.
Um die Mitte des 5. Jh. v. Chr. leben in der Polis Athen nach Schätzungen etwa 300 000 Menschen, davon:

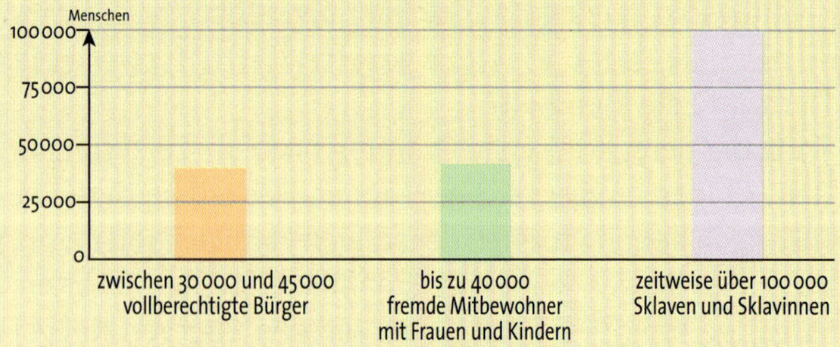

Nach: Peter Funke, Athen in klassischer Zeit, München [3]2007, S. 60

M 3 Für und gegen die Demokratie
In einem Schauspiel des Euripides von 424 v. Chr. sagt der Athener Theseus:
Niemanden hasst das Volk mehr als einen Alleinherrscher. Denn er sieht nicht die für alle geltenden Gesetze als höchstes Gut an, sondern er allein macht Gesetze, wie es ihm passt. Gleichheit gibt es nicht mehr. Wenn die Gesetze aber aufgeschrieben werden, gelten sie gleichermaßen für Arm und Reich. Der Arme kann sich genauso zu Wort melden wie der Reiche, wenn ihm Unrecht geschieht. Hat er Recht, siegt auch der kleine Mann über den großen. Der Leitspruch der Freiheit lautet so: Wer eine gute Idee hat, die dem Staat nützt, der trage sie in der Volksversammlung vor. Wer es wünscht, erntet Ruhm; wer nicht, kann auch schweigen. In welchem Staat gibt es also größere Gleichheit?

Euripides lässt einen Boten sagen:
In der Stadt, aus der ich komme, herrscht ein Mann allein, nicht das einfache, ungebildete Volk. Es gibt niemanden, der das Volk durch Reden in seinem eigenen Interesse mal so, mal so beeinflusst. Wie kann überhaupt das Volk den Staat lenken, wenn es nicht mal gute Reden halten kann? Ein armer Bauer mag zwar auch denken können, doch wegen seiner vielen Arbeit kann er sich nicht um das Wohl des Volkes kümmern.

Henning Ottmann, Geschichte des politischen Denkens. Die Griechen, Bd. 1/1: Von Homer bis Sokrates, Stuttgart – Weimar 2001, S. 203 f. (vereinfacht)

1. *Beschreibe die Lage der Orte, die für politische Entscheidungen wichtig waren (M 1).*
2. *Arbeite aus M 2 die ungefähre Zahl der Einwohner heraus, die keine Mitbestimmungsrechte hatten.*
3. *Erkläre, was Theseus für das Wichtigste im Staat hält (M 3).*
4. *Erläutere, was der Bote aus Theben bemängelt (M 3). In welcher Herrschaftsform möchte er leben? Siehe dazu auch Seite 107.*

Formen der Herrschaft

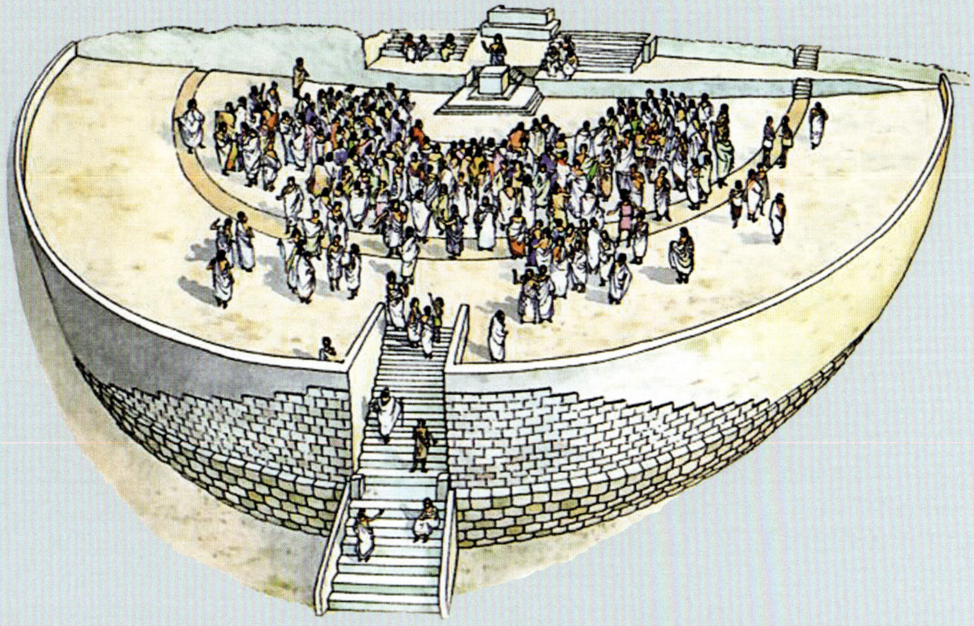

M1 Volksversammlung auf der Pnyx in Athen.
Zeichnung von Mirko Rathke, 2004.
Der Versammlungsplatz aus Stein entstand erst im 4. Jh. v. Chr. Auf der Pnyx war Platz für rund 6 000 Männer. Zuvor traf man sich auf dem nackten Felsen des Hügels.
Die Versammlungen begannen bei Tagesanbruch und konnten mehrere Stunden dauern.

M2 Monarchie

Ein König hat in der Regel die Macht geerbt und herrscht auf Lebenszeit; er allein
- ernennt Beamte,
- erlässt Gesetze,
- spricht Recht,
- entscheidet über Krieg und Frieden,
- ist oberster Feldherr und
- oberster Priester.

Das Volk hat kein Recht auf Mitsprache.

M3 Aristokratie

Familien vornehmer Abstammung (Adel) wählen für bestimmte Zeit aus ihren Reihen die, die
- Beamte ernennen,
- Gesetze erlassen,
- Recht sprechen,
- über Krieg und Frieden entscheiden,
- die Heerführer und
- die Priester stellen.

Das einfache Volk hat kein Recht auf Mitsprache.

M4 Demokratie in Athen, um 435 v. Chr.

Rat der Fünfhundert	9 Archonten*	Geschworenengerichte (6 000 Richter)
• leitet die Volksversammlungen, • bereitet die Gesetze vor, • plant die Außenpolitik, • kontrolliert die Beamten und • beaufsichtigt das Staatsvermögen.	10 Heerführer und etwa 700 Beamte, die die Beschlüsse der Volksversammlung ausführen *Archonten (griech. *archein*: herrschen): die höchsten Beamten	zuständig für die allgemeine Rechtsprechung **Areopag** (ehemalige Archonten) spricht Recht bei Mord, Brandstiftung und Verbrechen gegen den Staat
↑ jährlich durch Los	↑ jährlich durch Los oder Wahl	↑ jährlich durch Los

Volksversammlungen
Alle einheimischen und wehrpflichtigen Männer können an Volksversammlungen teilnehmen, Gesetze beschließen, über Krieg und Frieden entscheiden, Ratsmitglieder, Beamte, Heerführer (Strategen) und Richter durch Wahl oder Auslosung bestimmen.

Jugendliche, Frauen, fremde Mitbewohner (Metöken) und Sklaven sind ohne politische Rechte.

Bundesregierung
(Bundeskanzler/-in und Minister/-innen)

↑ wählt und kontrolliert

Bundestag
(beschließt Gesetze)

↑ wählen Abgeordnete für vier Jahre

alle Frauen und Männer über 18 Jahren, die die deutsche Staatsangehörigkeit besitzen

M5 Demokratie bei uns heute
Bei den Bundestagswahlen von 2009 waren 32,2 Millionen Frauen und 30,0 Millionen Männer wahlberechtigt. Sie wählten 622 Abgeordnete.

▶ ***Lesetipp:*** *Hartmut Leppin, Die erste Demokratie. Athen im 5. Jahrhundert v. Chr., Hildesheim 2004*

1. *Überprüft, was die Größe des Platzes (M1) über die Beteiligung der Athener an der Volksversammlung aussagt. Beachtet auch M2 auf Seite 108.*
2. *Beschreibt in Gruppenarbeit die drei Herrschaftsformen und erklärt die Unterschiede (M2 bis M4).*
3. *Nehmt an, ihr würdet in Athen um 435 v. Chr. leben. Stellt fest, wie viele Personen eurer Klasse mit 18 Jahren die Bürgerrechte nicht erhalten hätten.*
4. *Vergleicht die Demokratie in Athen (M4) mit unserer demokratischen Ordnung (M5). Nennt wichtige Unterschiede.*

Athen gegen Sparta

1 Die Machtbereiche der Athener und Spartaner um 450 v. Chr.

2 Kopf des Perikles.
48 cm hohe Marmorbüste nach einem Original von 440 v. Chr.
Perikles (um 490 bis 429 v. Chr.) stammte aus einer alten Adelsfamilie.
Er wurde von 443 bis zu seinem Tod alljährlich in das Feldherrnamt gewählt. Seine häufige Wiederwahl beweist nicht nur sein Ansehen in der Bevölkerung, sondern auch, dass es in der attischen Demokratie möglich war, über lange Zeit eine führende Stellung zu behaupten.

Sein oder nicht sein

Waren sich die Spartaner und Athener schon in den Perserkriegen häufig uneinig, so steigerte sich ihr Misstrauen im 5. Jh. v. Chr. noch. Eine Ursache dafür war der schnelle Aufstieg Athens zur Seemacht. Die Außenpolitik Athens und des von ihm beherrschten Attisch-Delischen Seebundes ließ Sparta, das den *Peloponnesischen Bund* anführte, um sein Ansehen und seine Unabhängigkeit bangen.

Der Machtkampf schwelte lange, ehe im Jahre 431 v. Chr. der *Peloponnesische Krieg* begann, der mit Unterbrechungen 27 Jahre dauerte. Von Ionien (Kleinasien) bis Sizilien wurde mit hochgerüsteten Armeen und Flotten hart gekämpft.

Schwere Zeiten für Athen

Auf den Krieg waren die Athener vorbereitet. Um 460 v. Chr. hatten sie begonnen, um Athen und die Hafenstadt Piräus die Langen Mauern zu errichten, damit kein Landheer die Stadt vom Meer abschneiden konnte. Als nun die schwer bewaffneten Spartaner heranmarschierten, holten die Athener die Bevölkerung Attikas hinter die Mauern, führten alle lebenswichtigen Güter übers Meer ein und griffen ihre Feinde vom Wasser aus an. Doch dann traf ein Unglück die Stadt: Bis zum Sommer 430 v. Chr. starb etwa ein Drittel der Bevölkerung hinter den Langen Mauern an einer Seuche.

Übermut und Katastrophe

Trotzdem blieben die Athener und ihre Bundesgenossen dem Gegner gewachsen. Sie hätten den Krieg vielleicht sogar gewonnen, wenn sie nicht der junge *Alkibiades*, ein Neffe des 429 v. Chr. verstorbenen Perikles, zu einem Abenteuer überredet hätte: Mit 300 Schiffen und rund 40 000 Mann fuhren sie nach Sizilien, um die mit Sparta verbündete Stadt Syrakus zu unterwerfen. Doch das Unternehmen schlug fehl. Die Athener verloren nicht nur eine Schlacht nach der anderen, sondern auch fast alle Schiffe.

Die Entscheidung im Peloponnesischen Krieg fiel trotzdem erst, als der persische Großkönig eingriff – mit Geld statt Soldaten! Er half Sparta beim Bau einer Flotte. Dafür ließ Sparta es zu, dass die Perser die griechischen Städte Kleinasiens wieder eroberten. Schließlich ergaben sich die Athener. Die Langen Mauern wurden abgerissen, der Attisch-Delische Seebund löste sich auf. Athen wurde nie mehr so mächtig wie vor dem Krieg. Sparta aber blieb zu schwach, um auf Dauer ganz Griechenland zu beherrschen.

Eine ungleiche Gesellschaft

1 Halle
2 Wohnraum
3 Raum für Gastmähler
4 Bad?
5 Schlafraum
6 Frauengemach
7 Hof
8 Vorratsraum
9 Laden
10 Brunnen
11 Hauptstraße

0 5 10 15m

1 Häuserblock.
Rekonstruktionszeichnung.
Archäologischen Funden aus Priene an der kleinasiatischen Küste verdanken wir eine Vorstellung davon, wie die Griechen nach 460 v. Chr. Stadthäuser anlegten.

Männer herrschen auch im Alltag

Die meisten Bürger Athens waren Bauern, hinzu kamen selbstständige Handwerker, Kaufleute und Händler. Auf dem Markt boten sie ihre Waren an und besprachen die neuesten Ereignisse. Die Hauptmahlzeit nahm die Familie mit dem Hausherrn abends ein. Dabei lag sie auf Polstern neben kleinen Tischen. Brot, Käse, Oliven, Feigen, Honig, Gemüse und Fisch waren die wichtigste Nahrung. Fleisch aßen die meisten Athener nur bei Opferfesten.
Reiche Bürger luden oft Freunde, Gelehrte und Künstler zu besonderen Gastmählern (*Symposien*) ein. Dabei traf man sich ohne Ehefrauen. Die Zusammenkünfte begannen mit einem Opfer für die Götter, dann aßen, tranken, sangen oder diskutierten die Gäste.

2 Raum für Gastmähler.
Rekonstruktionszeichnung.
Das Gestell einer griechischen Liege (Kline) findest du auf Seite 151.

3 Frauen verarbeiten Wolle.
Vasenmalerei, um 550 v. Chr.
■ *Beschreibe einige der hier dargestellten Arbeiten.*

Frauen ohne Rechte?

Die Frauen standen rechtlich unter der Vormundschaft eines Mannes: Vater, Bruder oder Ehemann bestimmten über sie und vertraten sie vor Gericht. Athenerinnen hatten keine politischen Rechte und konnten keinen Grundbesitz erwerben. Zu ihren Aufgaben gehörte es, Kinder auf die Welt zu bringen und zu erziehen, Küche und Haushalt zu führen sowie Alte und Kranke zu pflegen. Töchter wuchsen daher im Haus auf. Sie lernten Spinnen und Weben und wurden so auf ihre Rolle als Ehefrau und Mutter vorbereitet.
Frauen aus einfachen Familien mussten auch außerhalb des Hauses arbeiten, beispielsweise als Wäscherinnen, Wollarbeiterinnen, Hebammen, Kindermädchen oder Händlerinnen.
Wer den angesehenen Familien angehörte, verließ das Haus nicht einmal zum Wasserholen oder Einkaufen, dies erledigten Sklaven. Es galt das Gebot: „Eine ehrbare Frau bleibt im Haus; die Straße gehört den Frauen, die nichts wert sind."
Eine Möglichkeit gab es für Frauen, öffentlichen Einfluss auszuüben. Sie konnten Priesterinnen werden und auf religiösem Gebiet wirken.

4 Kreisel, 8. Jh. v. Chr.

Kinderleben

Der Vater entschied nach der Geburt eines Kindes, ob es in der Familie aufgezogen wurde. Wurde es verstoßen, drohten ihm der Hungertod oder die Sklaverei. Der Familienvater bestimmte auch die Ausbildung.
Bildung war nicht kostenlos. Deshalb lernten viele Kinder weder Lesen noch Schreiben. Reiche Eltern stellten Erzieher (*Pädagogen*) an. Das waren Sklaven, die die Söhne zum Lehrer begleiteten und die häuslichen Übungen der Kinder überwachten. Neben dem Unterricht im Lesen, Schreiben, Rechnen und Sport mussten die Jungen Grammatik pauken und Verse von Homer und anderen Dichtern auswendig lernen. Daneben betrieben sie Musik, Geometrie und Sternenkunde, später auch die Kunst der Rede (*Rhetorik*). Nur Mädchen aus reichem Hause erhielten Unterricht im Lesen, Schreiben, Musizieren und Tanzen.
Die Schulzeit der Jungen dauerte oft bis zum 18. Lebensjahr. Dann mussten sie zum Militär. Die meisten heirateten erst zwischen ihrem 20. und 35. Lebensjahr. Dagegen wurden Mädchen gewöhnlich schon mit 14 oder 15 Jahren verheiratet.

5 Kleinkind im Kinderstuhl.
Innenbild einer Schale, um 450 v. Chr.
Für die Erziehung war die Ehefrau zuständig oder in wohlhabenden Familien eine Amme. Übrigens: Meist war ein Töpfchen in solche Kinderstühle eingebaut.

6 **Abwiegen von Waren.**
Vasenmalerei, um 540 v. Chr.

Metöken – frei, aber keine Bürger

Jeder zehnte Bewohner Athens zur Zeit des Perikles war ein *Metöke*, ein eingewanderter Fremder. Die Metöken durften ihre Berufe und Wohnorte frei wählen, konnten jedoch kein Land kaufen. Sie mussten mit in den Krieg ziehen, eine besondere Steuer zahlen und durften an den religiösen Festen der Athener teilnehmen. Politische Rechte besaßen sie aber nicht. Vor Gericht mussten sie sich von einem Athener vertreten lassen. Die Aufnahme in die Bürgerschaft war möglich, wenn 6 000 Bürger in einer Volksversammlung zustimmten.

Sklaven – von Menschen zur Sache gemacht

Im 5. Jh. v. Chr. war etwa jeder dritte Bewohner Athens ein *Sklave*. Die meisten Sklaven waren als Gefangene nach Athen gebracht worden. Ihre Zahl wuchs ständig, weil nicht nur die einmal Versklavten, sondern auch deren Nachkommen Sklaven blieben. Griechen befanden sich kaum unter ihnen, denn den Athenern wurde im 5. Jh. v. Chr. verboten, Hellenen als Sklaven zu kaufen. Die meisten kamen aus dem Schwarzmeergebiet oder aus Kleinasien.

Sklaven galten als „Menschenvieh" oder als Sache, da sie angeblich keine Vernunft besaßen und nur zum Gehorchen geboren seien. Kaum ein Grieche bezweifelte das. Eine Ausnahme war *Alkidamas*. Dieser griechische Philosoph aus dem 4. Jh. v. Chr. meinte: „Die Götter haben alle Menschen frei erschaffen, die Natur hat niemanden zum Sklaven gemacht."

7 **In einer Tongrube.**
Tontäfelchen aus Korinth, 6. Jh. v. Chr.
Mit einer Hacke löst ein Arbeiter (Sklave?) die Tonklumpen von der Wand, ein anderer sammelt den Ton in einen Korb ein, ein dritter hebt einen Korb aus der Mulde. Aus einem Wassergefäß konnten sich die Männer erfrischen.

Wofür wurden Sklaven gebraucht?

Die meisten Sklaven arbeiteten als Hausdiener, Pädagogen und Musikanten in der Stadt. Reiche Bürger leisteten sich bis zu 50 Haussklaven. Andere Sklaven arbeiteten in Handwerksbetrieben und Geschäften. Ihr Leben unterschied sich kaum von dem armer Bürger.

Einzelne Sklaven gelangten als Verwalter eines Gutes oder Betriebes zu Wohlstand. Sie konnten freigelassen werden. Darüber entschied ihr Herr. Einige Reiche vermieteten Sklaven als Erntehelfer an kleine Bauern. Der größte bekannte Sklavenhalter Athens um 430 v. Chr. war *Nikias*. In den Silbergruben von Laureion beschäftigte er zeitweise über 1000 Sklaven. In engen, dunklen Stollen, die vom Qualm der Öllampen erfüllt waren, förderten sie unter fürchterlichen Bedingungen kostbares Silbererz.

1. *Nenne den Unterschied zwischen Metöken und Sklaven.*
2. *Beschreibe die Abb. 7 und untersuche, wozu die Griechen viel Ton brauchten.*
3. *Erkläre, warum wir heute die Haltung der Griechen über die Sklaverei nicht verstehen können.*

M 1 So sind sie ...

Der Athener Gelehrte Sokrates (um 470-399 v. Chr.) gibt folgendes Gespräch mit einem Bekannten wieder:*

„Sie war doch noch nicht fünfzehn Jahre alt, als ich sie heiratete. Die Zeit vorher hatte man fürsorglich auf sie aufgepasst, dass sie möglichst wenig sah, hörte und fragte. Ich war schon damit zufrieden, dass sie bei ihrem Kommen bereits verstand, mit Wolle umzugehen und ein Gewand anzufertigen, und dass sie auch schon bei der Spinnarbeit der Dienerinnen zugesehen hatte. Außerdem war sie in der Magenfrage ganz vorzüglich erzogen, mein lieber Sokrates, was mir bei Mann und Frau die wichtigste Erziehungsfrage zu sein scheint [...].“

Der Bekannte begründet die Unterschiede zwischen den Geschlechtern so:

„Da beide Arten von Arbeit nötig sind, die draußen und drinnen, schuf Gott die Natur des Weibes für die Arbeiten im Hause, die des Mannes aber für die Arbeiten außerhalb des Hauses. Denn der Mann ist mehr dazu geschaffen, Kälte und Wärme, Märsche und Feldzüge zu ertragen. Daher trug der Gott ihm die Arbeiten außerhalb des Hauses auf. Der Körper der Frau ist weniger widerstandsfähig, deshalb ist sie besser für die Arbeiten im Hause geeignet.“

Erster und zweiter Text: Xenophon, Hauswirtschaftslehre 7,3 ff., übers. von Ernst Bux, Stuttgart 1956

M 3 Frau vor einer Truhe.

Terrakottarelief aus Locri (Unteritalien), um 460 v. Chr. An der Wand sind ein Korb, ein Spiegel, ein Ölkrug und ein anderes Gefäß (für Schminke?) zu sehen.

M 2 Über die Frauen

Der griechische Gelehrte Aristoteles (384-322 v. Chr.), dessen Werk das europäische Denken bis in die Gegenwart beeinflusst, schreibt:

Es steht dem Manne zu, über die Frau und die Kinder zu herrschen. Über die Frau nach der Art eines Staatsmannes, über die Kinder aber nach der eines Königs. Denn das Männliche ist von Natur zur Führung mehr geeignet als das Weibliche, und das Ältere und Reife ist das mehr als das Jüngere und Unreife.

Nach: Aristoteles, Politik 1259a, übers. von Franz Schwarz, Stuttgart 1989 (gerafft und vereinfacht)

** Zu Sokrates lies auch Seite 121 f.*

1. *Nenne die Aufgaben der Frauen und Männer. Auf welche Lebensbereiche bezieht sich die Aufgabenverteilung (M 1 bis M 3)?*
2. *Das Relief (M 3) war ursprünglich farbig. Prüfe, inwiefern dieses Bild in dem Gespräch bestätigt wird (M 1).*
3. *Vergleiche die Ansichten des Aristoteles (M 2) mit deinen Erfahrungen. Was würdest du ihm entgegnen?*
4. *Vergleiche das Verhältnis von Männern und Frauen mit dem im alten Ägypten. Lies dazu nochmals Seite 69. Halte das Ergebnis in deinem Portfolio fest.*

Textquellen auswerten

Um den Inhalt einer Textquelle zu erfassen, kannst du so vorgehen:

1. Lies den Text sorgfältig durch.
2. Kopiere die Vorlage, unterstreiche unbekannte Begriffe und Namen und schlage sie in einem Lexikon nach.
3. Markiere unverständliche Formulierungen und kläre sie im Unterricht.
4. Unterstreiche Aussagen, die dir wichtig erscheinen.
5. Fasse den Inhalt in eigenen Worten zusammen.

Um eine Textquelle deuten zu können, solltest du Antworten auf folgende Fragen finden:

1. Was erwarte ich von der Textquelle? Welche Fragen möchte ich klären?
2. Wer hat sie verfasst? Suche nach Informationen über den Verfasser/die Verfasserin, seinen/ihren Beruf und seine/ihre Aufgaben.
3. An wen wendet sich die Textquelle?
4. Stammt sie aus der dargestellten Zeit oder wurde sie später verfasst?
5. Was wissen wir über die Zeit, aus der die Textquelle stammt?

M2 Schulunterricht.
Vasenmalerei (Höhe 11,5 cm) auf einer Trinkschale des Malers Duris, um 480 v. Chr. (Ausschnitt).
Vor dem Schüler sitzt ein Lehrer mit einer Schriftrolle, hinter ihm ein Sklave, der auf ihn aufpasst. Über dem Jungen befindet sich eine Kithara, ein Saiteninstrument.

Hierzu suche ich Antworten

Platon (428/27 – 348/47 v. Chr.): Philsoph, der in Athen lehrte (siehe Seite 121)

Protagoras (490 – 411 v. Chr.): Philosoph, der auch in Athen lehrte (siehe Seite 121)

Was ist mit den Mädchen? (siehe Seite 112 f.)

Lesen

Wessen Verse? (siehe Seite 112 f. und 120)

Wer wurde damals gelobt und verehrt? Perikles? (siehe Seite 110)

Begründung

Musik

Kithara: Was ist das? (siehe hier M2)

Lyriker: Was sind Lyriker? (siehe Seite 120)

Rhythmus und Harmonie in den Seelen … Was ist damit gemeint?

Begründung

Gab es weitere Fächer? (siehe Seite 112)

M1 Wie und was wurde im alten Athen gelernt?
Von Platon ist ein Werk mit dem Titel „Protagoras" überliefert. Es ist zwischen 390 und 360 v. Chr. entstanden und berichtet auch über die Erziehung zur Zeit des Protagoras.

Die Lehrer bemühen sich um die gute Erziehung der Jungen, und wenn sie lesen gelernt haben und so weit sind, dass sie das Geschriebene verstehen [...], so legen sie ihnen auf ihren Bänken die Verse der großen Dichter zum Lesen vor und lassen sie daraus auswendig lernen. Darin finden sie manche gute Lehren und viele Schilderungen, Lobeserhebungen und Verherrlichungen trefflicher Männer der Vorzeit, damit sie der Junge eifrig nachahmt und sich bestrebt, ebenso gut zu werden. Und ähnlich bemühen sich auch die Musiklehrer darum, dass die jungen Leute anständig sind und nichts Schlechtes tun. Haben sie das Kitharaspiel erlernt, so führen sie sie in die Werke anderer großer Dichter, der Lyriker, ein und unterlegen deren Texte den Gesangsweisen zur Kithara. Sie bemühen sich mit allem Nachdruck, dass Rhythmus und Harmonie in den Seelen der Kinder heimisch werden, damit diese sanftmütiger sind und, innerlich von Rhythmus und Harmonie erfüllt, zum Reden und Handeln taugen. Denn das ganze Leben des Menschen bedarf des schönen Maßes und der Harmonie.

Platon, Protagoras 325e-326c (Übers. Rudolf Rufener; leicht verändert)

1. *Erste Schritte zur Auswertung der Textquelle (M1) wurden bereits vorgenommen. Erläutere die Vorgehensweise.*
2. *Versuche, die Fragen am Rand zu beantworten. Hast du weitere Fragen an den Text?*
3. *Stelle fest, welche verlässlichen Antworten die Textquelle auf die Frage nach dem Leben von Kindern im antiken Griechenland gibt? Begründe deine Aussage.*

Reisen bringt Gewinn

1 Kyrenia II.
Foto, um 1986.
Nachbildung eines griechischen Frachtschiffs aus dem 4. Jh. v. Chr. Die größeren Handelssegler befuhren das offene Meer, die kleineren blieben nahe der Küste: Das erleichterte die Orientierung. Nachts und bei zu starkem Wind konnten die Kapitäne Schutz in Buchten suchen. Dennoch sanken viele Schiffe mit Mann und Maus.
■ *Suche nach einer Erklärung dafür, weshalb viele Schiffe sanken.*

2 Unterwasserarchäologie.
Foto, um 1986.
1965 entdeckten Taucher vor Kyrenia (Zypern) ein 2400 Jahre altes Schiffswrack. Unterwasserarchäologen legten den 14 m langen Rumpf frei. Der Taucher benutzt Pressluft, um Ablagerungen zu entfernen.

Schiffe – die wichtigsten Verkehrsmittel

Jahr für Jahr strömen Touristen nach Griechenland. Viele besuchen das Land, um die Kunst und Kultur der alten Griechen kennenzulernen, andere, um Sonne, Meer und Ruhe auf einer der zahllosen Inseln in der Ägäis genießen zu können. Bis Athen kommen die Touristen meist mit dem Flugzeug, aber auf die Inseln gelangen sie oft nur mit Fähren.

Griechenlands lange Küsten und die vielen Inseln machten das Schiff schon im Altertum zu einem unentbehrlichen Verkehrsmittel für Menschen und Waren. Es ermöglichte den Griechen kulturelle und geschäftliche Kontakte zu ihren Nachbarn und die Gründung von Tochterstädten.

Mit Schiffen kamen begehrte Waren nach Griechenland, im Gegenzug wurden wertvolle Produkte exportiert. Griechische Ärzte und Baumeister, die in Persien oder Ägypten arbeiten wollten, bestiegen in Athens Hafen ein Schiff. Andererseits lockten berühmte Philosophen und Redelehrer viele Interessierte aus den Ländern am Mittelmeer zu Studien nach Athen. Außer zu den großen Spielen und Heiligtümern reisten die Griechen nur in dringenden geschäftlichen Angelegenheiten. Passagierschiffe im Liniendienst nach Fahrplan gab es nicht. Schiffsreisen waren trotz langer Dauer schneller und trotz Piraten meist sicherer als der Landweg. Die Griechen benötigten viele Schiffe, deren Bau sie von den Phöniziern gelernt hatten. Auf den Werften war der Bedarf an Bauholz so enorm, dass ganze Wälder verschwanden.

3 Schiffsrumpf.
Die 5000 Einzelteile des bei Kyrenia gefundenen Schiffes wurden geborgen, haltbar gemacht und wieder zusammengesetzt.
Abb. 1 zeigt einen Nachbau des gefundenen Schiffes.

M1 **Handeln und herrschen**

In einer Schrift aus dem 5. Jh. v. Chr. wird festgestellt:

Die Athener allein sind imstande, über die Schätze Griechenlands und die der Barbarenländer zu verfügen. Denn, wenn irgendeine Stadt Überschuss an Schiffsholz, Eisen, Kupfer oder Flachs hat, wohin soll sie es exportieren ohne die Einwilligung Athens, des meerbeherrschenden Volkes? [...] Dem meerbeherrschenden Staat gewährt der Verkehr auch die Mittel zu allerlei Genüssen. Was es in Sizilien, Italien, auf Zypern, in Ägypten, in Libyen, in Pontusländern* oder in der Peloponnes oder sonstwo an Delikatessen gibt, das ist alles in Athen vereinigt.

Nach: Michel Austin/Pierre Vidal-Naquet, Gesellschaft und Wirtschaft im alten Griechenland, München 1984, S. 259

*Pontusländer: *Länder am Schwarzen Meer*

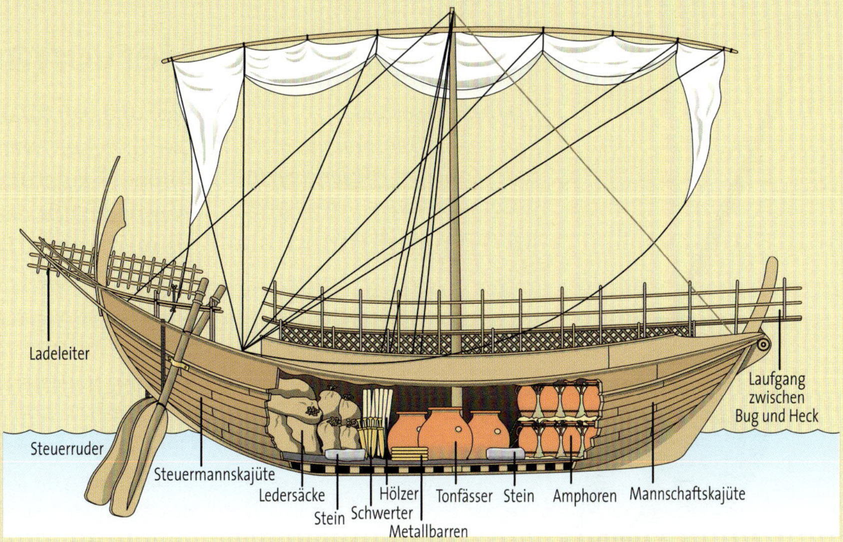

M4 **Griechisches Frachtschiff.**
Rekonstruktionszeichnung. Die Handelsschiffe waren selten über 20 m lang. Sie konnten zwischen 70 und 150 t laden.

M2 **Athen – Zentrum des Handels.**

M3 **Ehre und Gewinn**

Der Schriftsteller Xenophon (um 430-nach 355 v. Chr.) schlägt vor:

Es wäre gut und ehrenvoll, Kaufleute und Reeder auch durch Ehrensitze im Theater auszuzeichnen und manchmal diejenigen zu einem Ehrenmahl einzuladen, von denen man glaubt, dass sie durch besonders gute Schiffe und Waren der Stadt Nutzen bringen. Denn die so Geehrten dürften nicht nur um des Gewinnes, sondern auch um der Ehrung willen wie zu Freunden herbeieilen. So viel ist klar: Je mehr Menschen sich hier niederlassen und hierherkommen, desto mehr Waren dürften auch eingeführt und ausgeführt, gekauft und verkauft und desto mehr Mieten und Steuern eingenommen werden.

Rolf Rilinger (Hrsg.), Leben im antiken Griechenland, München 1990, S. 460

M5 **Griechische Amphore, 5. Jh. v. Chr.**
Amphoren (dt. Doppelträger) wurden vor allem als Speicher- und Transportgefäße für Öl und Wein verwendet. Sie fassten zwischen 5 und 50 Liter. Das abgebildete Gefäß hat eine Höhe von 68,5 cm und einen Bauchumfang von 35,5 cm.

1. *Nenne die Vorteile der Handelsschifffahrt für Athen (M1 bis M3).*
2. *Stelle fest, welche Waren nach Athen eingeführt wurden und woher sie kamen (M1 und M2). Präsentiere das Ergebnis in einer Tabelle.*
3. *Ein Schiff schaffte normalerweise 5 bis 6 Kilometer pro Stunde. Stelle fest, wie lange damals eine Fahrt von Athen nach Kyrene dauerte. Nutze dazu die Karte Abb. 1, Seite 98.*
4. *Erkläre, woher wir einige unserer Kenntnisse über die Schifffahrt und den Handel der Griechen haben. Ein Tipp: Damalige Unglücke sind heute unser Glück.*

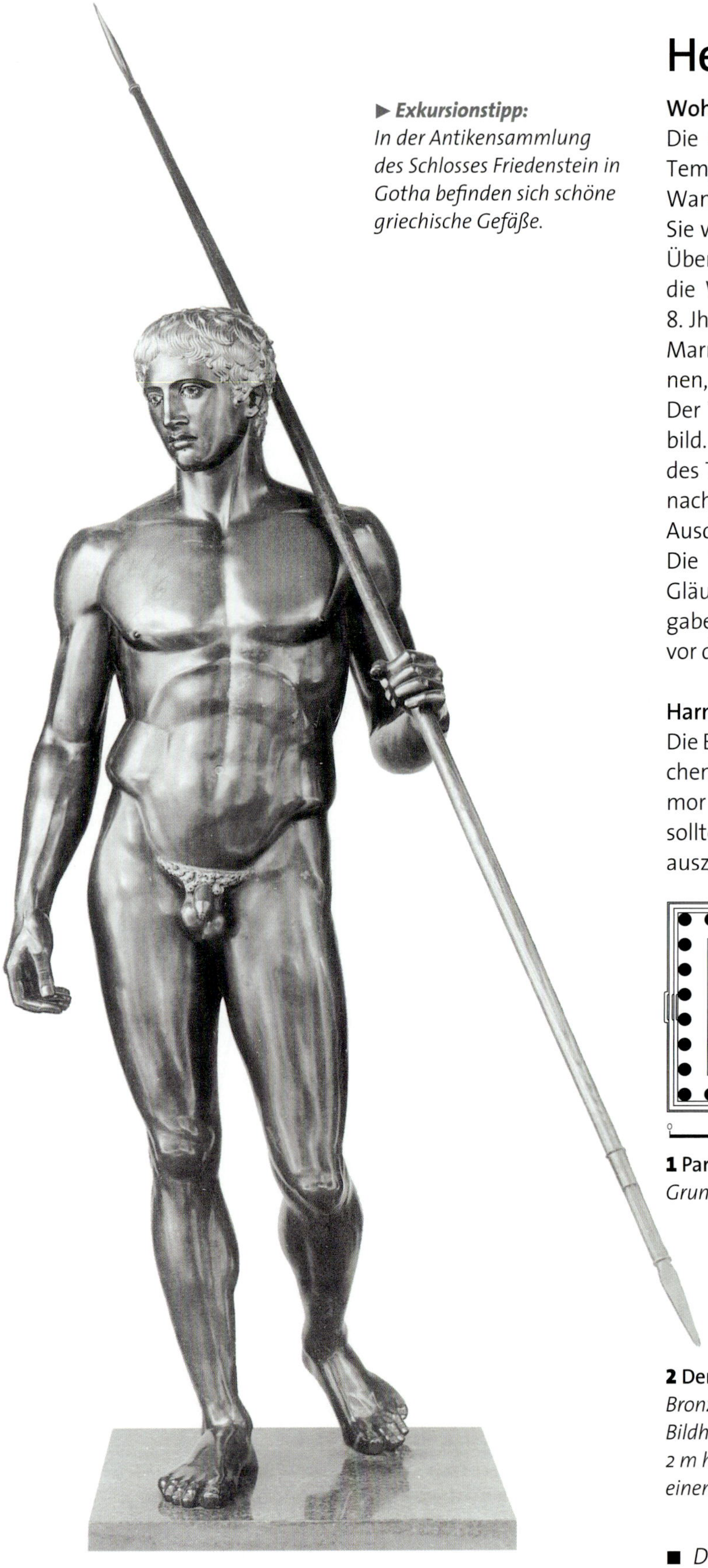

▶ *Exkursionstipp:*
In der Antikensammlung des Schlosses Friedenstein in Gotha befinden sich schöne griechische Gefäße.

Hervorragende Künstler

Wohnhäuser für die Götter

Die Griechen waren begabte Künstler. Das zeigen ihre Tempel, Skulpturen, Reliefs und viele Vasen. Die großen Wandgemälde des 5. und 4. Jh. v. Chr. gibt es nicht mehr. Sie wurden zerstört oder sind im Laufe der Zeit zerfallen. Überall, wo die Griechen lebten, errichteten sie Tempel – die Wohnhäuser der Götter. Die ersten entstanden im 8. Jh. v. Chr. und waren aus Holz; später wurde vor allem Marmor verwendet. Zuvor hatte man die Götter in Hainen, Grotten und anderen heiligen Orten verehrt.
Der Tempel war ein fensterloser Raum mit dem Götterbild. Er war von Säulen umgeben. Länge, Breite und Höhe des Tempels sowie Zahl und Abstand der Säulen wurden nach bestimmten Zahlenverhältnissen geplant, die als Ausdruck einer ewigen Ordnung (*Harmonie*) galten.
Die Tempel waren keine Versammlungsräume für die Gläubigen wie unsere Kirchen. Gottesdienst und Opfergaben fanden unter freiem Himmel am Altar statt. Er lag vor der Ostseite des Tempels.

Harmonie und Vollkommenheit

Die Bildhauer beobachteten und vermaßen den menschlichen Körper genau. Sie formten ideale Gestalten aus Marmor oder Bronze, die die unsterblichen Götter verkörpern sollten. Kunstwerke, die sich durch besondere Harmonie auszeichnen, nennen wir heute „klassisch“.

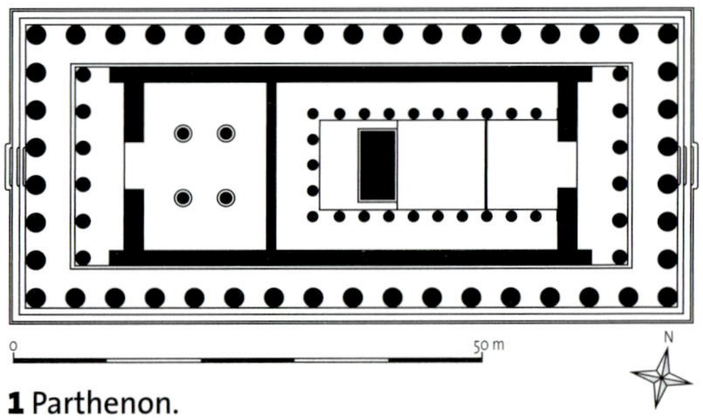

1 Parthenon.
Grundriss des Parthenon-Tempels (siehe M1, Seite 119).

2 Der Speerträger.
Bronzene Rekonstruktion einer verschollenen Statue des Bildhauers Polyklet, der um 460-420 v. Chr. lebte. Die etwa 2 m hohe Figur zeigt einen „idealen“ Athleten, vielleicht auch einen Gott oder Heroen.

■ *Die abgebildete Statue galt und gilt noch heute als „makellos“ und „zeitlos schön“. Bist du auch der Meinung? Begründe deine Aussage.*

M1 Akropolis.
Ansicht von Westen. Rekonstruktionszeichnung, um 1980.
Der prächtige Tempel Athens stand auf der Akropolis, der „Burgstadt". Nachdem die Perser im Jahre 480 v. Chr. ältere Anlagen zerstört hatten, entstanden dort zwischen 450 und 404 v. Chr. viele neue Bauwerke. Der größte Tempel war Athene geweiht, der Schutzgöttin der Stadt. Er hieß Parthenon. Der zwischen 448 und 437 v. Chr. gebaute Tempel hat eine Grundfläche von rund 31 x 70 m und ist fast 18 m hoch.
Im Parthenon befand sich das Standbild der Athene. In den Giebeln des buntbemalten Tempels standen Figuren, die unter anderem den Streit der Athene mit dem Meeresgott Poseidon um die Herrschaft über Attika darstellen.
Im Erechtheion (Erechtheus: ein attischer Heros, der den Streit zwischen Athene und Poseidon schlichtete) waren die ältesten Kulte der Stadt angesiedelt. Im Osten des Erechtheion stand der Altar.
Im Freien stand die große Statue der Athena Promachos („die in vorderster Linie kämpfende Athene"). Den Glanz ihrer vergoldeten Lanzenspitze konnten Seeleute bereits aus der Ferne sehen. Der mächtige Torbau (Propyläen) besteht aus einer Säulenhalle und einem Tor. Rechts neben dem Torbau steht der kleine Nike-Tempel, der der Göttin des Sieges, geweiht ist.

M2 Die drei griechischen Bauformen von Säulen, Friesen und Dächern.
Von links nach rechts: dorisch, ionisch und korinthisch.

M3 Das Brandenburger Tor in Berlin.
Foto, um 2000.
Das Tor wurde zwischen 1788 und 1791 erbaut.

1. *Stell dir vor, wie beeindruckt die Athener waren, wenn sie den Burgberg hinaufgestiegen waren und vor dem großen Tempel standen. Die verzierten Giebel und Friese unterm Dach konnten sie aber nicht genau erkennen. Untersuche, wem sie gefallen sollten.*
2. *Nenne das Bauwerk auf der Akropolis, das dem Brandenburger Tor ähnlich ist (M1 und M3).*
3. *Stellt fest, ob es in eurem Wohn- oder Schulort Gebäude mit vergleichbaren Säulen (M2) gibt. Wenn ja, dann informiert euch über die Entstehungszeit.*

Dichter und Denker

1 Dionysos-Theater in Athen.
Foto von 2009.
Am Südhang der Akropolis, im späten 4. Jh. v. Chr. fanden dort etwa 17 000 Zuschauer Platz.

2 Das Dionysos-Theater in Athen im späten 4. Jh. v. Chr.
Rekonstruktionszeichnung von Peter Connolly, um 1998.

Theater

Schauspiele gehörten zu den öffentlichen Festen, daher hatte fast jede griechische Polis ein Theater. Die Dichter fanden ihre Themen häufig in mündlich überlieferten Erzählungen (*Epen*). Homers „Ilias" und „Odyssee" sind Beispiele dafür. In der dramatischen Dichtung (*Drama* = Handlung), die von Musik und Tanz begleitet aufgeführt wurde, war das Trauerspiel (*Tragödie*) besonders beliebt. Es handelt oft vom blinden, grausamen und unerbittlichen Schicksal der Menschen, das manchmal selbst die vernichtet, die die Gebote der Götter achten.

Tragödien

Der Zuschauer soll Mitleid mit den Hauptfiguren und Furcht vor den Göttern empfinden. Tragödien belehrten ihn, wie er leben und handeln sollte. Meist wurden die Stücke nur einmal gezeigt. So entstanden allein im Verlauf des 5. Jh. über 1 000 Tragödien. Wenige sind erhalten geblieben. Die wichtigsten stammen von *Aischylos*, *Sophokles* und *Euripides*.

Komödien

Neben Tragödien wurden Lustspiele (*Komödien*) aufgeführt. Sie legten durch Übertreibungen die Missstände der Zeit offen und übten Kritik an menschlichen Schwächen. Sie gaben den Bürgern Gelegenheit, über die Mächtigen und Einflussreichen zu lachen. Der bedeutendste Komödiendichter war *Aristophanes*, der seine Stücke Ende des 5. und Anfang des 4. Jh. v. Chr. verfasste.

Fabeln und Verse

Noch heute werden *Fabeln* gedichtet, kurze Erzählungen, in denen Tiere menschliche Schwächen bloßstellen. Die ältesten Fabeln werden *Äsop* zugeschrieben, der im 6. Jh. v. Chr. lebte.

Die griechischen Epen, Tragödien, Komödien und Fabeln waren in Verse gefasst. Sie wandten sich an Zuhörer und Zuschauer, nicht an Leser.

Dies gilt auch für Gedichte (*Lyrik*), die ursprünglich gesungen wurde. Sie erhielten ihre Bezeichnung von der Lyra, einem Saiteninstrument, das sie beim Vortrag begleitete. Zur gesungenen Dichtung wurde häufig getanzt.

■ *Vergleiche die Anlage des Theaters mit heutigen Stadien, Parlaments- und Konzertsälen.*

Philosophen fragen

Wie entstand die Welt? Warum geht die Sonne auf? Solche Fragen haben sich die Menschen seit jeher gestellt. Wie andere Völker glaubten die Griechen, es müsse übermenschliche, ewige Wesen geben, die die Welt geschaffen hätten und die verantwortlich seien für alles, was am Himmel, auf Erden und im Wasser geschehe – die Götter. So erklärten sie sich Donner und Blitz damit, dass der Göttervater Zeus zornig sei, und den Lauf der Sonne so, dass der Gott *Helios* mit seinem Wagen täglich von Ost nach West über den Himmel fahre und nachts auf dem Strom Okeanos zurücksegele. Das waren Mythen, überlieferte Geschichten, mit deren Hilfe die Menschen das Geschehen auf der Welt erklärten.

Neugier notwendig

Ab etwa 600 v. Chr. gab es in Griechenland Männer, die die Natur mit anderen Augen ansahen: Sie waren neugierig, beobachteten genau und schrieben auf, was sie sahen. Und sie stellten noch schwierigere Fragen: Woher kommt die Welt? Woraus besteht sie?
Diese fragenden Männer nannte man Philosophen (griech. *philos*: Freund; *sophia*: Weisheit). Ihnen verdanken wir die Anfänge der europäischen Philosophie. Einer von ihnen war *Thales von Milet*. Ihn zählte man in der Antike zu den „Sieben Weisen". Thales schloss aus seinen Beobachtungen, dass das Wasser der Urgrund der Welt sei. Schließlich sei ohne Wasser kein Leben denkbar. Außerdem sei dieses Element allen anderen überlegen, weil es nicht nur fließen, sondern auch wie Luft fliegen und hart wie Erde sein könne.

Vom Mythos zum Logos

Thales und andere Denker wie *Pythagoras* stellen fest, dass man in der Natur immer wieder auf dieselben Zahlen und einfachen Figuren stößt und diese nach bestimmten Regeln zueinander in Beziehung stehen. So fand Thales heraus, dass der Durchmesser einen Kreis in zwei gleich große Hälften teilt. Mathematik und Geometrie wurden Wissenschaften, mit denen allgemeine Lehrsätze aufgestellt und schwierige Beweise erbracht werden konnten. An die Stelle der Mythen trat die Logik (griech. *logos*: Sprache, Vernunft). Das „logische" Denken wurde Grundlage der Natur- und Geisteswissenschaften.

3 **Thales von Milet.**
Mosaik, Anfang des 3. Jh. n. Chr.

Gut oder böse?

Die Philosophen des 5. und 4. Jh. v. Chr. fragten auch: Wie kann der Mensch die Wahrheit erkennen? Gibt es ein Leben nach dem Tod? Was ist gut oder böse? Wie sollen wir leben? Welches ist die beste Staatsform?
Da die Philosophen bei ihren Antworten immer weniger Rücksicht auf die Götter nahmen, stritten sich die Anhänger des alten Glaubens und die Befürworter der „logischen" Sichtweise. Eines der ersten Opfer dieser Auseinandersetzungen wurde Ende des 5. Jh. v. Chr. *Protagoras*. Wegen seiner Zweifel am Götterglauben verurteilten ihn die Athener zum Tode. Er floh, starb aber bei der Überfahrt nach Sizilien. Seine Schriften wurden verbrannt. Ein anderes Opfer wurde *Sokrates*, dessen Ziel es war, durch unablässiges Fragen das Gute und Gerechte herauszufinden. Auch ihn verurteilten die Athener zum Tode. Er nahm das Urteil an und lehnte es ab zu fliehen.

Vom Marktplatz in die Schule

Kein Wunder, dass die Philosophen mit ihren Stellungnahmen zu Fragen des öffentlichen Lebens vorsichtiger wurden. Sie zogen von der *Agora*, dem Markt- und Versammlungsplatz, in die Schule und begannen dort, genauer über alle Bereiche des Lebens und der Natur nachzudenken. So gründete *Platon* um 385 v. Chr. in Athen eine bedeutende Schule: die *Akademie*. Aus ihr ging *Aristoteles* hervor, einer der bedeutendsten Denker aller Zeiten. Er war Schüler Platons, erforschte alle Wissensgebiete und schrieb über Physik, Biologie und Politik.

M 1 Sokrates.
Die 27,5 cm hohe Marmorfigur wurde in Ägypten gefunden und entstand wahrscheinlich im 2. Jh. v. Chr. Der Philosoph Sokrates wurde 469 v. Chr. in Athen geboren. Sein Vater war Steinmetz, die Mutter Hebamme. Er erlernte das Handwerk seines Vaters, zeichnete sich durch Tapferkeit aus, übernahm politische Ämter und philosophierte öffentlich, verfasste aber keine Schriften. Über seine Lehre informieren vor allem die Schriften seines Schülers Platon, der etwa 30 Jahre jünger als Sokrates war. 399 wurde Sokrates angeklagt. Ihm wurde vorgeworfen, die Götter nicht anzuerkennen und die Jugend zu verderben. Das Volksgericht verurteilte ihn zum Tode. Er musste einen Becher mit Gift trinken.

M 2 Sokrates und der Soldat Trasybulos

Sokrates will die Menschen zur Selbsterkenntnis führen und so zu einem sinnvollen Leben anregen. Wie Sokrates philosophiert hat, machen zwei Gespräche (Dialoge) deutlich (M 2 und M 3).

TRASYBULOS: Guten Morgen, Sokrates!
SOKRATES: Guten Morgen, Trasybulos! Gut siehst du aus in deiner Rüstung. Du bist wohl ein tüchtiger Soldat?
TRASYBULOS: Klar! Ich habe im Kampf schon zehn Thebaner totgeschlagen.
SOKRATES: Brav, Trasybulos; denn die Thebaner sind alle Lumpen.
TRASYBULOS: Das hat schon unser General gesagt, Sokrates.
SOKRATES: Und der General der Thebaner hat seinen Soldaten gesagt, dass alle Athener Lumpen sind.
TRASYBULOS: Aber das stimmt doch nicht, Sokrates! Wir Athener sind keine Lumpen.
SOKRATES: Sind denn die Thebaner Lumpen, Trasybulos?
TRASYBULOS: Wie, meinst du etwa, unser General habe nicht recht?
SOKRATES: Ich weiß nicht, Trasybulos. Wir wollen das nächste Mal darüber weitersprechen.

Nach: Gustav A. Süß, Sokrates – der Archetypus des Wahrheitssuchers, in: Praxis Geschichte 3/2003, S. 28

M 3 Sokrates und der Getreidehändler Kimon

SOKRATES: Guten Tag, Kimon! Wohin gehst du?
KIMON: Zum Tempel, Sokrates, um den Göttern zu opfern.
SOKRATES: Du bist ein frommer Mann, Kimon.
KIMON: Ja, das sagen mir die Priester auch; denn ich opfere viel.
SOKRATES: Kimon, schläfst du eigentlich gut?
KIMON: Wie meinst du das, Sokrates?
SOKRATES: Wie ich es gesagt habe. Schläfst ... du ... gut?
KIMON: Manchmal kann ich nicht einschlafen, Sokrates.
SOKRATES: Warum?
KIMON: Ich denke immer an meinen Getreidehandel, überlege, wann ich mein Getreide am günstigsten verkaufe.
SOKRATES: Doch wohl dann, wenn in Athen das Getreide knapp ist und die armen Leute hungern.
KIMON: So ist es, Sokrates. Und wenn ich viel verdiene, kann ich viel opfern, den Göttern und den Priestern.
SOKRATES: Aber warum kannst du denn dann nicht einschlafen, wo du doch ein frommer Mann bist?
KIMON: Sokrates, das ist so: In mir ist etwas, das spricht zu mir ...
SOKRATES: Eine Stimme?
KIMON: Ja.
SOKRATES : Was sagt sie denn?
KIMON: Sie sagt, es sei nicht recht, wenn ich mein Getreide verkaufe, wenn die Athener am meisten Hunger haben und bereit sind, für Getreide den höchsten Preis zu bezahlen.
SOKRATES: Ach Kimon, auf diese Stimme musst du nicht achten.
KIMON: Das geht nicht so einfach, Sokrates. Die Stimme geht immer mit mir.
SOKRATES: Vielleicht spricht da ein Gott in dir, Kimon.
KIMON: In mir ein Gott, Sokrates?
SOKRATES: Ja, eine göttliche Stimme, die weiß, was gut und böse ist, und die keine Opfer braucht.
KIMON: Meinst du das wirklich, Sokrates?
SOKRATES: Du musst es bedenken, Kimon. Wenn wir uns wiedersehen, sagst du mir dann, wie du die innere Stimme zum Schweigen gebracht hast.

Nach: Gustav A. Süß, Sokrates – der Archetypus des Wahrheitssuchers, a. a. O., S. 28

1. *Spielt die Gespräche (M 2 und M 3).*
2. *Erläutert jeweils, wie Sokrates vorgeht.*
3. *Von Sokrates stammt die Aussage: „Ich weiß, dass ich nichts weiß.“ Erläutert, was er damit gemeint haben könnte.*
4. *Nennt mögliche Gründe, warum sich viele Athener darüber ärgerten, wie Sokrates lehrte (M 1 bis M 3).*

Alexander erobert ein Weltreich

1 Die Eroberungszüge Alexanders.

Makedonen unterwerfen Griechen

Anders als in den vielen selbstständigen griechischen Stadtstaaten herrschte im Norden Griechenlands ein König über die Makedonen. Unter *Philipp II.* übernahmen sie 338 v. Chr. die Vorherrschaft über die zerstrittenen griechischen Stadtstaaten. Zwei Jahre später wurde Philipp II. ermordet. Sein zwanzigjähriger Sohn *Alexander* setzte mit Gewalt seine Nachfolge durch. Er war von griechischen Lehrern ausgebildet worden. Aristoteles zählte dazu. Die Götter- und Heldensagen sollen ihn so sehr beeinflusst haben, dass er sie zum Vorbild nahm.

Wie ein Weltreich entsteht ...

Schon Alexanders Vater wollte gegen die Perser ziehen. Makedonen und Griechen sollten sich gemeinsam für die Zerstörung der Heiligtümer durch die Perser vor knapp 150 Jahren rächen.

334 v. Chr. setzte Alexander mit einem Heer von etwa 30 000 Mann nach Kleinasien über. Der Krieg gegen die Perser begann. Seine Truppen waren immer wieder siegreich. Der persische Großkönig *Dareios III.* verlor zuletzt sein Leben auf der Flucht.

Alexander regierte unumschränkt. In den eroberten Gebieten setzte er oft einheimische Herrscher als Statthalter ein. Zeigte sich Widerstand, handelte er rücksichtslos.

Im Sommer 327 v. Chr. begann Alexander, Nordindien zu erobern. Ein Jahr später stand er am Indus. Er wollte noch weiter – bis an die Grenze der Welt. Doch nun weigerten sich seine Truppen. Der Rückmarsch durch die Wüsten begann. Er forderte weitere Tausende von Toten. Ein Teil des Heeres segelte vom Indus bis zur Mündung von Euphrat und Tigris, um den Seeweg nach Indien zu erkunden.

Zurück in der alten persischen Hauptstadt Susa bemühte sich Alexander, Griechen, Makedonen und Perser zu verbinden. Zum Erstaunen einiger makedonischer und griechischer Heerführer kleidete er sich persisch und übernahm persische Hofsitten: Besucher mussten vor ihm wie vor einem Gott auf die Knie fallen. 324 v. Chr. heiratete er zwei persische Königstöchter und forderte seine Beamten, Heerführer und Soldaten auf, ebenfalls Ehen mit Perserinnen einzugehen.

... und zerfällt

Als Alexander einen neuen Feldzug nach Arabien vorbereitete, erkrankte er. Im Juni 323 v. Chr. starb er mit 32 Jahren in Babylon. Die Macht fiel in die Hände der Feldherren, die sich als seine Nachfolger fühlten: der *Diadochen*. Langfristig behaupteten sich drei Königreiche: das *Ptolemäerreich* in Ägypten, das *Seleukidenreich* in Syrien und einem Teil Vorderasiens und das *Antigonidenreich* in Makedonien und Griechenland.

1. *Nenne die heutigen Länder, durch die die Eroberungszüge führten (Abb. 1). Nutze dazu einen Atlas.*
2. *Beschreibe die möglichen Probleme, die das Heer während der Eroberungszüge lösen musste.*

M 1 Die Alexanderschlacht.

Fußbodenmosaik aus Pompeji, entstanden um 100 v. Chr. Forscher gehen davon aus, dass dieses 5,82 x 3,13 m große Mosaik aus vier Millionen Steinchen die Kopie eines griechischen Großgemäldes aus dem 3./2. Jh. v. Chr. ist.

Dargestellt ist, wie Alexander (links) auf den persischen Großkönig Dareios III. trifft.

M 2 Anerkennung

Der griechische Geschichtsschreiber Diodor, der rund 200 Jahre nach Alexander gelebt hat, stellt fest:

In kurzer Zeit hat dieser König große Taten vollbracht. Dank seiner eigenen Klugheit und Tapferkeit übertraf er an Größe der Leistungen alle Könige, von denen die Erinnerung weiß. In nur zwölf Jahren hatte er nämlich nicht wenig von Europa und fast ganz Asien unterworfen und damit zu Recht weitreichenden Ruhm erworben, der ihn den alten Heroen und Halbgöttern gleichstellte.

Hans-Joachim Gehrke, Alexander der Große, München [5]2008, S. 9

M 3 Kritik

Im 1. Jh. n. Chr. schreibt der römische Politiker und Philosoph Seneca:

Den unglücklichen Alexander trieb seine Zerstörungswut sogar ins Unerhörte. Oder hältst du jemanden für geistig gesund, der mit der Unterwerfung Griechenlands beginnt, wo er doch seine Erziehung erhalten hat? [...] Nicht zufrieden mit der Katastrophe so vieler Staaten, die sein Vater Philipp besiegt oder gekauft hatte, wirft er die einen hier, die anderen dort nieder und trägt seine Waffen durch die ganze Welt. Und nirgends macht seine Grausamkeit erschöpft halt, nach Art wilder Tiere, die mehr reißen als ihr Hunger verlangt.

Hans-Joachim Gehrke, Alexander der Große, a.a.O., S. 100 f.

▶ ***Lesetipps:***

- *Marie-Therese Davidson/Christian Heinrich, Alexander der Große, Bindlach 2003*
- *Marie Regina Kaiser, Alexander der Große und die Grenzen der Welt, Würzburg 2007*

1. *Jahrhunderte nach Alexanders Tod wurde das Mosaik (M 1) gelegt. Beschreibe, wie Alexander und sein Gegner dargestellt wurden. Vergleiche dazu vor allem die Gesichtsausdrücke. Welcher Augenblick der Schlacht ist zu sehen?*

2. *Kannst du erkennen, auf welcher Seite der Künstler steht? Begründe deine Aussage.*

3. *Vergleiche die Ansichten Diodors (M 2) und Senecas (M 3). Wessen Urteil überzeugt dich mehr?*

4. *Diskutiert, ob Alexander den Beinamen „der Große" verdient hat.*

Überall griechischer Einfluss

Die griechische Kultur wird verbreitet

Alexander der Große ließ in den eroberten Gebieten zahlreiche Städte nach griechischem Vorbild gründen. Viele erhielten seinen Namen. In diese Städte zogen Griechen und Makedonen als Händler, Beamte oder als Siedler. Ihre wirtschaftlichen und religiösen Vorstellungen sowie ihre Sprache behielten sie. Griechisch wurde zur wichtigsten Sprache und blieb in den Ländern im östlichen Mittelmeerraum auch noch Jahrhunderte später unter der Herrschaft der Römer vorherrschend.

Griechische Architektur prägte bald das Bild der Städte. Überall entstanden Tempel und Theater. Die vornehmen Einheimischen mussten ihre Lebensweise anpassen. Umgekehrt übernahmen die Griechen vieles aus der orientalischen Kultur. Dazu zählten die Verherrlichung der Herrscher als Götter, neue Formen der Kriegsführung und vieles andere mehr.

Während Wissenschaft und Künste in den Städten eine Blüte erlebten, veränderte sich auf dem Lande wenig. Hier, wo die große Mehrheit der Bevölkerung lebte und arbeitete, blieben die Menschen bei ihren ägyptischen oder orientalischen Sitten und Bräuchen. Diese Zeit bezeichnen wir als Hellenismus.

Alexandria – eine Weltstadt

Alexander hatte 332 v. Chr. im westlichen Mündungsgebiet des Nils, an der Stelle einer alten ägyptischen Siedlung, die Stadt Alexandria gegründet. Nach griechischen Plänen entstand hier ein Zentrum der hellenistischen Kultur.

Alexandria erhielt das Recht auf den Alleinhandel mit Papyrus, Parfüm und Glas. Vor allem durch den Getreidehandel konnte die Stadt an Bedeutung gewinnen. Schiffswerften wurden errichtet und große Betriebe, die Waren für den Export herstellten. Alexandria zählte bis zu 600 000 Einwohner. Hier lebten Ägypter, Syrer, Juden, Araber, Perser, Afrikaner. Aber nur Griechen und Makedonen hatten Bürgerrechte.

Erfinder und Gelehrte

Der Ruhm der Stadt ging auf eine königliche Forschungsstätte zurück, die nach den Musen, den griechischen Göttinnen der Künste und der Wissenschaften, *Museion* benannt war. Hier forschten und lehrten zahlreiche Wissenschaftler. Für ihren Lebensunterhalt sorgte der Herrscher. Den Gelehrten stand die größte und beste Bibliothek der Antike zur Verfügung. Sie soll rund 700 000 Schriftrollen besessen haben.

Im 3. Jh. v. Chr. forschten in Alexandria *Euklid*, der Verfasser eines bis ins 19. Jh. verwendeten Lehrbuches der Geometrie, *Archimedes*, der die unendliche Schraube und den Flaschenzug erfand, und *Eratosthenes*, der den Erdumfang erstaunlich genau berechnete und vermutete, man könne von Spanien aus westwärts nach Indien segeln.

1 Der „Dornauszieher“.
Marmorkopie einer 82,5 cm hohen hellenistischen Skulptur vom Ende des 3. Jh. v. Chr.

2 Buckliger Bettler.
6,7 cm hohe Bronzefigur, um 250 v. Chr.

■ Beschreibe *die Figuren (Abb. 1 und Abb. 2).*

M 2 Plan von Alexandria.
Die Angaben beruhen weitgehend auf Vermutungen.

M 1 Eine Beschreibung Alexandrias
Der griechische Geograf und Geschichtsschreiber Strabon, der an der Wende vom 1. zum 2. Jh. n. Chr. gelebt hat, beschreibt die Stadt so:

Vielseitig ist die Gunst der Lage: Von zwei Meeren wird der Platz umspült, von Norden her durch das „Ägyptische" Meer, im Süden durch den [...] Mareotischen See. Ihn speist der Nil mit vielen Kanälen [...], auf denen weit mehr eingeführt wird als vom Meere her; [...] dafür ist in dem Meereshafen die Ausfuhr aus Alexandria höher als die Einfuhr [...].

Die Grundfläche der Stadt erinnert in ihrer Form an einen Mantel, dessen Längenseiten vom Meere umspült werden, und etwa 30 Stadien [5,549 km] ausmachen; die Breitseiten, je sieben [1,295 km] oder acht Stadien [1,480 km] lang, sind die Landengen, die auf der einen Seite vom Meere, auf der anderen vom See eingeschnürt werden. Die ganze Stadt wird von Straßen durchschnitten, die Platz für Reiter und Wagen bieten; zwei sind besonders geräumig, mit einer Breite von mehr als einem Plethron [etwa 31 m], sie schneiden sich im rechten Winkel. Die Stadt besitzt sehr schöne öffentliche Bezirke und den Bezirk der Königspaläste, die ein Viertel oder gar ein Drittel des Stadtumfangs ausmachen [...].

Der Wohlstand der Stadt aber ist vor allem darin begründet, dass von ganz Ägypten allein dieser Platz zu beidem geschaffen ist: zum Seehandel wegen der guten Hafenverhältnisse und zum Binnenhandel, da der Strom wie ein bequemer Fährmann alles transportiert und an einem Platze zusammenführt, der der größte Handelsplatz der Welt ist.

Walter Arend (Bearb.), Altertum. Geschichte in Quellen, München ³1979, S. 367 f.

M 3 Der Leuchtturm von Alexandria.
Rekonstruktionszeichnung, um 2000.
Für die Seeschifffahrt wurde Anfang des 3. Jh. v. Chr. auf der Insel Pharos vor Alexandria ein etwa 100 Meter hoher Leuchtturm errichtet. Dessen Feuer wurde durch einen Hohlspiegel so verstärkt, dass es noch 50 km entfernt zu sehen war. Er war der erste von einem Architekten entworfene Leuchtturm der Welt und das Vorbild aller weiteren Leucht- und Kirchtürme sowie Minarette. Der Leuchtturm von Alexandria wurde in der Antike zu den Sieben Weltwundern gezählt. Er zerfiel im 14. Jh. n. Chr.

▶ ***Lesetipps:***
- *Russell Ash, Die größten Weltwunder, Berlin 2008*
- *Katherine Roberts, Mord im Mausoleum, München 2007*

▶ ***Internettipps:***
Zu den sieben Weltwundern der Antike siehe
- *www.weltwunder-online.de*
- *www.raetsel-der-menschheit.de/wewu*

1. *Nenne die Gründe, die Strabon für den Reichtum der Stadt angibt (M 1).*
2. *Beschreibe den Straßenverlauf der Stadt (M 2). Vergleiche ihn mit dem deines Schul- oder Wohnortes. Stelle die Lage der bedeutenden Einrichtungen fest. Für wen waren sie bestimmt? Begründe deine Antworten.*
3. *Informiere dich über die anderen Weltwunder der Antike. Suche für dein Portfolio entsprechende Bilder und schreibe erläuternde Texte dazu.*

Griechisch in unserem Alltag

1. *Auf diesen Eintrittskarten findet ihr Begriffe, die ihr aus dem Geschichtsunterricht kennt. Schreibt sie heraus und nennt mögliche Gründe dafür, dass sie in fast allen europäischen Sprachen verwendet werden.*
2. *Schreibt die gefundenen Begriffe untereinander und tragt dahinter in drei Spalten jeweils Stadt, Land und Sprache ein.*
3. *Erkundigt euch, in welchen Bereichen griechische Begriffe noch heute benutzt werden.*

Durchblick – Kompetenzen überprüfen

M 1 Was war wichtig?

Der folgende Text fasst zusammen, was du in diesem Kapitel erarbeitet hast. Du kannst dein Sachwissen überprüfen, indem du die Lücken füllst.

In der gebirgigen und küstenreichen griechischen Landschaft entstanden nach 800 v. Chr. viele selbstständige Stadtstaaten. Trotzdem sahen sich die Bewohner der einzelnen □□□□□□ aufgrund ihrer verwandten Sprache, Religion und Dichtung als Einheit. Sie nannten sich □□□□□□□□, alle anderen Völker waren für sie □□□□□□□□. Das wichtigste Götterfest fand in □□□□□□□ zu Ehren von □□□□ und □□□□ statt. Seit dem 7. Jh. nahmen daran auch Athleten aus dem ganzen griechischen Siedlungsgebiet teil. Die wachsende Bevölkerung und der geringe Ertrag des Bodens zwangen viele Griechen zur Auswanderung. Sie gründeten an den Küsten des Schwarzen Meeres und des Mittelmeeres zahlreiche □□□□□□□□.

In Athen entwickelte sich Mitte des 5. Jh. v. Chr. eine neue Staatsform: die □□□□□□□□□□. Nicht mehr allein der Adel, die □□□□□□□□□□□□, regierten, sondern das □□□□. Jeder wehrfähige Athener konnte sich am politischen Leben sowie an der Rechtsprechung beteiligen. In der □□□□□□□□□□□□□□□□□ hatten alle Bürger das gleiche Stimmrecht. □□□□□□, eingewanderte „Mitbewohner“ und Sklaven hatten aber keine Bürgerrechte.

Die Dichtungen, Kunst- und Bauwerke der Griechen galten auch in späteren Zeiten als vorbildhaft und zeitlos schön. Noch heute verwenden wir viele Begriffe, die aus dem Griechischen abgeleitet sind. Griechische □□□□□□□□□□□ und Wissenschaftler haben als erste versucht, die Natur zu erklären. Sie haben auch darüber nachgedacht, nach welchen Regeln die Menschen am besten in einer Gemeinschaft zusammenleben.

Das Zeitalter der Poleis ging zu Ende, als König Philipp II. von Makedonien ganz Griechenland unter seinen Einfluss brachte. Sein Sohn □□□□□□□□□ □□□ □□□□□ eroberte ein Reich, das sich von Makedonien und Griechenland bis zum Indus und zum Nil erstreckte. Er schuf die Voraussetzungen für den □□□□□□□□□□□, die Verbreitung der griechischen Kunst und Kultur in der □□□□□□. Alexanders Weltreich zerfiel nach seinem Tod unter seinen Nachfolgern.

M 2 Begriffe und Erklärungen passen nicht zusammen

Aristokratie	Staatsform mit einem erblichen König
Polis	Herrschaft des Volkes
Hellenismus	Auswanderung der Griechen in Tochterstädte
Demokratie	Herrschaft des Adels
Olympische Spiele	Verbreitung der griechischen Kultur
Kolonisation	Feier zu Ehren der Götter
Monarchie	griechischer Stadtstaat

M 3 Woher kommt der Ruhm?

Der römische Historiker und Politiker Sallust bemerkt im 1. Jh. v. Chr. zur Geschichtsschreibung:

Die Leistungen der Athener waren meines Erachtens gewiss bedeutend und großartig genug, aber doch wesentlich kleiner, als es die Überlieferung will. Weil bei ihnen aber große schriftstellerische Begabungen aufgetreten sind, werden die Taten der Athener in aller Welt als die größten gefeiert.

Sallust, Die Verschwörung Catilinas 8, zit. nach: ders., Werke. Lateinisch und deutsch von Werner Eisenhut und Josef Lindauer, München – Zürich 1985, S. 17

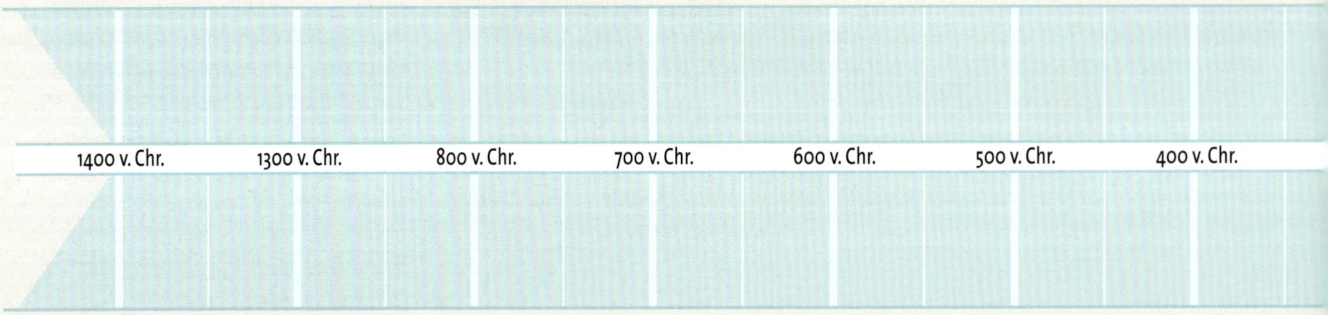

M4 Die Welt um 500 v. Chr.

Rekonstruktionsversuch von Jörg-Peter Röhl, 2000 (vereinfacht). Die Karte entstand auf der Grundlage von Angaben aus dem überlieferten Werk des griechischen Geografen Hekataios von Milet (um 560 v. Chr.-um 480 v. Chr.).
Hyperboräer: *Bewohner eines sagenhaften Landes im Norden Europas*
Eridanos: *sagenhafter Fluss am Ende der Welt*
Ripäisches Gebirge: *Gebirge auf der Nordseite der bewohnten Erde (Alpen?)*
Istros: *Donau*
Zinn-Inseln: *Inseln vor England*
Säulen des Herakles: *Felsen von Gibraltar*
Pontos Euxeinos: *Schwarzes Meer*
Kasp. Golf: *östlicher Rand Europas (Kaspisches Meer)*

ANTIKE, ARMEE, BIATHLON, DEMOKRATIE, DIKTAT, DRAMA, FILIALE, GASTRONOMIE, KLIMA, LUXUS, PRAXIS, STRATEGIE

M5 Griechisch oder nicht?

M6 Die olympische Idee

Pierre de Coubertin (siehe Seite 88) schreibt über den Sinn und Zweck der olympischen Idee:

Die Olympischen Spiele feiern, heißt, sich auf die Geschichte berufen. Sie ist es, die am besten den Frieden sichern kann. Von den Völkern verlangen, sich gegenseitig zu lieben, ist eine Art Kinderei; sie aufzufordern, sich zu achten, ist keine Utopie; aber um sich zu achten, muss man sich zunächst kennen.

Pierre de Coubertin, Der Olympische Gedanke. Reden und Aufsätze, Stuttgart 1967, S. 154

1. *Schreibe die fehlenden Begriffe und Namen der Zusammenfassung (M1) in dein Heft.*
2. *Lege einen Zeitstrahl zur Geschichte Griechenlands an und füge ein, wann sich in Athen die Volksherrschaft durchsetzte, Herodot, Platon, Alexander der Große, Sokrates und Perikles starben, der Peloponnesische Krieg begann, die Athener bei Marathon siegten und die neuen Tempel auf der Akropolis errichtet wurden.*
3. *Schreibe die Begriffe und Erklärungen (M2) so in dein Heft, dass sie zusammenpassen.*
4. *Erläutere das Zitat von Sallust (M3) über die Geschichtsschreibung.*
5. *Beschreibe die Karte und nenne das Gebiet im Zentrum (M4). Stelle Vermutungen an, warum es gerade dort angeordnet worden ist. Nebenbei: Schon im 5. Jh. v. Chr. waren diese Vorstellungen von der Lage der Erde umstritten.*
6. *Stelle fest, welche der in M5 genannten Begriffe auf das Griechische zurückgehen und was sie bedeuten.*
7. *Suche weitere politische Begriffe griechischer Herkunft und schreibe sie in dein Heft. Du kannst dazu das „Lexikon zur Geschichte" benutzen (siehe Seite 211 ff.).*
8. *Diskutiert die Idee Coubertins (M6). Entspricht sie den alten griechischen Vorstellungen? Ist sie noch heute aktuell?*

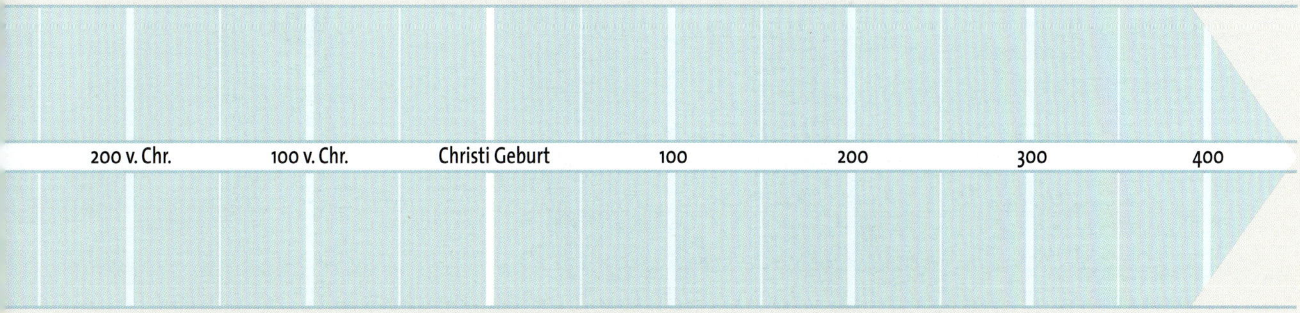

Aufstieg und Zerfall des römischen Weltreiches

Roms Wahrzeichen: die „Kapitolinische Wölfin".
Foto, um 2000. Die bronzene Figur der Wölfin wurde wohl nach Vorbildern aus dem 6./5. Jh. v. Chr. zwischen dem 9. und 13. Jh. hergestellt. Sie ist 75 cm hoch und 114 cm breit. Das Original soll über Jahrhunderte auf dem Kapitol, dem religiösen Mittelpunkt Roms, gestanden haben. Die Figuren der Zwillinge Romulus und Remus stammen erst aus dem 16. Jh.

Brudermord am Tiber

„Du bist wie immer ein schlechter Verlierer, Remus!" Spöttisch und verärgert zog Romulus die Mundwinkel nach unten und ging ein paar Schritte weiter. Seit einiger Zeit mäkelte sein Zwillingsbruder an allem herum, was er anordnete oder tat. Offensichtlich konnte er es nicht verwinden, dass er, Romulus, nun König der Stadt sein würde, die sie gemeinsam mit anderen Männern hier auf dem Palatin, einer der Anhöhen über dem Tiber, gründen wollten. Romulus spürte den bohrenden Blick seines Bruders. Er drehte sich noch einmal um. „Was willst du? Die Götter haben ihren Willen unmissverständlich kundgetan, indem sie mir zwölf, dir aber nur sechs Geier geschickt haben. Du solltest dich dem Götterwillen fügen." Als er das verschlossene Gesicht des Remus sah, fügte er hinzu: „Ich bin mit all den anderen Männern hierher gekommen, um eine Stadt zu gründen, und niemand wird mich davon abhalten – auch du nicht. Hier ist nur Platz für einen König. Und der bin ich. Auf keinen Fall wirst du verhindern, dass die Stadt meinen Namen trägt: Roma!"

Während Remus trotzig die Fußspitze in die Erde bohrte, ergriff Romulus wortlos den Pflug. Feierlich schritt er hinter dem Gespann mit einem weißen Ochsen her. Die Furche, die er auf dem Hügel zog, nahm allmählich die Form eines Quadrates an. Auf ihr sollte sich bald Roms Stadtmauer erheben. Als Romulus die Furche vollendet hatte, blickte er stolz auf sein Werk. „Die Stadt wird ewig stehen; die Götter schützen sie. Kein Bewaffneter darf sie betreten, denn sie ist heilig. Kein Feind soll je ihre Mauern überwinden, ohne dafür mit dem Tod zu büßen ..."

Noch bevor Romulus zu Ende gesprochen hatte, zog Remus, auf den er gar nicht mehr geachtet hatte, sein Schwert und rief herausfordernd: „Dann versuche doch, mich aufzuhalten, wenn du dich traust! Mich wird deine ‚Mauer' nicht aufhalten." Mit einem weiten Satz sprang er über die Furche. Romulus wurde blass vor Zorn. Er zog ebenfalls seine Waffe, setzte dem Bruder nach und schlug auf ihn ein, bis er sich nicht mehr regte. Als er endlich wie aus einem tiefen Rausch wieder zu sich kam, stieß er keuchend hervor: „Bei meinem Vater Mars, so soll es jedem ergehen, der es wagt, Roms Mauern zu missachten."

Dieter Brückner

Einblick – Orientierung gewinnen

1 **Der Hadrianswall, 2. Jh. n. Chr.**
Foto, um 1990.

Vom Hadrianswall zwischen England und Schottland im Norden bis in die Sahara in Nordafrika, von der Atlantikküste Portugals im Westen bis zum Rhein im Nordosten und zum Partherreich im Osten – das Römische Reich umfasste fast die ganze damals bekannte Welt. In der Mitte war das Mittelmeer, das die Bewohner des Römischen Reiches stolz „unser Meer" nannten. Die Römer dachten, dass ihr Reich „ewig" bestehen würde. Wir wissen, dass daraus nichts wurde. Aber immerhin umfasst die römische Geschichte in der westlichen Hälfte Europas mehr als 1000 Jahre. Die Republik und das Kaisertum wurden Vorbild für spätere politische Ordnungen. Auch das Judentum, das Christentum und der Islam haben ihre Wurzeln in der römisch geprägten Mittelmeerwelt.

Im folgenden Kapitel betrachtet ihr die römische Geschichte unter verschiedenen Fragestellungen:

- Wie wurde aus einem Stadtstaat ein Weltreich?
- Wie konnten die Römer ein so riesiges Reich organisieren und verwalten?
- Wie funktionierte das Zusammenleben von Menschen unterschiedlicher Kulturen in diesem Reich?
- Was wissen wir vom Alltag und den technischen Leistungen der Römer?
- Woran glaubten die Menschen im Römischen Reich?
- Weshalb ging das römische Weltreich zugrunde?
- Wer waren seine Erben und wie gingen sie mit dem Erbe Roms um?

Am Ende dieses langen Kapitels wisst ihr, welche Spuren die alten Römer in der Geschichte und Kultur Europas hinterlassen haben.

5 **Legionslager in Lambaesis (Algerien), Anfang des 2. Jh. n. Chr.**
Foto von 2004.

753 v. Chr.: Rom wird der Sage nach gegründet

um 500 v. Chr.: Rom wird Republik

5.-2. Jh. v. Chr.: Die Römer beherrschen ganz Italien und den Mittelmeerraum

800 v. Chr. | 700 v. Chr. | 600 v. Chr. | 500 v. Chr. | 400 v. Chr. | 300 v. Chr. | 200 v. Chr. | 100 v. Chr.

ab 800 v. Chr.: In Griechenland entstehen Stadtstaaten (Poleis)

8.-6. Jh v. Chr.: Die griechischen Poleis gründen an den Küsten des Mittelmeeres und des Schwarzen Meeres Kolonien

5. Jh. v. Chr.: Demokratie in Athen

334-323 v. Chr.: Alexander der Große erobert ein Weltreich, das sich von Ägypten bis Indien erstreckt; die griechische Kultur breitet sich aus

2 Das Theater von Orange (Südostfrankreich), 1. Jh. n. Chr.
Foto, um 1990.

3 Pont du Gard über den Gardon (Südfrankreich), 1. Jh. n. Chr.
Foto, um 2000.

4 „Porta Nigra“ (dt. „Schwarzes Tor“) in Trier, Ende des 2. Jh. n. Chr.
Foto von 2001.

6 Das Römische Reich zur Zeit seiner größten Ausdehnung, um 117 n. Chr.

ab dem 5. Jh.: Der Zerfall des römischen Weltreiches beginnt

:hr.: Augustus herrscht und begründet ein Kaiserreich

391: Das Christentum wird alleinige Staatsreligion

7./8. Jh.: Muslime dehnen ihren Herrschaftsbereich aus

r wird ermordet

um 300: Die „Völkerwanderungszeit“ beginnt

rt | 100 | 200 | 300 | 400 | 500 | 600 | 700 | 800

Ägypten wird römische Provinz

Roms Geschichte beginnt

1 Aus der Gründungssage Roms.
Münze, Anfang des 2. Jh. v. Chr.
■ *Beschreibe das Münzbild und stelle fest, welcher Augenblick der Gründungssage dargestellt ist.*

Die Gründungssage

Schon die römischen Kinder lernten vor über 2000 Jahren, dass Romulus Rom gegründet habe. Sogar den angeblichen Gründungstag hatten Geschichtsschreiber festgelegt: den 21. April 753 v. Chr.
Von der Kindheit der Zwillinge berichtet die Sage, sie seien Söhne der Königstochter *Ilia* gewesen, zu deren Vorfahren der Troianer *Aeneas* gehört habe. Dieser Held der griechischen Sage und Sohn der Göttin *Venus* sei mit seinen Leuten aus dem brennenden Troia geflohen und nach langen Irrfahrten in Italien gelandet. Und der Vater der Kinder? Laut Sage war es der Kriegsgott *Mars*.
Angeblich trieb ein machtgieriger Onkel Ilia in den Tod und setzte ihre beiden Säuglinge in einem Körbchen auf dem Tiber aus. Ans Ufer gespült, blieb es an einem Feigenbaum hängen. Dort fand eine von ihrem Vater Mars gesandte Wölfin die Zwillinge, säugte sie und bewahrte sie vor dem Verhungern. Ein Hirte entdeckte die Kinder und zog sie mit seiner Frau groß. Die beiden Brüder gründeten später nahe dem Ort ihrer Rettung eine Stadt. Im Streit habe Romulus seinen Bruder Remus getötet.
Die Sage berichtet weiter, Romulus sei der erste König der Stadt gewesen und nach seinem Tode in den Kreis der Götter aufgenommen worden. Sechs weitere Könige hätten nach ihm die Stadt regiert, bevor 510 v. Chr. der siebte mit Namen *Tarquinius Superbus* („der Überhebliche") von den Römern vertrieben worden sei.

War es wirklich so?
Archäologen haben im Bereich der Hügel am Tiber Spuren von Lehmhäusern und Gräbern aus dem 11. bis 9. Jh. v. Chr. gefunden. Demnach lebten dort schon lange vor Roms angeblichem Gründungsjahr Menschen. Im 7. Jh. v. Chr. muss der Ort für das Volk der *Etrusker* interessant geworden sein. Könige aus verschiedenen Familien übernahmen dort die Herrschaft. Eine trug den Namen *Ruma*. Die Zahl der Einwohner wuchs während der Monarchie, in der nur ein Einzelner die Macht hatte. Es wurden Tempel, Häuser aus Stein und eine Brücke über den Tiber errichtet, ein großer Abwasserkanal (*Cloaca maxima*) gebaut, ein zentraler Markt angelegt und die Stadt mit einer Mauer umgeben. Die ältesten Überreste der Stadtbefestigung datieren die Archäologen auf die Zeit um 600 v. Chr.

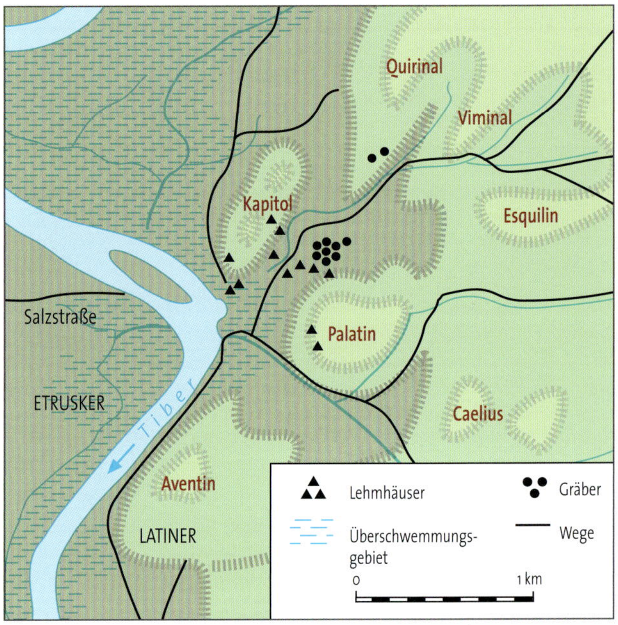

2 Rom – die Hügel, um 900 v. Chr.

▶ ***Lesetipps:***
- *Simon Adams, Das alte Rom. Zwischen Blütezeit und Untergang, Würzburg 2006*
- *Simon James, Das alte Rom, München 2011*
- *Ernst Künzl, Das alte Rom, Nürnberg 2000*

1. *Überprüfe, ob du in der Sage einen Teil der tatsächlichen Entstehungsgeschichte wiederfindest.*
2. *Erkläre, weshalb die Römer auf ihre Herkunftssage stolz waren.*
3. *Beschreibe die Karte (Abb. 2) und stelle fest, welche Vorteile die Landschaft für die Gründung einer Stadt bot. Nutze dazu auch eine Karte von Italien in einem Atlas.*

3 **Etruskisches Ehepaar.**
Terrakottafiguren auf einem Sarkophag (Prunksarg), um 525 v. Chr.

Die Etrusker – ein rätselhaftes Volk

Auf dem Gebiet der heutigen italienischen Regionen Toskana, Umbrien und Latium lebte im Altertum das Volk der Etrusker. Wegen ihrer fremden Kultur nahmen bereits die Geschichtsschreiber der Antike an, dass sie von weither nach Italien eingewandert seien, vielleicht aus der heutigen Türkei. Vor ihren Städten legten die Etrusker hausförmige Grabanlagen mit bunten Wandmalereien an. Diese zeigen ihre Bewohner im Alltag. Aus gebranntem Ton (*Terrakotta*) formten sie kunstvolle Figuren. Sie beherrschten die Metallverarbeitung und schufen aus Bronze großartige Darstellungen von Menschen und Tieren.
Was die Etrusker aufgeschrieben haben, können wir lesen, weil ihr Alphabet griechischen Ursprungs ist. Wir kennen aber nur einen kleinen Teil ihrer Sprache. Die Inschriften sind kurz und enthalten fast immer dieselben Wörter. Aus ihnen wissen wir, dass Kinder oft nach ihrer Mutter genannt wurden. Vermutlich besaßen Frauen bei den Etruskern ähnliche Rechte wie Männer.
Bevor die Etrusker eine wichtige Entscheidung trafen, opferten sie ihren Göttern Tiere und untersuchten die Leber und andere innere Organe. Sie deuteten die Flugbahnen der Vögel und den Lauf der Blitze bei einem Gewitter, um herauszufinden, ob die Götter mit ihrem Tun einverstanden waren oder nicht.

4 **Italien zur Zeit der größten etruskischen Ausdehnung, Ende des 6. Jh. v. Chr.**

M 1 Gastmahl.
Etruskische Wandmalerei, um 460 v. Chr. Kolorierte Durchzeichnungen von Carlo Ruspi, 1832 (Ausschnitt).

M 2 Ein Grieche über die Etrusker und Römer

Der griechische Geschichtsschreiber Diodor aus Sizilien, der im 1. Jh. v. Chr. eine Weltgeschichte in 40 Büchern verfasst hat, berichtet:

Es bleibt uns noch übrig, von den Etruskern zu sprechen. Dieses Volk, das sich von alters her durch Tapferkeit auszeichnete, eroberte viel Land und gründete zahlreiche ansehnliche Städte, gleichzeitig beherrschte es aufgrund seiner Seemacht lange Zeiten das Meer [...]. Auch ihre Landstreitkräfte bildeten die Etrusker mit großem Eifer aus [...].

Dazu verstanden sie es, den obersten Beamten das nötige Ansehen zu verschaffen, indem sie ihnen die Liktoren* beigaben und den elfenbeinernen Stuhl und die purpurgesäumte Toga** verliehen. Im Häuserbau erfanden sie die Vorhallen, eine gute Hilfe, die Störungen durch das Gedränge der aufwartenden Volksmenge zu vermeiden. Das meiste davon haben die Römer nachgeahmt und es – noch verschönert – in ihr eigenes Gemeinwesen übernommen.

Auf die Weiterbildung der Wissenschaften und die Natur- und Götterlehre haben sie viel Eifer verwendet. Sie haben die Beobachtung und Deutung des Donners und Blitzes mehr als alle übrigen Menschen ausgebildet, um die göttlichen Vorzeichen durch den Donner auszulegen.

Das Land, das sie bewohnen, ist in jeder Weise fruchtbar, und sie gewinnen durch seine Bearbeitung eine nicht endende Fülle an Feldfrüchten, die ihnen über den nötigen Unterhalt hinaus reichlichen Genuss und Schwelgerei ermöglichen. Zweimal am Tage lassen sie sich nämlich köstliche Speisen auftischen, und sie lassen sich auch alles andere zukommen, was zu übermäßiger Üppigkeit gehört: Bunte Teppiche mit Blumen breiten sie beim Mahle aus, eine Menge silberner Trinkgefäße von allen Formen stehen bereit, und eine große Zahl von Sklaven steht jederzeit dienend zur Verfügung.

Walter Arend (Bearb.), Altertum. Geschichte in Quellen, München ^{3}1978, S. 391 (vereinfacht)

***Liktor**: *Siehe Abb. 2, Seite 139.*
****Toga**: *Siehe Abb. 1, Seite 137.*

1. *Beschreibe das Wandgemälde (M 1), und vergleiche es mit dem Bericht Diodors (M 2).*
2. *Der prächtige Sarg (Abb. 3, Seite 135) und das Bild (M 1) erinnern an ähnliche Darstellungen der Griechen. Was die Frauen betrifft, wirst du jedoch einen wichtigen Unterschied entdecken. Erläutere ihn!*
3. *Beschreibe die Figuren auf dem Sarg (Abb. 3, Seite 135) und die Wandmalerei (M 1). Was sagen sie über die Vorstellungen der Etrusker vom Leben nach dem Tod aus?*

Rom wird Republik

Wer bestimmt im frühen Rom?

Die vornehmen und reichen Römer verbannten um 500 v. Chr. den letzten etruskischen König. Sie übernahmen selbst die „öffentlichen Angelegenheiten" (lat. *res publicae*) und gründeten damit eine Republik. Anders als die Athener errichteten sie aber keine Demokratie. Die Macht im Staat übernahmen die Patrizier, die Nachfahren der „Väter" (lat. *patres*), die angeblich mit Romulus die Stadt gegründet hatten. Sie wurden Feldherren, Beamte, Richter oder Priester. Außerdem gehörte den Patriziern das meiste Land. Um ihre besondere Stellung zu sichern, durfte ein Patrizier keine Frau aus dem Kreis der übrigen Bürger heiraten. Für sie waren Bauern, Handwerker, Händler und Tagelöhner – der größte Teil des Volkes – *Plebejer* (lat. *plebs*).

Patrizier und Plebejer streiten

Die Plebejer wussten, dass die Patrizier sie als Arbeitskräfte und Soldaten benötigten. Im Krieg waren die vielen plebejischen Fußsoldaten wichtiger als die wenigen patrizischen Reiter. Was lag da für die Plebejer näher, als für mehr Rechte zu streiken? Als das Heer 494 v. Chr. für einen Kriegszug versammelt werden sollte, zogen sie nach der Überlieferung aus der Stadt auf den nahen „Heiligen Berg" und stellten Bedingungen für ihre Rückkehr.

Die Plebejer setzen Rechte durch

Damals und in den folgenden 200 Jahren erstritten die Plebejer in den sogenannten „Ständekämpfen" weitere Zugeständnisse, um ihre Rechte, ihr Leben und Eigentum gegen die mögliche Willkür der Patrizier zu schützen.

- Jährlich durften sie aus ihren Reihen Volkstribune wählen, die gegen Entscheidungen der Patrizier ein Veto (lat. *veto*: ich verbiete) einlegen und während ihrer Amtszeit weder angeklagt noch verurteilt werden konnten.
- Die Plebejer wurden an der Wahl der Heerführer beteiligt.
- Gesetze wurden auf Bronzetafeln veröffentlicht (*Zwölf-Tafel-Gesetz*, um 450 v. Chr.).*
- Patrizier und Plebejer durften heiraten.
- Plebejer konnten in höchste Staatsämter gewählt werden (367 v. Chr.).
- Kein Römer durfte mehr wegen Überschuldung versklavt werden (Aufhebung der Schuldknechtschaft).
- Beschlüsse der Plebsversammlung (*Plebiszite*) waren für alle verbindliche Gesetze; sie mussten auch von den Patriziern befolgt werden, obwohl sie an diesen Versammlungen nicht teilnehmen durften.

*Siehe dazu auch Seite 194.

1 „Der Volksredner."
1,85 m hohe Bronzefigur, um 80 v. Chr.
Der Mann trägt eine Toga mit einem eingewebten Streifen auf dem Saum. Am Finger der linken Hand ist ein Ring. Beides kennzeichnet ihn als Patrizier.

1. *Nenne die Ursachen für die Auseinandersetzungen zwischen Plebejern und Patriziern.*
2. *Erläutere, wieso die Plebejer langfristig erfolgreich waren.*
3. *Nur freie römische Bürger durften eine solche Toga (Abb. 1) tragen. Ausländern und Sklaven war das untersagt. Diskutiert Vor- und Nachteile einer solchen „Kleiderordnung".*

M1 **Der Magen und die Glieder**

Wie es an dem Tag des Jahres 494 v. Chr., als der Streit zwischen den Plebejern und Patriziern seinen ersten Höhepunkt fand, im alten Rom genau zuging, wissen wir nicht. Aber so, wie es unsere Hauptfigur Lucius Cornelius erlebt hat, könnte es schon gewesen sein ...

Es schien ein Morgen wie viele andere zu sein. Der vornehme Lucius Cornelius ging zum Forum. Das Gedränge war so groß wie immer um diese Zeit. Aber plötzlich fiel Lucius Cornelius auf, dass die Leute heute nicht in die Stadt zum Marktplatz gingen. Nein, ganze Familien zogen mit all ihren Habseligkeiten aus der Stadt.

Da erkannte Lucius Cornelius in der Menge den Plebejer Quintus. „Was ist hier los?“, wollte er wissen. Ohne den sonst üblichen Respekt gegenüber dem vornehmen Patrizier raunzte Quintus zurück: „Was soll schon los sein? Es reicht uns. Wir gehen.“ Lucius Cornelius war so verblüfft, dass er ganz vergaß, Quintus wegen seines groben Tons zu tadeln. „Was reicht euch? Wohin geht ihr?“ Quintus baute sich breitbeinig vor ihm auf: „Wir haben es satt, dass ihr Patrizier, mit euren angeblich so vornehmen Vorfahren, hier in der Stadt schaltet und waltet, wie es euch in den Kram passt. Ihr plündert uns aus, ihr biegt euch die Gesetze so zurecht, wie ihr sie braucht. Wir arbeiten, und ihr schiebt euch die hohen Ämter gegenseitig zu. Ihr befehlt, wir buckeln! Jetzt hat es sich ausgebuckelt. Wir haben beschlossen, Rom zu verlassen und einen eigenen Staat zu gründen.“

Quintus blickte Lucius Cornelius triumphierend an, dem bei diesen Worten beinahe die Luft weggeblieben wäre. Der Plebejer ging weiter, doch nach ein paar Schritten drehte er sich noch einmal um: „Und eure hübschen Töchter könnt ihr für euch behalten. Ihr gebt sie uns ja sowieso nicht als Bräute.“

Auf dem Forum hatten sich unterdessen die Oberhäupter der Patrizierfamilien in heller Aufregung versammelt. Lucius Cornelius hörte sie schon von Weitem durcheinanderreden. Gerade rief einer mit sich überschlagender Stimme: „Sie erklären uns den Krieg. Wir müssen sie züchtigen. Das bedeutet Krieg! Bürgerkrieg!“ „Und ich kann dir sagen, wer ihn verlieren wird: Wir!“, lautete die knappe Antwort eines anderen. „Sie sind viel mehr als wir. Und den Zeitpunkt ihres Auszugs haben sie gut gewählt. Unsere Neider in der Nachbarschaft werden sich die Gelegenheit nicht entgehen lassen und uns angreifen. Wie sollen wir uns ohne Hilfe der Plebejer verteidigen?“ „Er hat Recht“, meinte ein Dritter. „Wir müssen versuchen, sie zurückzuholen.“ „Das kannst du gerne tun“, spottete der erste Patrizier. „Ich bin gespannt, wie lange sie dich reden lassen.“ Nach langem Hin und Her ergriff Menenius Agrippa das Wort: „Ich werde gehen.“

Im Lager der Plebejer wurde er mit einer Mischung aus Überraschung und Misstrauen empfangen. Als sich die Menge um ihn versammelt hatte, begann er: „Stellt euch einen Körper vor mit Kopf, Armen, Beinen, Rumpf und Magen. Eines Tages empörten sich die Glieder dieses Körpers. Denn sie mussten ja schließlich alle für den Magen arbeiten, der selbst nichts anderes tat, als faul ... –“ Weiter kam Menenius Agrippa nicht. Wütende Zwischenrufe unterbrachen ihn: „Wir wollen keine Märchen hören! Wir wollen endlich mitbestimmen, was im Staat geschieht, und wir wollen gerecht behandelt werden!“

Nur mühsam beruhigten einige der Umstehenden die aufgebrachte Menge. Menenius Agrippa konnte fortfahren: „Die empörten Glieder sprachen sich untereinander ab. Die Hände wollten keine Speisen mehr zum Mund führen, der Mund weigerte sich, Essen aufzunehmen, die Zähne hörten auf, Nahrung zu zerkleinern. Bald mussten sie aber erkennen, dass der ganze Körper verfiel. Sie selbst wurden immer schwächer, nur weil sie geglaubt hatten, sie könnten den Magen durch Hunger bestrafen und auf ihn verzichten.“ An dieser Stelle hörte Menenius Agrippa einfach auf zu sprechen. Wortlos ging er durch die Menge der schweigenden Plebejer zurück nach Rom.

Livius, Römische Geschichte II, 32 (nacherzählt von Dieter Brückner)

M2 **Menenius Agrippa erzählt den Plebejern die Geschichte vom Magen und den Gliedern.**
Wandgemälde von August Eisenmenger, um 1885.

Grundlage der Erzählung (M1) ist die Fabel vom „Magen und den Gliedern“, die der Geschichtsschreiber Livius (siehe M3, Seite 149) in seiner „Römischen Geschichte“ wiedergibt.

1. *Erkläre, was Menenius Agrippa den Plebejern mit der Fabel sagen wollte.*
2. *Untersuche, ob der Verfasser der Fabel eher auf der Seite der Patrizier oder der Plebejer steht.*
3. *Beurteile, ob dich die Fabel als Plebejer überzeugt hätte.*
4. *Du kannst für dein Portfolio aus der Erzählung einen Comic mit dem Schluss machen, den du für wahrscheinlich hältst.*

Wer regiert in Rom?

Eine neue Führungsschicht

Die einfachen Römer erkämpften sich viele Rechte. Trotzdem entstand in Rom keine Demokratie wie in Athen. Die Patrizier konnten verhindern, dass die Plebejer mächtig wurden. Zum einen ließen sie keine Ehen ihrer Kinder mit Plebejern zu, zum anderen war es üblich, dass ärmere Bürger sich einem einflussreichen Mitbürger unterstellten: Sie wurden so zu Klienten eines *Patrons* (dt. Schutzherr). Die Klienten kamen regelmäßig in das Haus des Patrons und boten ihm ihre Dienste an. Er gewährte ihnen Schutz, vertrat sie vor Gericht und half in Notfällen. Strebte der Patron ein politisches Amt an, stimmten seine Klienten bei Wahlen für ihn. Klienten und Patron gelobten sich gegenseitige Treue (lat. *fides*). Sie galt lebenslang und wurde sogar auf die Kinder übertragen. Für die Römer war es selbstverständliche Pflicht, an diesen Regeln festzuhalten.*

Im Laufe der Zeit entstand auf diese Weise eine aristokratische Führungsschicht von etwa 30 Patrizier- und Plebejerfamilien: die *Nobilität* (dt. „die Namhaften"). Sie allein bestimmte über Jahrhunderte die Politik Roms.

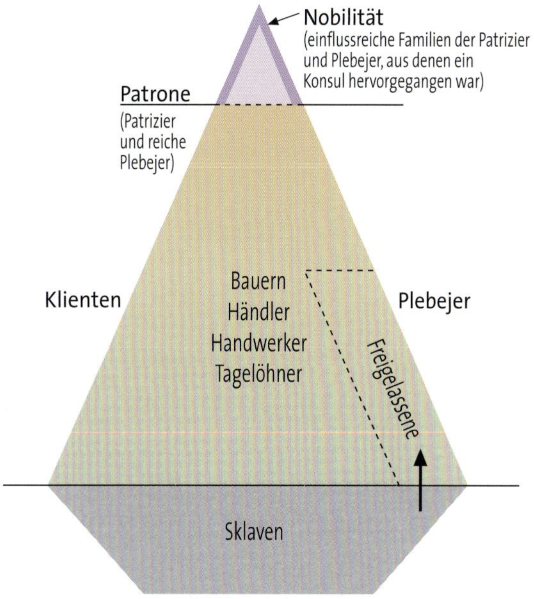

1 Die sozialen Verhältnisse in der Republik.

■ *Erläutere mit diesem Schaubild die Beziehungen der Menschen in der römischen Gesellschaft.*

Zahlreiche Ämter

An der Spitze des Stadtstaates standen zwei gewählte *Konsuln*. Im Krieg hatten sie den Oberbefehl über das Heer.

Weitere Regierungsbeamte (*Magistrate*) standen ihnen zur Seite:

- *Praetoren* vertraten die Konsuln, sie leiteten und überwachten die Gerichte.
- *Aedile* sorgten für die Sicherheit und die Lebensmittelversorgung in Rom, prüften Preise, Maße und Gewichte und organisierten auf eigene Kosten Feste und Spiele.
- *Quaestoren* verwalteten die Staatskasse.

Um jede Rückkehr zu einer Königsherrschaft (*Monarchie*) zu verhindern, wurde die Amtszeit aller Regierungsämter auf ein Jahr beschränkt und jedes Amt mit mindestens zwei Männern besetzt, von denen jeder gegen die Entscheidungen seines Kollegen Einspruch erheben konnte. Darüber hinaus durfte keiner dasselbe Amt zweimal, zwei Ämter gleichzeitig oder unmittelbar hintereinander bekleiden.

Zwei wichtige Sonderämter

Alle fünf Jahre wurden zwei Zensoren gewählt. Sie schätzten (lat. *censere*) das Vermögen der Bürger und teilten diese nach der Höhe ihres Vermögens in bestimmte Gruppen ein. Darüber hinaus konnten sie entscheiden, wer in den „Rat der Alten" (*Senat***) aufgenommen wurde. Außerdem durften sie Bürger, die sich schlecht benahmen und gegen anerkannte Regeln verstießen, öffentlich rügen. Wenn Gefahr für den Staat drohte, war eine Alleinherrschaft möglich. Im Auftrag des Senats konnten dann die beiden Konsuln einen Diktator ernennen. Seinen Anweisungen hatten sich alle unterzuordnen. Er blieb sechs Monate im Amt.

2 Liktor.
11,6 cm hohe vergoldete Bronzefigur, 1. Jh. n. Chr.
Die hohen Amtsinhaber (Magistrate) wurden in der Öffentlichkeit von Liktoren (Amtsdienern) begleitet. Als Zeichen ihres Amtes und ihrer Macht trugen sie Rutenbündel (lat. fasces), die aus Ulmen- oder Birkenzweigen bestanden.

*Siehe dazu Seite 142.
**Lies dazu die nächste Seite.

3 Der Senat tagt.
Wandgemälde (450 x 280 m) von Cesare Maccari, 1882-1888. Das Bild befindet sich in einem Sitzungssaal des Palazzo Madama in Rom.

Erfahrene Männer machen die Politik

Dem Senat gehörten 300 ehemalige Magistrate auf Lebenszeit an. Er tagte mehrmals im Monat. Jede Sitzung wurde von einem Konsul einberufen und geleitet. Wenn im Senat diskutiert wurde, richtete sich die Reihenfolge der Redner danach, wie alt ein Senator war und welche Ämter er bisher ausgeübt hatte. Stimmte die Senatsmehrheit einer Meinung zu, wurde daraus ein Beschluss, dem die Regierungsbeamten folgen mussten.

Die Senatoren überwachten die Einnahmen und Ausgaben des Staates, empfingen auswärtige Politiker und schlossen Verträge mit anderen Staaten. Sie bereiteten Gesetze und Wahlvorschläge vor und gaben den Magistraten verbindliche „Ratschläge" für ihre Amtsführung. Daher waren die Senatoren die einflussreichsten Männer im Staat. Ihre besondere Stellung wurde durch ihre Kleidung deutlich gemacht: Nur sie durften eine Toga mit breitem Purpurstreifen und rote Schnabelschuhe tragen.

Das „Volk" entscheidet mit

Alle wehrfähigen Männer Roms durften Regierungsbeamte wählen, Gesetze beschließen oder über Krieg und Frieden abstimmen. Dazu wurden unterschiedliche Volksversammlungen einberufen. Demokratisch war dies nicht, da die Stimmen der Wähler ungleich behandelt wurden. Die Stimmen der reichen Bürger zählten viel mehr als die der armen. Anders als in Athen diskutierte man auf den Versammlungen auch nicht, sondern stimmte nur mit Ja oder Nein ab.

Alle Magistrate wie auch die Mitgliedschaft im Senat waren Ehrenämter. Gehälter gab es für die Arbeit nicht. Daher konnten es sich die meisten Römer gar nicht leisten, öffentliche Ämter zu übernehmen.

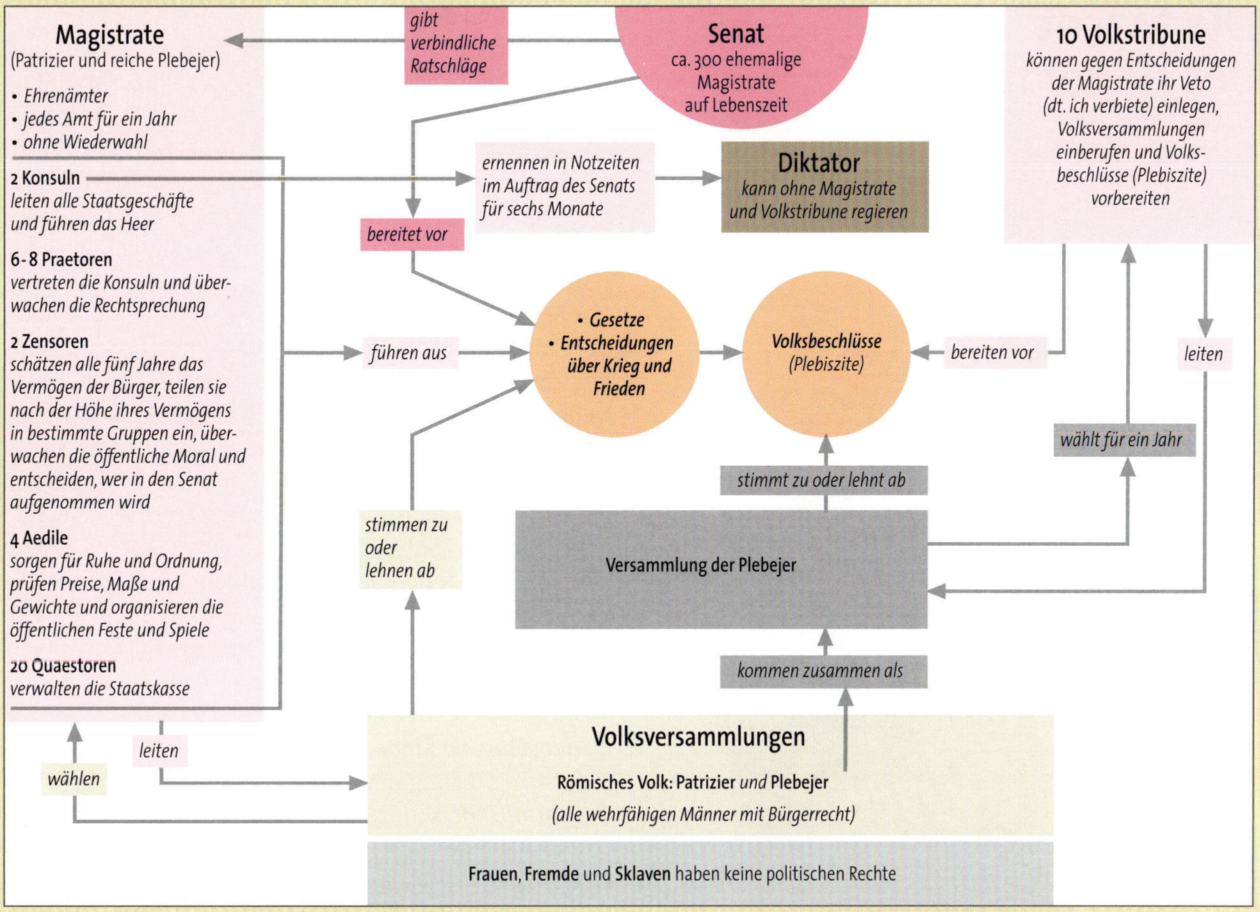

M1 Die Verfassung der Römischen Republik.
Da es bei den Römern keine geschriebene Verfassung wie unser Grundgesetz gab, kann diese Grafik nur einen ungefähren Einblick in die Herrschaftsform geben. Wichtige Entscheidungen wurden häufig auf anderen Wegen getroffen als in der Verfassung vorgesehen. Darüber hinaus änderte sich im Laufe der Zeit die Anzahl der Senatsmitglieder. Sie stieg von 300 auf 600 und zuletzt auf 900 Senatoren.

M2 Stimmabgabe in einer Volksversammlung.
Diese Silbermünze wurde unter der Aufsicht des Münzmeisters Publius Nerva um 113 v. Chr. geprägt.

M3 SPQR.
Foto, um 1990.
Die Abkürzung der Formel „Senat und Volk von Rom" (lat. Senatus Populusque Romanus) finden wir unter anderem auf Münzen und öffentlichen Gebäuden. Noch heute dient die Abkürzung in Rom – wie auf diesem Kanaldeckel – zur Bezeichnung öffentlichen Eigentums.

1. *Erkläre, wer in der Römischen Republik herrschte. Wie war die Macht verteilt? Wer hatte den größten Einfluss? Das Schaubild (M1) und die Darstellung auf Seite 139 f. helfen dir, diese Fragen zu beantworten.*
2. *Die Römer achteten darauf, dass alle Staatsämter (Magistrate) mit mindestens zwei Beamten besetzt waren. Außerdem blieben die Magistrate höchstens ein Jahr im Amt. Prüfe die Vor- und Nachteile dieser Regelung.*
3. *Nenne eine Ausnahme bei der Besetzung der Staatsämter (M1). Womit wurde sie begründet?*
4. *Durch das Kürzel SPQR (M3) gaben die Römer zu erkennen, wie sie die Machtverteilung in ihrem Staat sahen. Prüfe, ob die Annahme stimmt (siehe M1 und die Darstellung auf den Seiten 139 f.).*

Die Macht des „Pater familias“

1 Patrizier mit Ahnenbildnissen.
1,65 m hohe Marmorstatue aus dem 1. Jh. v. Chr. Ahnenbildnisse wurden zu festlichen Anlässen gezeigt. Für vornehme Römer waren sie Zeichen für das Weiterleben in der Erinnerung der Nachfahren. Die Römer trugen mindestens drei Namen: den Vornamen (z.B. Lucius), den Familiennamen (z.B. Iunius) und den Beinamen (z.B. Brutus). Für die Frauen genügte dagegen die weibliche Form des Familiennamens (z.B. Cornelia, Claudia).

Der Vater und die „familia“

Zur römischen „*familia*“ gehörten nicht nur Eltern und Kinder, sondern alle Generationen einer Familie mit Sklaven und Freigelassenen.
An der Spitze des Familienverbandes stand das älteste männliche Mitglied: der „Pater familias“ (dt. *Vater der Familie*). Er besaß aufgrund seines Alters und seines Ansehens die Entscheidungsgewalt über alle Angehörigen der „familia“ und das Vermögen. Nur er konnte sich und seine „familia“ vor Gericht vertreten.
Der „Pater familias“ durfte die Familienmitglieder bestrafen, sogar mit dem Tode. Er konnte bis ins 4. Jh. n. Chr. Neugeborene aussetzen, wenn sie unehelich, krank oder nicht zu ernähren waren. Er war auch das religiöse Oberhaupt der Familie. Nur er durfte den Hausgöttern Opfer bringen. Sich seinem Willen zu widersetzen, war ein Verstoß gegen die „Sitten der Vorfahren“ (lat. *mos maiorum*), die ungeschriebenen Gesetze der ehrenhaften Lebensführung. Sie zu missachten, konnte zum Ausschluss aus der Familie führen. Nur der „Pater familias“ durfte wählen und öffentliche Ämter übernehmen.

Frauen, Ehe und Kinder

Die starke Stellung des römischen Familienoberhauptes, das *Patriarchat*, kennzeichnete die römische Gesellschaft. Lediglich einige Frauen aus vornehmen Familien durften Priesterinnen werden, z. B. Vestalinnen, die der Göttin des häuslichen Herdes (lat. *vesta*) dienten. Frauen konnten nicht vor Gericht aussagen. Das begründeten die Männer damit, dass Frauen keinen Kriegsdienst leisten müssten.
Der „Pater familias“ bestimmte Ausbildung, Beruf und oft die Ehepartner der Kinder. Mädchen waren mit zwölf Jahren volljährig, die Jungen mit 14. Meist wurden Mädchen zwischen dem 13. und 17. Lebensjahr verheiratet.
Seit dem Ende des 3. Jh. v. Chr. konnten Paare einen Ehevertrag abschließen, bei dem die Frau im Besitz ihres Vermögens blieb. Diese Form der Ehe konnte geschieden werden, wenn einer der Ehepartner das verlangte.
Auch wenn die Römer erwarteten, dass die Frau im Haus arbeitete, gab es viele berufstätige Frauen: Hebammen, Näherinnen, Friseurinnen, Gastwirtinnen und seltener Ärztinnen oder selbstständige Geschäftsfrauen. Anders als in Athen lebten die Frauen also weniger zurückgezogen. Sie nahmen an den Mahlzeiten mit Gästen teil, gingen allein in die Öffentlichkeit und besuchten nicht nur Läden, sondern auch Wagenrennen oder Gladiatorenkämpfe.

1. *Erläutere den Begriff „Patriarchat“ an einem Beispiel.*
2. *Vergleiche die Stellung der Frauen bei den Römern mit der bei den alten Ägyptern (siehe Seite 69) und den alten Griechen (siehe Seite 112 und 114).*

M 1 Ein Mann trauert

Aus der Grabrede eines Römers für seine Ehefrau (1. Jh. v. Chr.):

Ehen von so langer Dauer, die durch den Tod beendet, nicht durch Scheidung getrennt werden, sind selten. Ward es uns doch beschieden, dass unsere Ehe ohne eine Trübung bis zum 41. Jahre fortdauerte [...].

Was soll ich deine häuslichen Tugenden preisen, deine Keuschheit, deine Folgsamkeit, dein freundliches und umgängliches Wesen, deine Beständigkeit in häuslichen Arbeiten, deine Frömmigkeit, frei von allem Aberglauben, deine Bescheidenheit im Schmuck, die Einfachheit im Auftreten? Wozu soll ich reden von der Zuneigung zu den Deinen, deiner liebevollen Gesinnung gegenüber der ganzen Familie? [...]

Wir haben uns so die Pflichten geteilt, dass ich die Betreuung deines Vermögens übernahm und du über dem meinen wachtest [...]. Als ich vor politischer Verfolgung fliehen musste, warst du es, die mir mithilfe deines Schmuckes die meisten Mittel dazu verschaffte [...].

Wir sehnten uns nach Kindern, die ein neidisches Geschick uns für lange Zeit verweigert hatte [...]. Verzweifelnd an deiner Fruchtbarkeit und untröstlich darüber, dass ich ohne Kinder bleiben sollte [...], sprachst du von Scheidung und dass du das kinderlose Heim einer anderen, fruchtbareren Gattin abtreten wolltest [...] und versichertest, du wollest ihre Kinder wie deine eigenen halten [...]. Du bist bei mir geblieben; hätte ich doch dir nicht nachgeben können, ohne mir selbst Unehre und uns beide unglücklich zu machen.

Jochen Martin, Das alte Rom. Geschichte und Kultur des Imperium Romanum, München 1994, S. 188, übersetzt von Hans-Jürgen Hillen (vereinfacht)

M 3 Porträt einer Frau aus der Oberschicht.
Malerei auf Holz, um 180 n. Chr.

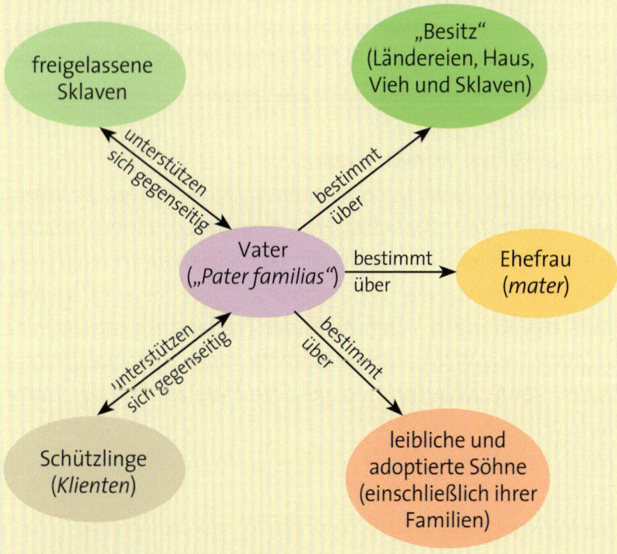

M 2 Die Macht des „Pater familias".

1. *Arbeite aus der Grabrede (M 1) heraus, was der Mann an seiner Frau schätzte. Welches Verhältnis hatten die Eheleute zueinander? Begründe deine Meinung.*
2. *Beschreibe die Macht des „Pater familias" (M 2).*
3. *Prüft, ob es bei uns noch patriarchalische Verhältnisse gibt.*

Nichts läuft ohne Sklaven

1 **Sklavenmarke aus Rom oder der Umgebung, 4. Jh. n. Chr.**
Manche Sklaven trugen Marken am Halsband. Die abgebildete Aufschrift lautet sinngemäß: „Hindere mich an der Flucht und bringe mich zu meinem Meister, Viventius, der im Hof des Callistus wohnt, zurück."

Sklave – Eigentum anderer

Auch die Sklaven unterstanden der Gewalt des „Pater familias". Sie und ihre Nachkommen waren sein Eigentum. Er durfte über sie verfügen wie über Haustiere oder Sachen, sie zu härtesten Arbeiten zwingen, sie bestrafen oder belohnen, verkaufen, verleihen oder verschenken.

Wie wurde man Sklave?

Die meisten Menschen gerieten wie in Griechenland als Kriegsgefangene in die Sklaverei. Die Römer glaubten, sie hätten nach einem Kampf auf Leben und Tod das Recht, die Unterlegenen zu töten und deren Eigentum zu übernehmen. Ließ der Sieger den Besiegten am Leben, so konnte er ihn als Arbeitskraft einsetzen oder zu Geld machen.

Da die Römer in ihren Kriegen ganze Heere gefangen nahmen und zahllose Städte eroberten, gerieten Hunderttausende in die Sklaverei. Im Frieden wurden die Sklavenmärkte von Menschenräubern beliefert, vor allem von Piraten.

Der Preis für einen Sklaven richtete sich nach Alter, Gesundheit und Ausbildung. Junge und gesunde Männer und Frauen kosteten in Rom Ende des 1. Jh. v. Chr. etwa den Jahreslohn eines Arbeiters. Für Spezialisten wie Sprachlehrer für Griechisch oder Ärzte wurde das Hundertfache gezahlt.

Ein Leben in Ketten?

Sklaven brauchten keinen Wehrdienst zu leisten. Während der Kriegszüge mussten sie Nahrungsmittel anbauen sowie Güter herstellen und transportieren. Insofern war die Sklaverei eine Voraussetzung für Roms Eroberungen. Die Zahl der Sklaven in Italien betrug im 1 Jh. n. Chr. etwa 2,5 Millionen, das entsprach etwa einem Drittel der Bevölkerung.

Die Lebensbedingungen der Sklaven hingen davon ab, ob sie zu einem städtischen oder einem ländlichen Haushalt gehörten und welche Aufgaben sie dort erfüllten. Sklaven und Sklavinnen wurden meist als ungelernte Arbeiter, Diener, Köche, Bäcker, Töpfer, Hausgehilfinnen oder Ammen beschäftigt, manchmal auch als Privatsekretäre, Lehrer und Ärzte. Einige leiteten im Auftrag ihres Herrn Geschäfte und Handwerksbetriebe, außerdem gab es Sklaven im Dienst der Gemeinschaft, z. B. bei der Feuerwehr.

Viel schlechter erging es den Sklaven, die in großen Arbeitskolonnen auf Landgütern bei der Feldarbeit eingesetzt wurden oder in Bergwerken und Steinbrüchen arbeiten oder auf Kriegsschiffen (*Galeeren*) rudern mussten. Römische Schriftsteller beklagten zwar den unmenschlichen Umgang mit Sklaven, abschaffen wollten sie die Sklaverei aber nicht.

Sklaven erheben sich

Nicht von ungefähr brachen die großen Sklavenunruhen (135-132 v. Chr. und 105-101 v. Chr.) in Sizilien auf dem Lande aus. Der Aufstand des Gladiatorensklaven *Spartacus* wurde zur größten Sklavenerhebung Italiens. Bis zu 120 000 Sklaven und verarmte Bürger lehnten sich 73 bis 71 v. Chr. gegen die römische Macht auf und zogen plündernd umher. Sie forderten ihre persönliche Freiheit, nicht die allgemeine Beseitigung der Sklaverei. Alle Aufstände endeten blutig. Überlebende starben am Kreuz.

Einmal Sklave, immer Sklave?

Sklaven, die Geld gespart oder geerbt hatten, konnten sich freikaufen. Mancher Herr war bereit, einen Sklaven für besondere Leistungen oder treue Dienste freizulassen. Die Freiheit war das Lebensziel fast aller Sklaven, besonders mit Kindern. Auch nach der Freilassung musste der frühere Herr nicht auf ihre Dienste verzichten: Sie blieben meist seine Klienten und gehörten weiterhin zur „familia".

M 1 Aus Gefangenen werden Sklaven

Der jüdische Geschichtsschreiber Josephus, der an einem Aufstand der Juden gegen die römischen Besatzer teilgenommen hat (66-70 n. Chr.), berichtet:

Als die Soldaten vom Töten bereits ermüdeten, jedoch noch eine große Menge Überlebender zum Vorschein kam, befahl der spätere Kaiser Titus, nur die Bewaffneten und die aktiv Widerstand Leistenden zu töten, die übrige Menge aber lebend gefangen zu nehmen [...]. Von den jungen Leuten sonderte man die körperlich größten und ansehnlichsten aus und sparte sie auf für den Triumphzug. Von der übrigen Menge schickte man die Gefangenen, die älter waren als 17 Jahre, in die ägyptischen Bergwerke und Steinbrüche, die meisten aber verteilte Titus als Geschenke auf die Provinzen, wo sie in den Amphitheatern* durch Schwert und wilde Tiere umkommen sollten. Gefangene unter 17 Jahren verkaufte er.

Werner Eck/Johannes Heinrichs (Hrsg.), Sklaven und Freigelassene in der Gesellschaft der römischen Kaiserzeit, Darmstadt 1993, S. 6 (vereinfacht)

M 3 Sklavenarbeit.
Römisches Grabrelief, um 250 n. Chr.

M 2 Sklavenschicksale

Im Jahre 54 v. Chr. schreibt der Politiker, Redner und Philosoph Cicero (106-43 v. Chr.) seinem Schreibsklaven Tiro:

Ich bin tief beunruhigt wegen deiner Gesundheit [...] und würde dir mehr schreiben, wenn ich glauben könnte, dass du schon gern Briefe lesen magst. So richte deinen Geist, den ich sehr hoch schätze, darauf, dass du ihn für mich und für dich bewahrst [...].

Nachdem ich den Brief geschrieben habe, kommt endlich Hermia: Ich habe nun deinen Brief in der Hand, geschrieben mit zittrigen Buchstaben; kein Wunder, bei einer so schweren Krankheit! Ich schicke dir Ägypta – weil er ein feinfühliger Mensch ist und dich zu lieben scheint – damit er dich umsorgt; und mit ihm einen Koch.

Lebewohl!

Der Philosoph und Schriftsteller Apuleius (2. Jh. n. Chr.) beschreibt das Los der Mühlensklaven:

Gute Götter, welch elende Menschlein gab es dort: Ihre ganze Haut mit graublauen Striemen gezeichnet, ihr zerschundener Rücken mit zerschlissenen Lumpen mehr behangen als bedeckt, einige überhaupt nur mit einem winzigen Lappen in der Schamgegend; und alle waren so wenig und schlecht bekleidet, dass man ihre Körper durch die Fetzen hindurch sah; ihre Stirn war mit Buchstaben markiert, ihr Haar halb abrasiert, ihre Fußgelenke steckten in Eisenringen.

Erster Text: Cicero, ad fam. 16,15, übers. von Klaus Gast; zweiter Text: Werner Eck/Johannes Heinrichs (Hrsg.), Sklaven und Freigelassene in der Gesellschaft der römischen Kaiserzeit, a. a. O., S. 113

Siehe dazu die Bildunterschrift zu Abb. 1, Seite 170.

M 4 „Warum denken sie so?"

Der Politiker und philosophierende Schriftsteller Seneca (4 v. Chr.-65 n. Chr.) schreibt um 62 n. Chr. an einen Freund:

Ich lache über die, die es für schimpflich halten, mit ihrem Sklaven zu speisen!

Warum denken sie so?

Nur weil die überaus hochmütige Gewohnheit herrscht, dass um den Herrn beim Speisen eine Schar von Sklaven herumsteht! Dieser stopft mehr in sich hinein, als er verdauen kann, und belädt mit ungeheurer Gier seinen vorstehenden Bauch, der seine Pflicht schon nicht mehr erfüllen kann, sodass er mit größerer Mühe alles wieder hervorbringt, was er in sich hineingetan hat – aber den unglücklichen Sklaven ist nicht einmal erlaubt, die Lippen zu bewegen, um zu sprechen. Mit der Rute wird jedes Flüstern unterdrückt. Sogar unwillkürliche Laute ziehen Prügel nach sich: Husten, Niesen, Schluckauf. Mit harter Bestrafung wird jede Unterbrechung der Stille geahndet. Die ganze Nacht hindurch stehen die Armen da, stumm und ohne Essen.

Seneca, ad Lucilium 47,2-4, übers. von Klaus Gast

1. *Arbeite heraus, was du aus den Quellen (M 1 bis M 4) Neues über die Sklaverei erfahren hast.*
2. *Entwickelt ein Rollenspiel zu folgendem Thema: Ein „pater familias" hat vor mehreren Jahren eine hohe Summe für einen griechischen Hauslehrer bezahlt. Der Sklave unterrichtet dessen einzige Tochter erfolgreich. Sie bittet den Vater um Freilassung des Lehrers.*

Ein Stadtstaat wird Weltreich

1 Das Heer verschanzt sich.
Rekonstruktionszeichnung von Peter Connolly.
Das römische Heer bestand zunächst aus vier Legionen von je etwa 6 000 Fußsoldaten. Die Soldaten mussten für ihre Ausrüstung selbst aufkommen. Sie trugen auf den Feldzügen neben den Waffen noch Werkzeuge zum Bau von Schutzwällen und Lagern, Töpfe und Pfannen zum Kochen sowie Proviant für mehrere Tage. Alles zusammen wog etwa 40 kg.

Kriege ohne Ende?

In den ersten vier Jahrhunderten nach der Königsherrschaft führten die Römer mindestens 150 Jahre lang Krieg. Wie kam es dazu?

Die Völker Italiens lebten zunächst von der Landwirtschaft und kämpften nur, um sich gegen Angreifer zu verteidigen. Allmählich wandelte sich ihre Haltung. Die Bevölkerung war stark angewachsen. Sie brauchte mehr Nahrung und damit mehr Ackerland. Hinzu kamen Abenteuerlust und die Hoffnung auf Beute. Manche Völker waren reicher als andere. Das weckte den Neid der einen oder die Überheblichkeit der anderen, die noch mehr wollten.

Italien wird römisch

Die Römer waren ihren Nachbarn militärisch überlegen. Seit dem Ende des 5. Jh. v. Chr. beanspruchten sie die Vorherrschaft im *Latinischen Bund*, einem Bündnis mehrerer Städte im Umkreis Roms. Alle, die Rom den Rang streitig machten, wurden Opfer der römischen Heere.

Während römische Soldaten versuchten, Mittelitalien zu unterwerfen, überfielen im Jahre 387 *Kelten*, die die Römer später *Gallier* nannten, ihr Land. Sie plünderten Rom und zogen erst nach Zahlung eines hohen Lösegeldes ab.* Gegen die südlich von Rom lebenden Samniten führten die Römer über 30 Jahre lang Krieg. Erst nachdem sie Tarent und andere Städte im Süden unterworfen hatten, beherrschten die Römer ganz Italien. Das war um 270 v. Chr.

Rom wird Weltmacht

Nun hatten die Römer neue Nachbarn jenseits des Meeres: Makedonien, Sizilien und Karthago. Sie herauszufordern war weit gefährlicher als der Kampf gegen die bisherigen Gegner. Das Ringen um die Vorherrschaft im Mittelmeerraum zog sich von 264 bis etwa 133 v. Chr. hin. Mehrfach drohte den Römern dabei der Untergang.

**Livius (siehe M 2, Seite 149) überliefert die Geschichte, dass die Römer ihre Burg auf dem Kapitol nur halten konnten, weil schnatternde Gänse sie vor dem nahenden Feind gewarnt hatten. Nach der Zahlung des Lösegeldes entstand die Redewendung „Vae victis!" (dt. „Wehe den Besiegten!"). Der Grund: Als die Römer sich über die Höhe des Lösegeldes bei den Galliern beschwerten, erhöhten diese es sogar noch. Mit anderen Worten: Der Besiegte hat keinen Anspruch auf eine faire Behandlung.*

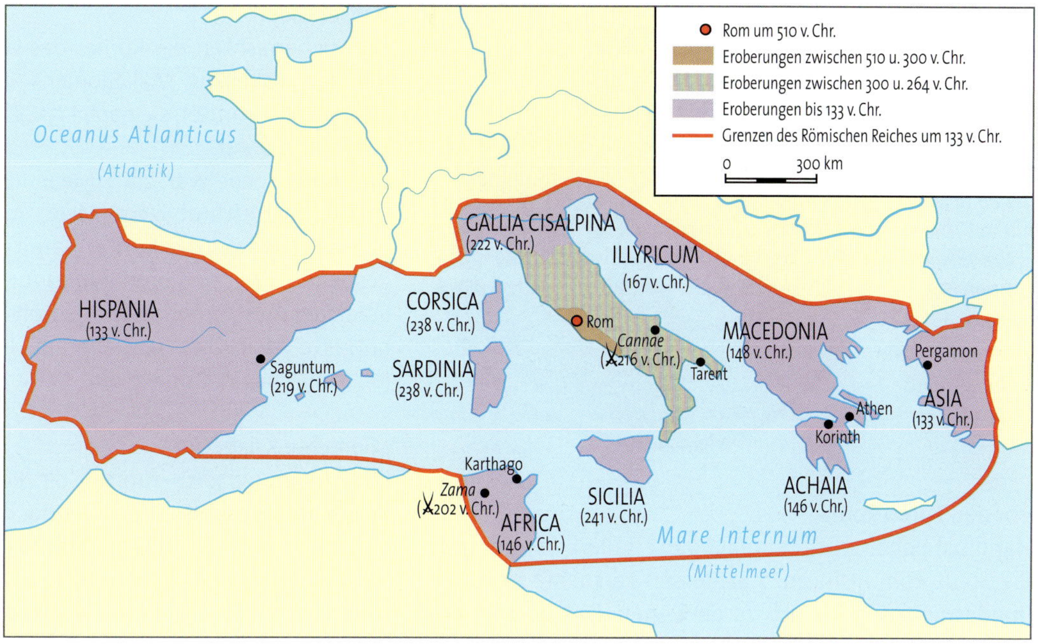

2 Das Römische Reich dehnt sich aus.
Die Vergrößerung eines Machtbereiches nennen wir Expansion.

Nachbarn werden Feinde

Karthago war um 800 v. Chr. von den Phöniziern an der nordafrikanischen Küste als Kolonie gegründet worden. 500 Jahre später beherrschte es Nordafrika und das westliche Mittelmeer. Roms Krieg mit Karthago gingen Kämpfe zwischen den griechischen Kolonien Syrakus und Messana (heute Messina) voraus: In die Enge getrieben, baten die Machthaber Messanas zuerst Karthago und dann Rom um Hilfe. Der römische Senat überlegte lange, ob er helfen und damit einen Krieg mit Karthago riskieren sollte. Schließlich stimmte die Heeresversammlung dafür. 264 v. Chr. setzte das römische Heer nach Sizilien über. Der *Erste Punische Krieg* begann (*punisch = phönikisch = karthagisch*), in dem die Römer die Herrschaft im westlichen Mittelmeerraum anstrebten. Die Römer gewannen ihn erst nach 23 Jahren, nachdem sie gelernt hatten, einen Seekrieg zu führen. Karthago musste hohe Entschädigungen zahlen. Sizilien wurde römisch.

Eine schlimme Niederlage

Rom konnte trotz des Sieges die Macht der Karthager nicht brechen. Diese bauten ihre Herrschaft auf der spanischen Halbinsel aus. Dort wuchs *Hannibal* auf. Schon als Neunjähriger soll er den Römern Rache geschworen haben. Im Jahre 219 v. Chr. griff er Roms spanischen Verbündeten Saguntum an. Danach begann der *Zweite Punische Krieg* (218-201 v. Chr.). Hannibal zog mit seinen Truppen vom südlichen Spanien aus über Gebirge und Flüsse nach Südfrankreich, um Rom von Norden her anzugreifen. Er verlangte sich, seinen Soldaten und den Kriegselefanten viel ab: die Überquerung der Alpen auf verschneiten Pässen! Der Marsch machte Hannibal berühmt. Dabei bleibt oft unbeachtet, dass über die Hälfte der Menschen und Tiere ums Leben kam.

In Norditalien begrüßten die Kelten Hannibal als Befreier von der römischen Herrschaft. Sie schlossen sich seinem Zug nach Süden an. Im Jahre 216 v. Chr. erlitten die Römer in der *Schlacht bei Cannae* die schlimmste Niederlage ihrer Geschichte: etwa 60 000 Mann starben.

3 Hannibals Marsch über die Alpen.
Kolorierter Holzstich nach einer Zeichnung von Heinrich Leutemann, 1866.

4 **Der Kriegsgott Mars.**
Münze, nach 289 v. Chr. In dem nach dem Gott benannten Monat März (ursprünglich der erste Monat des römischen Jahres) begann das Wachstum der Pflanzen und die Zeit der Kriegszüge.

Vor den Toren Roms

Hannibal beherrschte nun fast ganz Italien. Aber er griff die Stadt Rom nicht an. Stattdessen versuchte er, Roms Bundesgenossen für sich zu gewinnen. Das gelang ihm nur teilweise. Der Krieg in Italien erstarrte. Die Römer ließen sich auf keine weitere Schlacht mit Hannibal ein, sondern störten mit ihrer Flotte seinen Nachschub aus Karthago. Erst nach 15 Jahren hatten sie Erfolg.
Inzwischen hatte der junge Feldherr *Scipio* das karthagische Spanien für Rom erobert und seine Soldaten nach Nordafrika übersetzen lassen. Karthago wurde von den Römern bedroht. Hannibal blieb keine Wahl. Er musste Italien verlassen, um seine Vaterstadt zu verteidigen. In der *Schlacht bei Zama* (202 v. Chr.) siegte Scipio durch die überlegene Reiterei. Karthago musste alle Außengebiete einschließlich Spanien an Rom abtreten, fast seine gesamte Flotte ausliefern und hohe Wiedergutmachungen zahlen.

Musste Karthago zerstört werden?

Trotz der Niederlage blieb Karthago eine erfolgreiche Handelsmacht. Rund 50 Jahre nach dem Zweiten Punischen Krieg forderten daher viele römische Senatoren: „Karthago muss zerstört werden!" Sie ermutigten die benachbarten *Numider*, Karthago immer wieder herauszufordern. Nach dem Frieden von 201 v. Chr. durfte sich Karthago nicht ohne römisches Einverständnis gegen seine unfriedlichen Nachbarn wehren. Als es dies im Jahre 149 v. Chr. doch tat, hatte Rom den ersehnten Anlass für den *Dritten Punischen Krieg*.
Drei Jahre später war Karthago verschwunden. Die Sieger versklavten die Bevölkerung, rissen die Mauern der Stadt ab, pflügten das Land um und streuten Salz in die Furchen: Karthago sollte für immer zerstört und unfruchtbar bleiben.

„Unser Meer"

Nun beherrschten die Römer das westliche Mittelmeer. Mit der Eroberung Makedoniens und der griechischen Staaten bestimmten sie nach 133 v. Chr. auch über das östliche Mittelmeer.
Das Mittelmeer war zum Meer Roms geworden, zum „mare nostrum" (dt. *unser Meer*). Aus der Sicht der Zeitgenossen waren die Römer damit zur Weltmacht aufgestiegen. Weit und breit gab es für Jahrhunderte keinen Staat, der ihre Vorherrschaft bedrohen konnte. Schon bald bürgerte sich die Bezeichnung *Imperium Romanum* (dt. römisches Weltreich) ein.

„Gerechte Kriege"?

Ihrer Meinung nach führten die Römer nur „gerechte" Kriege. Immer sahen sie im Gegner den Angreifer und beanspruchten das Recht, ihr Vaterland zu schützen – durch Verteidigung oder Angriff. Die römische Führung verbreitete die Vorstellung, Rom sei von den Göttern dazu bestimmt, die Welt zu regieren. Dass die Kriege der Nobilität auch die Möglichkeit boten, Ruhm und Reichtum zu erwerben, stand auf einem anderen Blatt.

Kolonien und Provinzen

Ihre militärischen Erfolge sicherten die Römer politisch ab. Bevor sie einen Krieg begannen, boten sie ihren Gegnern meist ein Bündnis an. Sie sollten sich verpflichten, „auf ewig dieselben Feinde und Freunde zu haben wie das römische Volk". Gingen sie darauf ein, mussten sie Rom künftig in jedem Krieg mit Soldaten unterstützen. Als Gegenleistung gewährten die Römer ihnen Schutz. Lehnten die Gegner ab, begann der Krieg. Nach einem Sieg zwangen die Römer die Unterlegenen zum Bündnis.
Ein weiteres Mittel, ihre Vorherrschaft zu sichern, war die Gründung von Kolonien im Land der besiegten Gegner. Sie dienten anders als die Kolonien der Griechen vor allem militärischen Zielen. Ostia, Roms späterer Hafen an der Tibermündung, war eine der ersten römischen Kolonien. Um 218 v. Chr. gab es bereits zwölf befestigte Küstenkolonien.
Nach dem Ersten Punischen Krieg erklärten die Römer die außerhalb Italiens eroberten Gebiete zu *Provinzen*: zu Amtsbereichen römischer Magistrate. Die Bewohner mussten Dienste leisten und hohe Steuern zahlen. Die erste römische Provinz wurde Sizilien. Bündnisse, Kolonisation und Provinzen trugen dazu bei, dass die besiegten Völker die römische Lebensweise annahmen.*

**Zur Romanisierung siehe die Seiten 174 ff.*

1. *Nenne die wichtigsten Stationen Roms vom Stadtstaat zum Weltreich. Nutze dazu die Karte auf Seite 147.*
2. *Erkläre, mit welchen Methoden es den Römern gelang, ein Weltreich zu erobern und zu verwalten.*

M1 **Römische Disziplin**

Der Geschichtsschreiber Polybios (um 200-120 v. Chr.) berichtet:

Bei Wachvergehen tritt sogleich das Standgericht der Offiziere zusammen, und wenn der Betroffene verurteilt wird, ist die Strafe das Schlagen mit Stöcken [...]. Die meisten Verurteilten finden dabei schon im Lager den Tod [...].

Das Folgende rechnen die Römer als Verletzung der soldatischen Pflicht und Ehre und als Feigheit: wenn jemand aus Furcht seinen Platz verlässt; wenn jemand während des Kampfes aus Furcht eine Waffe fortwirft. Deshalb gehen viele in den Tod und wagen trotz vielfacher Übermacht des Feindes nicht, ihren Posten zu verlassen, aus Furcht vor der Strafe, die sie im eigenen Lager erwartet [...]. [...]

Wer bei der Einnahme einer Stadt als Erster die Mauer erstiegen hat, erhält einen goldenen Kranz. Ebenso, wer einem Kameraden, Bürger oder Bundesgenossen das Leben gerettet hat, indem er ihn mit seinem Schilde deckte.*

Walter Arend (Bearb.), Altertum, a. a. O., S. 420f. (vereinfacht)

M2 **Über den Aufstieg und die Herrschaft Roms**

Der römische Geschichtsschreiber Livius (59 v. Chr.-17 n. Chr.) überliefert uns eine Rede, die Hannibal vor der ersten Schlacht auf italischem Boden (218 v. Chr.) vor seinen Soldaten gehalten haben soll:

Dieses höchst unmenschliche und sehr hochmütige Volk will überall besitzen, überall entscheiden. Immer maßt es sich die Entscheidung an, mit wem wir Krieg führen, mit wem wir Frieden haben sollen. Es engt und schließt uns in Grenzen von Bergen und Flüssen ein, die wir nicht verlassen dürfen; und selbst achtet es die Grenzen nicht, die es setzte.

Im Jahr 69 v. Chr. soll nach dem Geschichtsschreiber und Politiker Sallust (86-35 v. Chr.) ein von den Römern vertriebener Fürst aus Kleinasien folgenden Brief an seinen Nachbarfürsten in Armenien geschrieben haben:

Denn für die Römer gibt es seit eh und je diesen einzigen Anlass, mit allen Stämmen, Völkern und Königen Krieg zu führen: ihre unermessliche Begierde nach Herrschaft und Reichtum [...].

[...] Mit diesem Verhalten werden sie alles vernichten oder selbst zugrunde gehen.

Texte nach: Livius, Römische Geschichte, Buch XXI, 43f., hrsg. von Josef Feix, Zürich/Düsseldorf [4]1991 und Sallust, Historiae/Zeitgeschichte VI, 5 und 21, übers. u. hrsg. v. Otto Leggewie, Stuttgart 1975

**Siehe M1 auf Seite 160.*

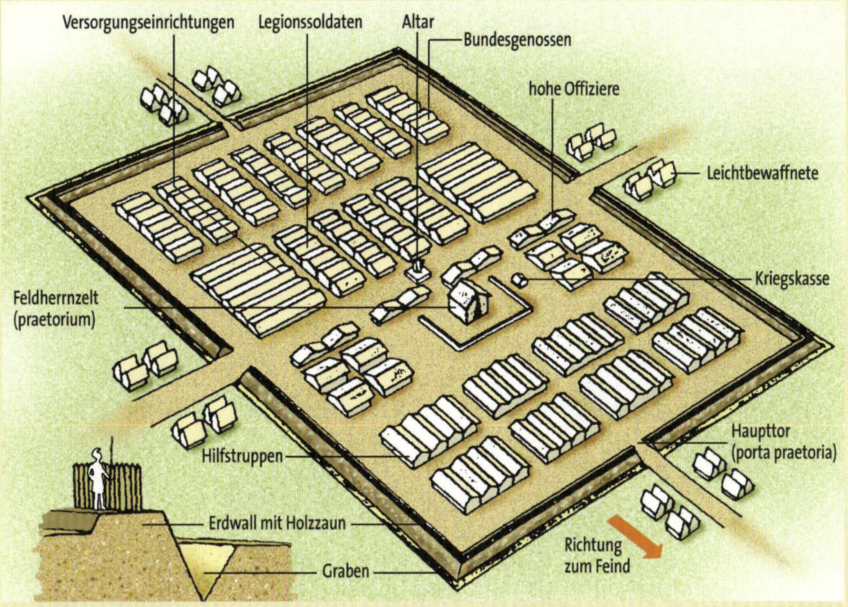

M3 **Ein römisches Lager.**
Vereinfachter Grundriss.

M4 **Weitere Urteile**

Der aus Sizilien stammende griechische Geschichtsschreiber Diodor (um 80-29 v. Chr.) schreibt:

Die Römer errichteten ihre Weltherrschaft durch die Tapferkeit ihrer Heere und brachten sie zur größten Ausdehnung durch die überaus anständige Behandlung der Unterworfenen [...]. Als die Römer aber nahezu die ganze bewohnte Erde beherrschten, da begannen sie, ihre Herrschaft durch Terror und die Vernichtung der ansehnlichsten Städte zu sichern.

Der römische Dichter Vergil schreibt um 20 v. Chr. über die Aufgabe der Römer:

Du, Römer, lenke durch deine Herrschaft die Völker! Bedenke, das kannst du am besten: gesitteten Frieden stiften, die Unterworfenen schonen und die Hochmütigen bezwingen.

Texte nach: Walter Arend (Bearb.), Altertum, a. a. O., S. 456 (Diodor) und Vergil, Aeneis 6, 847ff., übers. von Klaus Gast

1. *Begründet, warum Polybios bestimmte Verhaltensweisen der Römer hervorhebt. Prüft, ob diese die römischen Erfolge erklären (M1).*
2. *Beschreibe den Grundriss des Lagers (M3).*
3. *Vergleiche die Urteile über die Herrschaft Roms (M2 und M4). Welche Unterschiede stellst du fest? Begründe, warum es zu diesen unterschiedlichen Sichtweisen kommt.*

Wie kommt die Kultur der Griechen nach Rom?

1 Laokoon-Gruppe.
Römische Marmorkopie einer 1,84 m hohen Bronzefigur aus Pergamon (um 140 v. Chr.); gefunden in Rom in den Ruinen eines Kaiserpalastes. Der Priester Laokoon hatte die Troianer davor gewarnt, das von den Griechen zurückgelassene hölzerne Pferd in die Stadt zu bringen. Damit widersetzte er sich den Göttern, die Troias Untergang beschlossen hatten. Zur Strafe schickten sie zwei riesige Würgeschlangen, die Laokoon und seine Söhne töteten. Daraufhin zogen die Troianer das Pferd in die Stadt. Lies dazu nochmals M 2 und M 3 auf Seite 94.

Griechische Lebensart in Rom

Während die Römer den hellenistischen Osten unterwarfen, verbreitete sich in Rom griechische Lebensart: Kunst, Architektur, Literatur, Wissenschaften und Religion der Griechen wurden zum Vorbild. Griechische Sklaven förderten dies als Hauslehrer, Ärzte oder Künstler in Rom.

Zum Missfallen derjenigen, die die *Sitten der Vorfahren** bewahren wollten, eigneten sich immer mehr reiche Römer die griechische Kultur an. Sie bauten prunkvolle Villen, schickten ihre Kinder zu griechischen Lehrern oder zum Studium nach Athen, Alexandria oder Rhodos. Vor allem ließen sie sich in der Rhetorik und der Philosophie von Griechen unterrichten. Griechisch wurde erste Fremdsprache gebildeter Römer.

■ *Prüft, ob die Römer die Laokoon-Gruppe nur wegen ihrer Schönheit in ihrer Hauptstadt aufstellten. Denkt an die Gründungssage Roms (siehe Seite 134).*

**Siehe Seite 142.*

M 1 Beute aus dem griechischen Osten

Livius (siehe Seite 149, M 3) berichtet über das Jahr 186 v. Chr.:

Das zurückkehrende Heer führte den Luxus fremder Länder in Rom ein. Es waren [...] Soldaten, die zuerst Ruhebetten mit eisernen Füßen, kostbare Decken, Gewebe und Prunktische [...] nach Rom brachten. Zu den Speisen kamen jetzt Darbietungen von Zither- und Harfenspielerinnen und andere Vorführungen zur Erheiterung der Gäste; auch auf die Zubereitung der Speisen begann man mehr Sorgfalt und Geld zu verwenden. Der Koch, bei den Alten der wertloseste Sklave, stieg jetzt im Preis. Was eine bloße Dienstleistung gewesen war, galt jetzt als Kunst.

Livius, XXXIX, 6, 7 ff., übers. u. gestrafft von Klaus Gast

M 2 Kunstwerke aus Sizilien

Der Statthalter von Sizilien, C. Verres, findet im 1. Jh. v. Chr. griechische Kunstwerke unwiderstehlich. Der aufstrebende römische Politiker und Schriftsteller Cicero (106-43 v. Chr.) schreibt um 70 v. Chr.:

Nun komme ich zu seiner – wie seine Freunde es nennen – Krankheit. Ich behaupte, in ganz Sizilien, einer so reichen und alten Provinz mit so vielen Städten und so wohlhabenden Häusern, gab es kein Silbergefäß, kein Geschirr aus Korinth oder Delos, kein Kunstwerk aus Gold oder Elfenbein, keine einzige Statue aus Bronze oder Marmor, kein Gemälde, das Verres nicht aufgespürt, besichtigt und, wenn es ihm gefiel, mitgenommen hätte. So verfuhr er sogar an den heiligen Stätten der Götter.

Cicero, In Verrem, II 4, 1 f., übers. u. gestrafft von Klaus Gast

M 3 Über die Erziehung

Über die Erziehung der Söhne des Aemilius Paullus, der in den Jahren 182 und 168 v. Chr. Konsul gewesen ist, heißt es bei dem griechischen Schriftsteller Plutarch (um 45-120 n. Chr.):

Seine Söhne ließ er nicht nur nach römischer Sitte erziehen, sondern auch mit großem Eifer in griechischen Wissenschaften unterrichten. Sie waren ständig in Gesellschaft von griechischen Sprachlehrern, Philosophen und Redelehrern, ja sogar von Bildhauern und Malern.

Und so verhält sich Cato, der 184 v. Chr. Zensor gewesen ist, bei der Erziehung seines Sohnes:

Sobald der Knabe zu Verstande kam, nahm ihn Cato zu sich selbst und lehrte ihn lesen, obwohl er einen griechischen Sklaven hatte, der ein geschickter Lehrer war und viele Kinder unterrichtete. Aber er wollte nicht, dass sein Sohn von einem Sklaven geschimpft oder am Ohr gezogen würde. Er war selbst sein Lehrer im Lesen und Schreiben, in der Gesetzeskunde und in den Leibesübungen [...]. Auch die Geschichte Roms habe er selbst mit eigener Hand und in großen Buchstaben niedergeschrieben, damit der Knabe früh von den Taten und Sitten der Vorfahren erfahre.

Plutarch, Große Griechen und Römer, Aemilius Paullus 6 u. Cato 20, übers. von Konrat Ziegler, Bd. 4, Zürich/München ²1980 (vereinfacht)

1. *Untersucht M 1 bis M 3. In welchen Lebensbereichen zeigt sich der griechische Einfluss?*
2. *Vergleicht die Aussagen über die Erziehung (M 3). Beschreibt die unterschiedlichen Einstellungen.*

M 4 Kline aus dem 1. Jh. v. Chr.

Rekonstruktion.
Liegen aus Griechenland waren bei den reichen Römern sehr beliebt.

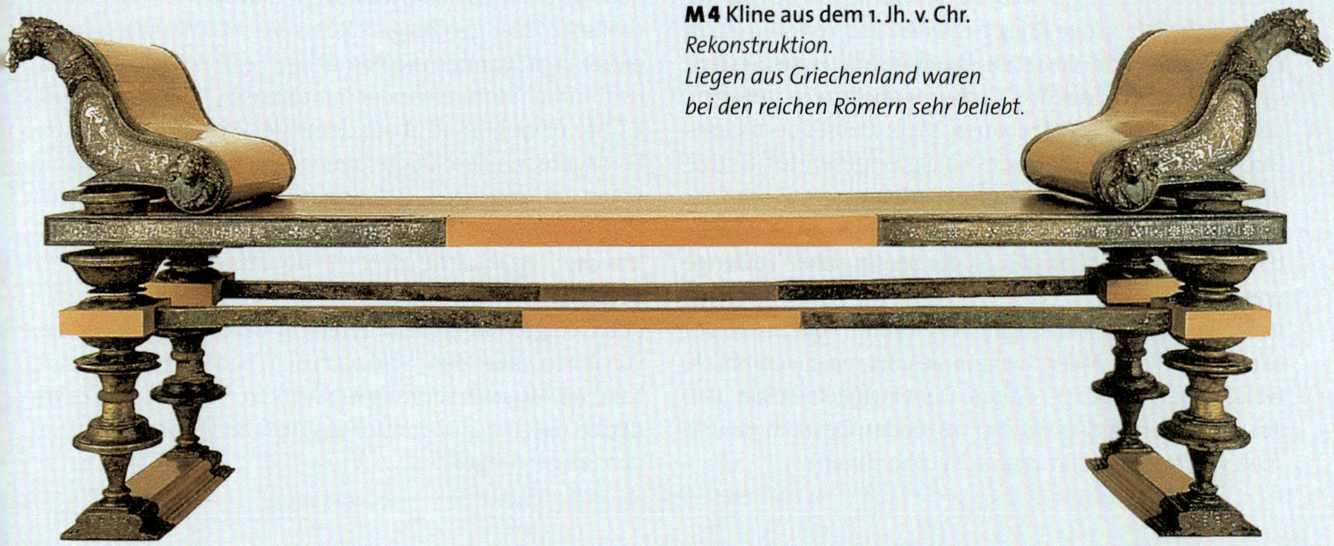

Rom in der Krise – Caesar erobert die Macht

1 **Öffentliche Getreideausgabe.**
Mosaik aus Ostia, 2. Jh. n. Chr. Dargestellt ist, wie Getreide an arme Bürger verteilt wird.

Gewinner und Verlierer

Kriegsbeute und Steuerleistungen (*Tribute*) der unterworfenen Länder machten Rom reich. Die größten Vorteile hatten die römischen Statthalter, ehemalige Konsuln und Praetoren. Sie beuteten die ihnen überlassenen Provinzen aus. Dabei halfen ihnen Geschäftsleute, die Steuern und Kriegsschulden eintrieben und die römischen Heere belieferten. Obwohl den Senatoren solche Geschäfte verboten waren, beteiligten sie sich daran. Ehemalige Soldaten und besitzlose Bürger erhielten zwar aus dem Besitz der besiegten Völker kleine Grundstücke. Ab 177 v. Chr. wurden solche Landzuteilungen aus dem Staatsland (lat. *ager publicus*) jedoch eingestellt. Die Gründe dafür sind unklar. Häufig übernahmen wohlhabende Römer die Grundstücke, da nur sie in der Lage waren, sie nutzbar zu machen.

Die kleinen Bauern gehörten zu den Verlierern der Expansion. Sie hatten in den Krieg zu ziehen und konnten in der Zeit ihr Land nicht bestellen. Wurden ihre Höfe zerstört, mussten sie sich bei den Großgrundbesitzern verschulden, um sie wieder aufzubauen. Viele Kleinbauern gerieten in Not. Sie litten unter dem billig eingeführten Getreide aus den eroberten Provinzen und konnten mit der Konkurrenz der Großbauern nicht mithalten. Der Militärdienst bot keine Lösung, denn die Zeit der beutereichen Feldzüge war vorbei.

Immer mehr Familien zogen vom Land in die Stadt, vor allem nach Rom. Arbeit suchten sie dort meist vergeblich, weil Sklaven oft billiger waren. Der einzige Reichtum dieser verarmten Bürger waren ihre Kinder. Deshalb nannte man sie *Proletarier* (lat. *proles*: Nachkommen).

Römer gegen Römer

Die Probleme der Menschen spalteten die politische Führung in zwei große Gruppen: Die eine forderte, Staatsland an verarmte Bauern zu verteilen. Nicht nur, um den besitzlosen Bürgern Land zu beschaffen, sondern auch mit der Absicht, die Macht im Staat zu übernehmen. Die andere wollte alles beim Alten belassen. Statt gemeinsam Lösungen für die Probleme zu suchen, entstanden Bürgerkriege mit zahllosen Opfern. Diese Entwicklung trug dazu bei, dass der Senat sein bisheriges hohes Ansehen in der Bevölkerung verlor.

Die Heeresreform

Eine Gefahr von außen rückte die Konflikte vorübergehend in den Hintergrund. Die Germanen kamen! So nannten die Römer die Völker im Norden. Kimbern und Teutonen hatten in Gallien (Norditalien und Südfrankreich) das römische Heer geschlagen. Roms Macht war in Gefahr. In dieser Lage wählten die Römer den Feldherrn *Gaius Marius* fünfmal hintereinander zum Konsul (von 104 bis 100 v. Chr.), obwohl er nicht aus dem Adel (*Nobilität*) stammte. Er machte aus dem Bürgerheer eine Berufsarmee. Die Soldaten erhielten Sold (*Gehalt*) und Ausrüstung vom Staat. Nun konnten auch Proletarier in die Armee eintreten.

Das neu organisierte Heer schlug die Germanen zurück. Später zeigte sich ein Nachteil der Heeresreform: Die Soldaten folgten ihren Feldherren oft bedingungslos, da sie von ihnen außer dem Sold nach dem Ende ihrer Dienstzeit Land als Altersversorgung erwarteten. Politiker und Feldherren nutzten immer öfter das Heer für ihre Interessen in den Bürgerkriegen.

2 **Gaius Iulius Caesar.**
Diese 33 cm hohe Marmorbüste wurde wohl kurz nach Caesars Tod angefertigt. In Schriften verteidigte Caesar sein Vorgehen als Feldherr und Politiker. „Caesar“ wurde zum Beinamen, später zum Titelbestandteil der römischen Kaiser. Er lebt in den Herrschertiteln „Zar“ und „Kaiser“ fort.

Eine steile Karriere

Im Jahre 100 v. Chr. wurde *Gaius Iulius Caesar* in Rom geboren. Er stammte aus einer sehr alten, aber verarmten Familie Roms. Von Jugend an setzte er sich für die einfachen Plebejer ein. Um bekannt zu werden, veranstaltete Caesar mit geliehenem Geld prächtige Spiele. Seine riesigen Schulden konnte er erst begleichen, nachdem er 61 v. Chr. Statthalter in Spanien geworden war.

Ein Zweckbündnis

Mit dem angesehenen Feldherrn *Pompeius*, der das Mittelmeer von Seeräubern befreit und im Osten bis zur Grenze Arabiens römische Provinzen errichtet hatte, und *Crassus*, dem reichsten Mann Roms, schloss Caesar nach seiner Wahl zum Konsul 59 v. Chr. das erste *Triumvirat* (dt. *„Dreimännerbund“*). Dieses Zweckbündnis, das sich auf die Treue der Proletarier im Heer stützte, sollte dafür sorgen, dass in Rom nichts mehr geschah, was einem der drei missfiel.

Caesar unterwirft Gallien

Die Macht des Triumvirats, das von seinen Gegnern „dreiköpfiges Ungeheuer“ genannt wurde, vergrößerte Caesars Einfluss. Als Statthalter von Provinzen in Oberitalien und Gallien unterwarf er zwischen 58 und 50 v. Chr. alle nicht schon mit Rom verbündeten gallischen Völker. Außerdem unternahm er mehrere Kriege in Germanien und Britannien. Eine Million Gallier sollen in den sieben Kriegsjahren umgekommen, eine weitere in die Sklaverei gegangen sein. Die Reichtümer des Landes füllten Caesars Kassen und die seiner Anhänger.

3 **Die Unterwerfung Galliens.**

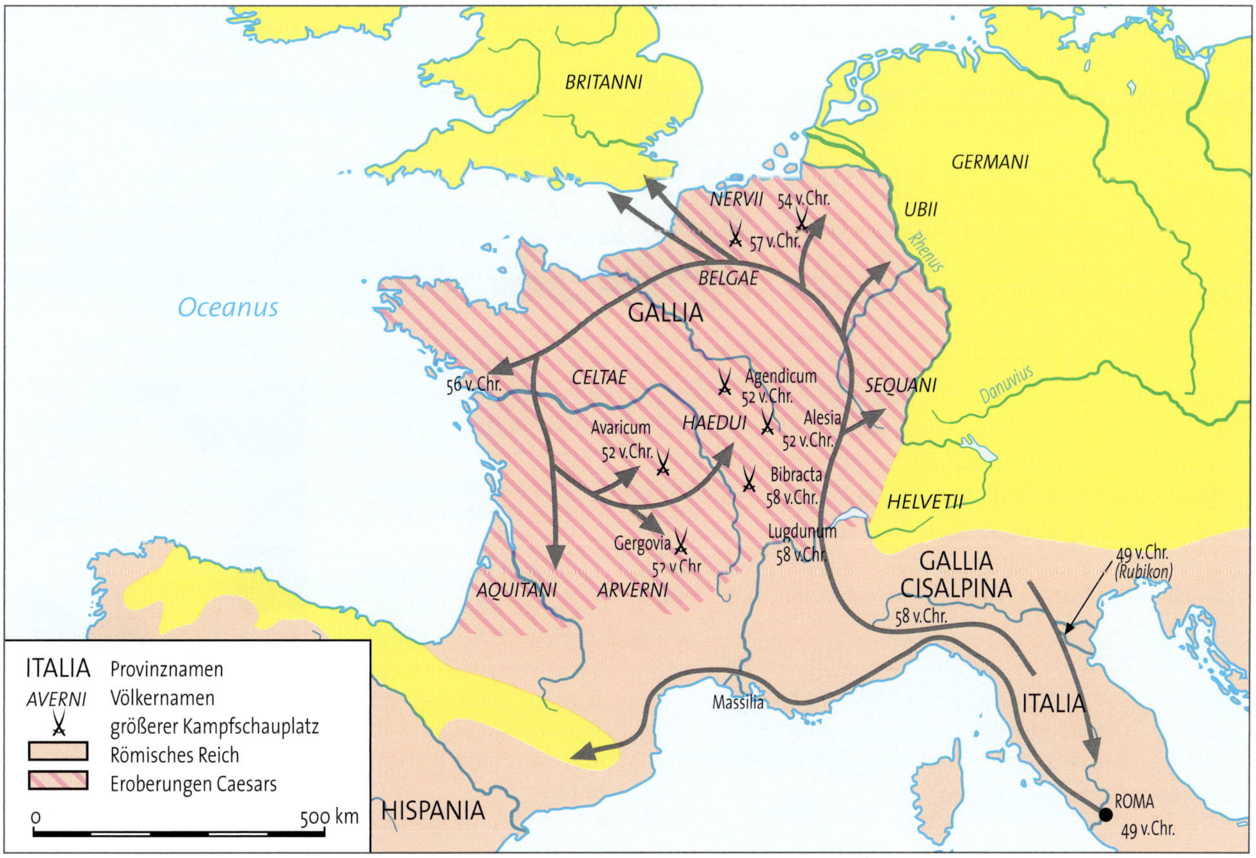

Geschichte in Comics und Jugendbüchern

„Wir befinden uns im Jahr 50 v. Chr. Ganz Gallien ist von den Römern besetzt .... Ganz Gallien? Nein!" – Kennt ihr diese Sätze? Mit ihnen beginnt jeder Comic über den kleinen Gallier Asterix (von *astérisque*: Sternchen), der sich mit seinen Freunden Caesar, dem mächtigsten Mann Roms, in den Weg stellt. – Was hat Asterix und was haben Comics aber in eurem Geschichtsbuch zu suchen? In manchen Comics kommen Personen und Ereignisse aus der Geschichte vor. In den gezeichneten Bildern werden sie vorgestellt und in Sprechblasen reden sie zu uns. Aber Vorsicht: Im Comic werden Geschichte und Erfindung bunt gemischt, ohne dass wir das immer auf Anhieb erkennen.

Dasselbe gilt für historische Jugendbücher. Deren Autoren verwenden aus der Geschichte, was ihnen entweder unterhaltsam erscheint oder was sie für ihre Zwecke brauchen können.

Sie wollen Interesse für die Geschichte wecken, aber kein historisches Sachbuch schreiben. Manchmal folgen sie den historischen Quellen, manchmal gehen sie frei mit ihnen um: Sie verändern, fügen etwas hinzu, lassen weg, was ihnen langweilig erscheint oder nicht in ihr Konzept passt. Vor allem die wörtlichen Reden sind so gut wie immer erfunden.

Comics und historische Erzählungen sollen uns „Appetit" machen, uns mit Geschichte zu befassen. Sie reichen aber nicht aus, wenn ihr euch über Personen und Ereignisse zuverlässig informieren wollt. Das gilt übrigens auch für die Texte, die wir euch auf den Seiten „Geschichte erzählt" vorstellen.

Oft muss man eine ganze Menge wissen, um den Zeichnern und Erzählern nicht auf den Leim zu gehen. Die folgenden Fragen können dir helfen, Comics und Geschichtserzählungen zu prüfen:

- Welche Handlung wird erzählt? Was davon hat sich tatsächlich ereignet? Was wurde erfunden, was weggelassen?
- Welche Personen kommen vor? Sind sie historisch nachweisbar oder ausgedacht? Welche Eigenschaften und Charakterzüge haben sie? Entsprechen sie den historischen Personen? Lässt sich dies durch Quellen bestätigen oder widerlegen?

M1 „Wie alles begann ..."
*Asterix-Hefte erscheinen seit 1959 in Frankreich; die Texte stammen von René Goscinny (1926-1977) und die Zeichnungen von Albert Uderzo (*1927).*
Die abgebildete Seite ist aus: Gallische Geschichten mit Asterix und Obelix. Goscinny und Uderzo präsentieren das Beste aus 29 Abenteuern, übers. von Gudrun Penndorf, Stuttgart: Ehapa Verlag ²1994, Seite 6.

■ *Prüft die erste Aussage des Comics.*

M 2 **Interview mit einem Geschichtenerzähler**

Warum stellen Sie, Herr Brückner, jedem Hauptkapitel von „Das waren Zeiten" eine Erzählung voran?

Ein Geschichtsbuch für die Schule muss in erster Linie sachlich informieren. Meine kurzen Erzählungen fallen da absichtlich etwas aus dem Rahmen: Sie wirken durch die wörtliche Rede locker, denn sie sollen Interesse bei den Schülern wecken. Sie sprechen auf unterhaltsame Weise ein Thema an und führen so in das Kapitel ein.

Woher bekommen Sie die Anregungen für die Erzählungen?

Im Fall von „Lucy" (*siehe Seite 27*) war es ein kurzer Abschnitt in einem Sachbuch über die Entdeckung dieses sensationellen Fundes. Hier stimmen alle Angaben über die Umstände des Gesprächs mit der Wirklichkeit überein. Erfunden habe ich nur den Wortlaut des Gesprächs.
Die Erzählung über den ägyptischen Wesir des Cheops (*siehe Seite 55*) habe ich wie ein Mosaik aus vielen kleinen Informationen über den Pyramidenbau und die Aufgaben des Wesirs zusammengesetzt, der tatsächlich gelebt hat.
Die Anregungen für die Geschichten „Unsterbliche Geliebte" und „Brudermord am Tiber" (*siehe die Seiten 87 und 131*) verdanke ich den „Sagen des klassischen Altertums", die der Pfarrer und Dichter *Gustav Schwab* in den 1840er-Jahren erstmals veröffentlichte – und die ich schon in meiner Schulzeit gelesen habe.

Gehören solche Erzählungen überhaupt in ein Geschichtsbuch?

Ich finde, sie bereichern es ganz wesentlich. Erstens beruhen sie alle auf geschichtlichen Quellen oder Dokumenten. Zweitens sind sie kurz. Und drittens: Auf jede Erzählung folgt ein langes Kapitel mit einer sachlichen Darstellung und einer bunten Reihe historischer Quellen. Schüler lernen Geschichte ja nicht aus der einen Erzählung. Vielmehr werden sie von ihr angeregt, dem angetippten Thema mit sachlich zuverlässigen Informationen auf den Grund zu gehen.

Gesprächsprotokoll vom Oktober 2003

M 3 **Wie sah Caesar aus?**

*In dem Roman „Caesar und der Gallier" von Hans Dieter Stöver (*1937) wird Caesar von dem 17-jährigen Römer Sextus, der Hauptfigur der Erzählung, so beschrieben:*

So dunkel hatte er sich Caesars Augen nicht vorgestellt. Er spürte, welche Kraft von ihnen ausging, doch er sah auch, dass die Strapazen und Anstrengungen der vergangenen Wochen Spuren in seinem Gesicht hinterlassen hatten. Scharf zeichneten sich die Falten an den Seiten des Mundes ab. Noch mehr fiel ihm auf: die helle, weiche Haut, die feinen, sehr gepflegten Hände, die scharfen Backenknochen, die hagere und doch kraftvolle Gestalt. Caesars Bewegungen waren geschmeidig, schnell, gezielt, besonders die der Augen. Ihnen schien nichts zu entgehen.

Plutarch (siehe M3, Seite 151) schreibt:

Er war von hagerer Gestalt und hatte eine zarte weiße Haut [...].

Sueton (siehe M2, Seite 157) berichtet:

Er soll von stattlicher Figur gewesen sein, weiße Haut, schlanke Gliedmaßen, ein etwas zu volles Gesicht, schwarze, lebhafte Augen [...]. Um sein Aussehen war er allzu besorgt. [...] Über seine Glatze war er sehr ärgerlich, da sie seinen Gegnern oft Anlass zu Witzen bot. Deshalb pflegte er seine Haare vom Scheitel nach vorn zu bürsten [...].

Erster Text: Hans Dieter Stöver, Caesar und der Gallier, München ^{2}2001, S. 268 f.; zweiter Text: Plutarch, Von großen Griechen und Römern, Caesar 17.2; dritter Text: Sueton, Leben der Caesaren, Caesar 45

M 4 **„Caesar und der Gallier."**
Umschlagbild von Tilman Michalski, um 2000.

M 5 **Gaius Iulius Caesar.**
26 cm hohe Marmorbüste, um 20 v. Chr.

► ***Lesetipps:***
- *Harald Parigger, Caesar und die Fäden der Macht, Würzburg 2006*
- *Susanne Rebscher, Julius Caesar, Bindlach 2009*

1. *Nenne Gründe, weshalb Comics oft lustig wirken (M 1).*
2. *Beurteilt, was eine Geschichtserzählung unterhaltsam macht. Untersucht dazu in diesem Buch die Beispiele auf den Seiten 27, 87 und 131.*
3. *Prüfe, welche Aussagen Stöver frei erfunden hat und welche er aus schriftlichen und bildlichen Quellen übernommen hat (M 3 und M 5).*
4. *Vergleiche das Bild von Caesar auf dem Buchumschlag M 4) mit M 3, M 5 und Abb. 2 auf Seite 153. Was fällt dir auf?*

Tödlicher Machtkampf

1 Freiheitsmütze zwischen zwei Dolchen.
Münze von 43/42 v. Chr.
Die Münze ließ der Caesarmörder Brutus nach seiner Flucht im Osten des Reiches prägen. Die Aufschrift EID[ibus] MAR[tiis] ist die abgekürzte Datumsangabe (an den Iden des März). In der Mitte ist eine Kappe (lat. pileus) zu sehen. Solche Kopfbedeckungen trugen freigelassene Sklaven.

„Ich kam, ich sah, ich siegte"

Der Senat beobachtete misstrauisch Caesars Erfolge und seine wachsende militärische Macht. Seine Gegner fürchteten um ihre führende Stellung. Ihnen gelang es, den eifersüchtigen Pompeius auf ihre Seite zu ziehen. In einem widerrechtlichen Senatsbeschluss setzten sie Caesar als Statthalter und Heerführer ab. Caesar erfuhr davon am Rubikon, dem Grenzfluss zwischen seiner Provinz und Italien. Da er wusste, dass er ohne Amt und Truppen seinen Gegnern ausgeliefert war, überschritt er am 10. Januar 49 v. Chr. mit seinen Soldaten den kleinen Fluss Rubikon, um nach Rom zu marschieren. Ein vier Jahre dauernder Bürgerkrieg begann.

Ungehindert zog Caesar in Rom ein. Seine Gegner flohen übers Meer zu den Truppen in den Provinzen, die dem Senat unterstanden. Caesar folgte ihnen rund ums Mittelmeer. Zunächst unterwarf er Spanien, dann schlug er Pompeius in Thessalien und entschied in Ägypten einen Thronstreit zugunsten von *Kleopatra VII*. Nach weiteren Erfolgen in Nordafrika und Südspanien endete der Bürgerkrieg 45 v. Chr. Aus dieser Zeit stammen Caesars stolze Worte: „Ich kam, ich sah, ich siegte" (lat. *veni, vidi, vici*).

Caesars Reformen

Der Senat übertrug Caesar ab 48 v. Chr. immer wieder auf Zeit das Amt des Diktators, 45/44 v. Chr. erhielt er diese Stellung auf Lebenszeit. Sein Amt nutzte Caesar für Reformen:

- Die Bewohner Norditaliens erhielten das Bürgerrecht, die Städte Italiens konnten sich selbst verwalten.
- Zur Altersversorgung der Soldaten sowie für Proletarier wurden auch außerhalb Italiens Kolonien gegründet.
- In Rom erhielten nur noch 150 000 Proletarier Getreidespenden, weil die Arbeitslosigkeit gesenkt werden konnte.
- Die Zahl der Senatoren stieg auf 900; außerdem durften sie jetzt aus den Provinzen stammen.
- Ein neuer Kalender wurde eingeführt, da sich die Jahreszeiten verschoben hatten und die Bäume Ende Januar blühten.

Zugleich startete Caesar ein Bauprogramm. Er wollte den Tiber umleiten, den Hafen vergrößern und Sümpfe trockenlegen.

Mord im Senat

Der neue Senat überhäufte Caesar mit Ehrungen. Er durfte das Purpurgewand des Triumphators mit goldenem Lorbeerkranz tragen, erhielt den Ehrennamen *Vater des Vaterlandes* und sein Geburtsmonat bekam den Namen Iulius.

Caesar regierte seitdem wie ein König. Dies war für die republiktreue Minderheit im Senat unerträglich. An den *Iden des März* (15. März) 44 v. Chr. wurde Caesar vor einer Senatssitzung von einer Gruppe von Senatoren durch zahlreiche Dolchstiche getötet. Unter den Mördern war sein junger Freund *Brutus*, zu dem er sterbend gesagt haben soll: „Auch du, mein Sohn?" Die Attentäter retteten die Republik nicht.

▶ ***Lesetipp:***
Waldtraut Lewin, Wenn die Nacht am tiefsten. Caesar und Kleopatra – eine historische Liebe, Bindlach 2005

1. *Nenne die wichtigsten Ereignisse in Caesars politischer Laufbahn.*
2. *Prüfe Caesars Reformen. Welche lagen im Interesse des Staates, welche nutzten ihm selbst?*
3. *Erläutere, warum Brutus eine Münze nutzte, um auf das Ereignis aufmerksam zu machen (Abb. 1).*

M1 „Caesar und Kleopatra."
Szenenfoto aus dem amerikanischen Spielfilm „Cleopatra", 1962. Kleopatra VII., die letzte Königin von Ägypten, wurde Caesars Geliebte und gebar ihm einen Sohn. 46-44 v. Chr. lebte Kleopatra in Rom.

M2 Sueton über Caesar
Der Schriftsteller Sueton (70-140 n. Chr.) schreibt über ihn:
Seine Soldaten beurteilte er weder nach ihrer Moral noch nach ihrer äußeren Stellung, sondern nur nach ihren militärischen Fähigkeiten [...]. Weder nahm er alle Vergehen zur Kenntnis, noch bestrafte er sie ihrer Schwere entsprechend, war aber gegenüber Deserteuren* und Meuterern ein sehr strenger Richter und Rächer; im Übrigen drückte er ein Auge zu [...].
Bei Ansprachen redete er sie nicht mit „Soldaten", sondern mit dem schmeichelhafteren „Kameraden" an, und er hielt auch auf ihr Äußeres: So stattete er sie mit silber- und goldverzierten Waffen aus, einmal des Aussehens wegen, dann auch, damit sie im Kampf eher darauf achteten und Angst hätten, sie zu verlieren [...]. Auf diese Weise spornte er sie zu größter Ergebenheit und Tapferkeit an. [...]
Gegenüber seinen Freunden war Caesar immer zuvorkommend und nachsichtig [...]. Auf dem Gipfel seiner Macht erhob er auch Leute aus den untersten Schichten zu hohen Ehren [...].

Sueton, Gaius Iulius Caesar, 65ff., zitiert nach: ders., Leben der Caesaren, übers. u. hrsg. von André Lambert, Reinbek 1960, S. 38f.

Deserteur: *Soldat, der zur Gegenseite überläuft oder seinen Platz verlässt*

M3 Plutarch über Caesar
Der griechische Schriftsteller Plutarch (siehe Seite 151, M3) berichtet:
Vor Caesars Glück indes beugten die Römer trotz alledem das Haupt und fügten sich willig ins Joch. Und da sie [...] Erholung zu finden hofften von den Leiden der Bürgerkriege, ernannten sie ihn zum Diktator auf Lebenszeit. Dies bedeutete die unverhüllte Tyrannis [...].
Wenn aber der Hass gegen Caesar immer sichtbarer hervorbrach und ihn schließlich in den Tod hineinriss, so trug daran sein Streben nach der Königswürde die Schuld. Für das Volk war dies der erste Anlass, sich von ihm abzuwenden, für seine Gegner [...] ein besonders günstiger Vorwand.

Plutarch, Große Griechen und Römer, Caesar 57 u. 60, übers. von Walter Wuhrmann, München 1994

1. *Beschreibe Caesars Auftritt auf dem Szenenfoto (M1).*
2. *Vergleiche die Äußerungen Suetons (M2) und Plutarchs (M3) über Caesar. Wie beurteilen die beiden Autoren jeweils Caesars Verhalten?*
3. *Erkundige dich im Internet nach neueren Filmen über Caesar und seine Zeit. Erstelle eine Übersicht mit Informationen über die gefundenen Filme. Diskutiert mögliche Gründe dafür, warum Caesars Leben immer wieder verfilmt wurde.*

Rettet Augustus die Republik?

1 Triumphzug auf dem Forum Romanum zur Kaiserzeit.
Rekonstruierte Ansicht von Johannes Bühlmann und Friedrich von Thiersch, 1900/02.
Auf dem Forum Romanum fanden Versammlungen, Gerichtsverhandlungen, religiöse Umzüge (Prozessionen) und Siegesfeiern (Triumphzüge) statt. So durfte beispielsweise ein Feldherr nach einer siegreichen Schlacht an der Spitze seiner Soldaten mit der Kriegsbeute und gefangenen Gegnern, die sie danach versklavten oder töteten, über das Forum ziehen.

(1) Tempel der Vesta, (2) Dioskuren-Tempel, (3) Basilica Iulia, (4) Tempel des Iuppiter, (5) Tempel des Saturn, (6) Bogen des Kaisers Tiberius, (7) Tempel des Kaisers Vespasian, (8) Staatsarchiv, (9) Tempel der Concordia, (10) Triumphbogen des Kaisers Septimius Severus, (11) Basilica Aemilia, (12) Rednertribüne (13) Goldener Meilenstein

Gaius Octavius setzt sich durch

Um Caesars Erbe entbrannte ein neuer Bürgerkrieg. In ihm begann der Aufstieg des *Gaius Octavius*. Sein Großonkel Caesar hatte ihn adoptiert und zum Erben bestimmt; der 18-Jährige nannte sich nun *Gaius Iulius Caesar Octavianus*. Für den Krieg gegen die Caesar-Mörder verbündete Octavian sich mit *Antonius*, einem Anhänger seines Adoptivvaters.

Nach dem Sieg wollte Octavian sein Erbe nicht mit Antonius teilen. Er warf ihm vor, eine unerlaubte und für Rom gefährliche Verbindung mit der ägyptischen Königin Kleopatra eingegangen zu sein. Rom erklärte Kleopatra und Antonius den Krieg. Die Entscheidung fiel 31 v. Chr. in der *Seeschlacht bei Actium* an der Küste Griechenlands. Octavians Flotte siegte. Kleopatra und Antonius begingen Selbstmord.

Aus Octavian wird Augustus

Nach seinem Sieg über Antonius ließ Octavian mehr als 2000 politische Gegner umbringen, darunter 300 Senatoren. Er war nun der unumstrittene Herr des Römischen Reiches. Im Jahre 27 v. Chr. veranstaltete er einen Triumphzug und erklärte vor dem Senat den Rücktritt von allen Ämtern. Die Senatoren protestierten und baten ihn, wenigstens in den von Feinden bedrohten Provinzen den Oberbefehl zu behalten. Als er zögernd zustimmte, wurde er vom Senat mit Ehrungen überhäuft. Dazu verlieh man ihm den Ehrennamen *Augustus* (dt. „der Erhabene"; daraus wurde später die Formel *Imperator Augustus*, dt. *Kaiserliche Majestät*).

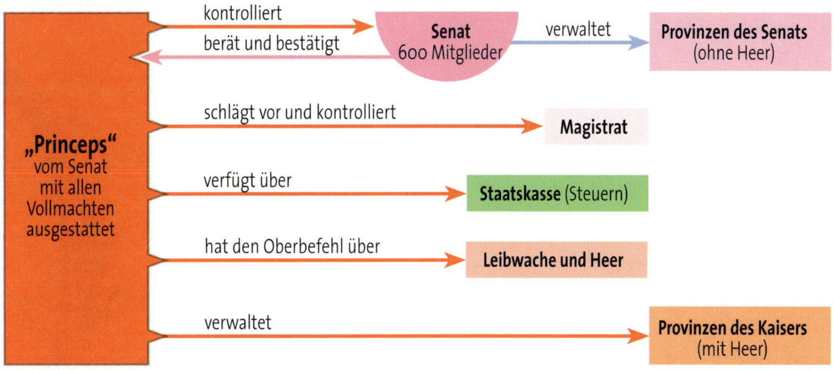

2 Wie viel Macht hat der „erste Bürger“?

■ *Vergleiche die Macht des Senats mit der des „Princeps“.*

Ein mächtiger Mann

Augustus – unter diesem Namen ging Octavian in die Geschichte ein – behielt lebenslang den Oberbefehl über alle römischen Truppen. Hinzu kamen bald weitere Rechte:

- Augustus erhielt auf Dauer die Rechte eines Volkstribunen; sie schützten ihn vor gerichtlicher Verfolgung und gaben ihm die Möglichkeit, Gesetze vor die Volksversammlung zu bringen.
- Er erfüllte die Aufgaben eines Zensors, einschließlich der Auswahl der Senatoren.
- Er übernahm das Amt des Ersten Priesters, des obersten Wächters über Religion und Sitten.

Das Heer wurde von Augustus neu organisiert. Es entstand eine auch im Frieden ständig einsatzbereite Truppe aus 28 Legionen und etwa 150 000 Mann mit zwanzigjähriger oder längerer Dienstzeit: das *stehende Heer*. Augustus behielt sich die Versorgung der Soldaten vor. Sie mussten ihm Treue schwören. Die höchsten Kommandostellen vergab er selbst.

Augustus änderte auch die Verwaltung. Der Senat behielt nur die Aufsicht über die befriedeten Provinzen. Die Verantwortung für die gefährdeten Provinzen, in denen die Legionen stationiert waren, lag bei Augustus.

„Erster Bürger“

Hinter einer republikanischen Fassade entstand eine Monarchie, ein Kaiserreich. Augustus aber behauptete, die Republik wiederhergestellt zu haben. Er übertreffe die vom Volk gewählten Magistrate nicht an Macht, sondern nur durch das Maß der Verantwortung und sein persönliches Ansehen. In der Öffentlichkeit trug er wie die übrigen Senatoren die purpurgesäumte Toga. Er sah sich als *Princeps*, als „ersten Bürger“ (lat. *princeps civium*) des Staates. Nach dieser Bezeichnung erhielt die Herrschaftsform des Augustus ihren Namen: der *Prinzipat*.

Die Kaiserzeit beginnt

Für weite Teile der Bevölkerung war es Augustus, der die über 100 Jahre andauernden Bürgerkriege beendet und eine Zeit des Friedens und Wohlstandes eingeleitet hatte: die *Pax Augusta*. Augustus setzte den Ausbau Roms zur prunkvollen Hauptstadt fort und rühmte sich später, „eine Stadt aus Ziegelsteinen vorgefunden und eine aus Marmor hinterlassen“ zu haben. Die von ihm durchgeführten Spiele für das Volk übertrafen die seiner Vorgänger – von denen Caesars abgesehen. Kunstwerke, Inschriften und Münzen verbreiteten seine Taten. Zahlreiche Dichter verkündeten, mit Augustus sei ein „goldenes Zeitalter“ angebrochen.

Als die Frage anstand, wer ihm nach seinem Tod folgen solle, bestimmte Augustus, der keine leiblichen Söhne hatte, seinen Stiefsohn *Tiberius* zu seinem Nachfolger. Ihm vererbte er mit Zustimmung des Senats seine außerordentliche Macht. Damit begann die eigentliche Kaiserzeit. Sie dauerte beinahe fünf Jahrhunderte.

3 Römischer Adler.
Schmuckstück (Durchmesser: 22 cm), 1. Jh. n. Chr. (die Fassung stammt aus dem 16. Jh.).
Der Adler, der Vogel Iuppiters (Zeus'), wurde zum Sinnbild der kaiserlichen Macht; in seinen Klauen hält er außer dem Eichenkranz einen Palmenzweig, das Ehrenzeichen für eine siegreiche Schlacht.

■ *Vergleicht die politischen Laufbahnen von Caesar und Augustus. Diskutiert, weshalb Augustus nicht von den Senatoren ermordet wurde.*

M 1 Augustus legt Rechenschaft ab

Augustus fasst in seinem 76. Lebensjahr sein gesamtes politisches Handeln in einem „Tatenbericht" zusammen. Dieser wird nach seinem Tode im Senat verlesen und seinem Wunsch gemäß dann in Bronzetafeln eingraviert und vor seinem Grabmal in Rom aufgestellt. In Ankara (Türkei) hat man eine Kopie des Textes an der Wand des dortigen Augustus-Tempels gefunden.

Im Alter von 19 Jahren stellte ich aus eigenem Entschluss und aus eigenen Mitteln ein Heer auf, mit dem ich die Gewaltherrschaft einer Partei in Rom beendete und die Republik in die Freiheit zurückführte [...].

Die meinen Vater getötet haben, habe ich in die Fremde getrieben und sie für ihre Tat in rechtmäßigen fünf Prozessen bestraft [...].

Ich habe zu Wasser und zu Land [...] Kriege auf dem ganzen Erdkreis geführt und als Sieger allen Bürgern Schonung gewährt, wenn sie um Verzeihung baten [...].

Die Diktatur, die mir in Abwesenheit und Anwesenheit vom Volk und Senat einstimmig angeboten wurde, habe ich nicht angenommen.

Princeps des Senats war ich bis zu dem Tag, an dem ich dies schrieb, 40 Jahre lang.

Die Senatsliste habe ich dreimal erneuert und drei Volkszählungen* durchgeführt [...].

Die Tür des Ianus-Tempels, den unsere Vorfahren geschlossen haben wollten, wenn im ganzen Reich durch Siege gewonnener Friede eingetreten sei, was vor meiner Geburt seit der Gründung der Stadt zweimal geschehen war, ist unter meiner Führung durch Senatsbeschluss dreimal geschlossen worden.

Viermal habe ich mit meinem Geld die Staatskasse unterstützt [...]. Aus meinem Erbe habe ich in die Kriegskasse bezahlt, damit die Soldaten, die 20 Jahre und mehr gedient hatten, Prämien bekamen.**

Augustus, Res gestae, ausgewählt und übersetzt von Klaus Gast

*„Es begab sich aber zu der Zeit, dass ein Gebot von dem Kaiser Augustus ausging, dass alle Welt geschätzet würde ..." Kennst du diesen Text? Erkundige dich nach seiner Fortsetzung!

**Augustus nennt Beträge von zusammen fast einer Milliarde Sesterzen (an Kaufkraft heute etwa sechs Milliarden €). Er zählt seine Bauten auf, darunter elf neu erbaute und 82 renovierte Tempel.

M 2 Bildnis des Augustus.

Etwa 8 cm hoher Anhänger, 2. Jh. n. Chr. (die Fassung stammt aus dem 17. Jh.).

Im Jahre 27 v. Chr. erhielt Augustus vom Senat „für die Rettung aller Bürger" die „corona civica", den Eichenkranz. Er wurde seit Langem für die Rettung eines Mitbürgers in der Schlacht verliehen. Lies dazu nochmals M 2, Seite 149. Dieses Ehrenzeichen nahm später mehr und mehr den Charakter eines Herrschaftssymbols an.

M 3 Wie die kaiserliche Macht entsteht

Der wohl bedeutendste römische Historiker, der Senator Cornelius Tacitus (um 56-117 n. Chr.), schreibt:

Sobald Augustus das Militär mit Geschenken, das Volk durch Getreidespenden, alle miteinander durch die Annehmlichkeit einer Friedenszeit für sich gewonnen hatte, erhob er allmählich höher sein Haupt und zog die Befugnisse des Senats, der Staatsverwaltung und der Gesetzgebung an sich. Dabei fand er keinen Widersacher, da die tatkräftigsten Männer auf den Schlachtfeldern geblieben oder den öffentlichen Verfolgungen zum Opfer gefallen waren, während die übriggebliebenen Angehörigen der Nobilität bereitwillig das Joch der Knechtschaft auf sich nahmen und dafür umso höher an Reichtum und Ehren stiegen [...].

So hatte sich denn die Staatsform gewandelt [...]. Die Gleichheit der Staatsbürger war beseitigt, und alle schauten nur noch auf die Befehle des Princeps [...].

Tacitus, Annalen I.2, übers. von Walther Sontheimer, Stuttgart 1964 (vereinfacht)

1. *Die Textquellen (M 1 und M 3) stellen unterschiedlich dar, wie die Macht ausgebaut und gesichert wurde. Gib beide Sichtweisen wieder.*
2. *Erkläre, wie es zu den verschiedenen Darstellungen (M 1 und M 3) kommen konnte.*
3. *Nenne das Herrschaftssymbol, das seit Augustus alle Kaiser trugen (M 2).*

Eine Statue als Quelle?

Auf die Wirkung kommt es an

Herrscherstandbilder sollen auf die Betrachter wirken. Um sie beurteilen zu können, müssen wir sie zunächst als Ganzes und dann in ihren Einzelheiten betrachten. Wichtig sind Größe, Kopf-, Arm- und Beinhaltung, Blickrichtung, Kleidung und Beigaben. Die Besonderheiten sind nicht zufällig gewählt, sondern sollen etwas Bestimmtes aussagen. Aus ihnen können wir erschließen, wie sich der Herrscher sah und wie er vom Volk gesehen werden wollte.

An der Augustus-Statue fällt auf:

- Augustus war etwa 1,70 m groß. Die Höhe der Statue beträgt aber 2,04 m.
- Augustus trägt einen verzierten Brustpanzer und eine Lanze.
- Die Römer stellten nur ihre Götter barfuß dar.
- Die kleine Figur am rechten Bein soll der Liebesgott *Amor* sein, ein Kind der *Venus*, der Göttin der Liebe und Schönheit und der angeblichen Stammesmutter der Familie von Caesar und Augustus.

M1 Augustus.
Kopie einer Statue aus Primaporta bei Rom, nach 20 v. Chr.
Die farbige Rekonstruktion von 1998/99 geht auf die Marmorstatue zurück, die 1863 in der Villa der Livia, der Frau des Augustus, gefunden wurde und heute in den Vatikanischen Museen in Rom zu sehen ist.
Die Bemalung wurde nach Farbspuren der Originalstatue rekonstruiert. Die Lanze ist hinzugefügt worden.
Augustus trägt einen Brustpanzer, auf dem dargestellt ist, wie der König der Parther dem Kriegsgott Mars die römischen Feldzeichen übergibt. Augustus hatte die Rückgabe der Feldzeichen 20 v. Chr. erreicht, nachdem die Römer sie in einer Schlacht 53 v. Chr. verloren hatten. Um die Hüfte geschlungen hat Augustus einen Feldherrnmantel, seine rechte Hand erhebt er in der Geste einer Ansprache an die Soldaten.

1. *Die Statue wurde wahrscheinlich im Auftrag des Senats aufgestellt. Untersucht, was sie den Bürgern bereits aus der Ferne und was sie ihnen bei näherer Betrachtung aussagen sollte.*
2. *Vergleiche den Kopf der Statue mit dem „Speerträger" von Polyklet (Abb. 2, Seite 118) und die Geste mit der des „Volksredners" (Abb. 1, Seite 137).*
3. *Informiert euch, wie Staatsoberhäupter heute öffentlich dargestellt werden. Sucht Beispiele!*

Wo schlägt Arminius die Römer?

1 **Das Hermannsdenkmal bei Detmold.**
Foto, um 2000.
Es ist bis zur Schwertspitze 26 m hoch und steht auf einem ebenso hohen Unterbau. Das Denkmal wurde 1875 auf Wunsch vieler Bürger und mit Unterstützung des deutschen Kaisers errichtet.

▶ ***Internettipp:***
www.hermannsdenkmal.de

2 **Der Hinterhalt der Germanen.**
Das Foto wurde Pfingsten 2003 im Museum und Park Kalkriese anlässlich der „Römer- und Germanentage" aufgenommen.
Es zeigt den rekonstruierten Wall mit einigen „Germanen".

Ein Denkmal steht falsch

An Sommerwochenenden wandern viele Touristen nach Hiddesen, einem kleinen Ort in der Nähe von Detmold in Ostwestfalen-Lippe. Ihr Ziel ist das Hermannsdenkmal. Es erinnert an den Sieg der Germanen über die Römer im Jahre 9 n. Chr. Damals hatte der Cheruskerfürst *Arminius*, ein in römischen Diensten stehender Offizier, der später „Hermann" genannt wurde, den Feldherrn *Varus* mit drei Legionen in eine Falle gelockt und nach drei Tagen besiegt. Die Römer verloren etwa 20 000 Mann und zogen sich danach an den Rhein zurück. Ihre Eroberungspolitik gaben sie trotzdem nicht auf. Geschichtsschreiber haben später die Varus-Schlacht als den Anfang vom Ende der römischen Herrschaft in Germanien dargestellt. Sie sei ein Grund dafür gewesen, weshalb der mittlere und nördliche Teil Deutschlands und Europas nicht römisch wurde.
Wo genau die unter Arminius kämpfenden Germanen die Römer besiegten, ist noch immer umstritten. Die entscheidende Schlacht fand aber mit Sicherheit nicht da statt, wo das Hermannsdenkmal steht. Archäologen fanden dort keine Spuren eines größeren Kampfes.

Münzen weisen den Weg

Bereits 1884 hatte der Altertumsforscher *Theodor Mommsen* nach der Auswertung von Münzen behauptet, die Schlacht sei in Kalkriese bei Bramsche etwa 20 Kilometer nördlich von Osnabrück geschlagen worden. Seine Kritiker warfen ihm vor, ein paar römische Geldstücke seien kein Beweis für den Untergang von drei Legionen.
Hundert Jahre nach Mommsen zog ein Hobby-Archäologe mit einem Metallsuchgerät über die Wiesen und Felder bei Kalkriese. Er fand 160 Münzen. Das Auffallende daran: Sie alle waren vor 9 n. Chr. geprägt worden. Noch sensationeller war ein anderer Fund: drei knapp 4 cm lange Schleudergeschosse, wie sie römische Soldaten benutzten.
Ende der 1980er-Jahre begannen Wissenschaftler in Kalkriese mit systematischen Grabungen. Sie fanden römische Wurfspieße, Teile von Helmen, Schilden und Pferdegeschirr, Werkzeuge, Münzen, medizinische Instrumente und Alltagsgegenstände – vom Besteck bis zu Spielsteinen. Sie entdeckten auch eine von den Germanen errichtete Wallanlage, die diesen als Hinterhalt diente. Die Funde belegen: Bei Kalkriese fand eine Schlacht statt. Ob es die Varus-Schlacht war, diskutieren Forscher noch immer.

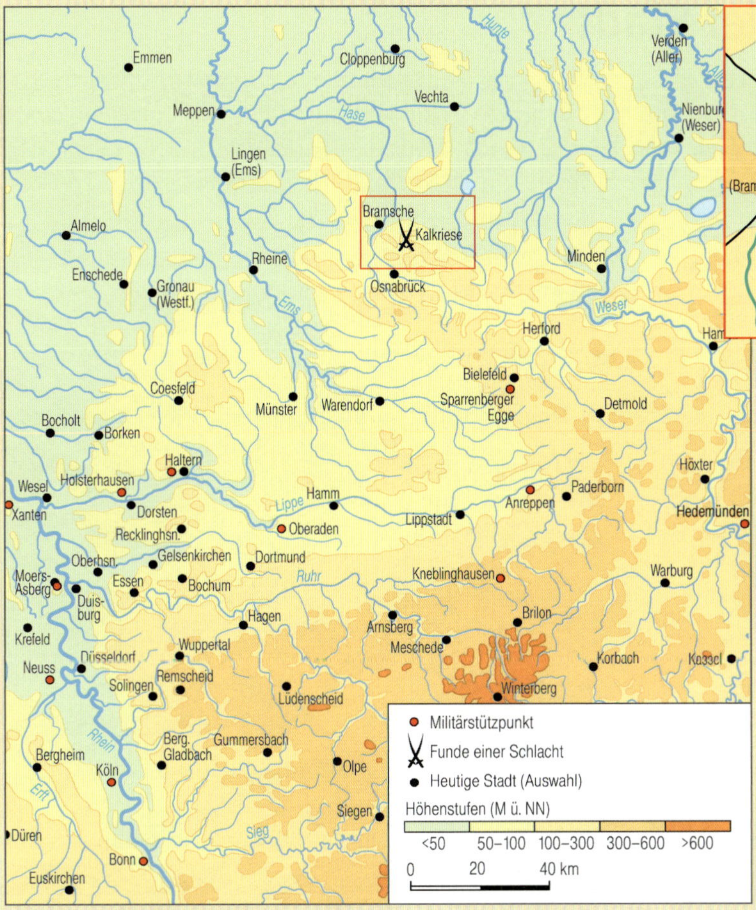

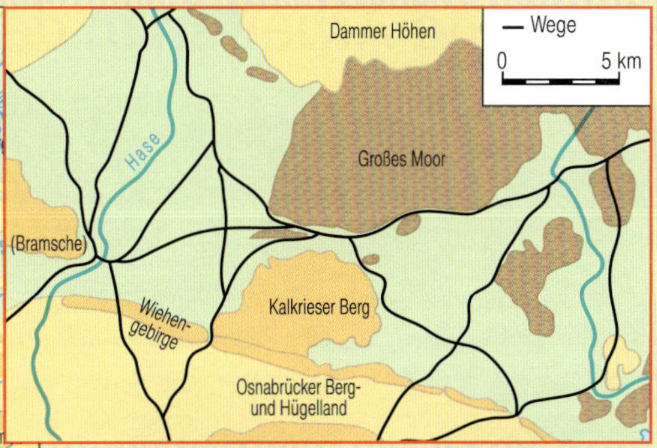

M1 Lage und landschaftliche Gliederung des Fundplatzes Kalkriese.

M2 Zwei Geschossspitzen, ein Lanzenschuh, drei Lanzenspitzen.
Länge der größten Lanzenspitze: 20,5 cm.

M3 Eiserne, ursprünglich mit Silberblech überzogene Maske.
Teil eines etwa 17 cm hohen Prunkhelms, der vor allem bei Paraden getragen wurde. Links: Kaum zu erkennender Rostklumpen. Rechts: Restaurierter Zustand (siehe auch das Bild auf dem Umschlag).

M4 Alltagsgeld der römischen Soldaten.
Diese in Kalkriese gefundene Kupfermünze (As) wurde 8-3 v. Chr. geprägt.
Sie trägt einen Stempel mit den Buchstaben VAR (= Varus). Varus, der in der Schlacht fiel, war seit 7 n. Chr. Statthalter und Oberbefehlshaber in Germanien. Vermutlich hat er die mit seinem Kürzel versehenen Münzen an die Soldaten ausgegeben.

▶ *Lesetipps:*
- *Matthias Raidt/Christoph Haußner, Drei Legionen für Rom. Ein Abenteuer um die Varusschlacht, Mainz 2008*
- *Hans Dieter Stöver, Der Sieg über Varus, München 2009*

▶ *Internettipps:* *Über den Ort und die Schlacht informieren*
- *www.kalkriese-varusschlacht.de*
- *www.varusschlacht2009.de*

1. *Nennt Gründe, weshalb die Funde des Hobby-Archäologen die Wissenschaftler aufmerksam gemacht haben.*
2. *Untersucht, warum das Denkmal (Abb. 1, Seite 162) errichtet wurde. Wie wurde damit die Varus-Schlacht gedeutet?*
3. *Untersucht, inwiefern die Karten (M1) einen Anhaltspunkt für den Ort des Überfalls liefern.*
4. *Erläutert, welche Funde in Kalkriese noch gemacht werden müssten, um zu bestätigen oder zu widerlegen, dass die Varus-Schlacht dort stattgefunden hat.*

Leben und Arbeiten in der Stadt

Einsturzrisiko

In Rom lebten im 3. Jh. n. Chr. knapp eine Million Menschen. Die meisten sorgten sich um ein ausreichendes Einkommen, einen sicheren Arbeitsplatz oder eine Wohnung. Grundstücke waren Mangelware. Freistehende Stadthäuser konnten sich nur sehr reiche Familien leisten. Die einfache Bevölkerung lebte auf engstem Raum in großen Mietshäusern. Mauern und Wände bestanden aus dünnem Holz oder Fachwerk, das für Risse anfällig war. Die Bauunternehmer sparten an Ziegelsteinen, Mörtel und Zement. Häufig stürzten Häuser ein. Möglicherweise wurde deshalb im 1. Jh. n. Chr. die Höhe der Mietshäuser in Rom auf etwa 21 m (sechs Stockwerke), später auf rund 18 m begrenzt.

Feuergefahr

Im Erdgeschoss der Stadthäuser lagen Läden mit Werkstätten oder Lagern. In den ersten und zweiten Etagen befanden sich jeweils drei bis fünf Räume, in den höheren Stockwerken wurden sie immer kleiner und dunkler. Es gab kein fließendes Wasser.

Eine ständige Gefahr war das Feuer. Wenn ein Bewohner unvorsichtig mit einer Fackel, einer Kerze oder einem Wärmebecken umging, konnte ein ganzes Stadtviertel in Flammen aufgehen. Die römische Feuerwehr, die unter Augustus aus 7000 Mann bestand, kam oft zu spät.

Getreide kam per Schiff

Zur Versorgung Roms wurden jährlich etwa 270000 Tonnen Getreide, meist aus Sizilien, Sardinien, Ägypten und Afrika, eingeführt. Kaiserliche Frachtschiffe brachten Korn, Wein, Olivenöl und andere Güter nach Ostia, dem Seehafen Roms. Lastkähne transportierten die Waren dann über den Tiber in die Stadt.

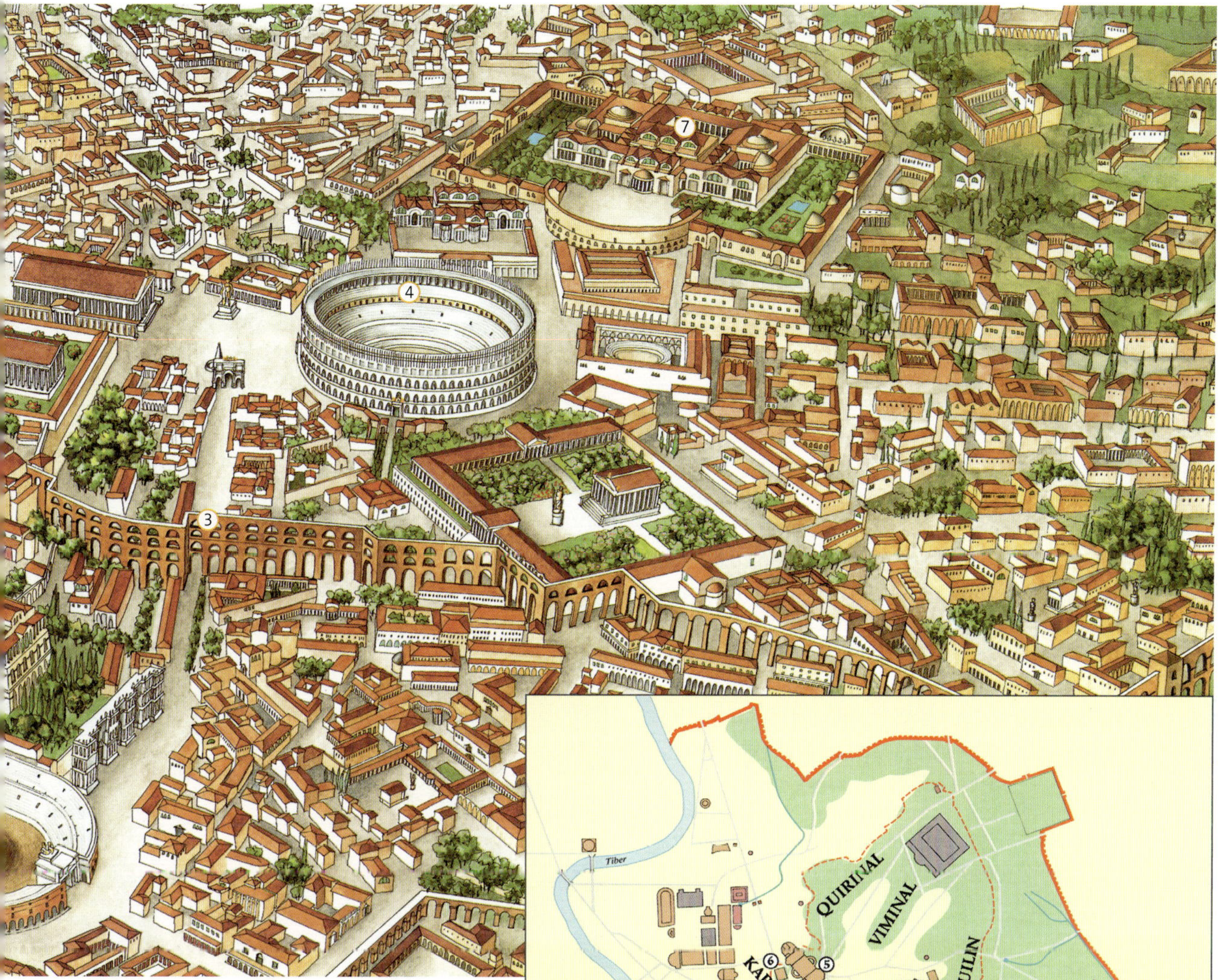

1 Rom zur späten Kaiserzeit im 4. Jh. n. Chr.
Rekonstruktionszeichnung auf der Grundlage des Stadtmodells von Italo Gismondi, das 1935 begonnen und erst 1971 fertig wurde.
(1) **Circus Maximus**: *der älteste und größte Circus in Rom – die Wagenrennbahn war 600 m lang und 150 m breit, hier soll Platz für 225 000 Zuschauer gewesen sein*
(2) **Palatin**: *bevorzugtes Wohngebiet der Herrscher*
(3) **Wasserleitungen** *(Aquädukte)* **des Kaisers** *Claudius (1. Jh.)*
(4) **Kolosseum** *(siehe Seite 170)*
(5) **Forum Romanum** *(siehe Seite 158)*
(6) **Tempel des Iuppiter** *auf dem Kapitol*
(7) **Thermen des Kaisers Traian** *(Anfang des 2. Jh.)*

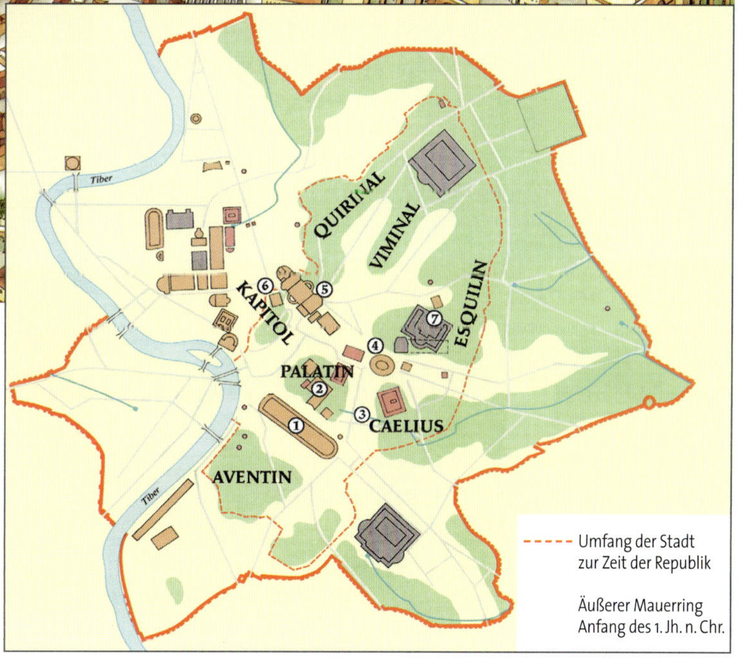

2 Rom in der Antike.

▶ ***Lesetipp:***
Stephan Biesty, Rom. Ein Spaziergang durch die ewige Stadt, München/Wien 2003

▶ ***Internettipps:***
Über das antike Rom findest du Informationen unter:
- *www.roma-antiqua.de*
- *www.die-roemer-online.de*

M 2 Geschäfts- und Wohnhaus, 2. Jh. n. Chr.
Modell.
In solchen Mietshäusern (lat. insulae), die in Rom noch zwei Stockwerke höher sein konnten, lebte die Masse der städtischen Bevölkerung. Im 4. Jh. gab es in Rom etwa 47 000 solcher Häuser.

M 1 Rom – ein Albtraum?
Der römische Dichter Juvenal (um 60-140 n. Chr.) stellt das Großstadtleben so dar.

Hier sterben viele, weil Schlaflosigkeit sie krank gemacht hat; denn in welcher Mietwohnung kann man schlafen? Sehr reich muss man sein, um in Rom schlafen zu können. Das ist die Hauptursache des Übels: Wagen biegen in scharfer Wendung um die Straßenecken, die Treiber schimpfen laut, wenn ihre Herde nicht weiter kann [...]. Und sieh nur, mit wie viel Rauch die Überreichung des Essens zum Mitnehmen vor sich geht. Da sind hundert „Gäste“, deren jeder seinen Wärmeapparat [gemeint ist ein kleiner Holzkohleofen] hinter sich hertragen lässt [...]. Auf dem Karren, der dir entgegenkommt, schwankt gefährlich ein langer Fichtenstamm, auf einem anderen Wagen führt man Pinienholz, das hochgetürmt bebt und die Passanten bedroht. Wenn aber ein mit Marmorblöcken beladener Karren umkippt und seine Ladung auf die dichte Menschenmenge ergießt, was bleibt da noch vom Körper übrig? [...]

Betrachte jetzt noch andere Gefahren der Nacht: Wie hoch die Häuser sind, von denen dir ein Dachziegel auf den Schädel fällt, wie oft man ein undichtes oder gesprungenes Gefäß aus dem Fenster wirft, mit welcher Wucht sie auf dem Pflaster ihre Spuren hinterlassen oder sie zerbrechen. Für leichtsinnig magst du gelten oder als einer, der sich vor plötzlichem Unfall nicht vorsehen will, wenn du zum Abendessen ausgehst, ohne dein Testament gemacht zu haben. So viele Gefahren bedrohen dich, wie beleuchtete Fenster offen stehen, unter denen du vorbeigehst.

Begnüge dich also mit der kläglichen Hoffnung, dass man wenigstens nur den Inhalt flacher Becken* auf dich ausleert.

Juvenal, Satiren, übers. von Harry C. Schnur, Stuttgart 1969, S. 36 f. (vereinfacht)

*Gemeint sind Nachttöpfe.

M 3 Typische Küche aus dem 1. Jh. n. Chr.
Rekonstruktionszeichnung von Peter Connolly (Ausschnitt), um 1990. Neben dem Herd befindet sich die Toilette.

1. *Beschreibe die Gefahren, die einem Fußgänger nach Juvenal (M 1) drohten.*
2. *Juvenal hat Umweltprobleme erkannt (M 1). Nenne sie!*
3. *Vergleiche ein römisches Geschäfts- und Wohnhaus (M 2) mit einem modernen von heute.*
4. *Beschreibe die Küche (M 3). Was hat sich gegenüber damals alles verändert?*

M4 Geschäftsstraße im antiken Pompeji.
Rekonstruktionszeichnung von Peter Connolly, 1979.
Die süditalienische Hafen- und Marktstadt Pompeji wurde 79 n. Chr. durch den Ausbruch des Vulkans Vesuv unter einer zum Teil über 5 m hohen Aschenschicht begraben; etwa 2000 (von 10000) Einwohner sollen dabei umgekommen sein. Erst im 18. Jh. wurde die verschüttete Stadt wiederentdeckt. Inzwischen haben Archäologen den größten Teil der Stadt freigelegt. Von Rom abgesehen, gibt es keine andere Stadt, an der sich das antike Leben in seiner Vielfalt besser zeigen ließe, als Pompeji.

▶ ***Lesetipps:***
- *Josef C. Grund, Asche auf Pompeji, Würzburg 2003*
- *Melanie Rice u.a., Pompeji. Der Untergang einer Stadt, Hildesheim 2007*
- *Simone van der Vlugt, Chloe – Die Zerstörung von Pompeji, München 2006*

M5 Haus in Pompeji.
Rekonstruktionszeichnung, um 1980.

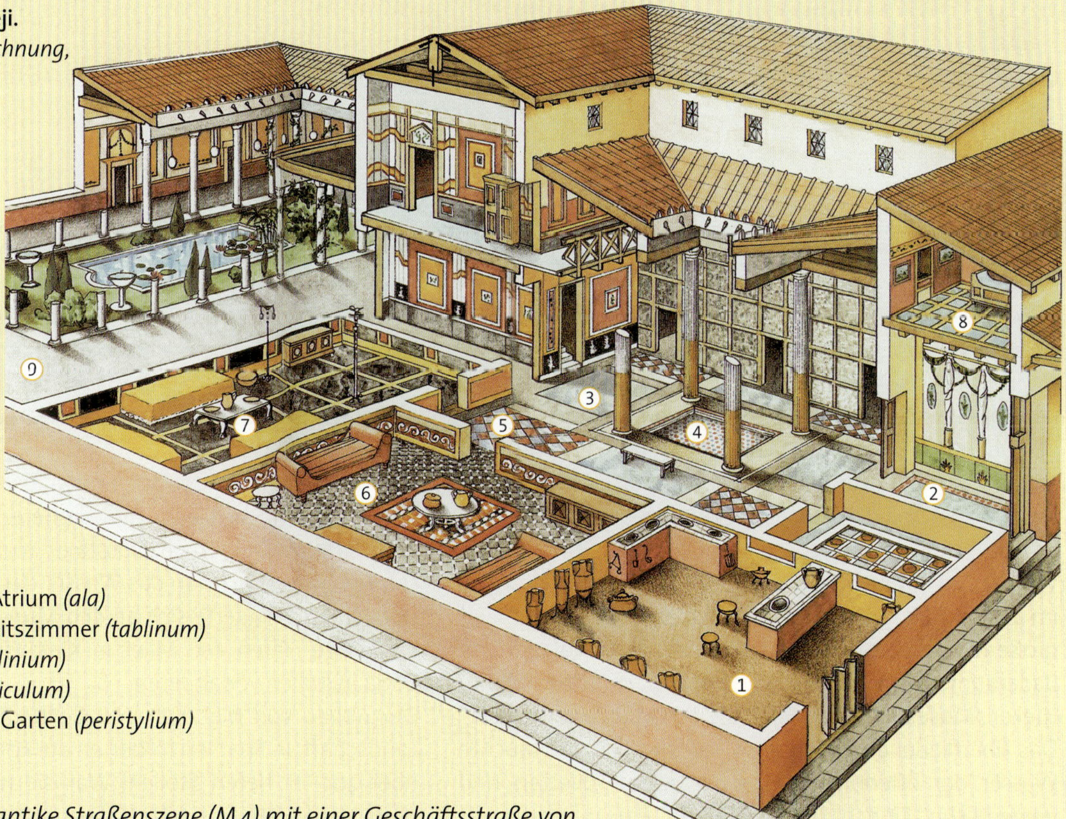

1 Geschäft, Lokal *(taberna)*
2 Flur *(fauces)*
3 Eingangshalle *(atrium)*
4 Wasserbecken *(impluvium)*
5 Seitenraum im Atrium *(ala)*
6 Empfangs-, Arbeitszimmer *(tablinum)*
7 Speiseraum *(triclinium)*
8 Schlafraum *(cubiculum)*
9 Säulengang mit Garten *(peristylium)*

1. *Vergleiche die antike Straßenszene (M4) mit einer Geschäftsstraße von heute. Was hat sich im Vergleich zu heute alles verändert?*
2. *Erkläre, woran man erkennen kann, dass es sich bei M5 um ein Stadthaus in einem warmen Land handelt.*
3. *Stelle dir vor, du stehst in der Eingangshalle (atrium) des Hauses. Nenne die Räume, in die du gehen oder hineinsehen kannst (M5).*

Umgang mit der Natur

1 Öffentliche Badeanlage.
Rekonstruktionszeichnung von Peter Connolly, 1979.
Die Abbildung zeigt eines von drei großen Bädern in Pompeji. Badende gingen zunächst in einen (1) ungeheizten Raum (frigidarium) und nahmen ein kurzes, kaltes Bad. Danach kamen sie in einen (2) Warmluftraum (tepidarium). Von dort aus ging es ins (3) caldarium, einen Raum voller Dampf mit heißen Bädern und einem warmen Brunnen zum Waschen, ähnlich der heutigen Sauna. Wer heiß gebadet oder geschwitzt hatte, konnte sich von Masseuren durchkneten lassen und sich im Kaltbad oder im großen Schwimmbecken unter freiem Himmel erfrischen.

- *Die Badeanlagen waren auch eine Umweltbelastung. Erläutere diese Aussage.*

Wasser für Rom

„Die Wassermengen, die in die Stadt geführt werden, sind so groß, dass ganze Flüsse durch die Stadt und die unterirdischen Kanäle strömen, dass nahezu jedes Haus Wasserbehälter und Wasserleitungen hat und reichlich sprudelnde Brunnen besitzt“, schrieb der Grieche *Strabon* im 1. Jh. n. Chr. Damals hatte Rom sieben große Fernwasserleitungen, später elf. Die Bevölkerung holte das Wasser aus öffentlichen Brunnen. Im 4. Jh. n. Chr. gab es in Rom davon 1350; ein Brunnen je Hektar Stadtfläche. Nur der Kaiserpalast und die Häuser reicher Bürger hatten Direktanschlüsse.

Viel Wasser verbrauchten die Bäder. Allein in Rom gab es im 4. Jh. n. Chr. neben fast 900 kleinen Badeanstalten elf große *Thermen* (dt. warme Bäder), oft riesige Anlagen mit Baderäumen, Wandelgängen, Läden, Gaststätten, Bibliotheken, Museen, Gärten, Sportplätzen und Parkanlagen.

Das überfließende Brunnenwasser und das verbrauchte Wasser der öffentlichen Badeanstalten, Toiletten und gewerblicher Einrichtungen wurde in ein unterirdisches Kanalsystem geleitet, dessen Zentrum die Cloaca maxima war, eine gewaltige Abwasseranlage in der Stadtmitte. Von dort flossen die Abwässer in den Tiber. Die meisten europäischen Großstädte erhielten erst vor 100 Jahren ein vergleichbares Abwassernetz.

Die Umwelt leidet

Der Städte- und Straßenbau sowie der Bergbau und die Landwirtschaft veränderten die Natur. Kriege verwüsteten die Äcker, denn die Vernichtung von Ernten gehörte zur Kriegsführung. Auch die Nutzung von Rohstoffen schadete der Umwelt. Holz wurde nicht nur für Häuser, Brücken und Schiffe benötigt, sondern auch zum Heizen öffentlicher Bäder und privater Häuser sowie für die Metallverarbeitung.

Um den Bedarf zu decken, entwaldeten die Römer wie schon die Griechen das Landesinnere sowie die Küsten des Mittelmeeres. Auch Flusstäler wurden gerodet. Bei starkem Regen riss nun das Wasser das Erdreich mit sich. Der Schlamm lagerte sich an den Mündungen der Flüsse ab. Einige Häfen wie Milet in Kleinasien, Ravenna und Ostia in Italien verlandeten.

Der Abbau von Metallen und Gesteinen veränderte die Landschaft. In Spanien förderten die Römer Silbererze aus über 200 m tiefen Stollen. Was sie nicht wussten: An manchen Orten enthielten die Abraumhalden Schwermetalle wie Blei, die das Wasser, die Pflanzen und die Menschen belasteten.

M1 **Der Tiber – eine trübe und dreckige Brühe**

Der Lehrer und Forscher Karl-Wilhelm Weeber schreibt in einem 1993 veröffentlichten Buch:

Der Tiber dürfte angesichts der hohen Konzentration von Abfällen und Schmutzwasser [...] im Stadtgebiet Roms schon damals eine trübe, dreckige Brühe gewesen sein [...]. Unangenehm – und unhygienisch – wurde es, wenn der Tiber Hochwasser führte. Dann überschwemmten die Fluten des Stromes nicht nur die niedriger gelegenen Stadtgebiete, sondern es bestand auch große Rückstaugefahr: Vieles von dem, was zuvor in die Kanalisation gelangt war, wurde dann auf die Straßen zurückgeschwemmt; keine schöne Vorstellung, wenn man sich klarmacht, dass außer Toilettenrückständen auch Tierhäute, Aas und ähnlich eklige Abfälle wieder auftauchten.

Karl-Wilhelm Weeber, Smog über Attika. Umweltverhalten im Altertum, Zürich – München 1993, S. 126 (vereinfacht)

M3 **Wasserver- und -entsorgung in Ostia bei Rom.**
Zeichnung von A. Pascolini, 1980.

M2 **Umweltschutz im alten Rom**

Im 2./3. Jh. n. Chr. gibt es bereits verschiedene Maßnahmen, um die Umweltprobleme in den Griff zu bekommen. Der Rechtsgelehrte Günter Heine schreibt:

Nach dem römischen Recht hatte der Eigentümer eines Grundstückes das Eindringen von Wasser, Rauch usw. vom Nachbargrundstück nur dann zu dulden, wenn es das gewöhnliche Maß nicht überschritt. Der Staat versuchte bereits zu dieser Zeit, mit Verordnungen die Wasser- und Luftverschmutzung in den Griff zu bekommen: So gab es in Rom schon im Jahre 235 eine Verordnung, nach der die Betriebe der Gerber, Ölpresser und Wäscher (mit Harnstoffen) nur jenseits des Tibers liegen durften, dort also, wo keine Wohnsiedlungen standen. Ähnlich durften die Schmelzöfen der Glasfabriken wegen ihrer luftverunreinigenden Abgase nur in einem begrenzten Stadtgebiet angesiedelt werden. Ferner sahen bereits frühe Bauordnungen der Städte Zuzugsbeschränkungen für besonders laute Handwerksbetriebe vor.

Günter Heine, Ökologie und Recht in historischer Sicht, in: Hermann Lübbe/Elisabeth Ströker (Hrsg.), Ökologische Probleme im kulturellen Wandel, München 1986, S. 119 f. (der Text wurde stark vereinfacht)

M4 **Latrine in Ostia bei Rom, 1. Jh. n. Chr.**
Foto von 2000.
In den meisten Wohnungen der großen Mietshäuser (siehe M 2, Seite 166) gab es keine Toiletten. Die Bewohner waren auf öffentliche Latrinen angewiesen. Sie waren über eine Drehtüre zu erreichen und bestanden aus aneinandergereihten Marmorsitzen. Darunter befand sich ein Kanal, dessen Wasser zur Spülung diente. In der Rinne am Boden vor den Sitzen floss Wasser zum anschließenden Händewaschen.

1. *Stelle fest, in welchen Bereichen die Römer umweltbewusst waren (M 1 bis M 4).*
2. *Täglich flossen rund 500 000 m³ Trinkwasser in die Stadt Rom. Findet heraus, wie groß das Wasserangebot pro Einwohner war. Vergleicht den Wert mit heutigen Verhältnissen. Informiert euch dazu über den Wasserbedarf in eurer Gemeinde oder bei den Stadtwerken.*
3. *Erkundigt euch über Maßnahmen, die heute zur Reinhaltung der Gewässer getroffen werden.*

„Brot und Spiele“

1 Das Kolosseum in Rom.
Foto, um 2005.
Das Amphitheater (griech. amphi: ringsum) wurde zwischen 72 und 80 n. Chr. gebaut. Der Name „Kolosseum“ stammt von einem in der Nähe des Theaters stehenden fast 40 m hohen Standbild (Koloss) eines Kaisers.

Vergnügungen für die Masse

Die Bürger des Römischen Reiches hatten viel Freizeit. Ihr Kalender sah zahlreiche staatliche und religiöse Feste zu Ehren der Götter und Göttinnen vor. In der Kaiserzeit wetteiferten die Herrscher darum, immer neue Feiertage einzuführen, um ihr Ansehen zu vergrößern. Gab es am Ende der Republik jährlich 65 Feiertage, so waren es in der Mitte des 4. Jh. fast 180.

Meist fanden an den Festtagen Umzüge und Theateraufführungen statt, zumindest in allen größeren Städten des Reiches. Die Masse bevorzugte öffentliche Spiele, deren Eintritt kostenlos war: Im Circus Maximus in Rom fanden die spannendsten Wagenrennen statt. Blutige Gladiatorenkämpfe oder Tierhetzen mit Löwen, Panthern, Bären, Stieren, Elefanten oder Nashörnern wurden in allen Amphitheatern des Reiches geboten.

▶ ***Lesetipp:***
Franjo Terhart, Der Sohn des Gladiators. Ein Mitratekrimi aus dem Alten Rom, München 2007

„Brot und Spiele“

Die öffentlichen Spiele waren mehr als ein Vergnügen. Sie waren religiösen Ursprungs und hatten auch eine politische Bedeutung. Augustus und seine Nachfolger übernahmen deshalb die Kontrolle über sie. Während der Kaiserzeit waren die Spiele ein Ersatz für Volksversammlungen. In Gegenwart der Herrscher und der Senatoren erhoben die Zuschauer oft in Sprechchören Forderungen nach Steuererleichterungen oder einer besseren Getreideversorgung. Zeitgenossen behaupteten, das Volk interessiere sich nur für zwei Dinge: „Brot und Spiele“ (lat. *panem et circenses*).

2 Das Kolosseum in Rom.
Rekonstruktionszeichnung, um 1980.
Der Bau ist 50,75 m hoch und hat einen Umfang von 524 m. Etwa 50 000 Zuschauer konnten hier den Gladiatorenkämpfen und Tierhetzen zusehen. Die Arena konnte auch für kleine „Seeschlachten“ mit Wasser geflutet werden.

M1 Kämpfe zwischen Gladiatoren und Tieren.

Relief aus dem 1. Jh. n. Chr. Gladiatoren waren Menschen, die in Amphitheatern Kämpfe auf Leben und Tod austrugen. Unter ihnen waren Kriegsgefangene, verurteilte Verbrecher, Sklaven, aber auch Freiwillige, die sich durch hohe Prämien dazu anwerben ließen. In der Regel gehörten die Gladiatoren einem „Manager", der sie auf seine Kosten trainierte, ausrüstete und dann an Veranstalter „vermietete". Ein erfolgreicher Gladiator konnte mit Zustimmung des Volkes ein hölzernes Schwert erringen, das ihn von seinem Los befreite. Verwundete Gladiatoren pflegten mit dem Heben des Zeigefingers die Gnade der Zuschauer zu erbitten. Hoben die Zuschauer ihre Fäuste mit dem Daumen nach oben, bedeutete das ihr Wohlwollen, der zur Brust gewendete Daumen sprach das Todesurteil.

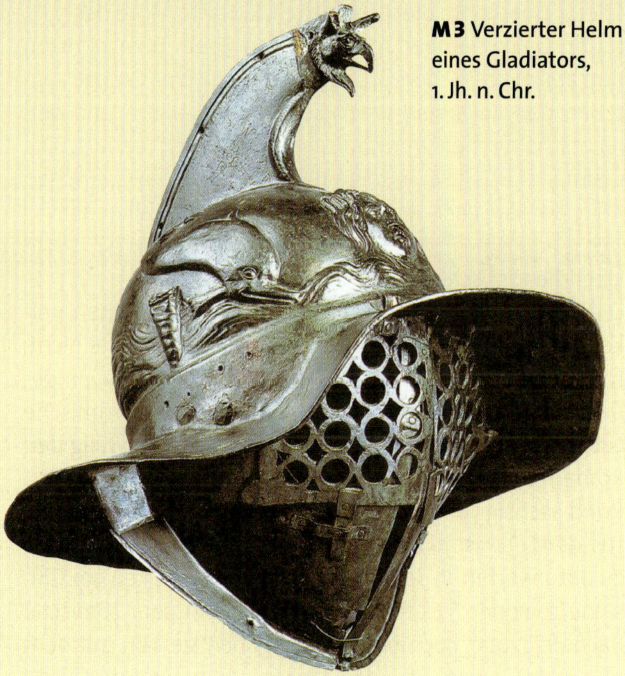

M3 Verzierter Helm eines Gladiators, 1. Jh. n. Chr.

M2 Kritisches über Circusspiele

Der in diesem Buch schon häufiger zitierte Seneca schrieb einem Freund:

Durch Zufall bin ich in das Mittagsprogramm des Circus geraten, Scherze erwartend und Witze und etwas Entspannung, damit sich die Augen der Menschen vom Anblick des Menschenblutes ein wenig erholen können. Das Gegenteil ist der Fall: Der lustige Teil fällt weg, und es findet eine bloße Menschenschlächterei statt. Die Kämpfer haben nichts, womit sie sich schützen können. Dem Hieb des Gegners mit ganzem Körper ausgesetzt, schlagen sie auch selbst niemals vergeblich zu. Das ziehen die meisten Zuschauer den üblichen Kampfpaaren, die mit Helm und Schild kämpfen, vor. Wozu eine Rüstung, wozu Fechtkünste? Für sie ist dies alles nur eine Verzögerung des Todes. Morgens wirft man die Menschen den Löwen und Bären zum Fraß vor, mittags ihrem eigenen Publikum! Dies möchte Mörder gegen Mörder kämpfen sehen und hebt den Sieger für einen weiteren Mord auf. Am Schluss steht der Tod aller Kämpfer.

Seneca, ad Lucilium 7,2-6, übers. von Klaus Gast

▶ ***Lesetipp:***
Marcus Junkelmann, Gladiatoren. Kämpfer der Arena, Nürnberg 2005

1. *Gib die wichtigsten Kritikpunkte Senecas wieder (M 2).*
2. *Untersuche die Absichten der Veranstalter von öffentlichen Spielen (M 1, M 2 und Darstellung auf Seite 170).*
3. *Diskutiert, warum das Leben von Menschen im antiken Rom so wenig geachtet wurde.*

Was wissen die Römer über die Germanen?

Woher haben die Germanen ihren Namen?

Unsere Informationen über die Germanen stammen von den Griechen und Römern. Schriftliche Selbstzeugnisse der Germanen fehlen. Sie kannten noch keine Schrift.
Den Namen Germanen übernahmen die Römer wohl von den Galliern. Sie selbst sahen sich als Angehörige ihrer Stämme. Ein germanisches Einheitsbewusstsein gab es in dem dünn besiedelten Gebiet nicht. Im Gegenteil: Sie führten oft Kriege gegeneinander.

Angst vor der „teutonischen Raserei"

Die Römer hatten erstmals Ende des 2. Jh. v. Chr. mit germanischen Völkern Kontakt. Die Kimbern, Teutonen und andere waren über die Alpen gekommen und hatten ihnen einige Niederlagen zugefügt. Der Schrecken vor der „teutonischen Raserei" blieb in Erinnerung. Er wurde bestärkt von der Ansicht der antiken Geografen: Je weiter aus dem Norden, umso größer und wilder würden die Menschen.
Caesar übernahm dieses Vorurteil. Er hatte Mitte des 1. Jh. n. Chr. Gallien erobert, zweimal den Rhein überschritten und aus militärischen Gründen den Rhein zur Grenze zwischen den linksrheinischen keltischen Galliern und den rechtsrheinischen germanischen Stämmen erklärt. Die Germanen stellte er in seinem Bericht über den Gallischen Krieg barbarischer und kriegerischer als die Gallier dar.

Über die römisch-germanischen Beziehungen

Die Römer nahmen Angehörige der germannischen Völker gefangen und versklavten sie. Das hinderte sie nicht, mit ihnen auch Handel zu treiben. Abgesehen davon gefiel einigen germanischen Heerführern die römische Lebensweise, sodass sie und ihre Leute sich freiwillig den Römern anschlossen.
Rund sechzig Jahre nach Caesar versuchte Kaiser Augustus, den Lebensraum der germanischen Völker bis zur Elbe zu unterwerfen. In der Varus-Schlacht scheiterten 9 n. Chr. seine Legionen.* Es folgen zwar noch ein paar römische Rachefeldzüge, doch bald darauf gaben sie sich mit dem Rhein als Grenze zufrieden. Über sie hinweg entwickelte sich ein reger Austausch.

Lies dazu Seite 162 f.

▶ ***Exkursionstipp:*** *Archäologisches Freilichtmuseum Funkenburg, Westgreußen*

▶ ***Internettipps:***
- *www.funkenburg-westgreussen.de*
- *www.ask-alamannen.de*

1 **Wo die Germanen wohnten.**
In den römischen Quellen genannte germanische Stämme und ihre Siedlungsgebiete im 1. und 2. Jh. in Auswahl.

2 **Gefangene Germanen.**
Relief auf einem Säulensockel (85 cm hoch) aus Mainz, etwa 70 bis 80 n. Chr.

M 1 Handel zwischen Germanen und Römer.
Rekonstruktionszeichnung von Ute Thönissen, 2002.

M 2 Was weiß Caesar von den Germanen?
Caesar berichtet in seinem um 52 bis 50 v. Chr. verfassten Werk über den „Gallischen Krieg“:
Der Stamm der Sueben* ist der weitaus größte und kriegerischste unter allen Germanen. [...] Es gibt bei ihnen kein Land, das in gesondertem Privatbesitz wäre [...]. Sie ernähren sich auch weniger von Getreide als überwiegend von Milch und Fleisch und sind viel auf der Jagd. Dieser Umstand, verbunden mit der Art der Ernährung, der täglichen Übung und der Freiheit der Lebensführung, die darin besteht, dass sie von Kind an nicht zu irgendwelchen Verpflichtungen oder zu Disziplin erzogen werden und nichts gegen ihren eigenen Willen tun, stärkt die Kräfte und bringt Menschen von ungeheurer Körpergröße hervor. Obwohl die Gegend dort überaus kalt ist, haben sie sich angewöhnt, in den Flüssen zu baden und nichts außer Fellen als Kleidung zu tragen.** Da diese sehr kurz sind, bleibt der größte Teil des Körpers nackt. Die Verbindung zu Handelsleuten wird vorwiegend zu dem Zweck aufrechterhalten, dass sie das, was sie im Krieg erbeutet haben, verkaufen können, weniger mit dem Wunsch, irgend etwas einzuhandeln.

Gaius Iulius Caesar, De bello Gallico 4, 1-2; zitiert nach: De bello Gallico/Der Gallische Krieg, übersetzt und herausgegeben von Marieluise Deißmann, Stuttgart 1980

****Sueben**: eine Sammelbezeichnung für verschiedene germanische Völker; der Stammesname überdauerte in der Bezeichnung „Schwaben“.*
*** Die Aussage ist nicht richtig. Archäologische Funde belegen gewebte Kleidung in Nordeuropa seit dem 6. Jh. v. Chr.*

▶ ***Lesetipps:***
- *Hildegard Elsner, Die Germanen, Nürnberg 2010*
- *Hauke Kock, Germanen, Würzburg 2008*

M 3 Was fällt Tacitus auf?
Der römische Geschichtsschreiber Tacitus fasst um 98 n. Chr. das Wissen über die Germanen zusammen. Er selbst hat das Land nie gesehen und greift bei seiner Darstellung auf andere Autoren zurück.
Besitz und Verwendung von Gold und Silber reizt sie nicht sonderlich. Man kann beobachten, dass bei ihnen Gefäße aus Silber, Geschenke, die ihre Gesandten und Fürsten erhalten haben, ebenso gering geachtet werden wie Tonkrüge. Allerdings wissen unsere nächsten Nachbarn wegen des Handelsverkehrs mit uns Gold und Silber zu schätzen, und sie kennen bestimmte Sorten unseres Geldes und nehmen sie gern; doch im Innern herrscht noch einfacher und altertümlicher Tauschhandel. [...]
Dass die Völkerschaften der Germanen keine Städte bewohnen, ist hinreichend bekannt, ja dass sie nicht einmal zusammenhängende Siedlungen dulden. Sie hausen einzeln und gesondert, gerade wie ein Quell, eine Fläche, ein Gehölz ihnen zusagt. Ihre Dörfer legen sie nicht in unserer Weise an, dass die Gebäude verbunden sind und aneinanderstoßen. Jeder umgibt sein Haus mit freiem Raum, sei es zum Schutz gegen Feuersgefahr, sei es aus Unkenntnis im Bauen. Nicht einmal Bruchsteine oder Ziegel sind bei ihnen im Gebrauch; zu allem verwenden sie unbehauenes Holz, ohne auf ein gefälliges oder freundliches Aussehen zu achten.

Tacitus, Germania 5 und 11; zitiert nach: P. Cornelius Tacitus, Germania, Lateinisch/Deutsch. Übers., erl. und hrsg. von Manfred Fuhrmann, Stuttgart 1972 (leicht vereinfacht)

1. *Beschreibe das Geschehen auf dem Bild (M 1). Was erfährst du über den Handel? Vergleiche die Informationen mit M 2 und M 3.*
2. *Untersuche, ob die Aussagen von Caesar und Tacitus (M 2 und M 3) Vorurteile über die Germanen enthalten.*
3. *Erkläre, welche Quellen du bräuchtest, um die Aussagen von Caesar und Tacitus (M 2 und M 3) zu überprüfen.*

Die Römer bei uns und anderswo

1 Das römische Trier im 4. Jh.
Rekonstruktionszeichnung, um 1990.
Unter römischer Herrschaft entwickelte sich eine Siedlung der Treverer seit etwa 15 v. Chr. zum Mittelpunkt des Moselgebietes. 293 wurde Augusta Treverorum (Trier) eine der vier Hauptstädte des Reiches. Im 4. Jh. lebten in der Stadt etwa 80 000 Menschen.

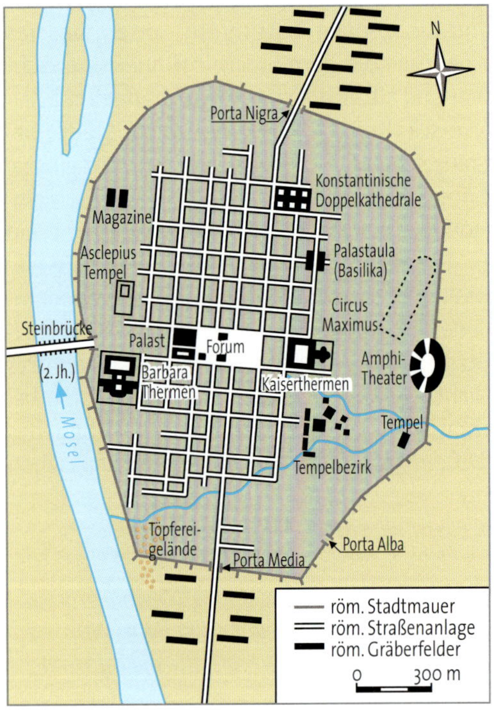

2 Stadtplan von Trier im 4. Jh.

▶ ***Internettipp:***
Informationen und Bilder über Triers antike Bauwerke findest du unter www.trier.de

Römische Lebensart breitet sich aus

„An die Stelle berüchtigter Einöden sind lachende Kulturen getreten, Kornfelder haben die Wälder, Herden die wilden Tiere verdrängt. Sandwüsten werden bepflanzt, Felsen durchbrochen, Sümpfe getrocknet. Schon gibt es so viele Städte, wie einst nicht einmal Hütten […]. Überall Anbau, Bevölkerung, staatliche Ordnung, Leben."

So beschrieb der christliche Schriftsteller Tertullian Anfang des 3. Jh. die Leistungen der Römer, die für mehrere Jahrhunderte über weite Teile Europas herrschten.

Um ihre Macht in den eroberten Gebieten zu sichern, unterwarfen oder vertrieben die Römer die bisherigen Bewohner. Aus den besiegten Völkern warben sie später Hilfstruppen zur Unterstützung der eigenen Soldaten an. Die Angehörigen dieser Einheiten erhielten nach 25 Dienstjahren das römische Bürgerrecht. Bis dahin hatten sie viele römische Gewohnheiten übernommen.

Auf dieser Grundlage begann die Romanisierung, die Ausbreitung römischer Lebensart. Von Anfang an beteiligten die Römer einflussreiche einheimische Familien an ihrer Herrschaft. Diese übernahmen die fremde Lebensweise, um die Unterschiede zu den neuen Herren auszugleichen. Die Verleihung der römischen Bürgerrechte an alle freien Bewohner des Reichs im Jahre 212 verstärkte die Romanisierung. Alle Provinzbewohner konnten nun öffentliche Ämter bekleiden. Einige von ihnen wurden sogar Mitglieder des Senats in Rom.

1. *Beschreibe die Bauweise der Brücke (Abb. 1).*
2. *Untersuche den Stadtplan (Abb. 2). Welche Informationen enthält er über Politik (Herrschaft), Religion, Wirtschaft und Freizeit?*

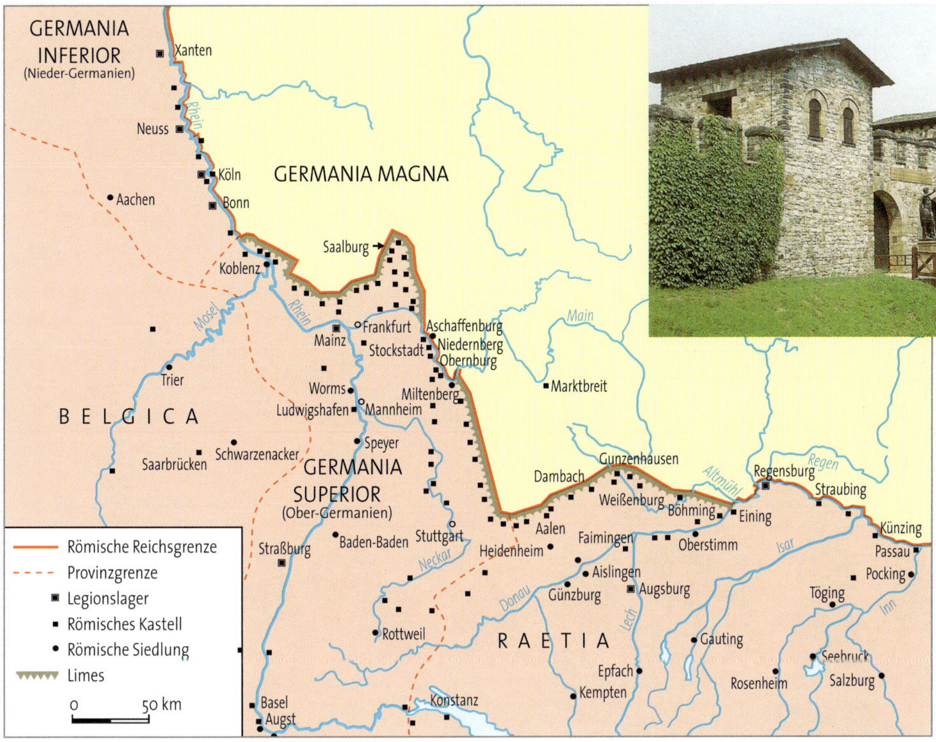

3 Der Limes um 200 n. Chr.

4 Haupteingang zum Kastell Saalburg (Bad Homburg). *Foto, um 1990. Rekonstruktion vom Anfang des 20. Jh. Der ursprüngliche Bau stammt aus der 2. Hälfte des 2. Jh.*

Immer mehr Städte

Während die Römer an den Küsten des Mittelmeers bereits befestigte Städte aus der Zeit der griechischen Kolonisation oder des Hellenismus vorfanden, waren solche Ansiedlungen in Mitteleuropa selten. Zur Romanisierung gehörte die Urbanisierung, es entstanden also immer mehr Städte (lat. *urbs*: Stadt). Die Zahl ihrer Bewohner übertraf aber nie mehr als fünf bis zehn Prozent der Bevölkerung des Reiches.
Ihre große Bedeutung erlangten die Städte als Mittelpunkte von Verwaltung, Handel und Kultur. In ihnen bauten die Römer Tempel, Theater und Thermen für ihre Soldaten. Hier lernte die einheimische Bevölkerung die fortschrittliche bürgerliche römische Lebensart kennen. Im 5. Jh. sollen in allen Provinzen über 1500 Städte römische Kultur verbreitet haben. Viele hatten mehr als 10 000 Einwohner.

Auf germanischem Gebiet

Die Römer schützten die Grenze ihres Reiches zum Teil durch Wälle und Wachtürme, hinter denen sich militärische Befestigungsanlagen (*Kastelle*) befanden. Mit dem Bau des Limes auf germanischem Gebiet wurde Ende des 1. Jh. begonnen. Er erfüllte seinen Zweck bis ins 3. Jh. und war rund 550 km lang. Etwa 1000 Wachtürme und 100 Kastelle sicherten ihn.

Wozu war der Limes gut?

Der Limes trennte das gut verwaltete und wirtschaftlich erschlossene Römische Reich von dem weniger erschlossenen Siedlungsraum kleinerer Völker. Militärisch war der Limes kein uneinnehmbares Bollwerk, eher eine bewachte Grenzlinie. Über ihn hinweg gab es einen lebhaften Handel. Die angrenzenden Völker lieferten Rohstoffe und erwarben von den Römern Keramik, Bronzegefäße, Schmuck und Waffen.

5 Wachturm des obergermanischen Limes. *Rekonstruktionszeichnung von Heike Wolf von Goddenthow, 2005.*

■ *Begründe, warum der Eingang sich im Obergeschoss befindet.*

▶ ***Internettipps:***
- *www.limesstrasse.de*
- *www.deutsche-limeskommission.de*

M1 Ohne Worte.
Karikatur aus der englischen Zeitschrift „Punch" von 1912.

M2 Britannien wird römisch

Der römische Geschichtsschreiber Tacitus (siehe M3, Seite 160) berichtet, wie die Römer die Herrschaft übernehmen. Prasutagus, der König der Icener, ist 59 gestorben. Seinen Besitz hat er zwischen dem römischen Kaiser und seinen Töchtern aufgeteilt. So wollte er sein Land und seine Familie gegen Übergriffe der Römer schützen. Doch es kommt anders:

Sein Land und sein Haus wurden wie ein erobertes Gebiet verwüstet. Zuerst wurde seine Frau misshandelt, dann seine Töchter vergewaltigt. Die vornehmen Icener wurden, als ob die Römer sämtliche Ländereien zum Geschenk erhalten hätten, von ihrem ererbten Besitz vertrieben und die Verwandten des Königs wie Sklaven behandelt. Diese schmachvolle Behandlung und die Furcht vor noch Schlimmerem veranlassten sie, zu den Waffen zu greifen.

Tacitus berichtet in der Lebensbeschreibung seines Schwiegervaters Agricola, der 77 Statthalter der Provinz Britannien geworden ist, wie dieser die Romanisierung fördert:

Denn um die verstreut und primitiv lebenden Menschen, die infolgedessen leicht zum Krieg geneigt waren, durch Annehmlichkeiten an Ruhe und friedliches Verhalten zu gewöhnen, ermunterte Agricola sie persönlich und unterstützte sie mit staatlichen Mitteln, Tempel, öffentliche Plätze und Häuser in der Stadt zu bauen. Er lobte die Eifrigen und tadelte die Säumigen. So trat Anerkennung und wetteiferndes Bemühen an die Stelle des Zwanges. Ferner ließ er die Söhne der Vornehmen ausbilden, wobei er der natürlichen Begabung der Britannier gegenüber dem Lerneifer der Gallier den Vorrang gab.

So kam es, dass die Menschen, die eben noch die römische Sprache ablehnten, nun die römische Redekunst zu erlernen begehrten. Von da an fand auch unser Äußeres Beifall, und die Toga wurde häufig getragen; und allmählich gab man sich dem verweichlichenden Einfluss des Lasters hin: Säulenhallen, Bädern und erlesenen Gelagen. Und so etwas hieß bei den Ahnungslosen Lebenskultur, während es doch nur ein Bestandteil der Knechtschaft war.

Erster Text: Tacitus, Annalen XIV. 31, übers. von Walther Sontheimer, Stuttgart 1967; zweiter Text: Tacitus, Das Leben des Iulius Agricola 21, übers. von Rudolf Till, Berlin ²1976

1. *Beschreibe, wie der Zeichner das Verhältnis zwischen den Römern und den Einwohnern Britanniens darstellt (M1). Verfasse einen passenden Bildtitel.*
2. *Schildere das Verhalten der Römer gegenüber der einheimischen Bevölkerung (M2).*
3. *Erläutere die Vor- und Nachteile der römischen Herrschaft in den eroberten Gebieten.*

Latein – die Sprache Europas

Die Römer brachten ihre Schrift und Sprache in die Provinzen mit. Das Lateinische (benannt nach Latium, der Landschaft um Rom) bildete die Grundlage für die Vermittlung der römisch-griechisch geprägten Kultur (Literatur, Philosophie, Religion und Recht). Später sorgte die römisch-katholische Kirche für die weitere Verbreitung der lateinischen Sprache in West- und Mitteleuropa.

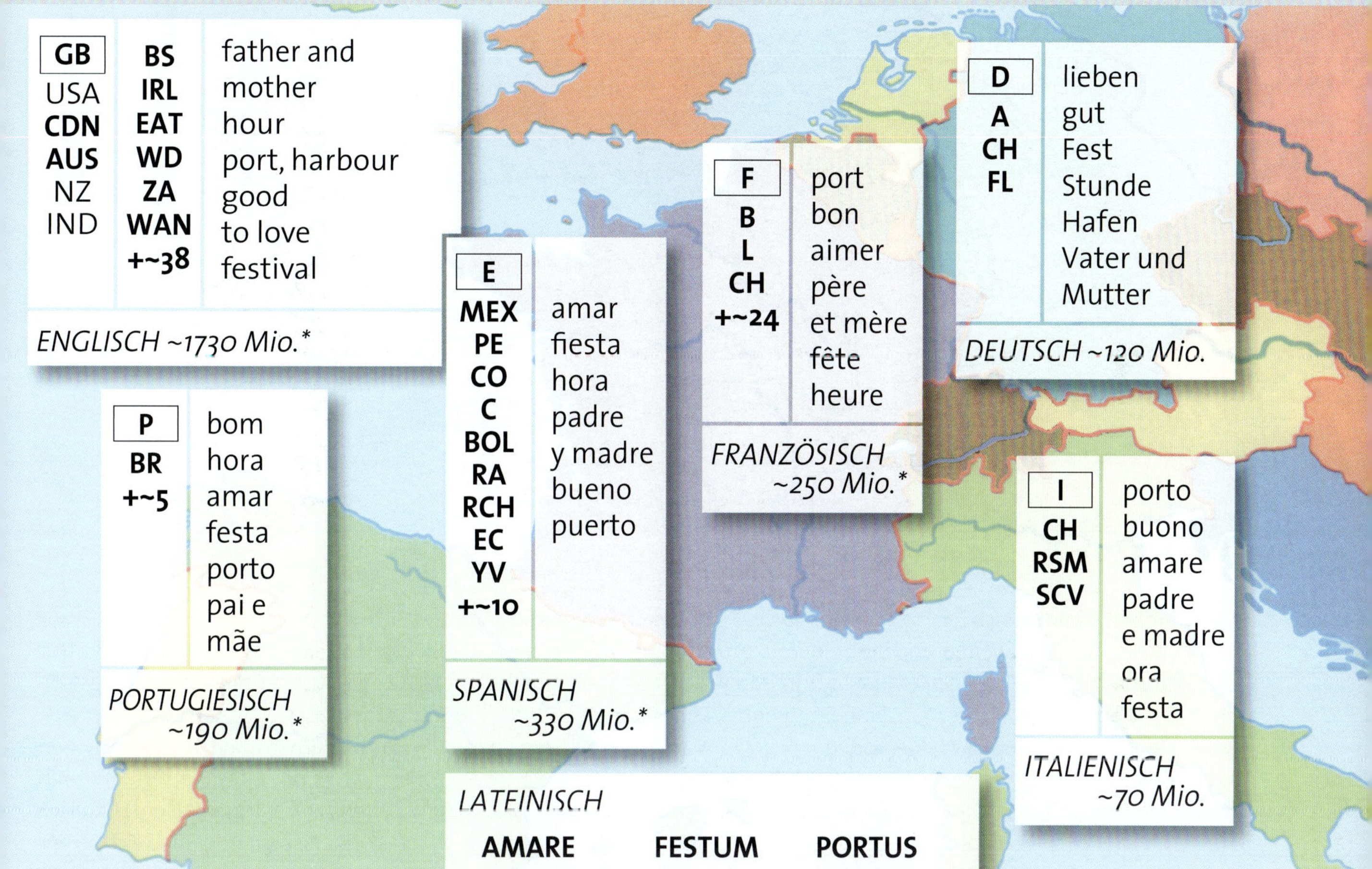

*Schätzungen von Anfang der 1990er-Jahre, die Muttersprache und Amtssprache berücksichtigten

M1 **Latein im europäischen Sprachgebrauch.**
Auf der Erde werden etwa 3000 Sprachen gesprochen. Die „romanischen Sprachen“ Italienisch, Spanisch, Portugiesisch, Französisch und Rumänisch haben sich direkt aus dem Lateinischen entwickelt. Im Englischen, das als Verkehrssprache in der ganzen Welt verstanden wird, gehen weit mehr als die Hälfte aller Wörter auf das Lateinische zurück. Gut die Hälfte aller Menschen, die schreiben können, schreiben mit lateinischen Buchstaben.

1. *Die sechs genannten Weltsprachen sind alle mit dem Lateinischen verwandt. Prüft, wie eng diese Verwandtschaft jeweils ist. Erklärt die unterschiedlichen Verwandtschaftsgrade aus der Geschichte.*
2. *Die in den Kästen angegebenen Wörter bedeuten in allen sieben Sprachen dasselbe, sie stehen aber in unterschiedlicher Reihenfolge. Ordnet sie richtig zu und präsentiert sie in einer Tabelle.*
3. *In der Wissenschaft und Technik, Kunst und Musik dürften euch bereits einige Begriffe begegnet sein, die aus dem Lateinischen stammen, z. B. Medizin (lat. medicus: Arzt) oder Justiz (lat. ius: Recht). Auch in eurer Umgangssprache verwendet ihr mehr Lateinisches als euch vielleicht bisher bewusst war. In dem folgenden Satz findet ihr gleich mehrere Wörter, die aus dem Lateinischen stammen: „Marco hatte im Juli in Religion eine absolut bessere Zensur als Julia.“ Nennt die Wörter, die auf das Lateinische zurückgehen.*

Landwirtschaft und Handel

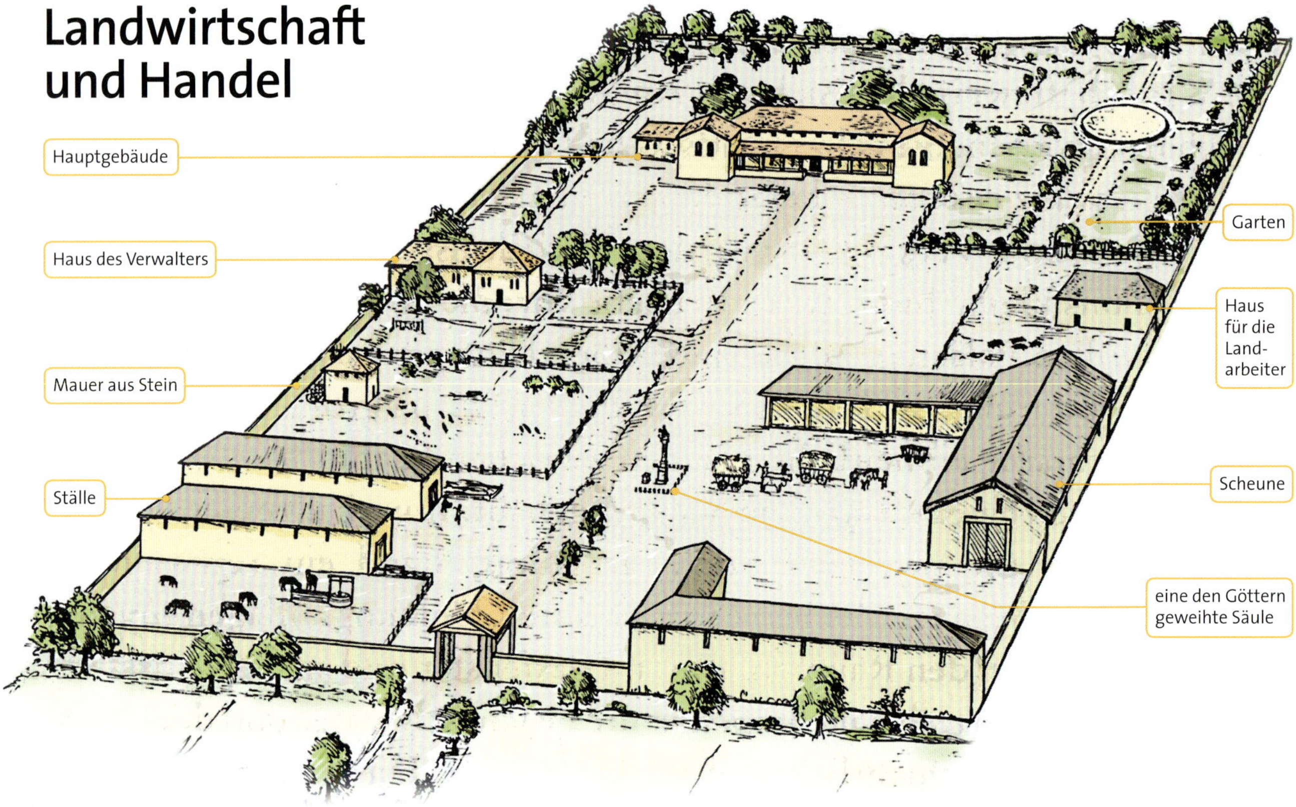

1 Römischer Gutshof (Villa rustica) in Südwestdeutschland.
Rekonstruktionszeichnung, um 1970.

Das Landleben ändert sich

Um den Handel auszuweiten und die Soldaten zu versorgen, bauten die Römer die Landwirtschaft in den Provinzen aus. Dabei nahmen sie den Einheimischen fruchtbares Land weg und ließen Wälder roden.

Die Ernteerträge steigerten die Römer durch Dünger und den eisernen Wendepflug. Sie legten Gärten an und führten Apfel- und Birnensorten, Edelkirschen, Pfirsiche, viele Gemüse-, Salat- und Gewürzpflanzen wie Fenchel, Gurke und Petersilie aus dem Mittelmeerraum ein. Auch der Weinanbau nördlich der Alpen geht auf die Römer zurück. Größere und kräftigere Rinder und Pferde aus Italien ersetzten die einheimischen Tiere. Katzen und kleine Hunde wurden als Haustiere gehalten.

Endlose Straßen

Während die Menschen nördlich der Alpen meist nur für den Eigenbedarf arbeiteten, trieben die Römer längst einen ausgedehnten Handel. Überall in Italien und in den Provinzen ließen die Römer Fernstraßen anlegen. Sie waren streckenweise gepflastert oder geschottert. Im 2. Jh. war das Straßennetz rund 80 000 km lang. In der Kaiserzeit reichten die Verbindungen sogar über die Reichsgrenzen hinaus.

2 Mähmaschine.
Nachzeichnung eines Reliefs aus Trier, 2. Jh.

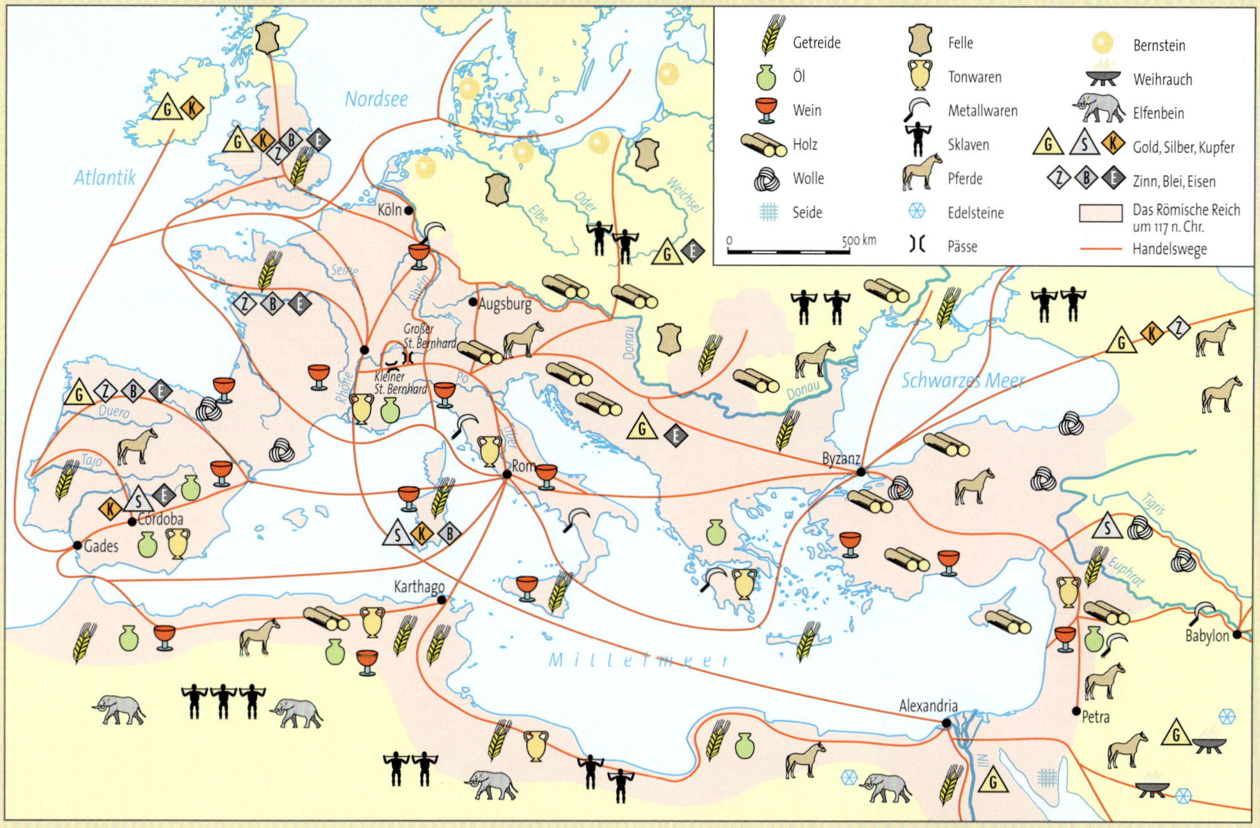

M1 Fernhandel im Römischen Weltreich (1.-3. Jh.).
Auf den Römerstraßen legte ein Warentransport bis zu 60 km pro Tag zurück.

M2 Was haben Straßen mit Kultur zu tun?
Der Schriftsteller Tertullian schreibt Anfang des 3. Jh.:
Dieses planmäßig ausgeführte Netz geregelter Straßenanlagen beförderte die allgemeine Sicherheit, erleichterte den Ackerbau, garantierte den Reisenden ein sicheres und bequemes Fortkommen, gewährte dem Handelsverkehr die unberechenbarsten Vorteile, schützte den Frieden des Reichs, ermöglichte den geordneten Gang der großen Verwaltungsmaschine, rief Ansiedlungen hervor und begünstigte auf das wirksamste die Entwicklung der Kultur.
Zit. nach: Ludwig Friedländer, Sittengeschichte Roms, Wien 1934, S. 277

M3 Reisewagen aus dem 2. Jh.
Rekonstruktion, um 1980.
Der Wagen ist ohne Deichsel 2,60 m lang, 2,35 m hoch und 1,80 m breit.

1. *Nenne Gründe für den Straßenbau (M1 und M2).*
2. *Verfasse einen fiktiven Reisebericht eines römischen Kaufmanns, der von Köln nach Alexandria und wieder zurück reist. Nutze dazu die Karte M1. Beschreibe seine Reiseroute und seine Transportmittel. Nenne Waren, mit denen er gehandelt haben kann und berichte, was er auf seiner Reise erlebte. Nimm den Bericht in dein Portfolio auf.*

Baukunst

Die Römer waren bedeutende Baumeister, und noch heute finden wir Überreste ihrer Bautätigkeit. Sie bauten mit einfachen Steinen, gebrannten Ziegeln, Marmor und einer Art Beton, den sie erfanden. Ihre Bauten zeigen, dass die römischen Maurer sehr geschickt waren. Sie fügten z. B. Steinblöcke ohne Mörtel aneinander. Ihre Spezialität waren Bogenkonstruktionen: Sie halten bis heute.

M2 Asterix beschwert sich ...
Zeichnung aus einem Asterix-Comic von Albert Uderzo (siehe Seite 154), um 1976.

M1 Römischer Aufzug.
Teil eines römischen Grabreliefs, um 80 n. Chr.
Es zeigt einen Baukran mit Seilverspannungen, eine Trettrommel und Flaschenzüge. Mit dem Kran konnten Marmorblöcke von 4 m Durchmesser gehoben werden.

M3 Ein Tonnengewölbe entsteht.

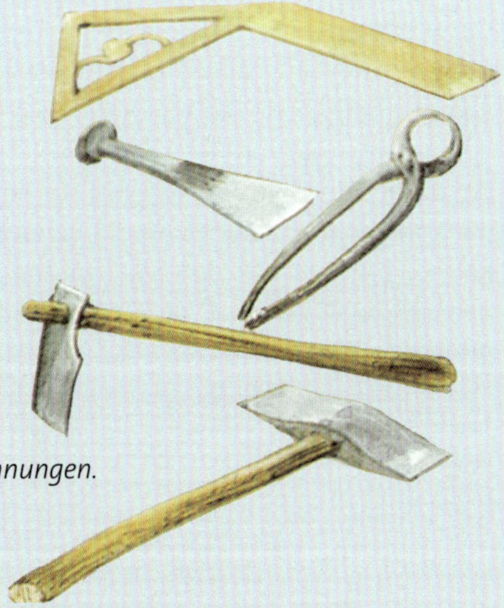

M4 Werkzeuge.
Rekonstruktionszeichnungen.

1. *Erkundige dich nach Beispielen römischer Baukunst in Deutschland. Erstelle eine Übersicht für dein Portfolio.*
2. *Nenne Beispiele für weitere Bogenkonstruktionen auf den Abbildungen dieses Buches.*
3. *Schreibe eine passende Antwort auf die Aussage des Bildes (M2, Sprechblase).*

Kinderspiele

M1 Spiele für Kinder

Aus einem Lexikonartikel:

Viele heutige Spiele waren schon damals beliebt: Spiel mit Puppen und Tierfiguren, Steckenpferd reiten, auf Stelzen laufen, Reifen treiben, Schaukeln und Wippen, Drachen steigen lassen, Kreisel, Fangen spielen, Blindekuh, Steine auf Wasserflächen hüpfen lassen, Nachspielen von Berufen (Soldat, Richter, Amtsdiener), Huckepack- oder Pferdchenspiel (z. T. mit Kampf), Tauziehen, Ballspiel und – natürlich! – Erwachsenen Streiche spielen wie z. B. ein Geldstück auf dem Boden festkleben und Passanten beim vergeblichen Versuch beobachten, es aufzuheben.

Besonders typisch waren allerlei Kinderspiele mit Nüssen wie das Deltaspiel (Zielwurf möglichst in die Spitze eines aufgemalten Dreiecks) oder das Orcaspiel (Zielwurf in ein Gefäß mit engem Hals), Ratespiele wie gerade oder ungerade Zahl von Nüssen in der Hand oder Erraten der genauen Zahl. Bei einem Geschicklichkeitsspiel ließ man Nüsse von einer schiefen Ebene so herunterrollen, dass untenliegende getroffen wurden. Reines Glücksspiel war das Würfeln mit „Knöcheln", deren vier Seiten Zahlenwerte trugen.

Karl Wilhelm Weeber, Alltag im Alten Rom, Düsseldorf [10]2011, S. 202 (gestrafft und vereinfacht)

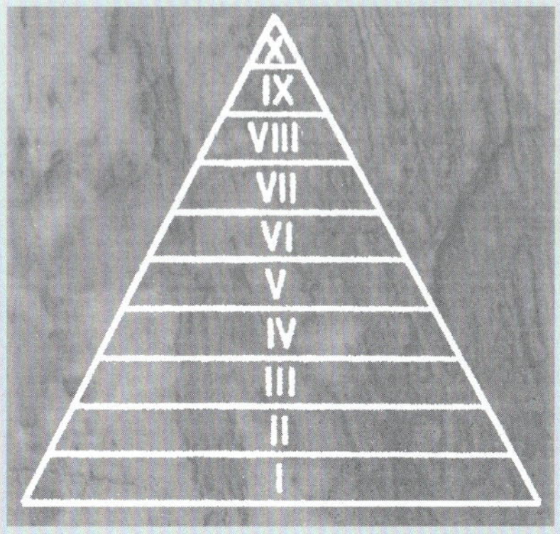

M2 Deltaspiel.

Besorgt euch je Spieler mindestens 15 Haselnüsse (Eicheln oder Kastanien) und einen großen Topf. Zeichnet mit Kreide ein gleichseitiges Dreieck mit einer etwa 1,5 Meter langen Grundlinie auf den Boden. Teilt es in zehn Streifen und beschriftet diese mit Ziffern. Jeder von euch bekommt fünf Nüsse. Reihum werft Ihr aus 1,5 Meter Entfernung je eine Nuss pro Runde. Nach jedem Durchgang erhält jeder Spieler aus dem Topf Nüsse entsprechend der Zahl auf dem Streifen, auf dem seine Nuss gelandet ist. Nüsse, die außerhalb des Dreiecks liegen bleiben, zählen nicht und werden in den Topf zurückgelegt. Gewonnen hat, wer nach einer vorher bestimmten Zahl von Spielrunden die meisten Nüsse hat.

M3 Fünfsteinspiel.

Tonfiguren, um 300 v. Chr.

Gespielt wurde mit „Knöcheln", das waren Spielsteine aus Knochen. Es kam darauf an, fünf Spielsteine in einer bestimmten Folge mit Handfläche und Handrücken zu werfen und zu fangen.

M4 Würfel und Spielsteine.

Die Teile sind aus Glas und Horn und stammen aus der Römerstadt Cambodunum (Kempten).

M5 Ballspiel.

Wandmalerei, 2. Jh. n. Chr.

1. Vergleicht M1 mit der Abb. 1 auf Seite 20. Welche der im Text genannten Spiele findet ihr auf dem Bild wieder?
2. Probiert die Spiele aus (M1, M2 und M3). Welche gefallen euch am besten? Begründet euer Urteil.

Rom wird christlich

1 Mithras tötet einen Stier.
Kultbild aus einem Mithrasheiligtum, um 200 n. Chr.
Fundort: Frankfurt-Heddernheim.
Auf dem Bogen sind die zwölf Sternbilder des Jahres zu sehen.

Religionen im Kaiserreich

Die Römer waren in religiösen Dingen tolerant und glaubten an viele Götter und Göttinnen. Ihre Vorstellungen veränderten sich durch den Kontakt mit anderen Kulturen. Schon während der Republik übernahmen sie die griechischen Götter und vereinten sie mit ihren. Seit der Kaiserzeit verehrten sie auch die ägyptische Göttin *Isis*. Deren Priester verhießen den Gläubigen ein ewiges Leben nach dem Tode.* Aus dem Orient kam der Kult des *Mithras*, eines Gottes des Lichtes und der Wahrheit. Diese und andere, nur Eingeweihten zugänglichen Götter- und Mysterienkulte (*Mysterien*: geheime religiöse Feiern) verbreiteten sich im Römischen Reich.

Die verschiedenen religiösen Sitten veränderten die öffentliche Verehrung der Götter, die seit den Anfängen Roms Priesterinnen und Priester ausübten, die von Staatsbeamten beaufsichtigt wurden. In der Kaiserzeit kam die Verehrung des Kaisers hinzu, um die Bewohner des Imperiums an Staat und Herrscher zu binden. Die Kaiser erhielten den Titel „Divius“ (dt. „Vergöttlichter“) und mussten wie die Götter verehrt werden.

Lies dazu auch Seite 204 ff.

Das Christentum entsteht

Die Römer lernten auch das im 1. Jh. in Palästina entstandene Christentum kennen. Es ging von dem Juden *Jesus* aus. Seine Anhänger nannten ihn „Christus“, da sie in ihm den von Gott gesandten Erlöser sahen. Jesus wurde um das Jahr 4 vor Beginn unserer Zeitrechnung geboren. Um das Jahr 30 verurteilten ihn die Römern aus politischen Gründen zum Tod am Kreuz. Nach seinem Tod verkündeten seine Anhänger die Botschaft von der Liebe des einen Gottes, der seinen Sohn Jesus Christus geopfert habe, um die Menschen von ihren Sünden zu erlösen und ihnen nach dem Tod ein ewiges Leben im Paradies zu gewähren. Die ersten Christengemeinden entstanden in Städten. Unter ihren Mitgliedern waren viele Frauen, Angehörige der Unterschichten und Sklaven. Die Christen achteten die Gesetze und zahlten Steuern. Ihre Weigerung, Militärdienst zu leisten, gaben sie bald auf.

Christen in Lebensgefahr

Die Christen lehnten die römischen Götter und den Kaiserkult ab. Sie hielten sich von Festen und Volksbelustigungen fern und feierten ihre Gottesdienste in Privathäusern. Diese Andersartigkeit machte sie zu Außenseitern der römischen Gesellschaft, in den Augen mancher Römer sogar zu Staatsfeinden. Daher wurden sie immer wieder verfolgt. Ein erster Höhepunkt der Christenverfolgung fand unter Kaiser *Nero* statt, der von 54 bis 68 regierte. Damals kam auch der Apostel *Petrus* um. Im Circus, dort, wo heute der Petersdom steht, soll er kopfunter gekreuzigt worden sein.

Nach Nero wurden Christen nur dann bestraft, wenn sie sich vor Gericht zu ihrem Glauben bekannten und sich weigerten, vor dem Bild des Kaisers zu opfern. Um 250 begann eine neue Welle der Verfolgung: Damals wurden die Grenzprovinzen von umherziehenden Völkern verwüstet. Im ganzen Reich litten die Menschen unter Teuerung und Not. Wieder suchte man Schuldige und fand sie in der christlichen Minderheit. Ihre Gottesdienste wurden unter Androhung der Todesstrafe verboten, kirchliche Bauten und Kultgeräte zerstört und christliche Schriften verbrannt. Christ sein war jetzt lebensgefährlich.

▶ ***Lesetipps:***
- *Christine Schulz-Reiss, Christentum, Hildesheim 2011*
- *Hans Dieter Stöver, Als Rom brannte, München [3]2009*

2 Konstantin I. („der Große").
Nachzeichnung eines Silbermedaillons (Ø 2,5 cm), um 315. Gezeigt wird der siegreiche Feldherr Konstantin mit Helm und Panzer, Schild und Zepter; seine Rechte hält die Zügel eines Pferdes; am Helmbusch vorne ist eine kleine Scheibe mit dem Christuszeichen. Die griechischen Buchstaben XP stehen für die Abkürzung Chr.: Christus.

„In diesem Zeichen wirst du siegen!"

Unter Kaiser *Diokletian*, der von 284 bis 305 regierte, erlitten die Christen ihre schlimmste, aber auch letzte Verfolgung. Sein Nachfolger Kaiser *Konstantin I.* verkündete 311 ein *Toleranzedikt**. Zwei Jahre später bestätigte er die Glaubensfreiheit für alle Religionen und begann, den Christen sogar Vorrechte einzuräumen. Kirchlicher Grundbesitz wurde steuerfrei und der Sonntag allgemeiner Feiertag.
Der Überlieferung nach war dies Konstantins Dank für den Sieg gegen seinen Rivalen *Maxentius* im Jahre 312. Ihm sei vor der entscheidenden *Schlacht an der Milvischen Brücke* ein Christuszeichen und die Inschrift „IN HOC SIGNO VINCES" („In diesem Zeichen wirst du siegen!") erschienen. Daraufhin habe er das Zeichen der Christen angenommen und gewonnen. Ob Konstantin schon damals Christ wurde, wissen wir nicht. Taufen ließ er sich erst auf dem Sterbebett.
380 bestimmte Kaiser *Theodosius*, seine Untertanen sollten Christen sein. Wer sich nicht daran hielt, konnte bestraft werden. Elf Jahre später, im Jahre 391, verbot er alle heidnischen Kulte. Die Tempel verfielen oder wurden zu Kirchen gemacht. Die Olympischen Spiele galten nun als heidnisch und durften nicht mehr stattfinden. Das Christentum war Staatsreligion geworden; die Christianisierung der Römer hatte begonnen.

***Toleranz**: *Duldung, Entgegenkommen;* **Edikt**: *Erlass des Herrschers*

3 Das Geheimnis der Christen.
Grabinschrift aus einer Katakombe. Der Fisch war das Zeichen für die Zugehörigkeit zur christlichen Glaubensgemeinschaft. Das griechische Wort für Fisch heißt ICHTHYS. Hinter diesem Wort verbergen sich die Anfangsbuchstaben der Formel: ***I**esous* ***Ch**ristos* ***Th**eou (Gottes)* ***Y**ios (Sohn)* ***S**oter (Retter).*

Organisation macht stark

Der Siegeszug der Christen hing auch mit dem raschen Aufbau einer straffen Organisation zusammen. Bereits Ende des 1. Jh. leitete ein auf Lebenszeit bestellter Vorsteher die zerstreut liegenden Gemeinden und den Gottesdienst. Frauen waren von kirchlichen Ämtern ausgeschlossen. Im 2. Jh. erhielt der Gemeindevorsteher die Bezeichnung *Bischof* (griech. *episcopos*: Aufseher). Er überwachte die Glaubenslehre und galt als alleiniger Vermittler zwischen Gott und den Menschen. Die Geistlichen seiner Gemeinde waren ihm unterstellt.
In größeren Städten gab es einen Bischof, in fast jeder Provinzhauptstadt einen Erzbischof als Vorgesetzten. Die Inhaber der fünf noch von den Aposteln gegründeten Bischofssitze Alexandria, Antiochia, Jerusalem, Konstantinopel und Rom trugen den Ehrentitel *Patriarch* (dt. Stammvater).

Vom römischen Bischof zum Papst

Als die römische Reichsverwaltung in Italien zusammenbrach*, wurden die Bischöfe von Rom zur einzigen Autorität des westlichen Reiches. Mit dem Zuwachs an Einfluss strebten sie auch die Leitung aller Bischöfe an. Sie beriefen sich dabei auf das Christuswort *„Du bist Petrus, und auf diesem Felsen werde ich meine Kirche errichten"* und erklärten Rom zum Zentrum des Christentums. Dagegen protestierten die Bischöfe des Oströmischen Reiches. Sie waren nur bereit, dem römischen Bischof den Ehrentitel *Papst* (lat. *papa*: Vater) zuzugestehen. Sie wollten sich ihm aber nicht unterordnen.

**Darüber mehr auf Seite 190.*

▶ ***Lesetipp:***
Alois Prinz, Der erste Christ. Die Lebensgeschichte des Apostels Paulus, Weinheim 2010

■ *Zähle Gründe für den Aufstieg des Christentums zur Staatsreligion auf.*

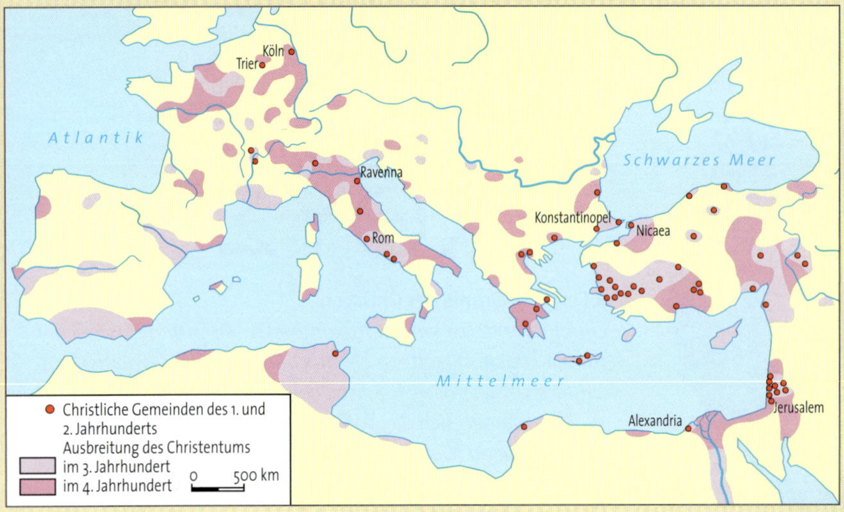

M1 Ausbreitung des Christentums bis ins 4. Jh.

M5 Religionsfreiheit

Der Bischof Eusebios (gest. 339) hat das Mailänder Edikt (Gesetz) Konstantins I. und seines Mitkaisers Licinius aus dem Jahre 313 überliefert; darin heißt es:

Nach langer Überlegung haben wir entschieden, dass jeder Mensch die Freiheit haben soll, Christ zu sein und zu leben wie ein Christ. Darüber hinaus soll jeder Mensch die Freiheit haben, die Religion anzunehmen, die er für richtig hält (...).

Hans-Georg Beck (Hrsg.), Leben in Byzanz. Ein Lesebuch, München 1991, S. 216 (vereinfacht)

M2 Wie steht der Christ zu Kaiser und Staat?

Aus dem Brief des Apostels Paulus (gest. nach 60) an die Christengemeinde in Rom aus dem Jahre 56:

Jedermann unterwerfe sich den Obrigkeiten, denn es gibt keine Obrigkeit außer von Gott [...]. Darum ist es notwendig, sich unterzuordnen, nicht um der Strafe, sondern auch um des Gewissens willen. Aus diesem Grund müsst ihr auch Steuern zahlen [...].

Paulus, Römerbrief 13

M3 „Die Christen vor die Löwen!"

Der christliche Schriftsteller Tertullian (um 150-230) schreibt:

Wenn der Tiber bis vor die Stadtmauern dringt, wenn der Nil die Felder nicht überschwemmt, wenn die Himmelstore verschlossen bleiben, sodass es nicht regnet, wenn die Erde bebt, wenn Seuchen und Hungersnöte über die Menschen kommen, so heißt es gleich: „Die Christen vor die Löwen!"

Gottfried Guggenbühl (Hrsg.), Quellen zur Geschichte des Altertums, Zürich ³1964, S. 284

M6 Das christliche Bekenntnis wird Gesetz

Theodosius (379-392 Kaiser im Osten, 388-395 im Gesamtreich) regelt im Jahr 380 mit dem weströmischen Kaiser das christliche Bekenntnis durch folgendes Gesetz:

Alle unter Unserer milden Herrschaft stehenden Völker sollen nach Unserem Willen demjenigen Glauben angehören, den der heilige Apostel Petrus [...] den Römern mitgeteilt hat [...]. Wir glauben nämlich nach der Vorschrift der Apostel [...] an die Göttlichkeit des Vaters, des Sohnes und des Heiligen Geistes in gleicher Erhabenheit und in göttlicher Dreieinigkeit. Diejenigen, die diesem Gesetze folgen, sollen den Namen katholische* Christen führen, die übrigen aber, die Wir als töricht und wahnwitzig erklären, sollen als Abtrünnige vom Glauben mit Ehrlosigkeit bestraft und mit dem Zorne Gottes und dann nach Unserer Entscheidung [...] mit einer Strafe belegt werden.

Gottfried Härtel/Frank-Michael Kaufmann (Hrsg.), Codex Justinianus, Leipzig 1991, S. 29 (vereinfacht)

***katholisch** (griech. katholikos): allgemein; für alle*

M4 Hinrichtung eines Verurteilten.
Schale (Ø 18,2 cm) aus Nordafrika, 4. Jh.

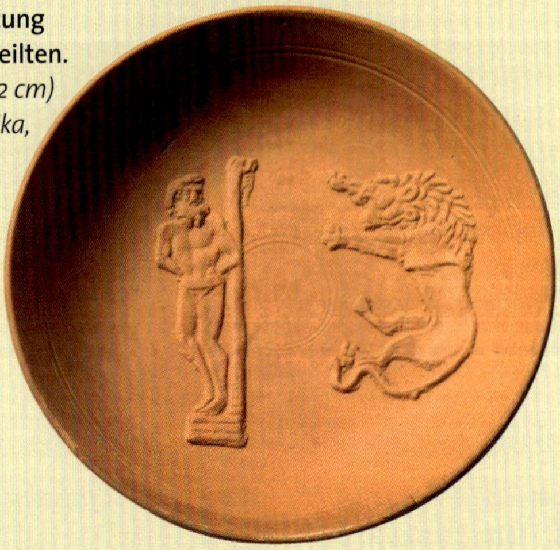

1. *Untersuche, was die Karte (M 1) über die Verbreitung der nichtchristlichen Bevölkerung aussagt.*
2. *Erläutere, was Paulus rät (M 2).*
3. *Erkläre die Beobachtung, die Tertullian beschreibt (M 3).*
4. *M 4 zeigt einen zum Tode Verurteilten. Er wurde gefesselt einem Löwen ausgeliefert. Solche öffentlichen Hinrichtungen fanden in einer Arena statt. Beurteile diese Art der Bestrafung.*
5. *„Niemand darf wegen seines Glaubens benachteiligt werden", so steht es in unserem Grundgesetz. Vergleiche M 5 mit M 6 und beurteile, welche Anordnung dem heute geltenden Grundsatz am nächsten ist.*

Christliche Namen

Viele Vornamen gehen auf Märtyrer zurück. Diese Männer und Frauen starben als „Zeugen des Glaubens". Die Tabelle gibt Hinweise über den Namenstag, ihr Leben, ihren Tod und ihre Kennzeichen.

Name/Tag	*wo und wann sie lebten*	*wie sie starben*	*ihre Kennzeichen*
Andreas 30.11.	Judäa und Griechenland, 1. Jh.	durch Kreuzigung	Andreas-Kreuz
Barbara 4.12.	Kleinasien, 3. Jh.	durch das Schwert ihres Vaters	Turm, Schwert
Georg (Jörg, Jürgen) 23.4.	Libyen, um 310	gevierteilt und enthauptet	Drache
Katharina (Katrin, Katja) 25.11.	Alexandria, um 300	enthauptet	Rad mit Messern und Nägeln
Markus (Marco, Mark) 25.4.	Alexandria, 1. Jh.	mit einem Seil zu Tode geschleift	Löwe
Stephan 26.12.	Judäa, 1. Jh.	gesteinigt	Buch, Palme, Steine

▶ ***Internettipp:***
Informationen über die Bedeutung und Herkunft von christlichen Vornamen findest du unter www.heiligenlexikon.de

1. *Ordne die Bilder den in der Tabelle genannten Heiligen zu.*
2. *Erkundige dich, was über die in der Tabelle genannten Märtyrer erzählt wird.*
3. *Informiere dich über die Herkunft und Bedeutung deines Vornamens.*

Jüdische Aufstände

1 Triumphzug nach der Eroberung Jerusalems.
Relief am Titusbogen auf dem Forum Romanum, nach 81 n. Chr.
- *Die Darstellung zeigt ein besonderes Beutestück aus dem Jerusalemer Tempel. Nenne es.* *Siehe dazu Seite 80 f.*

Unter römischer Herrschaft
Israel war um 1000 v. Chr. ein selbstständiges Reich in Palästina. Es zerfiel bald darauf und die jüdische Bevölkerung lebte danach unter Assyrern, Babyloniern, Persern, Seleukiden und Syrern. Zeitweise konnten sie eigene kleinere Herrschaftsgebiete errichten.
Als die Römer 66 v. Chr. Kleinasien besetzten und drei Jahre später Jerusalem eroberten, begann für die Juden ein neuer Abschnitt ihrer Geschichte. Unter den Römern durften sie zunächst ihren Glauben an den „einen Gott Jahwe“ sowie ihre Könige behalten. Die Macht behielten aber die römischen Statthalter. Sie galten als bestechlich und grausam. Manche von ihnen wie *Pontius Pilatus*, der Jesus hinrichten ließ, verspotteten den jüdischen Glauben und stachelten das Volk zu Aufständen an, die die Römer dann blutig niederschlugen. Gegen die römische Herrschaft riefen die jüdischen *Zeloten* (dt. „Eiferer“) im Namen Gottes zum Widerstand auf.

Der erste jüdische Aufstand
Als der römische Statthalter Teile des Jerusalemer Tempelschatzes forderte, begann 66 n. Chr. der erste Aufstand. Aus ihm wurde ein Krieg: Kaiser Nero schickte seinen Feldherrn *Vespasian* mit 60 000 Soldaten. Dieser Übermacht waren die Juden nicht gewachsen. 70 eroberte Titus, Vespasians Sohn, mit seinen Soldaten Jerusalem. Sie zerstörten den Tempel und verkauften die Überlebenden in die Sklaverei. Der Widerstand dauerte trotzdem an. Erst 73 gelang es den Römern, die letzte jüdische Bergfestung Masada einzunehmen.

Der zweite jüdische Aufstand
Die Region kam nicht zur Ruhe. Immer wieder regte sich Widerstand gegen die römischen Besatzer. 132 begann *Simon bar Kochba*, der sich als Erlöser (*Messias*) ausgab, einen neuen Aufstand. Er weitete sich bis nach Ägypten aus. Kaiser *Hadrian* schlug ihn mit seinen Truppen 135 nieder. Dieser Vernichtungskrieg gegen die Juden zählt zu den schrecklichsten, die Rom je führte. Mehr als eine halbe Million Juden starben.

Nach den Aufständen
Vielen Juden flohen während der Kriege aus ihrer Heimat, andere wurden vertrieben oder verschleppt. Sie lebten seitdem in der Verbannung: der *Diaspora*. 135 vereinigten die Römer die Provinzen Judäa und Syria zu Syria Palaestina. Der neue Name sollte die Erinnerung an die Juden in diesem Land auslöschen. Die wenigen noch in der Provinz lebenden Juden durften nach Hadrians Tod (138) ihre Religion wieder ausüben. Nur nach Jerusalem durften sie nicht zurück. Das geistliche Oberhaupt der Juden konnte in Palästina bleiben, bis die Römer sein Amt 425 n. Chr. abschafften.

2 „Iudaea capta.“
Münze, nach 71.
Unter Kaiser Vespasian und seinen Nachfolgern wurden Münzen für die Provinz Judäa mit der Aufschrift „Iudaea capta“ (dt. „unterworfenes Judäa“) geprägt. Das Kürzel „SC“ steht für „senatus consultum“: auf Beschluss des Senats.
- *Unter der Palme (Symbol für Judäa) steht links der Kaiser mit Lanze und Kurzschwert, rechts hockt eine Frau. Stelle fest, für wen und wofür diese Figur steht.*

M1 **Eine römische Herausforderung**

Der jüdische Feldherr und Geschichtsschreiber Josephus berichtet in seiner zwischen 75 und 79 verfassten „Geschichte des jüdischen Krieges“:

Kaiser Gaius* forderte das Schicksal in ungeheuerlicher Weise heraus: Er wollte als Gott gelten und so angeredet werden; er beraubte die Spitze des Staates ihrer besten Männer und ließ schließlich seine Gottlosigkeit auch auf Judäa übergreifen. Er sandte Petronius** mit einem Heer nach Jerusalem und gab den Befehl, im Tempel Standbilder von ihm aufzustellen; falls die Juden das nicht zulassen wollten, solle er alle, die Widerstand leisten, töten und das ganze übrige Volk in die Sklaverei verkaufen. [...] Petronius marschierte bereits mit drei Legionen und vielen syrischen Hilfstruppen von Antiochia*** gegen Judäa heran. Bei den Juden schenkte der eine Teil den Kriegsgerüchten keinen Glauben, die aber doch daran glaubten, waren völlig ratlos, wie man sich verteidigen solle. Bald aber packte die Furcht das ganze Volk, als nämlich das Heer in Ptolemais**** angelangte.

Julius H. Schoeps/Hiltrud Wallenborg (Hrsg.), Juden in Europa. Ihre Geschichte in Quellen, Bd. 1: Von den Anfängen bis zum späten Mittelalter, Darmstadt 2001, S. 64

***Gaius Caesar Germanicus, genannt Caligula**: *römischer Kaiser 37-41 n. Chr.*
****Publius Petronius**: *Statthalter von Syrien*
****Stadt in Syrien*
*****Ptolemais** = *Akko: nordpalästinensische Hafenstadt*

M3 Aufstand in Palästina (66-73).

M2 **Jerusalem wird erobert**

Cassius Dio, ein römischer Beamter und Geschichtsschreiber, der von 155 bis nach 229 gelebt hat, schreibt in seiner „Römischen Geschichte“:

Titus* wurde mit der Führung des Krieges gegen die Juden beauftragt. Nachdem er anfangs versucht hatte, sie durch Gesandtschaften und Versprechungen zur Unterwerfung zu bewegen, dabei jedoch nichts ausgerichtet hatte, beschloss er, förmlich gegen sie Krieg zu führen. Die ersten Schlachten verliefen unentschieden; dann aber schlug er die Juden und belagerte Jerusalem. Die Stadt hatte drei Mauern, die um den Tempel mitgerechnet. [...]

Bei diesen Kämpfen blieb es natürlich nicht aus, dass auf beiden Seiten viele verwundet, viele auch getötet wurden. Titus selbst wurde von einem Stein an der linken Schulter getroffen und behielt davon eine Schwäche in der Hand. [...]

Die Juden ihrerseits erachteten es als ein großes Glück, um und für ihren Tempel kämpfend das Leben zu lassen. Das Volk hatte sich unten im Vorhof, der Hohe Rat auf den Treppen, die Priester aber im Tempel aufgestellt. Und so gering auch ihre Zahl gegen die Übermacht war, so wurden sie doch nicht eher überwunden, als bis ein Teil des Tempels in Brand geriet. Jetzt stürzten sie sich freiwillig in die Schwerter der Feinde, töteten einander selbst oder sprangen ins Feuer. Allen erschien es kein Tod, sondern ein Sieg, Heil und Seligkeit, unter den Trümmern ihres Tempels begraben zu werden.

Gleichwohl machte man Gefangene, darunter auch ihren Anführer Bar Giora**, der allein beim Triumph mit dem Leben büßen musste. So wurde also Jerusalem gerade am Saturnustag***, der auch den heutigen Juden noch heilig ist, erobert. Seit dieser Zeit musste jeder, der den Gebräuchen seiner Väter treu blieb, jährlich dem Iuppiter Capitolinus zwei Denare**** entrichten.

Julius H. Schoeps/Hiltrud Wallenborg (Hrsg.), Juden in Europa, a. a. O., S. 64

***Flavius Vespasianus Titus**: *röm. Feldherr und Kaiser 79-81 n. Chr.*

****Simeon bar Giora**: *Anführer der Juden*
****d. h. am Sabbat*
*****Denar**: *röm. Silbermünze. Im 1. Jh. verdiente ein Arbeiter etwa ein Denar am Tag.*

1. *Untersucht die Ursachen für den jüdischen Aufstand (M1).*
2. *Stellt euch vor, ihr hättet während des Aufstands gelebt. Schreibt aus der Sicht eines römischen oder jüdischen Zeugen einen Bericht (M2 und M3).*

Rom in Gefahr

1 Vierkaisergruppe.
Die Figurengruppe (Höhe 1,30 m) befindet sich heute an der Fassade des Markusdoms in Venedig. Sie zeigt vermutlich Kaiser Diokletian und seine drei Mitkaiser Maximian, Galerius und Constantius I. Chlorus, die von 293 bis 305 gemeinsam das Römische Reich regierten.

Soldaten werden Kaiser

Schon Augustus regierte das Reich allein. Das änderte sich unter seinen Nachfolgern nicht. Dem Senat blieb die Aufgabe, die Kaiser zu bestätigen, die entweder durch Geburt oder Testament der Vorgänger zu neuen Herrschern bestimmt worden waren. Auch dieses Recht verlor der Senat. Ab dem Ende des 2. Jh. entschieden meist die Heerführer in den kaiserlichen Provinzen oder die etwa 10 000 Prätorianer der Palastgarde, wer Kaiser sein sollte. Die Herrscher stützten ihre Macht auf die Grenzarmee, die sie mit Solderhöhungen, Schenkungen und anderen Vergünstigungen belohnten.

Eine Krise nach der anderen

Allein im Laufe des 3. Jh. herrschten weit über 40 Kaiser. Dazu kamen doppelt so viele, die mit ihren Soldaten versucht hatten, die Macht an sich zu reißen. Das Reich hatte viele Probleme:

- Von Norden und Osten drangen immer häufiger fremde Völker ins Reich ein. Es wurde schwieriger, die Tausende von Kilometern lange Reichsgrenze zu sichern.
- In den Grenzregionen litten Handel, Handwerk und Landwirtschaft. Die Folge waren geringere Steuereinnahmen.
- Die steigenden Kosten für die Armee belasteten die Staatskasse.
- Der häufige Herrscherwechsel verhinderte eine langfristig angelegte Politik.

Keine Lösung in Sicht

Um die Probleme in den Griff zu bekommen, erhielten alle freien Reichsbewohner 212 die *Bürgerrechte*. Sie konnten Verträge abschließen und über Grundeigentum verfügen, durften an den Volksversammlungen teilnehmen und öffentliche Ämter bekleiden. Kaiser *Caracalla* (211-217) bürdete ihnen aber zugleich Pflichten auf: Militärdienst und Steuern. Eine Lösung der Schwierigkeiten erreichte er nicht. Steuern und Preise stiegen.

Der Kaiser – „Herr und Gott“

In der Krise wollten die Herrscher ihr Kaisertum festigen. *Diokletian*, den seine Soldaten 284 zum Kaiser ausgerufen hatten, bezeichnete sich als „Herr und Gott“ (lat. *dominus et deus*). Er und seine Nachfolger fühlten sich keinem Menschen mehr verantwortlich. Aus dem Prinzipat war der Dominat geworden.
Für ihre Untertanen rückten die Kaiser in fast unerreichbare Ferne. Wer als Untertan vor den Kaiser treten durfte, musste sich vor ihm auf die Erde werfen und den Saum seines Gewandes küssen.

Vier Männer regieren ein Reich

Diokletian hatte erkannt, dass unter den schwierigen Bedingungen ein Herrscher das riesige Reich nicht allein regieren konnte. Deshalb teilte er es in vier Verwaltungseinheiten (Präfekturen). In ihnen sollten vier Männer, zwei Kaiser und zwei Unterkaiser, die kaiserliche Macht ausüben (gr. *tetrarchia*: Viererherrschaft). Jeder von ihnen regierte seinen Teil von einer militärisch günstig gelegenen Stadt aus: Mailand, Trier, Sirmium (in der Nähe des heutigen Belgrad) und Nikomedia (Kleinasien) wurden Zentren des Reiches.* Rom hatte aufgehört, Hauptstadt des Weltreichs zu sein.

Diese Zentren findest du auf der Karte M 1, Seite 191.

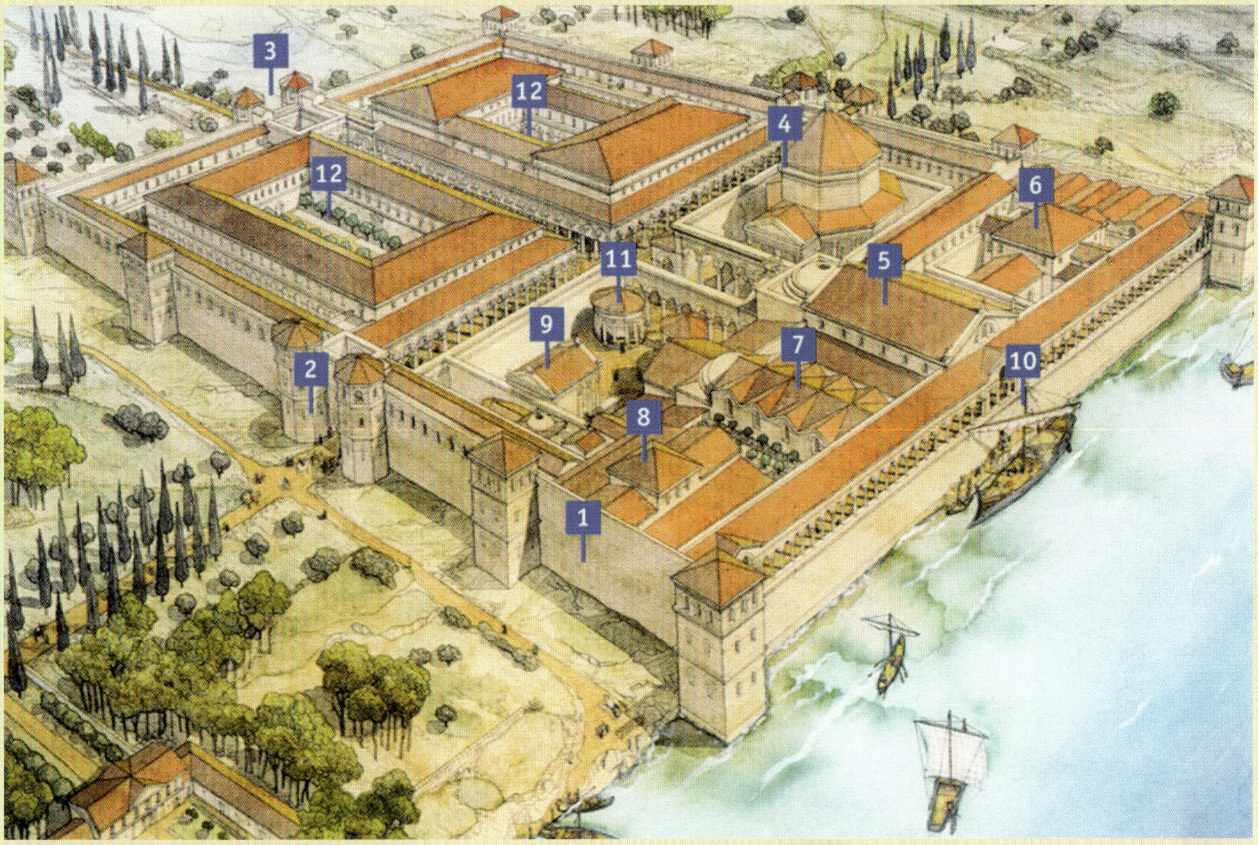

M 2 **Der Kaiserpalast von Split.**
Rekonstruktionszeichnung von 2003.
Kaiser Diokletian zog nach seiner Abdankung 305 in diesen Palast an der dalmatischen Küste (heute Kroatien). Die Anlage umfasst eine Fläche von 215 x 180 m und folgt dem Grundmuster des römischen Militärlagers (siehe M 1, Seite 149). Die heutige Altstadt von Split ist zum Teil in die Ruinen des Palastes hineingebaut.

1 *Festungsartige Außenmauer der Palastanlage;* **2** *und* **3** *Haupteingänge;* **4** *Grabmal (Mausoleum) Diokletians, das bereits zu seinen Lebzeiten errichtet wurde;* **5** *Eingangshalle zu den Wohngebäuden Diokletians;* **6** *Speisesaal und Empfangshalle;* **7** *Thronsaal des Kaisers;* **8** *Privaträume Diokletians mit Badeanlage;* **9** *Tempel des Gottes Iuppiter, des Schutzgottes Diokletians;* **10** *Anlegestelle für Schiffe;* **11** *kleiner Rundtempel;* **12** *Kasernen für die kaiserliche Leibwache, Verwaltungsgebäude*

M 1 **Das römische Bürgerrecht – eine Auszeichnung?**
Der Geschichtsschreiber Cassius Dio (155 - nach 235) berichtet über die Umstände, die im Jahre 212 zur Verleihung des römischen Bürgerrechtes an alle freien Reichsbewohner geführt haben:

Caracalla war ein Freund der Verschwendung seinen Soldaten gegenüber [...]. Er war gewohnt, alle Menschen ringsum zu berauben und aufzureiben, nicht zum wenigsten die Senatoren. Denn abgesehen von den goldenen Kränzen, die er als steter Sieger über irgendwelche Feinde öfters forderte [...], abgesehen von den Proviantlieferungen, die von uns in großen Mengen und bei allen Gelegenheiten, teils umsonst, teils auch noch unter eigenem Aufwand eingetrieben wurden, die er alle seinen Soldaten zukommen ließ oder auch verhökerte, von den Geschenken, die er von reichen Privatleuten wie auch von den Gemeinden zusätzlich forderte, von den sonstigen Steuern, die er neu einführte, und von dem Zehnten, den er anstelle des Zwanzigsten für Freilassungen, für Erbschaften und alle Schenkungen erhob [...], abgesehen von dem Bürgerrecht, das er allen Untertanen des Römischen Reiches, angeblich als eine Auszeichnung, tatsächlich aber in der Absicht verlieh, dadurch seine Einkünfte zu vermehren, da nämlich die Nichtbürger die meisten dieser Abgaben nicht zu entrichten brauchten: Außerdem mussten wir ihm, sooft er von Rom verreiste, mitten auf den Wegstrecken, auch wenn sie noch so kurz waren, Gebäude aller Art und kostspielige Absteigequartiere auf unsere eigenen Kosten errichten lassen, in denen er niemals wohnte, nein, von denen er vermutlich nie ein einziges zu Gesicht bekam.

Walter Arend (Bearb.), Altertum. Geschichte in Quellen, München [3]1978, S. 698

1. *Fasst zusammen, warum die Herrschaft der Soldatenkaiser als Belastung empfunden wurde (M 1).*
2. *Nenne die Aufgaben des Kaiserpalastes (M 2).*

Warum zerfällt das Reich?

1 Spangenhelm aus Krefeld-Gellep, 2. Viertel des 6. Jh.
Der 18 cm hohe und vergoldete Helm wurde 1962 in einem fränkischen Grab in Gellep bei Krefeld gefunden.
Die Römer verschenkten solche wertvollen Helme an germanische Heerführer, die für sie im Heer dienten.

„Die Barbaren kommen!“

Dieser Schreckensruf ertönte in der Kaiserzeit am Limes immer häufiger. Ständig zogen mehr Menschen aus ihrer nord- und ostmitteleuropäischen Heimat nach Süden und Westen auf die Grenzen des Römischen Reiches zu: die *Germanen*. So nennen wir zusammenfassend jene Völker (Stämme), die bis zum 1. Jh. v. Chr. vor allem im Ost- und Nordseeraum lebten.

Eine wachsende Bevölkerung sowie der Wunsch nach besseren Lebensverhältnissen führten um 300 zu Wanderungen von bislang ungekanntem Ausmaß. Einige germanische Völker wie die Franken, Friesen und Alamannen drangen in benachbarte Landschaften ein und ließen sich dort nieder. Andere durchquerten ganz Europa und den Norden Afrikas. Ende des 4. Jh. spitzte sich die Lage zu: Die Hunnen aus Zentralasien zerstörten um 375 die Herrschaft der Goten am Schwarzen Meer. Damit erreichte die „Völkerwanderung“ ihren Höhepunkt.

Eindringlinge und Verbündete

Von den Hunnen getrieben, baten die Goten um Aufnahme in das Römische Reich. Als Gegenleistung boten sie militärische Hilfe an. Kaiser *Valens*, der von 364 bis 378 regierte, ging darauf ein. Doch die Eingliederung der Goten scheiterte. Unruhen brachen aus. In der *Schlacht bei Adrianopel* (378) schlugen die Goten die Römer. Wenige Jahre später wurden die Goten doch noch Verbündete Roms. Dafür erhielten sie das Recht, im Reich einen eigenen Staat zu errichten.

Das Reich zerfällt

Die Neuorganisation des Reiches von 395 in einen östlichen und einen westlichen Herrschaftsbereich bereitete das Ende der Reichseinheit vor. Ostrom blieb nach dem Abzug der Goten von den Wirren der „Völkerwanderung“ weitgehend verschont.

Um 450 herrschten die weströmischen Kaiser nur noch über Italien, Mittelgallien, die Provence und Dalmatien. Über weite Teile ihres Imperiums bestimmten germanische Völker. Dazu bedrohten weiterhin die Hunnen das Reich. In der *Schlacht auf den Katalaunischen Feldern* (451) gelang es den Römern nur mit romanisierten Kelten (Galliern) und verbündeten Westgoten, Burgundern und Franken, *Attilas* Reiterheere zum Rückzug zu bewegen. Das war das Ende für das Hunnenreich, das sich von Südrussland bis zum Rhein erstreckt hatte.

Soldaten machen ihn zum Herrscher

476 zerbrach das Weströmische Reich. *Odoaker*, Sohn eines fremden Fürsten und römischer Offizier, setzte Kaiser *Romulus Augustulus* (*Augustulus*: dt. „Kaiserchen“ – wegen seines jugendlichen Alters) ab. Seine Soldaten riefen ihn zum König aus. Odoaker verzichtete auf den Kaisertitel, erkannte die Oberhoheit des oströmischen Kaisers an und beschränkte seine Herrschaft auf Italien.

In Ostrom ließ sich der Heerführer der Ostgoten, *Theoderich*, mit dem Krieg gegen Odoaker beauftragen, fügte ihm Niederlagen zu und sorgte schließlich für seine Ermordung. Daraufhin wurde Theoderich König der Goten und kaiserlicher Regent in Italien.

▶ ***Lesetipp:***
Michael Schmauder, Die Völkerwanderungszeit, Nürnberg 2003

■ *Untersuche, ob die „Völkerwanderung“ die Ursache für den Zerfall des Römischen Reiches war.*

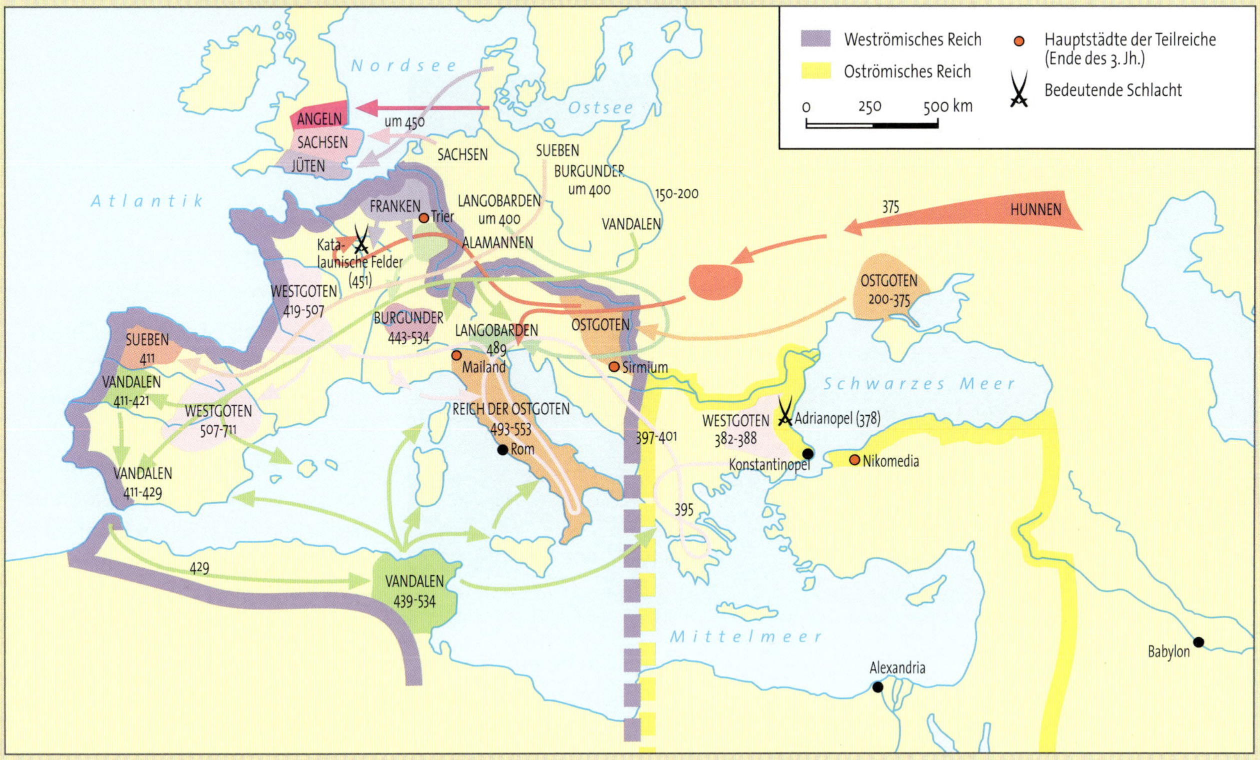

M 1 „Völkerwanderung" und Reichsgründungen (3.-6. Jh.).
Wir sprechen zwar von „den" Germanen, doch sind darunter verschiedene kleine Völkerschaften bzw. Stämme zu verstehen, die sich während ihrer „Wanderungen" ständig veränderten. Nebenbei: Das römische „Britannia" wurde damals von Angeln, Sachsen und Jüten erobert und aus „Britannia" wurde „England" (= „Angel-Land").

M 2 Schreckensnachricht

Der römische Geschichtsschreiber Ammianus Marcellinus (4. Jh.) schreibt:

Es verbreiteten sich schreckliche Nachrichten von Völkern im Norden, die neue Bewegungen in Gang gesetzt hatten, welche größer als gewöhnlich waren: In das gesamte Gebiet, das sich [...] bis zum Schwarzen Meer erstreckt, ergieße sich eine Masse von Barbaren unbekannter Herkunft, die von ihren Wohnsitzen durch plötzliche Gewalt vertrieben worden seien und zusammen mit ihren Angehörigen die Donau entlang hin- und herstreifen. Unsere Leute nahmen das zunächst aus dem Grund auf die leichte Schulter, weil sie gewohnt waren, aus jenen fernen Gegenden von Kriegen nur zu hören, wenn sie schon wieder beendet oder eingeschlafen waren. Doch dann kamen immer zuverlässigere Nachrichten von den Ereignissen, deren Bestätigung die Ankunft von Stammesgesandten lieferte, die flehentlich und beschwörend darum baten, dass ihr heimatlos gewordenes Volk diesseits des Flusses Aufnahme finde.

Zitiert nach: Klaus Rosen, Die Völkerwanderung, München ^{4}2009, S. 16

M 3 Schandtaten

Ammianus (siehe M 2) berichtet, mit welchen Verbrechen die „Völkerwanderung" verbunden gewesen ist:

Sie verübten alle Schandtaten zugleich: Raub und Mord, Blutvergießen und Brand sowie die Vergewaltigung freier Menschen. Damals konnte man die grausamsten Dinge erleben, die man nur mit Seufzen betrachten und berichten kann: Frauen, starr vor Schreck, die mit knallenden Peitschenhieben weggetrieben wurden, darunter auch Schwangere mit Ungeborenen, die, noch bevor sie das Licht erblickten, viel Böses ertragen mussten; daneben kleine Kinder, die sich an ihre Mütter klammerten [...]. Dazwischen ein Bürger, der eben noch reich und frei war, und sich nun über dich, Fortuna*, du Unbarmherzige und Blinde, beklagte, die du ihn einem blutrünstigen Sieger überließest, nachdem er in einem kurzen Augenblick seines Vermögens und seiner lieben Angehörigen beraubt und aus seinem Haus verjagt wurde, das er in Schutt und Asche versinken sah, um dann Glied um Glied zerfleischt oder unter Schlägen und Folterqualen versklavt zu werden.

Zitiert nach: Klaus Rosen, Die Völkerwanderung, a.a.O., S. 17

***Fortuna**: *römische Glücks- und Schicksalsgöttin*

1. *Nenne die heutigen Staaten, durch die die Goten, Alamannen, Franken und Sachsen zogen (M 1).*
2. *Prüfe, ob Ammianus alle Ursachen für die Wanderungsbewegung nennt (M 2).*

Von Rom nach Byzanz

1 Der Kaiser vor Christus.
Mosaik aus der Hagia Sophia (Ausschnitt).
Konstantin I. ließ die „Hagia Sophia" (dt. „Kirche der göttlichen Weisheit") in Konstantinopel bauen. Das Gotteshaus wurde 532 in Brand gesteckt. Noch im selben Jahr ordnete Kaiser Justinian den Wiederaufbau an.

Das Oströmische Reich

Zur endgültigen Teilung des Römischen Reiches trug bereits Kaiser *Konstantin I.* bei. Er hatte die alte griechische Stadt Byzantion zur Hauptstadt gemacht. Ihr Name bezeichnete später das Oströmische Reich: *Byzanz*. Byzantion war eine ideale Brücke zu den reichen Ostprovinzen Kleinasien, Syrien und Ägypten und Schnittpunkt wichtiger Handelsstraßen zwischen Mittelmeer, Schwarzem Meer, Europa, Afrika, Indien und China. Die Stadt erhielt den Namen des Herrschers: *Konstantinopel* (heute Istanbul). 330 wurde sie eingeweiht. Konstantinopel erhielt zahlreiche Paläste, Kirchen, eine gewaltige Arena für Wagenrennen und wurde zur bedeutendsten Festung der damaligen Zeit ausgebaut.

Der letzte Versuch

Im Jahre 527 wurde *Justinian* oströmischer Kaiser. Sein Regierungsprogramm lautete: „Wir glauben, dass Gott uns die Wiedergewinnung aller der Länder gewähren wird, die einst die Römer von einem Ozean bis zum anderen besessen haben." In langen Kriegen gegen die Vandalen in Afrika, die Ostgoten in Italien und die Westgoten in Südspanien konnten seine Truppen die römische Herrschaft dort neu errichten. Das Ziel, die Grenzen des gesamten Reiches wiederherzustellen, erreichte Justinian nicht.

Der Kaiser als Statthalter Christi

Justinian ging es nicht nur um die Rückgewinnung der verlorengegangenen Gebiete und die Wiederherstellung (lat. *renovatio*) der Reichseinheit. Er wollte einen einheitlichen christlichen Staat schaffen. In seinem Reich sorgten er und seine Nachfolger dafür, dass Politik und Religion, Staat und Kirche eine Einheit bildeten. Sie regierten allein und unumschränkt und betrachteten sich als Statthalter Christi auf Erden. Sie glaubten, für die Reinheit der christlichen Lehre, die *Orthodoxie* (*orthodox*: rechtgläubig), verantwortlich zu sein. Den Bischöfen erteilten sie Weisungen wie ihren Beamten.

Das „zweite Rom"

Byzanz übernahm das römisch-hellenistische Erbe und war bis weit in das Mittelalter seinen europäischen Nachbarn kulturell weit überlegen. Es wurde als „zweites Rom" bezeichnet.

Seine Herrscher verstanden sich als einzige wirkliche Kaiser und missbilligten Versuche, im Westen ein eigenständiges Kaisertum zu errichten. Ebenso lehnte es der Patriarch von Byzanz, der oberste Geistliche der orthodoxen Kirche, ab, den Papst als Oberhaupt der Christen anzuerkennen. Hinzu traten die sprachlichen Unterschiede. Während im Osten Griechisch als Amts- und Kirchensprache benutzt wurde, verwendete man im Westen das Lateinische. Die griechisch-orthodoxe Kirche grenzte sich damit immer mehr von der römisch-katholischen ab.

Trotz dieser Abwehrhaltung und seiner Randlage beeinflusste Byzanz die Geschichte Europas stark. Das Gesetzbuch Justinians prägt bis heute unsere Rechtsprechung.* In vielen Ländern wurde die byzantinische Kunst nachgeahmt. Später wurden mehrere slawische Völker von Byzanz aus zum orthodoxen Christentum bekehrt: Die griechischen Mönche *Kyrillos* und *Methodios* begannen damit im 9. Jh. Sie predigten in der slawischen Volkssprache und verbreiteten den griechisch-orthodoxen Glauben.

** Lies dazu das folgende Kapitel.*

M 1 Kaiser Justinian mit Gefolge.
Mosaik aus der im Jahre 547 geweihten Kirche San Vitale in Ravenna (Format: 2,70 x 4,10 m). Die oberitalienische Stadt war von der Mitte des 6. Jh. bis ins 9. Jh. byzantinischer Vorposten in Italien.

M 2 **Aus Gottes Vollmacht regieren wir**
Auszüge aus der 533 fertiggestellten Gesetzessammlung Justinians:
Aus Gottes Vollmacht regieren wir das Reich, das uns von der himmlischen Majestät übertragen wurde, führen wir Kriege mit Erfolg, sichern Frieden und halten den Bau des Staates aufrecht.
Was ist größer, was geheiligter als die kaiserliche Majestät? Wer ist so hochmütig, das Urteil des Fürsten zu verachten, wenn die Gesetzgeber festgelegt haben, dass kaiserliche Entscheidungen die volle Kraft des Gesetzes besitzen? [...]
Nicht als Nebensache behandeln wir die Schlaflosigkeit, sondern wenn wir die Tage daransetzen und die Nacht zum Tage machen, wenden wir sie dazu an, damit unsere Untertanen sich wohlbefinden, frei von jeder Sorge, als wir die Sorge für alle auf uns nehmen.

Franz G. Maier (Hrsg.), Byzanz, Frankfurt a. M. 1973, S. 54 f. und Walter Arend (Bearb.), Altertum. Geschichte in Quellen, München ^{3}1978, S. 831 (vereinfacht)

M 3 **Zweck der kaiserlichen Mühen**
Der byzantinische Geschichtsschreiber Prokopios, ein Zeitgenosse Justinians, schreibt:
Er hatte sozusagen kein Schlafbedürfnis und sättigte sich auch nie an Speise und Trank. Nur mit den Fingerspitzen und ganz nebenbei nahm er die Speisen und hatte dann schon genug. [...] Vielfach blieb er zwei Tage und zwei Nächte ohne Nahrung [...]. Er schlief gelegentlich eine Stunde, den Rest der Nacht verbrachte er mit dauerndem Umhergehen [...]. Das dauernde Wachen, Mühen und Sichquälen nahm er einzig und allein zu dem Zwecke auf sich, täglich grässlichere Übel für die Untertanen auszuhecken. Er war, wie gesagt, außerordentlich scharfsinnig im Ersinnen und schnell im Ausführen ruchloser Taten, sodass bei ihm sogar die Vorzüge der Natur zum Schaden der Untertanen ausschlugen.

Walter Arend (Bearb.), Altertum, a. a. O., S. 831 (leicht vereinfacht)

1. *Beschreibe, wodurch Kaiser und Bischof hervorgehoben wurden (M 1). Nenne die Gegenstände, die der Kaiser und die – vom Betrachter aus – rechts neben ihm stehenden Personen in ihren Händen halten. Wozu dienten sie?*
2. *Erkläre, was den Soldaten auf der linken Bildseite als christlichen Krieger kennzeichnet. Siehe dazu Abb. 2 auf Seite 183.*
3. *Vergleiche die Haltung des Kaisers auf M 1 mit der auf Abb. 1, Seite 192.*
4. *Prüfe, ob Justinians Auffassung vom Herrscheramt (M 2) mit M 3 und dem Dominat (siehe dazu Seite 188) übereinstimmt.*

Recht in Rom

1 Nachbildung einer Tafel mit Vorschriften aus dem Zwölf-Tafel-Gesetz.
Die um 450 v. Chr. auf dem Forum Romanum aufgestellten Tafeln wurden im 4. Jh. v. Chr. vernichtet. Aus Abschriften konnten sie rekonstruiert werden. Die hier abgebildete Tafel enthält Anweisungen für einen Prozess: „Wenn ein Kläger einen Beklagten vor Gericht ruft, muss der Beklagte vor Gericht erscheinen. Wenn er nicht kommt, soll ein Zeuge hinzugezogen werden. Dann soll der Kläger den Beklagten ergreifen. Wenn der Beklagte Ausflüchte macht oder fliehen will, soll der Kläger ihn festnehmen."

■ *Informiere dich, wer heute für die Ergreifung eines Beschuldigten zuständig ist.*

Die private und die öffentliche Ordnung

Überlieferte Sitten und Gesetze bestimmten das Zusammenleben der Römer. Ihr erstes schriftlich festgehaltenes Recht ist das *Zwölf-Tafel-Gesetz*. Es regelte

- den Ablauf eines Prozesses;
- die Rechte des Einzelnen in der Familie, bei Erbschaften und in Fragen des Eigentums;
- das Treueverhältnis zwischen Patron und Klient;
- das Strafrecht und das Strafmaß, z.B. Schadensersatz bei Diebstahl, Todesstrafe für öffentliche Beleidigungen oder bestechliche Richter;
- das Verbot der Ehe zwischen Patriziern und Plebejern.

Diese Rechtssätze hatte man aufgeschrieben und veröffentlicht, weil sich die Plebejer damit vor einer willkürlichen Auslegung des Rechts durch die Patrizier schützen wollten.

Die Gesetze ändern sich

Das Zwölf-Tafel-Gesetz blieb über Jahrhunderte die Grundlage des Rechts aller römischen Bürger, doch wurde es ständig weiterentwickelt. Während der Republik erließen Magistrate und Volksversammlungen laufend Gesetze und Bestimmungen. Im Kaiserreich durfte nur noch der Herrscher neues Recht setzen. Die Römer erklärten ihre alten Gesetze oder Bestimmungen nie für ungültig, sondern ergänzten sie durch zusätzliche, in der Praxis entwickelte Rechtsgrundsätze.

Die Bedeutung des Römischen Rechts

Eine Zusammenfassung aller gültigen Rechtsvorschriften gab Kaiser Justinian 528 n. Chr. in Auftrag. Er ließ das Römische Recht sammeln, wie es sich seit dem Zwölf-Tafel-Gesetz durch Gesetzgebung, Rechtspraxis und Auslegung der Rechtsgelehrten entwickelt hatte. Nachdem die Rechtsvorschriften durchgesehen, widersprüchliche Regeln beseitigt und vereinheitlicht worden waren, wurde die Sammlung 533 n. Chr. veröffentlicht und für verbindlich erklärt.

Dieses umfangreiche Werk beeinflusste die europäische Rechtslehre. Seit dem 11. Jh. dienten Teile davon der Ausbildung von Juristen. Ende des 16. Jh. wurde das Werk erstmals vollständig unter dem Titel *Corpus iuris civilis* (dt. Sammlung bürgerlichen Rechts) gedruckt. Viele heutige Rechtsvorstellungen in Europa sowie in den von hier aus beeinflussten außereuropäischen Gebieten wie Südamerika, Ägypten und Japan gehen auf das „Corpus iuris" zurück. Keinen anderen Bereich hat das römische Denken so sehr geprägt wie das Recht.

2 Justitia.
Münze aus der Zeit Kaiser Hadrians, der von 117-138 herrschte. Die Umschrift lautet: „Kaiserliche Gerechtigkeit".

■ *Begründe, weshalb Münzen mit solchen Motiven geprägt wurden.*

M1 Römische Rechtsgrundsätze

Im „Corpus iuris civilis" finden sich folgende Grundsätze römischer Rechtsgelehrter:

1. Was unter Zwang zustande gekommen ist, wird für ungültig erklärt.
2. Auf bloße Verdachtsmomente hin jemanden zu verurteilen, geht nicht an.
3. In Zweifelsfällen muss der Richter für den Angeklagten entscheiden.
4. Die größere Würde liegt beim Mann.
5. Keine Strafe ohne Gesetz.
6. Derjenige muss den Beweis erbringen, der etwas behauptet, nicht der, der leugnet.

Walter Arend (Bearb.), Altertum, a. a. O., S. 845 f. (vereinfacht)

M2 Rechtsgrundsätze heute

1. Wer zur Abgabe einer Willenserklärung durch Drohung gezwungen worden ist, kann die Erklärung anfechten.

Bürgerliches Gesetzbuch, § 123

2. Eine Tat kann nur bestraft werden, wenn die Strafbarkeit gesetzlich bestimmt ist, bevor die Tat begangen worden ist.

Grundgesetz, Artikel 103.2

3. Niemand darf wegen seines Geschlechtes, seiner Abstammung, seiner Rasse, seiner Sprache, seiner Heimat und Herkunft, seines Glaubens, seiner religiösen oder politischen Anschauungen benachteiligt oder bevorzugt werden.

Grundgesetz, Artikel 3.3

4. Der Versuch eines Verbrechens ist stets strafbar.

Strafgesetzbuch, § 23,1

5. Sind trotz Anhaltspunkten keine bestimmten Feststellungen möglich, so ist von der dem Angeklagten günstigsten Tatsachengestaltung auszugehen.

Entscheidungssammlung des Bundesgerichtshofes in Strafsachen, Bd. 19, S. 33

M3 Kaiser Justinian und die Gerechtigkeit.
Buchmalerei aus Sizilien, 12. Jh.
Die Figur der Gerechtigkeit zeigt dem Kaiser ein Gesetzbuch. Auf den Seiten steht das Bibelzitat: „Wehe denen, die den Frevler [Verbrecher, Übeltäter] freisprechen um der Geschenke willen!"

M4 Recht und Gerechtigkeit

Der Rechtsgelehrte Ulpian, der um die Wende vom 2. zum 3. Jh. n. Chr. in Rom gelebt hat, veröffentlicht zahlreiche Schriften. In einem Werk versucht er zu bestimmen, was Recht ist und welche Aufgabe die Rechtskundigen (Juristen) haben.

Wer sich mit dem Recht befassen will, muss zunächst wissen, woher das Wort „Recht" stammt. Es hat nämlich seinen Namen von der Gerechtigkeit; denn [...] das Recht ist die Kunst des Guten und Angemessenen. Daher könnte man uns als Priester bezeichnen: Wir dienen ja der Gerechtigkeit [...], indem wir das Angemessene vom Unangemessenen absondern, das Erlaubte vom Unerlaubten trennen und die Menschen nicht nur durch die Furcht vor Strafen, sondern auch durch den Ansporn von Belohnungen gut zu machen suchen.

Manfred Fuhrmann/Detlef Liebs (Hrsg.), Exempla Iuris Romani – Römische Rechtstexte, München 1988, S. 12

1. *Vergleicht die Bestimmungen aus dem „Corpus iuris civilis" (M1) mit den Rechtsgrundsätzen der Gegenwart (M2). Arbeitet Übereinstimmungen und Abweichungen heraus.*
2. *Erläutert die Buchmalerei M3. Berücksichtigt das Zitat in der Legende.*
3. *Beschreibt die Aufgaben der Rechtskundigen nach Ulpian (M1).*

Die Franken kommen

1 Der Frankenkönig Childerich.
Rekonstruktionszeichnung der Kleidung und Waffen nach Patrick Périn, um 1998.
Childerichs Ausrüstung stammte aus römischen Beständen. Die Gewandspange aus Gold erhielt er als hoher römischer Beamter. Der goldene Siegelring weist ihn als anerkannten König verbündeter Truppen aus. Bei den germanischen Völkern durften nur die Vornehmen lange Haare tragen. Sie galten als Ausdruck von Lebenskraft und Macht.

Über die Franken

Die Franken waren ursprünglich mehrere Völker. Sie hatten sich seit dem 3./4. Jh. vom Mittel- und Niederrhein nach Südwesten ausgebreitet. An ihrer Spitze standen Könige. Sie wollten selbstständig sein und verbanden sich mit ihren Gefolgschaften nur zu gemeinsamen Verteidigungs- oder Angriffsunternehmungen.
Das Wort „franci“ bedeutete wohl ursprünglich „die Wilden“ und „die Kühnen“. Später bekam es die Bedeutung „die Freien“. Tatsächlich lebten die frühen Franken im 4./5. Jh. entweder als unterworfene Völker oder als Verbündete der Römer.

2 Die Eroberungen Chlodwigs I.

Ein neues Reich entsteht

481/82 folgte der aus dem fränkischen Königsgeschlecht der Merowinger stammende *Chlodwig* mit 16 Jahren seinem Vater *Childerich* auf den Thron. Chlodwig besiegte 486 den letzten römischen Statthalter in Gallien und unterwarf die Alamannen. Aus dem fränkischen Kleinkönigtum war ein großes Reich geworden.

Bündnis mit dem Papst

Die Reichsbildung der Franken festigte Chlodwig mithilfe des Glaubens. Um 498 ließ er sich in Reims taufen. Mit seinem Bekenntnis zum Christentum beseitigte er den Glaubensgegensatz zwischen den Franken und den unterworfenen Christen der ehemaligen römischen Provinz. Damit sicherte sich Chlodwig die Unterstützung der christlichen Führungsschicht bei der Verwaltung des eroberten Landes.
Da 476 das Weströmische Reich erloschen war, fand die christliche Kirche nun in dem fränkischen König und seinen Nachfolgern neue Schutzherren. Der Papst, das Oberhaupt der römisch-katholischen Kirche, erklärte die Franken zu „Gottes eigenem Volk“. Könige aus dem Geschlecht der Merowinger regierten bis ins 8. Jh. das Reich der Franken.

- *Erstelle eine Übersicht mit den Daten und Ereignissen, die für die Reichsbildung der Franken wichtig waren, und präsentiere sie deinen Mitschülern.*

M2 „Die Taufe Chlodwigs."
Gemälde (145 x 188 cm) von François-Louis Dejuinne, 1837.

M1 „Heil dem neuen Konstantin!"
Chlodwig soll Weihnachten 498 in Reims getauft worden sein. Weder das Datum noch die genauen Umstände sind verlässlich überliefert. Bischof Gregor von Tours (um 538-594) berichtet uns eine Generation später darüber. Die folgende Erzählung geht auf sein Geschichtswerk zurück.

Das festlich geschmückte Gotteshaus war erfüllt vom gleichmäßigen Murmeln der Priester, die Bittpsalmen beteten, und dem Flüstern der Gefolgschaft des Königs. Weihrauchwolken und duftende Kerzen verbreiteten ihren Wohlgeruch. Bischof Remigius richtete mit lauter Stimme das Wort an alle Anwesenden: „Wir preisen den Namen des allmächtigen Gottes! Wir loben ihn, da es ihm gefallen hat, unseren König Chlodwig zu erleuchten und aus der Dunkelheit des Unglaubens in das Licht des wahren Glaubens zu führen.

O Herr, Du hast ihm Deine Allmacht geoffenbart. Im Augenblick der höchsten Bedrängnis hast Du ihn und sein Heer vor dem sicheren Untergang gerettet, als er zu Dir flehte und Dich um Hilfe bat ..."

Es war ganz still geworden, als die Taufhandlung begann. Und als dann der König in das Taufbecken stieg, sagte Remigius leise, aber bestimmt: „Beuge still deinen Nacken und verehre nun, was du bisher verachtet hast, und ächte jetzt, was du bisher verehrt hast!"

Königin Chrotechilde sah zu ihrem Gemahl hinüber. Mit unbewegter Miene ließ er die Worte des Bischofs, die Salbung mit Öl und das dreimalige Untertauchen im Taufbecken über sich ergehen. Ob Chlodwig sich die Worte Remigius' zu Herzen nehmen würde? Sie kannte ihn gut genug, um zu wissen, dass er nicht der Mann war, der ohne Vorteil etwas unternahm. Die Königin erinnerte sich nur allzu genau an ihre vielen vergeblichen Versuche, ihren Mann zum katholischen Glauben zu bekehren, und an seine oft schroffen Ablehnungen. Sie wusste auch, dass er sich erst zum Katholizismus hatte bekennen wollen, als sicher war, dass sein Gefolge diesen Schritt auch tun würde. Doch ihr Drängen hatte ja nun mit Gottes Hilfe endlich zum Erfolg geführt.

Die plötzlich lauter werdende Stimme des Bischofs riss die Königin aus ihren Gedanken. Er hatte seine Ansprache offensichtlich gerade beendet und schloss mit dem Ausruf „Heil dem neuen Konstantin!", in den die Priester und das Gefolge des Königs einstimmten.

Erzählt von Dieter Brückner nach: Wolfgang Lautemann (Bearb.), Mittelalter. Reich und Kirche, München ^{2}1978, S. 26-28

1. *Erkläre, warum Chlodwig mit dem römischen Kaiser Konstantin I. verglichen wurde (M1).*
2. *Begründe, weshalb das Geschichtswerk Gregors (M1) keine genaue Quelle für die Taufe Chlodwigs ist.*
3. *Das Gemälde M2 befindet sich in fast allen französischen Schulbüchern. Beschreibt es gemeinsam und nennt mögliche Gründe, warum es zur Bebilderung des Themas immer wieder genommen wird.*
4. *Führt ein Rollenspiel auf, in dem Chlodwig seinem Gefolge Gründe für die Taufe nennt.*

Macht und Mission

Neue Christen, neues Land

„Gehet hin und verkündet allen Völkern das Wort Gottes" – mit diesem Auftrag aus dem Neuen Testament zogen im 7. und 8. Jh. Mönche aus Irland und England als Missionare in das Reich der Franken. Denn die meisten Menschen jenseits der früheren Grenzen des Römischen Reiches verehrten noch immer heidnische Götter.

Die Mönche missionierten im Auftrag des Papstes und mit dem Einverständnis und der Unterstützung der weltlichen Herrscher. Sie tauften die Bewohner der von den Franken eroberten Gebiete, gründeten Klöster und richteten Bistümer ein. Damit festigten sie zum einen die Kirchenorganisation und halfen zum anderen den fränkischen Königen, ihre Herrschaft in dem wachsenden Reich durchzusetzen.

1 Wo Bonifatius wirkte.

2 Aus dem Leben des Heiligen Bonifatius.
Buchmalerei (22,4 x 16,5 cm), um 1000.

Bonifatius – Missionar und Organisator

Unter den zahlreichen Missionaren war auch der aus Sussex (England) stammende Mönch *Winfrid*. Er kam 716 erstmals ins Reich der Franken. Da war er etwa 45 Jahre alt. Drei Jahre später begann Winfrid, dessen Name „Freude und Friede" bedeutet, zu missionieren. Damals erhielt er wohl auch vom Papst, der ihn zum Missionsbischof weihte, den Namen *Bonifatius* (dt. Wohltäter).

Bonifatius bekehrte viele Menschen zum Christentum, gründete zahlreiche Klöster und richtete die Bistümer Büraburg (bei Fritzlar), Würzburg und Erfurt ein. 754 zog der etwa 80-jährige Bonifatius in den Norden des fränkischen Reiches nach Friesland. Dort sollen ihn Räuber am 7. Juni erschlagen haben. Sein Leichnam wurde einen Monat später in Fulda bestattet. Fränkische Truppen rächten den Mord.

1. *Beschreibe und erläutere die dargestellten Szenen (Abb. 2).*
2. *Seit dem 12. Jh. wird Bonifatius „Apostel der Deutschen" genannt. Begründe den Beinamen.*

M 1 Missionsauftrag

Am 15. Mai 719 erteilt Papst Gregor II. Bonifatius diesen Auftrag:

Es erfordert deinen Eifer und die uns vorliegende, aufrichtige und erprobte Kenntnis deines Glaubens, dass wir dich zum Mitdiener an der Verbreitung des Wortes Gottes erheben, um den gottlosen Völkern den Glauben zu bringen. Wir befehlen, dass du zu allen Völkern, die im Irrtum des Unglaubens befangen sind, dich schleunigst aufmachst und den Namen Christi überzeugend verbreitest.

Wolfgang Lautemann/Manfred Schlenke (Bearb.), Geschichte in Quellen, Bd. 2: Mittelalter, München ^{2}1978, S. 42 f. (gestrafft und vereinfacht)

M 2 Empfehlung des Papstes

Im Dezember 722 schreibt Papst Gregor II. an den fränkischen Herrscher Karl Martell:

Da wir erfahren haben, dass du bei vielen Gelegenheiten frommen Sinn bewiesen hast, so teilen wir mit, dass wir diesen unseren Bruder Bonifatius entsandt haben, um den Völkern von germanischem Stamme und in verschiedenen Gegenden östlich des Rheins zu predigen, die in heidnische Irrlehren verfallen sind oder bisher noch in der Finsternis der Unkenntnis stecken. Zu diesem Zwecke empfehlen wir ihn deinem höchst gnädigen Wohlwollen, auf dass du ihn immer unterstützen mögest, wenn es nötig ist, und ihn gegen alle Feinde schützest, denen du im Herrn ja überlegen bist. Und was du auch immer in heiligem Eifer hierfür aufwendest, das wirst du mit Gottes Hilfe zurückerhalten. Denn Gott hat seine heiligen Apostel zur Erleuchtung der Völker bestimmt, und er hat gesagt, dass ihn selber aufnehme, wer jene beherberge.

Nach: Wolfgang Lautemann/Manfred Schlenke (Bearb.), Geschichte in Quellen, Bd. 2: Mittelalter, a. a. O., S. 44 (gestrafft und vereinfacht)

M 3 Über Bonifatius

In einer Lebensbeschreibung des Bonifatius aus dem späten 8. Jh. heißt es:

Bonifatius unternahm es, im Beisein der Gottesknechte, bei Geismar eine Eiche von seltener Größe, die mit ihrem alten heidnischen Namen die Donar-Eiche* hieß, zu fällen. Als er nun entschlossen einige Axthiebe gegen den Baum geführt hatte – es stand aber eine große Heidenmenge dabei, die den Feind ihrer Götter heftig verfluchte –, da zerbarst die Eiche in vier Teile, und vier gewaltig große, gleich lange Stücke waren zu sehen, ohne dass die dabeistehenden Brüder mitgeholfen hatten. Bei diesem Anblick priesen die Heiden, die zuvor geflucht hatten, den Herrn, ließen von ihrem früheren bösen Willen ab und glaubten.

Johannes Bühler, Das Frankenreich. Nach zeitgenössischen Quellen, Leipzig 1923, S. 416 f. (gestrafft und vereinfacht)

***Donar**: *einer der wichtigsten altgermanischen Götter; ihm war die Eiche geweiht*

M 4 Bonifatius fällt die Donar-Eiche.
Glasfenster von Agnes Mann in der St.-Bonifatius-Kirche zu Hünfeld bei Fulda, um 1970.

M 5 Straßenschild.
Foto von 2004.

1. *Nenne die Gründe für den Missionsauftrag (M 1).*
2. *Erkläre, weshalb Bonifatius unter den besonderen Schutz Karl Martells gestellt wurde (M 2).*
3. *Beschreibe, was die Menschen glaubten, bevor sie Christen wurden (M 3).*
4. *Erkläre, was Bonifatius den Menschen mit dem Fällen der Donar-Eiche zeigen wollte (M 3). Was hatten die Zuschauer wohl erwartet und warum ließen sie sich dann taufen?*

Der Islam – eine neue Religion

1 Geburt Mohammeds.
Persische Miniatur, 15. Jh.
Da der Islam die Darstellung heiliger Personen verbietet, ist das Gesicht Mohammeds „leer".

■ *Die gekrönten Häupter auf dem Bild erinnern an ein christliches Fest.* Nenne *es!*

Mohammed – Prophet und Herrscher

Nach arabischen Quellen aus dem 9. und 10. Jh. wurde *Mohammed* (arab. *Muhammad*) um 570 in Mekka geboren. Nachdem er früh seine Eltern verloren hatte, lebte er zunächst als Hirte und lernte weder schreiben noch lesen. Später unternahm er mit seinem Onkel Handelsreisen, wurde Kaufmann in Mekka und heiratete eine reiche Witwe.

Mit etwa 40 Jahren hatte Mohammed in einer Höhle bei Mekka eine göttliche Eingebung (*Offenbarung*): Ein Engel befahl ihm, Allahs Willen zu verkünden. Als Prophet* lehrte er die Menschen, nur noch an Allah zu glauben. Die Gottesvorstellungen der Juden und Christen hielt er für unvollständig. Allah sei der einzige Gott. Mohammed wurde Gründer des Islam. Das Wort meint die völlige Hingabe an Allahs Willen. Nur wer sie zeigte, sollte als Muslim gelten.

In Mekka stieß Mohammed zunächst auf Ablehnung. Er und seine Anhänger wurden verspottet und verfolgt. Deshalb zog Mohammed 622 nach Medina, wo sich bereits einige Einwohner zum neuen Glauben bekannten. Mit dieser Auswanderung (arab. *Hedschra*) beginnt die islamische Zeitrechnung. In Medina ließ Mohammed die erste Moschee errichten. Er war nicht nur Prophet, sondern auch Herrscher. Die Verbindung von Religion und Staat kennzeichnet den Islam bis heute.

Die Religion des Islam

Nach der Lehre des Islam ist Allah Schöpfer des Himmels und der Erde. Er weiß alles und begleitet das Leben der Gläubigen. Er ist ihr Richter und verlangt nach ihrem Tod Rechenschaft über ihre Taten. Die Frommen kommen in die Gärten des Paradieses, die Sünder in die Hölle. Jeder Muslim beweist Allah seinen Gehorsam durch den Glauben und die Erfüllung der Regeln des Zusammenlebens, die ihm die Heilige Schrift der Muslime, der *Koran*, auferlegt. Er besteht aus den Offenbarungen, die Mohammed empfangen und mündlich verkündet hatte. Die von seinen Zuhörern überlieferten Worte wurden aber erst nach dem Tod des Propheten zum Koran zusammengestellt.

Der Islam ist gespalten

Nach Mohammeds Tod 632 spalteten sich die Muslime: Die *Schiiten* (von arab. *Schia*: Partei) erkannten nur die Nachkommen des 661 ermordeten *Ali* als Nachfolger des Propheten (*Kalifen*) an. Er war ein Vetter und Schwiegersohn Mohammeds. Die *Sunniten* machten neben dem Koran die *Sunna*, eine im 8. Jh. aufgezeichnete Sammlung aller von Mohammed überlieferten Aussprüche, Entscheidungen und Verhaltensweisen, zum Maßstab ihres Handelns. Sie bilden heute die Mehrheit der Muslime.

***Prophet**: *Verkünder göttlicher Wahrheiten*

M3 Hof der Großen Moschee in Mekka mit der Kaaba.
Foto, um 1980.
*Für die Araber war die **Kaaba** (dt. Würfel) schon vor dem Islam eine heilige Stätte verschiedener Götter gewesen. Mohammed machte sie zum Hauptheiligtum der Muslime. Noch heute betet jeder Muslim in Richtung der Kaaba nach Mekka.*
*Die **Moschee** (dt. „Ort, an dem man sich niederwirft") ist Gebets- und Versammlungsort der islamischen Gläubigen. Dort finden Gemeindeversammlungen statt, und es wird dort Religionsunterricht erteilt. Darüber hinaus war – und ist zum Teil noch heute – die Moschee der wichtigste Ort der politischen Information und Meinungsbildung.*
Ursprünglich rief der Muezzin (dt. Künder, Ausrufer) vom Minarett, dem Turm der Moschee, fünfmal am Tage in arabischer Sprache zum Gebet (siehe M2). Heute übernehmen oft Lautsprecher diese Aufgabe.

M1 „Lob sei Gott, dem Herrn der Welten"
Der Koran enthält in 114 Suren (Kapitel) die göttlichen Wahrheiten (Offenbarungen), die Mohammed mitgeteilt wurden.
Ein gläubiger Muslim soll den Koran nur in Arabisch lesen, ganz gleich, welche Muttersprache er spricht.
Die erste Sure des Korans ist das wichtigste Gebet der Muslime.

Lob sei Gott, dem Herrn der Welten,
Dem Barmherzigen, dem Erbarmer,
Dem König des Gerichtstages.
Dich beten wir an, und zu Dir flehen wir um Hilfe,
Führe uns den geraden Weg,
Den Weg derer, denen Du gnädig bist,
Nicht derer, denen Du zürnst, und nicht der Irrenden.

Annemarie Schimmel, Der Islam. Eine Einführung, Stuttgart 1990, S. 29

M2 Die fünf Säulen des Islam
Der Koran schreibt jedem Muslim folgende fünf Pflichten vor:

- Das Glaubensbekenntnis: „Ich bezeuge, dass es keine Gottheit außer Gott gibt und dass Mohammed der Gesandte Gottes ist."
- Die Pflichtgebete: Die täglichen Gebetszeiten sind die Stunde vor Sonnenaufgang, der Mittag, Nachmittag, nach Sonnenuntergang und bei Einbruch der Nacht.
- Das Almosengeben: eine genau geregelte Steuer, deren Erträge zu verwenden sind für Arme, Bedürftige, die steuereinziehenden Beamten und anderes mehr.
- Das Fasten: Während des ganzen Ramadan (der 9. Monat des islamischen Kalenders) darf von Morgengrauen bis Sonnenuntergang nicht gegessen, getrunken, geraucht, kein Wohlgeruch genossen und kein Geschlechtsverkehr gepflegt werden. Ausnahmen für Reisende, Schwangere, Kranke sind möglich.
- Eine Pilgerfahrt nach Mekka.

M4 „O Belebender!"
In der islamischen Welt kommt der arabischen Schrift eine besondere Bedeutung zu, da mit ihr der Koran vermittelt wird. Die Gestaltung der Schriften gilt daher fast als religiöse Handlung und besondere Kunstform (Kalligrafie: Kunst des schönen Schreibens). Die vorliegende Fassung gilt als einer der 99 schönsten Namen Allahs.

1. *Vergleiche die erste Sure des Korans (M1) mit dem christlichen Glaubensbekenntnis.*
2. *Nennt Schwierigkeiten der Muslime, in einer christlichen Umwelt ihre religiösen Pflichten zu erfüllen (M2).*

Der Islam breitet sich aus

1 **Die Mittelmeerwelt um 750.**

■ *Historiker sprechen von einer „Dreiteilung der Mittelmeerwelt" im 8. Jh. Erläutere diese Aussage. Kläre zuvor, von welcher „Einheit" sie ausgehen.*

Von Arabien bis Europa

Als Mohammed 632 starb, stand Arabien unter seiner Herrschaft und bekannte sich zum Islam. Seine Nachfolger dehnten den arabischen Herrschaftsbereich aus. Im Osten erreichten ihre Heere Nordindien und Zentralasien, im Westen drangen ihre Krieger über die iberische Halbinsel (Spanien) bis ins Reich der Franken vor. In der *Schlacht bei Tours und Poitiers* wurden sie im Jahre 732 von fränkischen Truppen besiegt. Während die christlichen Geschichtsschreiber dies als Erfolg der „Europäer" darstellten, hielten die muslimischen Historiker die Schlacht für unbedeutend. Auch im Südosten wurde um 740 das Vordringen der Araber vorübergehend gestoppt. Erst im 9. Jh. setzten sie ihre Expansion fort, eroberten Sizilien und weitere Gebiete.

Was waren die Gründe für die Eroberungen?

Die Motive für die arabische Expansion wurden lange im Islam gesehen. Dabei wurde auf den Koran verwiesen, der jeden Muslim verpflichtet, sich für die Sache Gottes einzusetzen (arab. *Dschihad*). Aber nicht die Mission war anfangs ausschlaggebend für die Eroberungen, sondern die Aussicht auf reiche Beute und der Wunsch, den arabischen Machtbereich auszudehnen.

Keine Einheit

Obwohl Schrift, Sprache und Glauben für den Zusammenhalt der Araber sorgten, war die muslimische Welt keine Einheit. Von Anfang an hatte es Kriege um die rechtmäßige Nachfolge Mohammeds gegeben und je größer der muslimische Herrschaftsbereich wurde, desto häufiger kam es zu inneren Konflikten. Dabei kam es gelegentlich auch zu Kriegszügen, in denen Muslime und Christen gemeinsam gegen ihre jeweiligen Glaubensbrüder kämpften, um die Interessen ihrer Herrscher durchzusetzen.

Juden, Christen und Muslime

Im Juli 710 begann die Eroberung der iberischen Halbinsel, die später von den Arabern als *al-Andalus* bezeichnet wurde. Vier Jahre später stand fast die gesamte Halbinsel unter muslimischer Herrschaft. Nur im Norden regierten noch christliche Herzöge.
Gegenüber den Juden und Christen waren die muslimischen Eroberer nachsichtig. Sie mussten zwar die neue Herrschaft anerkennen, durften aber ihren Glauben behalten. Dafür hatten sie besondere Abgaben zu zahlen und Verhaltensregeln zu befolgen. Das entspannte Verhältnis zwischen Muslimen, Juden und Christen änderte sich erst, als im 11. Jh. die christlichen Herrscher begannen, die arabischen Gebiete zurückzuerobern.

Ein reiches Land

Auf der iberischen Halbinsel soll es zu Beginn der muslimischen Herrschaft nur drei Pflanzen gegeben haben: den Olivenbaum, den Feigenbaum und den Rebstock. Die Araber ergänzten diesen Bestand durch viele Nahrungs- und Nutzpflanzen wie Baumwolle, Reis, Zuckerrohr, Artischocken, Aprikosen, Orangen, Datteln und Spargel. Ihr Anbau wurde erst durch ein aus Persien übernommenes und weiterentwickeltes Bewässerungssystem möglich.
Die Eroberer bauten die alten römischen Straßen und Brücken aus und verbesserten die Wasserversorgung. Sie förderten Bodenschätze wie Gold, Silber, Eisenerze, Zinn und Kupfer, stellten Glas und Keramik, Papier, Lederwaren und Stahlklingen her und verkauften Rohstoffe und Fertigwaren in muslimische und christliche Länder.
Im 10. Jh. war Córdoba eine der reichsten Städte auf dem europäischen Kontinent. Hier lebten etwa eine halbe Million Menschen. Es gab 300 Moscheen, 50 Krankenhäuser, 900 öffentliche Badehäuser, zahlreiche Schulen und Bibliotheken. Gelehrte und Künstler schufen in Andalusien eine hochstehende jüdisch-arabische Literatur und Wissenschaft, die auch das Abendland beeinflussten.

M1 Betsaal der Moschee von Córdoba.
Foto, um 1990.
785 wurde mit dem Bau einer Moschee an der Stelle einer christlichen Kirche begonnen. Sie wurde mehrfach erweitert. Der hier zu sehende „Säulenwald" des Betsaals stammt aus dem 10. Jh.

M2 Ein Friedensvertrag
Die muslimischen Eroberer schließen im April 713 mit Teudemir, dem christlichen König von Murcia, einen Vertrag, in dem sie ihm Folgendes zusichern:

1. Weder für ihn noch für einen seiner Leute werden Änderungen seines jetzigen Status zu seinen Gunsten oder Ungunsten verfügt.
2. Er wird nicht enteignet.
3. Er und seine Leute werden weder getötet noch versklavt, weder von ihren Frauen und Kindern getrennt noch wegen ihrer Religion behelligt.
4. Ihre Kirchen werden nicht verbrannt, Devotionalien* nicht daraus geraubt.

Das gilt, solange er [Teudemir] sich an unsere Vereinbarungen hält.
Er genießt den Vertragsschutz:

1. Gegen Überlassung von sieben Städten.** [...]
2. Er darf keinen, der vor uns flieht, aufnehmen, er darf keinen Gegner von uns aufnehmen, er darf keinen Schützling von uns bedrohen.
3. Er darf keine Nachrichten unserer Feinde, die ihm zur Kenntnis gelangen, verheimlichen.
4. Er und seine Leute müssen alljährlich folgende Abgaben entrichten: einen Dinar***, vier Zentner Weizen, vier Zentner Gerste, vier Fässer Most, vier Fässer Essig, zwei Fässer Honig und zwei Fässer Öl. Sklaven entrichten von alledem die Hälfte.

Wilhelm Hoenerbach, Islamische Geschichte Spaniens, Zürich/Stuttgart 1970, S. 54 f. (vereinfacht)

M3 Über den Umgang mit Christen und Juden
In einem Geschichtsbuch von 1995 heißt es dazu:
Nach der später endgültig formulierten allgemeinen Regel waren Christen und Juden als Angehörige einer „Religion des Buches" berechtigt, ihre Religion weiter auszuüben und ein normales Zivilleben zu führen, solange sie eine Kopfsteuer entrichteten und sich an gewisse Vorschriften hielten, die bezweckten, die Überlegenheit des Islam und seiner Gläubigen als Staatsvolk gegenüber den beschützten Religionen, den sogenannten Dhimmi, zu gewährleisten und zu dokumentieren. Dies waren: kein Neubau von Kirchen und Synagogen, nur ihre Instandhaltung; kein Militärdienst für die Dhimmi; keine Pferde als Reittiere; keine allzu prächtigen Gewänder; keine Regierungsposten etc. Auch die Heirat muslimischer Frauen war dem Dhimmi untersagt, weil diese dadurch den Ungläubigen untertan geworden wären. Das Umgekehrte, die Heirat einer Jüdin oder Christin durch einen Muslim, war möglich. Doch wenn eine Stadt durch Waffengewalt eingenommen wurde, ohne dass ihre Bewohner sich vor deren endgültigem Sieg den Muslimen unterworfen hätten, galt es als zulässig, die Männer zu töten und die Frauen und Kinder zu versklaven.

Arnold Hottinger, Die Mauren. Arabische Kultur in Spanien, Zürich 1995, S. 46

M4 „Welch ein Schmerz!"
Ein adliger Christ aus Córdoba schreibt um 856:
Vergiftet durch die arabische Beredsamkeit beachten alle unsere jungen Christen [...] die Bücher der Muslime mit höchster Aufmerksamkeit, lesen sie mit größter Spannung und diskutieren über sie höchst interessiert. Sie sammeln sie mit größter Sorgfalt und werben für sie [...], während sie die Schönheit der kirchlichen Literatur nicht beachten und auf den Reichtum der Kirche, der direkt aus dem Paradies stammt, herabsehen, als wäre er die schändlichste Sache der Welt. Welch ein Schmerz! Die Christen sind ihrer eigenen Sprache nicht mächtig, [...] und unter Tausenden findet man kaum einen, der einen einfachen Brief an einen Freund in gutem Latein schreiben könnte.

Hagen Schulze/Ina Ulrike Paul (Hrsg.), Europäische Geschichte. Quellen und Materialien, München 1994, S. 41

1. *Nenne mögliche Gründe, warum die Muslime kaum an der Missionierung der Eroberten interessiert waren (M 2).*
2. *Diskutiert den Umgang der Araber mit den Christen und Juden (M 2 und M 3).*
3. *Erläutere M 4. Was sagt die Quelle über das Verhältnis zwischen Muslimen und Christen aus?*

* **Devotionalien**: *dem Glauben dienende Gegenstände*
** *Es folgen die Namen der Orte.*
*** **Dinar**: *Silbermünze; die Kopfsteuer*

Und was kommt nach dem Tod?

1 Hockerbestattung.
Foto von 1995.
Dieses Grab wurde 1995 in Göttingen-Grone (Niedersachsen) entdeckt. Es ist etwa 7000 Jahre alt.
Die Gebeine wurden in der für die damalige Kultur typischen Totenhaltung aufgefunden: auf der linken Körperseite liegend, beide Beine angezogen, die Arme vor der Brust angewinkelt, die Hände am Kinn. Nach der Haltung mit „angehockten" Beinen wird diese Totenlage „Hockerbestattung" genannt. Hinter dem Kopf steht ein zerbrochenes Gefäß, vor dem Kinn liegen Feuersteinklingen.

Der Tod ist nicht das Ende

Schon die Steinzeitmenschen hofften, nach ihrem Leben auf der Erde in eine andere Welt überzuwechseln. Die Vorstellungen der Menschen davon, wie das Weiterleben im Jenseits aussehen könnte, sind vielfältig und änderten sich im Laufe der Zeit. Sie waren abhängig von den Glaubensvorstellungen und Lebensverhältnissen.

Eine Bestattung in der Jungsteinzeit

Etwa 30 Männer, Frauen und Kinder kommen vor 7000 Jahren über einen schmalen Pfad zu einer kleinen Lichtung. Vor einer frisch ausgehobenen Grube bleibt die Gruppe stehen. Die Angehörigen tragen den bekleideten Leichnam nach vorne. Sorgfältig betten sie ihn in „Hockerstellung" ins Grab: den Kopf nach Osten, der aufgehenden Sonne zugewandt. Danach legen sie dem Toten wertvolle Gegenstände ins Grab: zehn Feuersteinklingen in einem Behälter aus Leder, eine aus Felsgestein geschliffene Hacke und ein Tongefäß mit Nahrung. Nachdem das Grab mit Erde aufgefüllt ist, gehen die Menschen still wieder in ihre Siedlung zurück. So oder so ähnlich könnte sich ein Begräbnis in der Jungsteinzeit abgespielt haben. Warum die Menschen damals so handelten, wissen wir bis heute nicht genau.

Religiöse Vorstellungen der alten Ägypter

Die alten Ägypter hatten eine vielfältige Götterwelt (Polytheismus) und besondere Vorstellungen vom Tod und dem Leben danach. Jeder Verstorbene musste während eines „Totengerichts" den Göttern sein Leben erzählen. Sein Herz wurde dazu auf eine Waage gegen das Symbol der *Maat* (= Wahrheit, Gerechtigkeit und Ordnung), eine Feder, abgewogen. Hatte der Verstorbene ein schlechtes Leben geführt, wurde er von einem Monstrum mit Krokodilskopf, Löwenrumpf und Nilpferdhinterteil verschlungen und damit endgültig getötet. War seine Lebensführung gut und gerecht, kam er in die Welt der Götter, in der er sein Leben ohne Schrecken, Streit und Sorgen weiterführen durfte.

2 Ein ägyptisches „Totengericht".
Teil einer Sargmalerei, um 800 v. Chr.

1. *Außer dem Menschen hat kein anderes Lebewesen religiöse Ideen hervorgebracht. Diskutiert diese Behauptung. Beachtet dabei die Darstellung und Abb. 1.*
2. *Vergleicht Abb. 2 mit M 1 auf Seite 76 f. und beschreibt, welche Szene des „Totengerichts" hier dargestellt wird.*

Griechische Vorstellungen

Wie die Ägypter glaubten auch die Griechen an viele Götter. Über das Leben nach dem Tod hatten sie allerdings eigene Vorstellungen. Für sie stiegen die Verstorbenen in das finstere Reich der Toten unter der Erde, wo sie zunächst ein willenloses Schattendasein führten. Ihre Seelen setzte der Fährmann Charon über die Flüsse hinweg, die die Unterwelt umgeben. Drei Totenrichter erwarteten die Verstorbenen. Sie prüften ihr Leben und entschieden: Die Frommen kommen in den vom Strom des Vergessens (*Lethe*) umflossenen „Himmel" (*Elysium*). Die Frevler, die die Götter missachtet haben, werden dagegen in das von einer dreifachen Mauer umschlossene Schattenreich (*Tartaros*) gestoßen, das von einem Feuerstrom umgeben ist.

Römische Vorstellungen

Die Menschen im römischen Weltreich glaubten daran, die Göttinnen und Götter gnädig stimmen zu können. Durch Gebete und Opfer hofften sie, Gefahren abzuwehren und Fehler wiedergutzumachen.

Die vornehmen Familien, die die Priester und Priesterinnen stellten, hatten ihre Hausgötter: die *Laren*. Sie behüteten Flure und Wege. Die *Penaten* wachten über die Vorratskammer. Sie wurden täglich an einem Hausaltar verehrt.

Neben diesen privaten Glaubenspraktiken gab es öffentliche Religionshandlungen. So wurden beispielsweise die Götter vor Kriegsentscheidungen befragt. Deren Willen deuteten *Auguren* beispielsweise aus dem Fressverhalten heiliger Hühner. Der Glaube der Römer war stark auf das Diesseits gerichtet. Er sollte die Familie sichern und den Staat stärken.

Die Römer aus angesehenen Familien ließen ihren Verstorbenen prunkvolle Grabmäler errichten, in die sie Geschirr, Schmuck, Öllampen, Spiegel oder Münzen legten.

Ihre Vorstellungen vom Jenseits waren nicht so anschaulich wie die ägyptischen oder griechischen. Eines stand für die Römer allerdings fest: Die Seele ist unsterblich. Sie stellten sich vor, dass sie wie ein Vogel im menschlichen Körper gefangen ist und nach dem Tod davonfliegt. Um in den Himmel zu gelangen, war es notwendig, sich im Leben tadellos zu verhalten. Sonst musste die Seele auf der Erde ziellos umherirren.

Was Juden, Christen und Muslime glauben

Die Christen glauben – wie die Juden und die Muslime – nur noch an einen einzigen Gott (*Monotheismus*). Ihr religiöses Handeln richten sie auf das Leben nach dem Tod aus. Gemeinsam ist den drei Religionen die Vorstellung von der Unsterblichkeit der Seele, die nach dem Tod aufersteht. Der Verstorbene wird beim Jüngsten Gericht von Gott entweder belohnt oder bestraft. Der Gute kommt in das himmlische Paradies, der Schlechte in die Hölle.

3 Der Totenfährmann Charon im Boot.
Detail aus einem römischen Marmorsarg, 3. Jh.
Charon bringt mit seinem Boot die Seelen der Verstorbenen über den Fluss Styx (dt. „das Wasser des Grauens"), der die Grenze zwischen der Welt der Lebenden und dem Totenreich bildet.

4 Hausaltar aus Pompeji, 1. Jh. n. Chr.
Foto, um 1990.
Am Hausaltar (lat. Lararium) wurden die Schutzgötter der Familie verehrt. In der Mitte des Altarbildes steht das Familienoberhaupt, der „pater familias", in der Toga, die er zum Opfern über den Kopf gezogen hat. In der Linken hält er ein Weihrauchkästchen, in der Rechten eine Spendenschale. Neben ihm tanzen zwei Hausgötter. Die Schlange stellt den Schutzgott (genius) des Hausherrn dar.

- *Gestalte für dein Portfolio ein Poster, auf dem du Gemeinsamkeiten und Unterschiede der Jenseitsvorstellungen einander gegenüberstellst.*

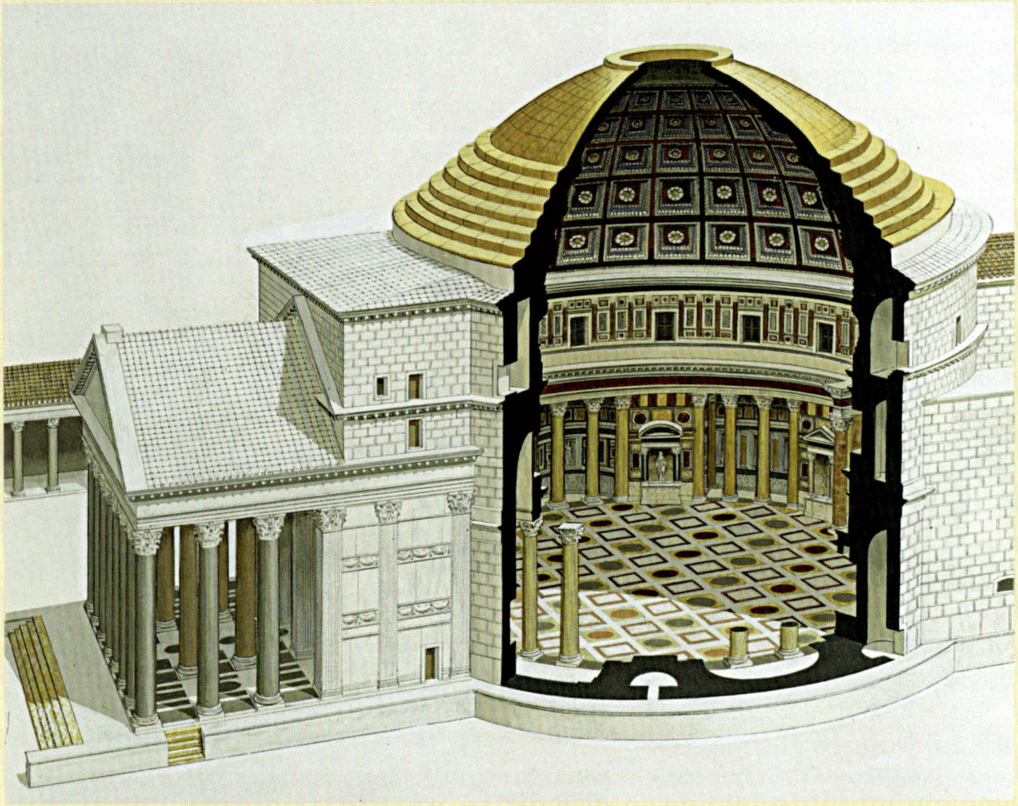

M 3 Das Pantheon. *Rekonstruktionszeichnung von Peter Connolly, um 1980. Das Pantheon ist ein allen Göttern geweihter Tempel in Rom, der zwischen 114 und 119 errichtet wurde. Das Bauwerk wurde 609 in eine Kirche umgewandelt und steht heute noch.*

M 1 Odysseus in der Unterwelt

Im elften Gesang der „Odyssee" von Homer (siehe Seite 92) steigt Odysseus in die Unterwelt hinab:

Und weiter sah ich den Tantalos in harten Schmerzen, stehend in einem See, der aber schlug ihm bis ans Kinn. Und er gebärdete sich, als ob ihn dürste, und konnte ihn doch nicht erreichen um zu trinken. Denn sooft der Alte sich bückte und zu trinken strebte, sooft verschwand das Wasser, zurückgeschlürft, und um seine Füße wurde die schwarze Erde sichtbar [...]. Und hochbelaubte Bäume gossen ihm Frucht über das Haupt herab: Birnen, Granaten und Apfelbäume mit glänzenden Früchten, und Feigen, süße, und Oliven in vollem Saft: Doch sooft der Greis sich aufrichtete, um sie mit den Händen zu ergreifen, riss sie ein Wind zu den schattigen Wolken.

Homer, Die Odyssee, deutsch von Wolfgang Schadewaldt, Reinbek 1958, S. 153

M 2 Gute Seelen – schlechte Seelen

Der römische Staatsmann Cicero (106-43 v. Chr.) schreibt in seinem Werk „De re publica" (dt. „Vom Gemeinwesen"):

Aber das Beste, das es gibt, sind die Bemühungen um das Wohl des Vaterlandes. Lässt du deine Seele davon umtreiben und übst du sie darin, wird sie schneller an diesen Sitz und an ihre Wohnstätte fliegen. [...] Denn die Seelen derer, die sich den leiblichen Gelüsten hingegeben haben und sich gleichsam als deren Diener angeboten haben und unter dem Trieb ihrer ungezügelten, den sinnlichen Lüsten frönenden Leidenschaften göttliches und menschliches Recht verletzt haben, schweben, den Körpern entronnen, unmittelbar um die Erde herum und kehren an diesen Ort erst zurück, wenn sie in vielen Jahrhunderten umhergetrieben worden sind.

Cicero, De re publica 6,29, übersetzt von Karl Büchner, Stuttgart 2001

M 4 Gierig nach Unsterblichkeit?

Der römische Gelehrte Plinius d. Ä. (22/23-79 n. Chr.) meint in seiner „Naturkunde":

Welche Substanz hat aber die Seele an sich? Aus welchem Stoff besteht sie? Wo ist ihr denkendes Bewusstsein? Wie sieht, hört oder fühlt sie? Welchen Gebrauch macht sie davon, oder was ist, ohne diese Eigenschaften, ihr Vorzug? Wo endlich ist ihr Sitz und wie groß ist die Zahl der Seelen oder Schatten seit so vielen Jahrhunderten? Alles dies sind gehaltlose Auswüchse kindischer Schwärmerei und der zum Tode verurteilten Menschennatur, die gierig nach Unsterblichkeit ist.

Rolf Rilinger (Hrsg.), Leben im Alten Rom. Ein Lesebuch, München 1989, 255 f.

1. *Beschreibt die Leiden des Tantalos mit eigenen Worten (M 1).*
2. *Auch Sisyphos musste in der Unterwelt leiden. Informiert euch über ihn. Schreibt einen kurzen Bericht über das Leben im Hades.*
3. *Vergleicht die Ansichten Ciceros und Plinius' über die Seele (M 2 und M 4).*

M 5 Christus kommt in den Himmel.
Elfenbeinschnitzerei, um 400 n. Chr. (Ausschnitt).
Unten: Drei Frauen sehen den auferstandenen Christus.
Oben rechts: Gott reicht Christus seine Hand und holt ihn in den Himmel.

M 7 Die Himmelfahrt Mohammeds.
Buchillustration von 1436.

M 6 Über die Auferstehung der Toten

In einem alten Gebet der Juden heißt es:

Mächtig bist Du, Gott, für Zeit und Ewigkeit, Du wiederbelebst die Toten, groß ist Deine erlösende Kraft. Du ernährst die Lebenden in Barmherzigkeit, in großem Erbarmen wiederbelebst Du die Toten. [...] Gesegnet seiest Du, Gott, der die Toten wiederbelebt.

Im christlichen Glaubensbekenntnis, das auf eine Fassung aus dem 4. Jh. zurückgeht, heißt es:

Er [Jesus Christus] ist am dritten Tage auferstanden von den Toten, aufgefahren in den Himmel; er sitzt zur Rechten Gottes, des allmächtigen Vaters; von dort wird er kommen, zu richten die Lebenden und die Toten. Ich glaube an [... die] Auferstehung der Toten und das ewige Leben.

Über den Tag der Auferstehung steht im Koran:

Unser Herr, du wirst alle Menschen an einem Tag versammeln, an dem es keinen Zweifel gibt. Gott bricht sein Versprechen wirklich nicht! Jede Seele wird den Tod einmal schmecken. Euren Lohn bekommt ihr am Tag der Auferstehung. Wer dann dem Feuer entgeht und ins Paradies eingeht, der hat gewonnen.

Erster Text: Leo Trepp, Die Juden. Volk, Geschichte, Religion, Reinbek bei Hamburg 1998, S. 273; zweiter Text: Die Feier der Heiligen Messe. Messlektionar. Für die Bistümer des deutschen Sprachgebietes, Freiburg et al. 1981 etc.; dritter Text: Der Koran für Kinder und Erwachsene. Übersetzt und erläutert von Lamya Kaddor und Rabeya Müller, München 2008, S. 209

1. *Vergleicht die Aussagen der Juden, Christen und Muslime über die Auferstehung der Toten (M 6).*
2. *Informiert euch über die Himmelfahrt Mohammeds. Erläutert anschließend M 7 und beschreibt den Unterschied zu M 5.*
3. *Erkundigt euch, warum die Juden nicht an die Himmelfahrt Jesu glauben.*

Durchblick – Kompetenzen überprüfen

M1 Was war wichtig?

Der folgende Text fasst zusammen, was du in diesem Kapitel erarbeitet hast. Du kannst dein Sachwissen überprüfen, indem du die Lücken füllst.

Nach dem Sturz der etruskischen Könige wurde der Stadtstaat Rom eine □□□□□□□□. In den □□□□□□□□□□□□□ trotzten die □□□□□□□□ den □□□□□□□□□□ Rechte ab. Seitdem bestimmten □□□□□ und □□□□ die Politik.

In der römischen Gesellschaft war das älteste männliche Familienmitglied, der „□□□□□ □□□□□□□□“, das Oberhaupt der Hausgemeinschaft. Zu ihr gehörten auch die □□□□□□□ und Schützlinge (Klientel).

Bis zum 3. Jh. v. Chr. erkämpften sich die Römer die Herrschaft über Italien. Später wurde □□□□□□□□ in Nordafrika als Konkurrent ausgeschaltet. Als das Römische Reich Anfang des 2. Jh. n. Chr. seine größte Ausdehnung erreichte, war es nach damaligem Verständnis ein □□□□□□□□□.

Die Römer gliederten die unterworfenen Gebiete in □□□□□□□□□. In ihnen regierten ehemalige hohe Beamte als Statthalter. Viele tausend Kilometer lange □□□□□□□□ verbanden die Reichsteile untereinander und mit der Hauptstadt Rom. Weite Strecken der Reichsgrenzen waren durch einen □□□□□ gesichert.

Zahllose Schriftquellen und Überreste belegen, dass sich vor allem in den Städten des □□□□□□□□ Romanum die Lebensart, die Kultur und das Recht der Römer verbreiteten. Wir nennen diesen Vorgang □□□□□□□□□□□□□.

Nach einer langen Zeit ständiger Machtkämpfe und 30 Jahre nach der Ermordung □□□□□□□ gelang es □□□□□□□□ eine Alleinherrschaft zu errichten. Damit ging die Republik zu Ende und die □□□□□□□□□□ begann.

Da die Christen nur an einen Gott glaubten und die vielen Götter sowie den Kaiserkult ablehnten, wurden sie verfolgt. Erst Kaiser Konstantin I. erkannte das Christentum als gleichberechtigte Religion an. Unter Kaiser Theodosius wurde es Ende des 4. Jh. alleinige □□□□□□□□□□□□□□.

Während der „Völkerwanderung“ drangen Menschen aus Nord- und Osteuropa in das Römische Reich ein.

395 n. Chr. wurde der Staat in ein Ost- und ein Weströmisches Reich geteilt. Im Osten übernahm □□□□□□, das zweite Rom, das römisch-hellenistische Erbe. Das weströmische Kaisertum endete 476 n. Chr. Nachdem die Franken den letzten römischen Statthalter beseitigt hatten, verbündete sich ihr König □□□□□□□□ mit dem □□□□□ und ließ sich taufen.

Anfang des 7. Jh. verkündete Mohammed auf der arabischen Halbinsel eine neue Religion: den □□□□□. Unter seinen Nachfolgern, den Kalifen, reichte die muslimische Herrschaft von Indien bis Spanien.

M2 Folgende Daten sind durcheinandergeraten

um 500 v. Chr.	Die Römer beherrschen Italien und den Mittelmeerraum
287 v. Chr.	Rom wird Republik
Ende des 2. Jh. v. Chr.	Ende der Ständekämpfe
100 - 44 v. Chr.	Octavian/Augustus regiert; die Kaiserzeit beginnt
31 v. Chr. - 14 n. Chr.	Caesar lebt
um 30	Die Völkerwanderungszeit beginnt
um 300	Jesus wird von den Römern hingerichtet
391	Der Prophet Mohammed flieht von Mekka nach Medina
498	Das Christentum wird Staatsreligion
622	Chlodwig lässt sich taufen

M3 Sklavenjunge.
64 cm hohe Steinfigur aus Tarent (Italien), 3. Jh. v. Chr.

M4 Sklaven

Der Schriftsteller Plutarch schreibt über den angesehenen Römer Cato (siehe Seite 151):

Er [Cato] erwarb viele Sklaven, und zwar kaufte er vor allem Kriegsgefangene, die noch sehr jung und wie Hunde oder Füllen noch für Zucht und Erziehung empfänglich waren.

Walter Arend (Bearb.), Altertum. Geschichte in Quellen, München [3]1978, S. 461

M5 Die römische Göttin „Viktoria“ in Berlin.
Foto, um 2000.
Die Bronzefigur ist 8,30 Meter hoch und wiegt 35 Tonnen. Sie krönt eine rund 67 Meter hohe Säule inmitten des Großen Tiergartens.
Im Volksmund wird sie „Goldelse“ genannt.

M7 Die Ausdehnung der Römischen Reiches bis 14 n. Chr.

M6 „Asterix und Kleopatra.“
Comic von René Goscinny und Albert Uderzo von 1965 (Nachdruck von 2001).

1. *Schreibe die fehlenden Begriffe und Namen der Zusammenfassung (M 1) in dein Heft.*
2. *Lege einen Zeitstrahl zur Geschichte Roms an und füge ein, wann Justinian Kaiser wurde, Bonifatius starb, der Spartacus-Aufstand stattfand, Varus drei Legionen verlor und das Zwölf-Tafel-Gesetz veröffentlicht wurde.*
3. *Ordne die Daten (M 2) richtig zu und übertrage sie in den Zeitstrahl in dein Heft (siehe Aufgabe 2).*
4. *Untersuche, wie man in Ägypten, Griechenland und Rom Sklave wurde. Nutze dazu das Register hinten im Buch. Vergleiche dein Ergebnis mit M 4.*
5. *Zähle auf, welche Arbeiten Sklaven in Rom übernehmen mussten. Beurteile die wirtschaftliche Bedeutung der Sklaverei für Rom.*
6. *Was hat die „Viktoria“ in Berlin verloren (M 5)? Informiere dich über die Bedeutung der römischen Göttin und den Anlass zur Errichtung der Säule.*
7. *„Die Römer sind unter uns!“ Nenne Comics wie M 6, Filme und Jugendbücher sowie Begriffe, die diese Behauptung belegen.*
8. *Vergleiche M 7 mit den Karten auf den Seiten 132 f. und 147. Arbeite wichtige Unterschiede heraus.*
9. *Mit der Ausdehnung des Römischen Reiches (M 7) war die Romanisierung fremder Völker verbunden. Bewerte den Sachverhalt.*

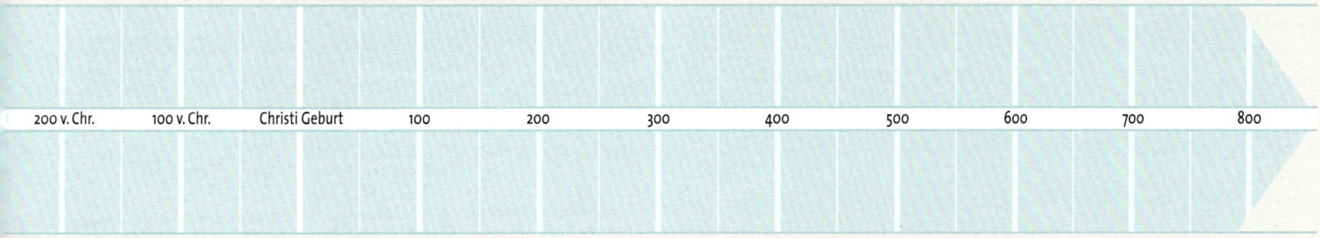

Kleines Lexikon zur Geschichte

Daten

vor 6 bis 7 Mio. Jahren	*In Afrika leben Vormenschen.*
vor etwa 2,5 Mio. Jahren	*Der „geschickte Mensch" (lat. Homo habilis) beginnt in Afrika, Werkzeuge aus Stein herzustellen; die Altsteinzeit beginnt.*
vor etwa 160 000 Jahren	*In Ostafrika entwickelt sich der Jetztmensch.*
ab etwa 130 000 Jahren	*Neandertaler leben im Nahen Osten und in Europa.*
vor 45 000 Jahren	*Jetztmenschen verbreiten sich von Afrika aus über Europa.*
vor 12 000 Jahren	*Die Menschen werden sesshaft; die Jungsteinzeit beginnt.*
um 3000 v. Chr.	*Ober- und Unterägypten werden zu einem Reich vereint. Die Ägypter benutzen Schriftzeichen (Hieroglyphen) und bauen die ersten Pyramiden.*
um 2200 v. Chr.	*In Mitteleuropa beginnt die Bronzezeit.*
um 1000 v. Chr.	*David und Salomon vereinigen die Siedlungsgebiete der Hebräer zu einem Reich.*
ab 1000 v. Chr.	*In Mitteleuropa fängt die Eisenzeit an.*
um 800 v. Chr.	*In Griechenland entstehen Stadtstaaten (Poleis).*
8. bis 6. Jh. v. Chr.	*Die griechischen Poleis gründen Kolonien.*
ab 776 v. Chr.	*Angeblich die ersten Sportwettkämpfe in Olympia*
753 v. Chr.	*Rom wird der Sage nach am 21. April gegründet.*
Mitte 5. Jh. v. Chr.	*In der Polis Athen setzt sich die Herrschaft des Volkes (Demokratie) durch. Es entstehen bedeutende Werke der Kunst, Literatur und Philosophie.*
um 500 v. Chr.	*Rom wird Republik.*
334-323 v. Chr.	*Alexander der Große erobert ein Weltreich, das sich von Ägypten bis nach Indien erstreckt.*
4. bis 1 Jh. v. Chr.	*Die griechische Kultur breitet sich im Mittelmeerraum und in Vorderasien aus (Hellenismus).*
Ende des 2. Jh. v. Chr.	*Die Römer beherrschen Italien und den Mittelmeerraum.*
1. Jh. v. Chr.	*Rom wird allmählich zur Monarchie.*
44 v. Chr.	*Caesar wird von Anhängern der Republik ermordet.*
30 v. Chr.	*Ägypten wird römische Provinz.*
31 v. Chr. - 14 n. Chr.	*Octavian/Augustus begründet ein Kaiserreich.*
um das Jahr 4 v. Chr.	*Jesus Christus wird geboren.*
um 300	*Germanische Völkerschaften verlassen ihre Herkunftsgebiete und dringen in das Römische Reich ein; die „Völkerwanderung" beginnt.*
391	*Das Christentum wird alleinige Staatsreligion im Römischen Reich.*
395	*Das Römische Reich wird in einen westlichen und östlichen Herrschaftsbereich aufgeteilt.*
476	*Ende des Weströmischen Reiches.*
um 498	*Der fränkische König Chlodwig bekennt sich zum Christentum.*
622	*Der Prophet Mohammed flieht von Mekka nach Medina; Beginn der islamischen Zeitrechnung.*
7./8. Jh.	*Mohammeds Nachfolger dehnen den arabischen Herrschaftsbereich aus. Muslime dringen über Spanien bis ins Reich der Franken vor.*

Begriffe

Adel: in der →*Antike* die herrschende Schicht; in der Römischen Republik z. B. die →*Patrizier*. Die herausgehobene Stellung des Adels in der Gesellschaft beruhte auf Leistungen im Krieg, Herkunft aus einer besonderen Familie oder Besitz über Land und Leute.

Altsteinzeit: erster Abschnitt der →*Geschichte*, der vor etwa 2,5 Millionen Jahren begann. In dieser Zeit lebten die Menschen als →*Nomaden* vom Jagen und Sammeln (→*Jäger und Sammler*). Sie lernten, das Feuer zu gebrauchen; Werkzeuge und Waffen fertigten sie aus Stein, Knochen und Holz.

Antike (lat. *antiquus*: alt): in der europäischen →*Geschichte* die Zeit von etwa 1000 v. Chr. bis ins 5. Jh. n. Chr., in der die Griechen und Römer den Mittelmeerraum beherrschten und kulturell prägten.

Aristokratie (griech. *aristos:* Bester; *kratia:* Herrschaft = „Regierung der Besten"): Ordnung des Zusammenlebens, in der die Abstammung von einer vornehmen Familie (→*Adel*) Voraussetzung für die politische Macht war.

Bischof: Gemeindevorsteher. Er überwachte die Einhaltung der Glaubenslehre.

Bronzezeit: Abschnitt der →*Geschichte*, der um 2200 v. Chr. in Mitteleuropa die →*Jungsteinzeit* ablöste. In dieser Zeit stellten die Menschen Waffen, Geräte und Schmuck aus Bronze her.

Byzanz: Bezeichnung für die östliche, griechisch-orientalisch geprägte Hälfte des Römischen Reiches. 330 hatte Kaiser →*Konstantin I.* die alte griechische Stadt Byzantion zur Hauptstadt des Oströmischen Reiches gemacht. Aus Byzantion wurde →*Konstantinopel*. Das Byzantinische Reich endete mit der Eroberung Konstantinopels durch die Osmanen 1493 und aus Konstantinopel wurde Istanbul.

Christentum: auf →*Jesus Christus* zurückgehende monotheistische Religion (→*Monotheismus*). Im römischen Weltreich wurde das Christentum nach 391 n. Chr. zur alleinigen →*Staatsreligion*. Es teilte sich in einen katholischen und griechisch-orthodoxen Bereich auf.

Christianisierung: Im Römischen Reich wurde die auf →*Jesus Christus* zurückgehende Religion (→*Christentum*) 391 n. Chr. zur alleinigen →*Staatsreligion* erklärt. Dies war Voraussetzung für die Christianisierung der im →*Imperium Romanum* lebenden Bevölkerung. Nach dem Zerfall des Römischen Reiches wurde die Christianisierung durch die →*Missionierung* fortgesetzt.

Demokratie (griech. *demos*: Volk; *kratia*: Herrschaft): Herrschaft des Volkes über sich selbst. In Athen konnten sich seit Mitte des 5. Jh. v. Chr. alle einheimischen und wehrfähigen Bürger an der Regierung und Rechtsprechung beteiligen; bei Wahlen und Abstimmungen entschied die Mehrheit der Stimmen.

Diktatur: Zur Überwindung von Notsituationen konnte in der römischen →*Antike* auf Empfehlung des →*Senats* und Anordnung eines →*Konsuls* ein Alleinherrscher (Diktator) für sechs Monate die Regierungsgewalt übernehmen. Den Anordnungen des Diktators mussten sich alle fügen.

Eisenzeit: Abschnitt der →*Geschichte*, der in Mitteleuropa um 1000 v. Chr. beginnt. Er löste die →*Bronzezeit* ab. Die Menschen hatten gelernt, Waffen, Geräte und Schmuck aus hartem Eisen herzustellen.

„familia": in der römischen Gesellschaft die dem „Pater familias" unterstehende Hausgemeinschaft einschließlich der →*Klientel* und →*Sklaven*.

Geschichte (lat. *historia*): alles, was Menschen in der Vergangenheit gemacht haben und durch →*Quellen* überliefert wurde. Die Darstellung von Geschichte ist immer das Ergebnis einer bestimmten Sichtweise von ausgewählten Teilen der Vergangenheit.

Hegemonie (griech. *hegemonia*: Oberbefehl): Bemühungen eines Herrschers oder eines Staates um die Vorherrschaft in einem Bündnis oder einem Gebiet.

Hellenismus: Zeit zwischen dem 3. und 1. Jh. v. Chr., in der unter dem Einfluss →*Alexanders des Großen* die griechische Architektur, Kunst und Sprache über den ganzen Mittelmeerraum und Nordasien verbreitet wurden.

Hieroglyphen (griech. *hieros*: heilig; *glyphe*: Eingeritztes): Schriftzeichen der alten Ägypter, die Laute, Buchstaben und Zeichen wiedergeben und um etwa 3000 v. Chr. entwickelt wurden.

Hochkultur: eine gegenüber dem einfachen bäuerlichen Leben weiterentwickelte Lebensform. Ihre Kennzeichen sind Städte, große Bauwerke (→*Pyramiden*), Schrift (→*Hieroglyphen*), Verwaltung, Religion, Rechtspflege, Handwerk, Handel und Arbeitsteilung. Die ersten Hochkulturen entstanden an den Flüssen Euphrat und Tigris in Mesopotamien (heute Anatolien, Irak und Syrien), am Nil (Ägypten) sowie am Indus in Indien und Hwangho im Norden Chinas.

Imperium Romanum (lat. *imperare*: befehlen): das Weltreich der Römer; Gebiete unter römischer Herrschaft.

Islam: Anfang des 7. Jh. von →*Mohammed* gegründete Religion. Das arabische Wort bedeutet die völlige Hingabe der gläubigen Muslime an ihren Gott Allah. Nur derjenige, der diese Hingabe zeigt, gilt als Muslim.

Jäger und Sammler: Menschen, die gruppenweise in der Natur umherzogen (→*Nomaden*), um sich von wilden Tieren und Pflanzen zu ernähren. Diese Lebens- und Wirtschaftsform dauerte von der →*Altsteinzeit* bis zur →*Jungsteinzeit* an, in der die Menschen allmählich sesshaft wurden (→*Sesshaftigkeit*).

Judentum: Bezeichnung für die Religion des „Volkes Israel" sowie aller Menschen, die der jüdischen Gemeinschaft durch Geburt oder Glauben angehören. Der jüdische Glaube ist die älteste monotheistische Religion (→*Monotheismus*) und beeinflusste →*Christentum* und →*Islam*.

Jungsteinzeit: Abschnitt der →*Geschichte*, der vor etwa 12 000 Jahren beginnt und in dem sich Menschen von wandernden →*Jägern und Sammlern* (→*Nomaden*) zu sesshaften Ackerbauern und Viehzüchtern entwickelten (→*Sesshaftigkeit*).

Kaiser: höchster weltlicher Herrschertitel. Der Begriff ist abgeleitet von dem Namen →*Caesar*, der Bestandteil des Titels der Herrscher des Römischen Reiches seit →*Augustus* war.

Kalender: Verzeichnis der nach Wochen und Monaten geordneten Tage eines Jahres. Schon die alten Ägypter teilten die Zeit in Tage, Monate und Jahre ein. Grundlage dafür waren Beobachtungen sich regelmäßig wiederholender Naturgeschehnisse wie der Umlauf der Erde um die Sonne oder des Mondes um die Erde.

Klientel: abhängige Personen in der römischen Gesellschaft, die von angesehenen und reichen Bürgern (z. B. →*Patrizier*) Hilfe erhielten. Sie unterstützten ihre Schutzherren (→*Patrone*) bei ihren Geschäften oder der Bewerbung um ein politisches Amt.

Kloster (lat. *claustrum*: Verschluss): abgeschlossener Bereich, in dem Mönche oder Nonnen nach bestimmten Regeln unter der Aufsicht eines Abts bzw. einer Äbtissin leben und arbeiten (→*Mönchtum*).

König: Herrschertitel. Der König regiert und/oder repräsentiert eine →*Monarchie*.

Kolonisation (von lat. *colere*: Land bebauen): Seit dem 8. Jh. v. Chr. wanderten Griechen aus ihrer Heimat aus. Sie gründeten rund ums Mittelmeer und an den Küsten des Schwarzen Meeres sogenannte Tochterstädte. Gründe für die Kolonisation waren: Bevölkerungswachstum, Landknappheit, Konflikte zwischen →*Aristokratie* und Volk, Kriege, Handel und Abenteurertum.

Konstantinopel →*Byzanz*

Konsul (lat. *consul*): einer von zwei Inhabern des höchsten Staatsamtes in der Römischen Republik (→*Republik*). Sie wurden für ein Jahr gewählt und besaßen im Krieg den Oberbefehl über die Armee. Nach →*Augustus* ernannten die römischen →*Kaiser* die Konsuln, gleichzeitig verloren sie ihre Befugnisse.

Limes: die durch Wälle und Wachtürme gesicherte Grenze des Römischen Reiches, hinter der militärische Befestigungsanlagen (Kastelle) lagen. Auf germanischem Gebiet wurde Ende des 1. Jh. mit dem Bau des insgesamt 550 Kilometer langen Limes begonnen.

Missionierung: Verbreitung einer Religion und die Gewinnung von Anhängern für sie. Im Reich der Franken setzte die christliche Mission (→*Christentum*) mit der Taufe →*Chlodwigs* Ende des 5. Jh. ein. Sie wurde von den Päpsten (→*Papst*) mithilfe von Mönchen (→*Mönchtum*) betrieben und von den christlichen Herrschern unterstützt.

Mönchtum (griech. *monachos*: allein lebend): Menschen, die ein ausschließlich religiös bestimmtes Leben führen wollen, werden Mönche oder Nonnen und gehen in ein →*Kloster*. Im Auftrag der Päpste (→*Papst*) missionierten Mönche auch (→*Missionierung*).

Monarchie (griech. *mon-archia*: Allein-Herrschaft): Königsherrschaft, Regierung eines →*Königs* oder →*Kaisers*. Monarch wurde man in der Regel durch Erbfolge oder Wahl.

Monotheismus (griech. *monos*: allein; *theos*: Gott): Glaube an einen einzigen Gott. Beispiele: →*Judentum*, →*Christentum* und →*Islam*. Das Gegenteil des Monotheismus ist der →*Polytheismus*.

Nomaden: Menschen, die ihrer Nahrung folgen, die an verschiedenen Orten leben, um zu jagen und zu sammeln (→*Jäger und Sammler*). Diese Lebens- und Wirtschaftsform änderte sich in der →*Jungsteinzeit* allmählich.

Olympische Spiele: Seit etwa dem 11. Jh. v. Chr. fanden in Olympia regelmäßig Feiern zu Ehren der Götter statt, seit dem 7. Jh. v. Chr. gehörten auch Sportwettkämpfe dazu, an denen Athleten aus dem ganzen griechischen Siedlungsgebiet teilnahmen. 394 n. Chr. wurden die Olympischen Spiele verboten; sie galten als unchristlich. 1896 fanden die ersten Olympischen Spiele der Neuzeit in Athen statt.

Papst (lat. *papa*: Vater): Oberhaupt der römisch-katholischen Kirche; ursprünglich nur der Ehrentitel des →*Bischofs* von Rom. Die Päpste verstanden sich als Nachfolger des Apostels Petrus.

Patrizier (lat. *patres*: „Väter"): die Nachkommen der ältesten adligen Familien, die zu Beginn der Römischen Republik (→*Republik*) allein regierten (→*Adel*, →*Aristokratie*). Sie übernahmen die wichtigsten Staatsaufgaben und stellten die Priester. Gegen ihre Macht kämpften seit dem 5. Jh. v. Chr. die →*Plebejer*, also die römischen Bürger, die keine Patrizier waren. Sie bekamen erst Ende des 3. Jh. v. Chr. nach den →*Ständekämpfen* dieselben Rechte wie die Patrizier.

Patron →*Klientel*

Philosophie (dt. „Liebe zur Weisheit"): Wissenschaft, die sich um Erkenntnisse über die Natur, Religion und das Zusammenleben der Menschen bemüht. Die einflussreichsten Philosophen der →*Antike* sind →*Aristoteles*, →*Platon* und →*Sokrates*.

Plebejer (lat. *plebs*: „Menge, Volk"): im alten Rom die römischen Bürger, die keine →*Patrizier* waren. In den →*Ständekämpfen* bemühten sie sich um die Gleichstellung mit den Patriziern.

Polis: zunächst die griechische Bezeichnung für eine Burg und die dazugehörige Siedlung, ab etwa 800 v. Chr. für einen Ort, der aus einem städtischen Zentrum und Umland bestand. Das Zentrum war geschützter Wohnort, Sitz der Regierung und Mittelpunkt der religiösen Feiern (Tempel). Im Umland wurde die Nahrung für die Einwohner angebaut. Im 5. Jh. v. Chr. gab es rund 700 griechische Stadtstaaten (Poleis).

Polytheismus (griech. *poly*: viel; *theos*: Gott): Glaube an viele Götter. Die alten Ägypter, Griechen und Römer verehrten zahlreiche Götter. Das Gegenteil des Polytheismus ist der →*Monotheismus*.

Prinzipat: Bezeichnung für die 27 v. Chr. von →*Augustus* begründete Herrschaftsform, in der der →*Kaiser* den Titel „princeps" (dt. „der erste Mann im Staat") trug und weitestgehend unumschränkt regierte.

Provinz: ursprünglich der Amtsbereich eines römischen Magistrats (Staatsbeamten). Im 3. Jh. v. Chr. wurde jedes von den Römern gewonnene außeritalische Gebiet, das von einem Statthalter verwaltet wurde, als Provinz bezeichnet.

Pyramide: Grabmal über einer quadratischen Grundfläche mit dreieckigen, spitz zulaufenden Seiten. Solche Anlagen wurden zwischen 3000 und 1500 v. Chr. nur für die Pharaonen (→*Pharao*) erbaut, danach konnten auch andere Ägypter Pyramiden errichten lassen. Unabhängig von den ägyptischen Vorbildern entstanden später in Kambodscha (Asien), Mittel- und Südamerika Tempelpyramiden.

Quellen: Texte, Bilder, Gegenstände (Überreste) und mündliche Überlieferungen, aus denen wir Kenntnisse über die →*Geschichte* gewinnen. Quellen sind die Grundlage für die Geschichtsschreibung.

Republik (lat. *res publica*: öffentliche Angelegenheit): Staatsform mit jährlich wechselnder Regierung hoher Beamter, die nach der Vertreibung der etruskischen →*Könige* in Rom um 500 v. Chr. entstand. Mit →*Augustus* verloren Beamte, →*Senat* und Volksversammlung an Einfluss, die Kaiserzeit (→*Kaiser*) begann.

Romanisierung: Ausbreitung der Sprache und der Lebensweise der Römer im →*Imperium Romanum*. Sprache und Brauchtum der einheimischen Bevölkerung wurden verdrängt.

Senat (lat. *senatus*: Rat erfahrener Politiker): Seine Mitglieder bestimmten die Politik. Senatoren stammten vor allem aus adligen Familien (→*Patrizier*, →*Adel*) und waren vorher Regierungsbeamte.

Sesshaftigkeit: In der →*Jungsteinzeit* wurden allmählich aus →*Jägern und Sammlern* (→*Nomaden*) sesshafte Bauern, die Getreide anbauten, Haustiere hielten und Häuser errichteten.

Sklaven: unfreie und rechtlose Menschen. Die Eigentümer konnten über sie nach Belieben wie über Sachen verfügen. Kriegsgefangene wurden oft zu Sklaven gemacht. Auch bei Zahlungsunfähigkeit konnten Menschen versklavt werden (Schuldknechtschaft). Sklaven konnten von ihren Eigentümern freigelassen werden.

Staatsreligion: eine von den Herrschern für ihre Untertanen festgelegte Form des Glaubens. Ende des 4. Jh. wurde das →*Christentum* im römischen Weltreich zur Staatsreligion erklärt.

Ständekämpfe: Auseinandersetzungen zwischen den →*Plebejern* und den →*Patriziern* um politische, rechtliche und militärische Gleichberechtigung im alten Rom. Sie endeten nach 200 Jahren um 287 v. Chr. damit, dass die Beschlüsse der Plebsversammlungen auch von den Patriziern befolgt werden mussten.

„Völkerwanderung": umfangreiche Wanderungsbewegungen von germanischen Völkern, die ihren Lebensmittelpunkt dauerhaft verlagerten (Migration). Zwischen dem 3. und 6. Jh. n. Chr. drangen sie in die römischen →*Provinzen* ein. Gründe dafür waren Klimaverschlechterungen im Norden, Bevölkerungswachstum sowie die wirtschaftliche Anziehungskraft des Römischen Reiches. Die Anführer der germanischen Völker gründeten auf römischem Boden neue Herrschaftsgebiete. Sie waren oft nur von kurzer Dauer. Die „Völkerwanderung" trug zum Zerfall des Römischen Reiches bei.

Namen

Alexander der Große (356-323 v. Chr.): →*König* von Makedonien (ab 336). Er eroberte ein Weltreich und verbreitete die griechische Lebensweise und Kultur (→*Hellenismus*).

Aristoteles (384-322 v. Chr.): griechischer Philosoph (→*Philosophie*) und Wissenschaftler; er war Schüler →*Platons* und Lehrer →*Alexanders des Großen*.

Augustus (63 v. Chr. - 14 n. Chr.): Noch unter dem Namen Octavian wurde der Großneffe und Haupterbe →*Caesars* nach 31 v. Chr. „der erste Mann im Staat" (lat. *princeps*; →*Prinzipat*). Der →*Senat* verlieh ihm 27 v. Chr. wegen seiner Verdienste den Ehrentitel „Augustus" (dt. „der Erhabene"). Er herrschte weitestgehend unumschränkt und vererbte seine Macht in seiner Familie. Der Monat August wurde nach ihm benannt. Spätere →*Kaiser* übernahmen die Bezeichnung „Augustus" in ihren Kaisertitel.

Bonifatius (um 672/675-754; ermordet): Mönch (→*Mönchtum*) aus Wessex (England), der eigentlich Winfrid hieß. Er missionierte (→*Missionierung*) im Auftrag des →*Papstes* im Reich der Franken, gründete Bistümer und →*Klöster*. Seit dem 12. Jh. wird er als „Apostel der Deutschen" bezeichnet.

Caesar (*Gaius Iulius C.*, 100-44 v. Chr.): Feldherr, Staatsmann und Schriftsteller. Er begann 49 einen Bürgerkrieg, um seine Machtansprüche durchzusetzen. Als unumschränkter Herrscher (Diktator, seit Anfang 44 auf Lebenszeit, →*Diktator*) ordnete Caesar die Neuordnung des Staates an. An den Iden (15.) des März 44 v. Chr. wurde er von Angehörigen des →*Senats* ermordet. Der Monat Juli wurde nach ihm benannt. „Caesar" wurde zum Teil des Titels der römischen Herrscher; sein Name lebt in den Wörtern „Kaiser" und „Zar" fort.

Cheops: ägyptischer →*Pharao*, der von 2604 bis 2581 v. Chr. regierte. Er ließ die Cheops-Pyramide (→*Pyramide*) bauen.

Chlodwig (466-511): seit 481/82 →*König* der Merowinger. Er trat das römische Erbe in Gallien an und dehnte seine Herrschaft über alle fränkischen Stämme aus. Sein Übertritt zum christlichen Glauben (→*Christentum*) war für das Fränkische Reich von großer politischer Bedeutung.

Hannibal (247-183 v. Chr.): Feldherr aus Karthago und erbitterter Gegner der Römer.

Herodot (um 490/480 - um 424 v. Chr.): ein aus Halikarnassos in Kleinasien (heute Bodrum/Türkei) stammender griechischer Reisender, Geograf und Geschichtsschreiber. Seine „Historien" berichten vom Aufstieg des Perserreichs im 6. Jh. v. Chr. und den Kriegen der Griechen mit den Persern im 5. Jh. v. Chr. Darüber hinaus beschreibt Herodot die besuchten Völker und Landschaften.

Homer (8. Jh. v. Chr.): der älteste bekannte Dichter Europas. Unter seinem Namen sind die „Ilias" und die „Odyssee" überliefert. Die Römer verehrten Homer als den größten griechischen Dichter, und die bedeutendsten römischen Dichter nahmen sich Homer zu Vorbild.

Jesus Christus (um 4 v. Chr. - 30 n. Chr.; hingerichtet): Stifter des →*Christentums*; er wurde als Jude in Bethlehem in Palästina geboren und um 30 (an einem Freitag) wegen seines Anspruchs, der Sohn Gottes und der Erlöser (Messias) zu sein, von den Römern in Jerusalem gekreuzigt. Das Bekenntnis zu Jesus als „Christus" (griech. *christos*: „der Gesalbte") und seiner Auferstehung ist Mittelpunkt des christlichen Glaubens.

Kleopatra VII. (69-30 v. Chr.; Selbstmord): letzte ägyptische Königin und weiblicher →*Pharao*. Kleopatra wurde von →*Caesar* unterstützt, war dessen Geliebte und hatte einen Sohn mit ihm.

Konstantin I., der Große (um 285-337): Feldherr und römischer →*Kaiser*. Konstantin erkannte mit dem Toleranzedikt von Mailand 313 das →*Christentum* als gleichberechtigte Religion an. Er ließ sich aber erst auf dem Sterbebett taufen. Im Jahre 330 hatte er →*Konstantinopel* (→*Byzanz*) zur Hauptstadt des Römischen Reiches gemacht.

Mohammed (um 570-632): Gründer des →*Islam*. Nach arabischen →*Quellen* aus dem 9. und 10. Jh. lernte Mohammed (arab.: „der Gepriesene") als junger Mann die Lehren der Juden und Christen kennen (→*Judentum*, →*Christentum*). Mit etwa 40 Jahren fühlte er sich zum Gesandten Gottes (Allahs) berufen. Die arabische Zeitrechnung beginnt mit seiner Auswanderung (arab. *Hedschra*) von Mekka nach Medina 622. Mohammed war nicht nur Religionsstifter, sondern auch Herrscher über weite Teile Arabiens. Für ihn und seine Nachfolger waren und sind Religion und Staat eine Einheit.

Perikles (um 490-429 v. Chr.): athenischer Staatsmann. Er war von vornehmer Herkunft und leitete seit 443 als jährlich wiedergewählter Politiker die Geschicke der athenischen →*Demokratie*. Seine Zeit gilt als Glanzzeit Athens, sowohl künstlerisch als auch politisch. 431 begann unter ihm der Peloponnesische Krieg um die Vorherrschaft Athens in Griechenland. Ein Jahr später wurde er abgesetzt.

Platon (428/27-348/47 v. Chr.): griechischer Philosoph; er und →*Aristoteles* gelten als Begründer der europäischen →*Philosophie*.

Sokrates (470-399 v. Chr.; Selbstmord): griechischer Philosoph aus Athen. Er philosophierte im Gespräch (Dialog) und hinterließ keine Schriften. Wir verdanken vor allem seinem Schüler →*Platon* Informationen über seine Lehre. Sokrates wurde wegen seines radikalen Fragens von vielen Athenern abgelehnt und wegen schlechten Einflusses auf die Jugend von einem Volksgericht zum Tode verurteilt. Er nahm sich selbst das Leben. Sokrates gilt als der wirksamste Anreger der europäischen →*Philosophie*.

Spartacus (starb 71 v. Chr. auf dem Schlachtfeld): römischer Sklave (→*Sklaven*) und Gladiator. Er war gemeinsam mit anderen Sklaven aus einer Gladiatorenschule geflohen und hatte sich an die Spitze eines Heeres von 40 000 entrechteten Männern gestellt, um gegen die römische Unterdrückung zu rebellieren. In der Entscheidungsschlacht fand er 71 v. Chr. mit dem größten Teil seiner Anhänger den Tod.

Varus (47/46 v. Chr. - 9 n. Chr.): römischer Senator und Feldherr. Bei einem Aufstand der germanischen Völker unter Führung des Cheruskerfürsten Arminius wurde er 9. n. Chr. mit seinen drei Legionen geschlagen; Ort der Schlacht ist wahrscheinlich Kalkriese bei Osnabrück (Niedersachsen).

Wo steht was?

Wer steht wo?

Bildnachweis

agenda PG / Jörg Böthling, Hamburg – S. 23; Agentur Alitude, Paris – S. 83; Ägyptisches Museum, Kairo – S. 62, 63, 64, 65, 66, 68 (2), 69 (2), 70, 73, 74, 75 (2), 84, 204; Ägyptischs Museum / Gestaltung Ott + Stein, Berlin – S. 56; Agora-Museum, Athen – S. 112; Ancient Egypt: Cultural atlas for young people, Oxford 1990 / Illustration Chris Forsey – S. 85; Andromeda, Oxfordshire – S. 3, 119; Archäologische Staatssammlung, München – S. 161; Archäologisches Museum im BMW-Park, Regensburg – S. 47; Archäologisches Zentrum, Hitzacker – S. 15; akg-images, Berlin – S. 3, 9, 20, 22, 49, 56, 59, 88, 118, 124, 147, 158, 185, 188, 207, 215; akg-images / Bildarchiv Steffens, Berlin – S. 57; akg-images / Peter Connolly, Berlin – S. 120, 146, 166, 167 (2), 168, 206; akg-images / Gerard Degeorge, Berlin – S. 169; akg-images / Herbert Kraft, Berlin – S. 39; akg-images / Erich Lessing, Berlin – S. 3, 4, 6, 9, 57, 79, 86/87, 122, 145, 186, 205, 216; akg-images / Nimatallah, Berlin – S. 57, 180; akg-images / Warner Brothers / BAILEY, Alex. / Al, Berlin – S. 94; Badisches Landesmuseum, Karlsruhe – S. 184; Bayerische Staatsbibliothek, München – S. 13, 207; Bayerisches Landesamt für Denkmalpflege, München – S. 51; Bayerisches Nationalmuseum, München – S. 185; Robert Bellow – S. 41: Biblioteca Nazionale Marciana, Venedig – S. 195; Bibliothèque nationale de France, Paris – S. 151; Bildagentur Schapowaldow GmbH / Atlantide, Hamburg – S. 120; bpk, Berlin –S. 194; bpk / Antikensammlung SMB, Berlin – S. 92; bpk / Antikensammlung, SMB, Johannes Laurentius, Berlin – S. 99, 115; bpk / Antikensammlung, SMB, Jürgen Liepe, Berlin – S. 208; bpk / Lutz Braun, Berlin – S. 19; bpk / Hermann Buresch – S. 19; bpk / RMN / Gerard Blot, Berlin – S. 197; bpk / Scala, Berlin – S. 125; Bridgeman Giraudon, Berlin – S. 105; Vinzens Brinkmann (Hrsg.), Bunte Götter, München 2004, S. 97 / Staatliche Antikensammlung und Glyptothek, München – S. 106;British Museum, London – S. 61, 67, 74, 75, 76/77, 78, 80, 81, 97, 100, 101, 110, 112, 135, 216; BruceColeman Ltd., Uxbridge – S. 48; Cinetext, Frankfurt – S. 157; Citadelles & Mazenod, Paris – S. 142; Alfredo Dagli Orti, Paris – S. 193; Burkhard Deter, München – S. 47; Deutsches Archäologisches Institut, Rom – S. 136; Deutsches Brotmuseum, Ulm – S. 43(2); Deutsches Historisches Museum, Berlin – S. 19; Deutsches Uhrenmuseum, Inv.-Nr. 17-0028, Feuchtwangen – S. 12; dpa Picture-Alliance / Helga Lade, Thomas Schlegel, Frankfurt – S. 15; dpa Picture-Alliance / Pressefoto ULMER, Andreas Schaad, Frankfurt – S. 97; Dietrich Evers, Wiesbaden-Neurod – S. 36; Fiorenzo Facchini, Die Ursprünge der Menschheit, Stuttgart: Theiss 2006, S. 100, 101 – Seite 32 (2); Angelika Fleckinger (Hrsg.), ÖTZI 2.0 – Eine Mumie zwischen Wissenschaft, Kultur und Mythos, Stuttgart: Theiss S. 47, 116 – S. 29 (2); Flemming Bau, Århus – S. 50; Cornelius Focke, Bassum – S. 12; Foto Peterlein, Pößneck – S. 16; Fotolia – S. 120; Fotolia / philipK76 – S. 209; Klaus Gast, Barsinghausen – S. 141; Agency Giraudon, Vanves – S. 133; Jean Claude Golvin, Metropolen der Antike, Theiss Verlag, Stuttgart 2005, S. 68/69 – S. 93; John Gurch, Washington – S. 3 (2), 8 (2); Christian Hillaire, Pierlatte – S. 38; Historisches Museum, Basel – S. 21; W. Höpfner/E.L. Schwandtner, Haus und Staat im klassischen Griechenland, München, S. 414 – S. 111 (2); Franz Hohmann, Bad Kissingen – S. 25, 127; Gilbert Hoube, Paris – S. 72; http://www.wikipedia.de – S. 185 (3); Institut für Archäologie und Kulturgüter der Provinz Sichuan – S. 57; Institut für Urgeschichte, Tübingen – S. 38; Interfoto, München – S. 201; iStockphoto / Nikada – S. 17; L. Jakob-Rost (Hrsg.), Das Vorderasiatische Museum, Staatliche Museen, Berlin – S. 3 (2); 9, 54/55; Enno Kapitza, Gräfelfing – S. 18; Michael L. Katzer, Arlington Vermont – S. 116 (3); Siegfried Kühl – S. 18; Kunsthistorisches Museum, Wien – S. 159; Helga Lade, Frankfurt – S. 83; Landeshauptstadt Hannover / Museum August Kestner, Foto: Chr. Trepper, Hannover – S. 139; Landesmuseum, Mainz – S. 172; Landesmuseum für Denkmalpflege Hessen, Wiesbaden – S. 33; Landesmuseum für Natur und Mensch, Oldenburg –S. 42; Landesmuseum für Vorgeschichte, Halle – S. 44; Leben in der Jungsteinzeit, Römisch-Germanisches Museum, Köln 2004, S. 40 – S. 40; Anna Lenger, Bamberg – S. 24; Hartmut Leppin, Die erste Demokratie. Athen im 5. Jhd. v. Chr., Hildesheim: Gerstenberg 2004 – S. 109; Les Editions Albert Rene, Paris – S. 154, 180, 209; Hans Günter Löwe, Hamburg – S. 11, 25; Dietrich Mania, Jena – S. 31; Mauritius images / Robert Harding, Mittenwald – S. 132; Mauritius images / Günter Rossenbach, Mittenwald – S. 170; Mauritius images / Franz Waldhäusl, Mittenwald – S. 133; Tomáš und Lída Miček, Griechenland, Umschau Verlag 1993, S. 27 – S. 89; Musée de Châtillon-sur-Seine, © Alfredo Dagli Orti, Paris – S. 104; Musée Nationaux, Tarent – S. 114; Museo Archeologico, Rom – S. 137; Musei Capitolini, Rom – S. 4, 130/131; Museo Historico de Mallorca, Palma de Mallorca – S. 117; Museo Thyssen-Bornemisza, Madrid – S. 185; Musei Vaticani, Rom – S. 150; Museum, Ulm – S. 39; Museum für Ur- und Frühgeschichte, Weimar –S. 42; Museum für Vor- und Frühgeschichte, Frankfurt – S. 182; National Archaeological Museum, Athen – S. 95; Nationalmuseum, Beirut – S. 121; Neanderthal-Museum, Mettmann – S. 3, 26/27, 31, 34, 46, 53 (2), ; Niederbayerisches Vorgeschichtsmuseum, Landau – S. 51; Niedersächsisches Landesamt für Denkmalpflege, Hannover – S. 33, 82, 204; Niedersächsisches Landesmuseum, Hannover – S. 31, 53; Das Österreichische Parlament, Wien – S. 139; Patrick Périn – S. 196; Pfahlbau-Museum, Unteruhldingen - S. 47; Robert Polidori, Das antike Libyen, Paris: Edtions Mengès 1998, S. 203 – S. 98; Das Israel Museum, Jerusalem – S. 186; Joachim Rehmet, Carnyx, Rottenburg a. N. – S. 50; Reiss-Museum, Mannheim – S. 190; Réunion des Musées Nationaux, Paris – S. 92, 205; Rheinisches Landesmuseum, Trier – S. 133; E.R. Ross, San Francisco – S. 48; Römer-Museum, Heidelberg – S. 73; Römisch-Germanisches Museum, Köln – S. 160, 179; Rosgarten-Museum, Konstanz – S. 35; Saalburg-Museum, Bad Homburg – S. 175; Scala Group, Florenz – S. 140, 153, 155, 215; Helmut Schareika, Stuttgart – S. 166; Karol Schauer, Mettmann – S. 46 (2); Annemarie und Josef Scheibert, Olten – S. 81; Schulmuseum, Lohr – S. 25; Senckenberg Gesellschaft für Naturforschung, Frankfurt – S. 29 (2); St. Bonifatius-Kirche, Hünfeld/Fulda – S. 199; Staatliche Antikensammlung und Glyptothek, München – S. 101, 113, 215; Staatliches Historisches Museum / Foto: Evengij Borisov, Moskau – S. 102; Staatsbibliothek, Bamberg – S. 198; Staatsgalerie, Stuttgart – S. 89; Stadtarchäologie Kempten – S. 181; Stadtarchiv, Gotha – S. 16; Städtisches Museum, Jena – S. 17; Hans Dieter Stöver, Caesar und der Gallier, München: dtv Verlag – S. 4, 155; Südtiroler Archäologiemuseum / Foto: A. Ochsenreiter, Bozen – S. 45, 53; Südtiroler Archäologiemuseum, Bozen –S. 29; The Metropolitan Museum of Art, New York – S. 113; Ute Thönissen, Nettetal – S. 173; Thüringisches Landesamt für Denkmalpflege und sArchäologie, Weimar – S. 41, 51, 53; TonyCorr Colorific, London – S. 48; Gabriele Uelsberg (Hrsg.), Roots – Wurzeln der Menschheit, Bonn: Rheinisches LandesMuseum, S. 185 – S. 34; Ullstein-Bild, Berlin – S. 23, 203; Vario images GmbH & Co KG, Bonn – S. 16; Varusschlacht im Osnabrücker Land / Museum und Park Kalkriese, Braunsche-Kalkriese – Einband, 162, 163 (4); Ingo Wandmacher, Bad Schwartau – S. 82; Fritz Wendler Weyarn – S. 3, 8, 40; WMG-Lippe, Detmold –S. 162; ZDF, HR Kultur – Wissenschaft / Foto: Jan Prillwitz. Redaktion Geschichte und Gesellschaft, Mainz – S. 37; Zefa , Düsseldorf – S. 58

Bücher finden

Wenn du ein Thema gründlich erarbeiten willst, benötigst du Fachliteratur. In der Schul- oder Stadtbücherei sind Bücher alphabetisch in einem Verfasser- und in einem Sachkatalog aufgelistet. Auf einer Karteikarte oder auf einem Bildschirm erhältst du Angaben über Verfasser, Erscheinungsort und -jahr sowie die Signatur: eine Folge von Zahlen und Buchstaben, mit denen das Werk in der Bibliothek eingetragen ist. Findest du zu deinem Thema mehr Bücher, als du auswerten kannst, musst du einige auswählen. Prüfe auf jeden Fall anhand des Inhaltsverzeichnisses, ob das Buch für dich ergiebig sein könnte.
Und das *Internet*? Seine Bedeutung für die Beschaffung auch wissenschaftlicher Informationen, zumal aus dem Ausland, wächst. Es kann die Arbeit in der Bibliothek nicht ersetzen, aber ergänzen.

Lesetipps findest du auf vielen Seiten des Buches.

Internet für Einsteiger

Informationen per Mausklick
Das Internet ist ein weltweites Netz (*www: World Wide Web*), das Millionen von Computern verbindet. Es enthält Daten aller Art: Texte, Grafiken, Bilder, Filme oder Tonaufnahmen.
Für den Geschichtsunterricht können Internetinformationen von Museen, Universitäten, Bibliotheken und Schulen ebenso wichtig sein wie Artikel aus Nachschlagewerken.
In diesem Buch findest du einige Internetadressen, die dir geschichtliche Informationen bieten. Sie enthalten oft weiterführende *Links* (Querverweise) zu anderen *Websites*. Wenn man sich per Mausklick von einer Seite zur nächsten hangelt, nennt man das „surfen".

Finden, was man sucht
Fehlt dir die Adresse für eine gewünschte Information, brauchst du eine Suchmaschine wie *www.google.de*. In dieses spezielle Programm tippst du möglichst genaue Stichwörter ein. Sonst brechen zu allgemeine Informationen über dich herein. Ein Suchprogramm durchkämmt nur einen Teil des Internets. Findet es nicht das Gewünschte, kannst du andere Suchmaschinen nutzen.

Downloading mit Lesezeichen
Inhalte einer Website kannst du auf deinen Computer kopieren. Das nennt man Herunterladen (*Downloading*). Webadressen, die regelmäßig abgefragt werden sollen, können als Lesezeichen oder Favoriten abgespeichert werden. Sie sind damit leicht wiederzufinden.

Vorsicht ist Pflicht
Da weltweit jeder seine Angebote unkontrolliert ins Internet stellen kann, musst du sie stets kritisch prüfen, beispielsweise mit neueren Nachschlagewerken (*Lexika*). Alle Mitteilungen aus dem Internet sind wie Zitate aus Büchern nachzuweisen, damit andere sie auch nachlesen können. Außerdem: Informationen allein bringen nicht viel. Erst der gekonnte Umgang mit ihnen ermöglicht Erkenntnisse. Abgesehen davon: Surfen ist nicht kostenlos!

Selbst im Internet aktiv
Auch eigene Arbeitsergebnisse können auf einer Website präsentiert werden. Über *E-Mail* (elektronische Post) kannst du auf dem Computer geschriebene Briefe und andere Texte weltweit an bestimmte Empfänger verschicken. Per Mausklick geht das blitzschnell.

▶ ***Internettipps** findest du an vielen Stellen des Buches. Beachte, dass sich die Angaben im World Wide Web häufig ändern!*

Positionen vergleichen

Nur über wenige Ereignisse, Entwicklungen und Persönlichkeiten der Geschichte gibt es einheitliche Urteile. Zeitzeugen und Historiker haben häufig verschiedene Meinungen über ein Geschehen oder den Charakter eines Menschen. Das liegt zum einen daran, dass die Vergangenheit ebenso vielfältig ist wie die handelnden Personen. Zum anderen hängt jedes Urteil über ein Ereignisse oder eine Entwicklung von den Fragen ab, mit der wir die vorliegenden Quellen und Darstellungen auswerten: Wir alle urteilen nämlich von unserem jeweiligen Standpunkt aus. Er gründet sich auf unsere bisherigen Erfahrungen und wird von unseren Interessen beeinflusst. Die Maßstäbe unsere Urteile hängen auch davon ab, in welcher Zeit wir leben und aus welchem Land oder welcher Kultur wir kommen. Manchmal wandeln sich die Auffassungen im Laufe der Zeit. All das beeinflusst eine Meinung über ein Geschehen oder eine Person. Achte bei einem Vergleich mehrerer Texte zuerst auf die inhaltlichen Gemeinsamkeiten, dann auf die Unterschiede. Suche nach Gründen für voneinander abweichende Urteile.

Geschichtsmappe führen

Eine Geschichtsmappe (Heft oder Ringordner, am besten im Format DIN A4) hilft dir, das zu ordnen, was du im Geschichtsunterricht erarbeitet hast. Gegliedert nach den Unterrichtseinheiten ist sie eine wichtige Gedächtnisstütze, damit du dich an Ergebnisse erinnern, deine Fähigkeiten, sachkundig (kompetent) mit Texten, Informationen, Zeitstrahlen und Bildern umzugehen, überprüfen und dich auf Tests gut vorbereiten kannst.
In die Geschichtsmappe gehören:

- Hausaufgaben
- Tafelbilder
- Arbeitsblätter
- Merksätze

Portfolio anlegen

Ein Portfolio (von lat. *portare*: (mit sich) tragen; *folium*: Blatt, Buchseite) ist etwas anderes. Auf der Grundlage deiner Geschichtsmappe und des Geschichtsbuchs suchst du Themen aus, die dich besonders interessieren und die du vertiefen möchtest. Das Portfolio enthält alle Arbeiten, die du zusätzlich erbracht oder weiterentwickelt hast – und auf die du vielleicht sogar stolz bist. Es ist deine „Schatzkiste", mit der du zeigen kannst, was du im Geschichtsunterricht selbstständig gestaltet hast.
Das Portfolio gibt dir, deinen Mitschülern, deiner Lehrkraft und deinen Eltern Auskunft darüber, wie du beim historischen Lernen vorgegangen bist. Diese Lernberichte können zeigen, was dir schon gut gelungen ist, aber auch, was dir vielleicht noch schwerfällt. Darauf kannst du beim nächsten Mal zurückgreifen, Bewährtes übernehmen, Schwieriges neu anpacken. Weil das Portfolio eine besondere Lernleistung ist, kann es vom Lehrer auch zur Leistungsbewertung herangezogen werden.

Hinweise zur Gestaltung eines Portfolio findest du auf Seite 24.

Rollen spielen

Manche Ereignisse in der Vergangenheit verstehen wir nur deshalb schwer, weil wir uns das Verhalten der Menschen nicht vorstellen können. Vielleicht ändert sich das, wenn wir eine bestimmte Situation nachspielen. Wir schlüpfen dann in eine fremde Rolle hinein und überlegen uns dabei, was diese Person damals gefühlt, gedacht, gesagt und getan haben könnte. Die Informationen dafür können uns die Quellen liefern.
Auf dieser Grundlage versetzen wir uns in die Lage anderer Menschen, in ihre Entscheidungs- und Handlungsspielräume und stellen diese zugleich für andere verständlich dar.
In einem Rollenspiel sollen Meinungen ausgetauscht werden. Ihr könnt dazu vorbereitete oder abgesprochene Dialoge vortragen. Spannend wird es, wenn ihr spontan auf eine euch vorher unbekannte Äußerung eures Partners antworten müsst. Dabei solltet ihr stets die geschichtliche Ausgangslage berücksichtigen, sodass das Rollenspiel glaubwürdig ausfällt.

Vorbereitung

- Spielregeln festlegen, Spielleiter und Spielfläche bestimmen.

Durchführung

- Thema und Situation besprechen: Worum geht es? Welche Vorgaben sind zu beachten?
- Rollen verteilen und erarbeiten. Wer ist beteiligt? Mit welchen Gefühlen, Gedanken, Argumenten, Verhaltensweisen, Zielen?
- Beobachtungsaufträge an die Zuschauer verteilen
- Spiel

Auswertung

- Die Spieler tauschen ihre Erfahrungen aus, und die Zuschauer teilen ihre Beobachtungen mit.

Bei allem Eifer dürft ihr nicht vergessen: So wie ihr eine Geschichte spielt, hat sie sich in der Vergangenheit nicht zugetragen.